本书由
中央高校建设世界一流大学(学科)
和特色发展引导专项资金
资助

中南财经政法大学"双一流"建设文库

区│域│发│展│系│列

高质量发展背景下乡村旅游扶贫的路径选择与政策协同

邓爱民 潘冬南 著

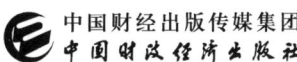

图书在版编目（CIP）数据

高质量发展背景下乡村旅游扶贫的路径选择与政策协同／邓爱民，潘冬南著．——北京：中国财政经济出版社，2019.12

（中南财经政法大学"双一流"建设文库．区域发展系列）

ISBN 978-7-5095-9320-2

Ⅰ.①高… Ⅱ.①邓… ②潘… Ⅲ.①乡村旅游－作用－农村－扶贫模式－研究－中国 Ⅳ.①F592.7 ②F323.8

中国版本图书馆 CIP 数据核字（2019）第 232954 号

责任编辑：潘　飞　　　　责任校对：胡永立
封面设计：陈宇琰

高质量发展背景下乡村旅游扶贫的路径选择与政策协同
GAOZHILIANG FAZHAN BEIJINGXIA XIANGCUN LYUYOU FUPIN DE LUJING XUANZE YU ZHENGCE XIETONG

中国财政经济出版社 出版

URL: http: //www.cfeph.cn

E-mail: cfeph@cfemg.cn

（版权所有　翻印必究）

社址：北京市海淀区阜成路甲 28 号　邮政编码：100142
营销中心电话：010-88191537
北京财经印刷厂印装　各地新华书店经销
787×1092 毫米　16 开　20 印张　320 000 字
2019 年 12 月第 1 版　2019 年 12 月北京第 1 次印刷
定价：90.00 元
ISBN 978-7-5095-9320-2
（图书出现印装问题，本社负责调换）
本社质量投诉电话：010-88190744
打击盗版举报热线：010-88191661　QQ：2242791300

总 序

"中南财经政法大学'双一流'建设文库"是中南财经政法大学组织出版的系列学术丛书,是学校"双一流"建设的特色项目和重要学术成果的展现。

中南财经政法大学源起于1948年以邓小平为第一书记的中共中央中原局在挺进中原、解放全中国的革命烽烟中创建的中原大学。1953年,以中原大学财经学院、政法学院为基础,荟萃中南地区多所高等院校的财经、政法系科与学术精英,成立中南财经学院和中南政法学院。之后学校历经湖北大学、湖北财经专科学校、湖北财经学院、复建中南政法学院、中南财经大学的发展时期。2000年5月26日,同根同源的中南财经大学与中南政法学院合并组建"中南财经政法大学",成为一所财经、政法"强强联合"的人文社科类高校。2005年,学校入选国家"211工程"重点建设高校;2011年,学校入选国家"985工程优势学科创新平台"项目重点建设高校;2017年,学校入选世界一流大学和一流学科(简称"双一流")建设高校。70年来,中南财经政法大学与新中国同呼吸、共命运,奋勇投身于中华民族从自强独立走向民主富强的复兴征程,参与缔造了新中国高等财经、政法教育从创立到繁荣的学科历史。

"板凳要坐十年冷,文章不写一句空",作为一所传承红色基因的人文社科大学,中南财经政法大学将范文澜和潘梓年等前贤们坚守的马克思主义革命学风和严谨务实的学术品格内化为学术文化基因。学校继承优良学术传统,深入推进师德师风建设,改革完善人才引育机制,营造风清气正的学术氛围,为人才辈出提供良好的学术环境。入选"双一流"建设高校,是党和国家对学校70年办学历史、办学成就和办学特色的充分认可。"中南大"人不忘初心,牢记使命,以立德树人为根本,以"中国特色、世界一流"为核心,坚持内涵发展,"双一流"建设取得显著进步:学科体系不断健全,人才体系初步成型,师资队伍不断壮大,研究水平和创新能力不断提高,现代大学治理体系不断完善,国际交流合作优化升级，综合实力和核心竞争力显著提升，为在 2048 年建校百年时，实现主干学科跻身世界一流学科行列的发展愿景打下了坚实根基。

"当代中国正经历着我国历史上最为广泛而深刻的社会变革，也正在进行着人类历史上最为宏大而独特的实践创新"，"这是一个需要理论而且一定能够产生理论的时代，这是一个需要思想而且一定能够产生思想的时代"[①]。坚持和发展中国特色社会主义，统筹推进"五位一体"总体布局和协调推进"四个全面"战略布局，实现"两个一百年"奋斗目标、实现中华民族伟大复兴的中国梦，需要构建中国特色哲学社会科学体系。市场经济就是法治经济，法学和经济学是哲学社会科学的重要支撑学科，是新时代构建中国特色哲学社会科学体系的着力点、着重点。法学与经济学交叉融合成为哲学社会科学创新发展的重要动力，也为塑造中国学术自主性提供了重大机遇。学校坚持财经政法融通的办学定位和学科学术发展战略，"双一流"建设以来，以"法与经济学科群"为引领，以构建中国特色法学和经济学学科、学术、话语体系为己任，立足新时代中国特色社会主义伟大实践，发掘中国传统经济思想、法律文化智慧，提炼中国经济发展与法治实践经验，推动马克思主义法学和经济学中国化、现代化、国际化，产出了一批高质量的研究成果，"中南财经政法大学'双一流'建设文库"即为其中部分学术成果的展现。

文库首批遴选、出版二百余册专著，以区域发展、长江经济带、"一带一路"、创新治理、中国经济发展、贸易冲突、全球治理、数字经济、文化传承、生态文明等十个主题系列呈现，通过问题导向、概念共享，探寻中华文明生生不息的内在复杂性与合理性，阐释新时代中国经济、法治成就与自信，展望人类命运共同体构建过程中所呈现的新生态体系，为解决全球经济、法治问题提供创新性思路和方案，进一步促进财经政法融合发展、范式更新。本文库的著者有德高望重的学科开拓者、奠基人，有风华正茂的学术带头人和领军人物，亦有崭露头角的青年一代，老中青学者秉持家国情怀、述学立论、建言献策，彰显"中南大"经世济民的学术底蕴和薪火相传的人才体系。放眼未来、走向世界，我们以习近平新时代中国特色社会主义思想为指导，砥砺前行，凝心聚

---

① 习近平：《在哲学社会科学工作座谈会上的讲话》，2016 年 5 月 17 日。

力推进"双一流"加快建设、特色建设、高质量建设,开创"中南学派",以中国理论、中国实践引领法学和经济学研究的国际前沿,为世界经济发展、法治建设做出卓越贡献。为此,我们将积极回应社会发展出现的新问题、新趋势,不断推出新的主题系列,以增强文库的开放性和丰富性。

"中南财经政法大学'双一流'建设文库"的出版工作是一个系统工程,它的推进得到相关学院和出版单位的鼎力支持,学者们精益求精、数易其稿,付出极大辛劳。在此,我们向所有作者以及参与编纂工作的同志们致以诚挚的谢意!

因时间所囿,不妥之处还恳请广大读者和同行包涵、指正!

中南财经政法大学校长

前 言

2017年,中国共产党第十九次全国代表大会首次提出"高质量发展",表明了中国经济由高速增长阶段转向高质量发展阶段。推动高质量发展是当前和今后一个时期确定发展思路、制定经济政策、实施宏观调控的根本要求,同时也是保持经济健康持续发展、适应社会主要矛盾的变化以及全面建成小康社会的必然要求。脱贫攻坚战是决胜全面建成小康社会必须打赢的三大攻坚战之一,到2020年前,全国还有1600多万农村贫困人口需要脱贫,脱贫攻坚任务十分艰巨。乡村振兴,关键是产业兴旺;乡村扶贫,关键是产业扶贫。乡村旅游是产业扶贫的重要方式之一,近年来蓬勃发展,并在脱贫攻坚中具有明显的优势,成为我国农民就业增收、农村经济发展、贫困人口脱贫的主战场和中坚力量。从总体上来看,我国乡村旅游扶贫虽然取得了一定的成效,但是,也存在着旅游产品单一、雷同等突出的问题亟待解决。在我国经济高质量发展的背景下,乡村旅游扶贫必须要朝着优质、高效的方向去努力。乡村旅游经济的高质量发展应是一种健康持续的发展,是供需均衡、产业升级、能够满足人民群众美好生活需求的低碳化发展,能在优化农业产业结构、提高农民经济收入、改善乡村人居环境以及促进乡土文化的保护与传承方面发挥更加重要的促进作用。

本书正是在我国经济高质量发展的大背景下而进行写作的,主要研究我国乡村旅游扶贫的路径以及政策协同,既有理论又有实践,同时,以作者近年来所主持的乡村旅游扶贫规划实践作为案例进行分析,涵盖理论、实践、案例三大部分,共十章。第一章为本书的"绪论"部分,主要介绍本书的研究背景、研究意义、研究内容、研究思路以及本书的创新点。第二章"我国经济高质量发展概述",分析我国经济高质量发展的背景、经济高质量发展的内涵及其要求,阐述我国乡村经济以及乡村旅游高质量发展的时代意义。第三章"我国乡村旅游扶贫的现状",梳理我国乡村旅游扶贫的发展历程,总结与归纳我国乡村旅游扶贫的"景区带村""能人带户""公司+农户""合作社+农户"四大主要模式，分析乡村旅游扶贫的经济效益、社会效益和生态效益，并找出当前我国乡村旅游扶贫的主要困境。第四章"乡村经济高质量发展与乡村旅游扶贫"，主要分析乡村旅游经济高质量发展的内涵、经济高质量发展对乡村旅游扶贫的内在要求，阐述高质量发展背景下我国乡村旅游扶贫的四大原则。第五章"高质量发展背景下我国乡村旅游扶贫的路径选择"，根据乡村旅游高质量发展的内在要求以及乡村旅游扶贫存在的主要问题，从产品开发、生态化发展、技术运用、宣传推广、市场管理等五个方面重点阐述我国乡村旅游扶贫的路径。第六章"我国乡村旅游扶贫与地方政府政策协同"，明确政府政策协同的含义、特征，从基础设施的完善、旅游资源分布不平衡、旅游扶贫的多部门性、环境问题、扶贫成效的巩固与提升五个方面分析乡村旅游扶贫中地方政府政策协同的必要性。第七章"乡村旅游扶贫地方政府政策协同的现状与问题"，在明确政策协同的含义与特征的基础上，重点分析我国部分连片特困区地方政府乡村旅游扶贫政策协同的基本现状，总结我国当前乡村旅游扶贫地方政府政策协同的主要特征，分析我国乡村旅游扶贫政策协同存在的主要问题。第八章"高质量发展背景下乡村旅游扶贫政策协同的途径"，总结国外部分机构以及发达国家在政策协同方面的成功经验，重点从提高政策协同的认知、完善协同政策的制定、建立协同机制、加强行政文化建设、发挥社会力量、加强组织机构建设等六个方面阐述乡村旅游扶贫政策协同的途径。第九章"高质量发展背景下乡村旅游扶贫的协同政策"，围绕"创新、协调、绿色、开放、共享"五大发展理念，重点阐述乡村旅游扶贫的市场准入、资金、人才、环境保护、利益分配政策。第十章"高质量发展背景下乡村旅游扶贫的区域实践"，以湖北省部分县、区的乡村旅游扶贫为案例，探索乡村旅游扶贫的总体思路与形象策划、空间组织与功能分区、具体路径等重要内容，总结乡村旅游扶贫实践经验，以便为其他地区乡村旅游扶贫提供一定的经验借鉴。

  本书作者深耕旅游研究多年，具有丰富的乡村旅游扶贫规划经验，同时理论功底深厚；在我国经济已经进入高质量发展阶段以及脱贫攻坚任务艰巨的背景下，紧紧围绕"创新、协调、绿色、开放、共享"五大发展理念，从贫困村民的根本利益出发，通过文献分析、实地调研与案例研究等方法，寻求乡村旅游扶贫的新路径，探讨政府扶贫的政策协同问题，力求为贫困村民脱贫致富、走上奔小康的道路贡献一份绵薄之力。本书在写作的过程中，坚持理论联系实际，两者相辅相成；同时参考和借鉴了相关研究领域的许多专家和学者的研究成果，在此对这些专家、学者表示衷心地感谢。

当前，我国旅游业发展已经进入优质旅游时代，广大旅游者的旅游需求日益多样化与个性化，乡村旅游扶贫也不断呈现出新的特征与要求。但由于作者的理论知识、研究实践等方面的水平有限，因此本书难免存在疏漏不足以及错误之处，恳请各位专家和读者批评指正，以便今后修改，使其日臻完善。

注：本书为国家社科基金项目"乡村旅游可持续发展路径创新与政策协同研究"（18BJY201）的阶段性成果

邓爱民
2019年9月于晓南湖畔

目 录

第一章　绪论　1
　　第一节　研究背景与意义　1
　　第二节　研究思路与方法　3
　　第三节　研究内容与创新之处　5

第二章　我国经济高质量发展概述　8
　　第一节　我国经济高质量发展的背景　8
　　第二节　我国经济高质量发展的内涵及其要求　13
　　第三节　我国乡村经济高质量发展的时代意义　17

第三章　我国乡村旅游扶贫的现状　21
　　第一节　我国乡村旅游扶贫的发展历程　21
　　第二节　我国乡村旅游扶贫模式　27
　　第三节　我国乡村旅游扶贫的成效　36
　　第四节　我国乡村旅游扶贫的主要困境　40

第四章　乡村经济高质量发展与乡村旅游扶贫　46
　　第一节　乡村旅游经济高质量发展的内涵　46
　　第二节　经济高质量发展对乡村旅游扶贫的内在要求　53
　　第三节　高质量发展背景下我国乡村旅游扶贫的原则　56

第五章　高质量发展背景下我国乡村旅游扶贫的路径选择　60
　　第一节　高质量发展背景下我国乡村旅游扶贫的产品路径　60

第二节　高质量发展背景下我国乡村旅游扶贫的生态路径　　67
　　　第三节　高质量发展背景下我国乡村旅游扶贫的科技路径　　72
　　　第四节　高质量发展背景下我国乡村旅游扶贫的营销路径　　77
　　　第五节　高质量发展背景下我国乡村旅游扶贫的管理路径　　81

第六章　我国乡村旅游扶贫与地方政府政策协同　　88
　　　第一节　政策协同的含义、特征　　88
　　　第二节　乡村旅游扶贫中地方政府政策协同的必要性分析　　90

第七章　乡村旅游扶贫地方政府政策协同的现状与问题　　102
　　　第一节　乡村旅游扶贫地方政府政策协同的现状　　102
　　　第二节　乡村旅游扶贫地方政府政策协同的主要特征　　114
　　　第三节　乡村旅游扶贫地方政府政策协同存在的主要问题　　117

第八章　高质量发展背景下乡村旅游扶贫政策协同的途径　　121
　　　第一节　国外政策协同的经验借鉴　　121
　　　第二节　我国乡村旅游扶贫政策协同的途径　　124

第九章　高质量发展背景下乡村旅游扶贫的协同政策　　134
　　　第一节　市场准入政策　　134
　　　第二节　资金政策　　137
　　　第三节　环境保护政策　　141
　　　第四节　人才政策　　143
　　　第五节　利益分配政策　　146

第十章　高质量发展背景下乡村旅游扶贫的区域实践　　150
　　　第一节　湖北省大悟县柏园村乡村旅游扶贫实践　　150
　　　第二节　武汉市江夏区山坡街光华村乡村旅游扶贫实践　　171

第三节	武汉市新洲区三店街董椿村乡村旅游扶贫实践	193
第四节	武汉市新洲区仓埠街上岗村乡村旅游扶贫实践	215

附 录   238

参考文献   298
后记   302

第一章 绪 论

本章在阐述研究背景的基础上，介绍本书的研究意义、研究思路与研究方法、研究内容，并阐明本书的主要创新之处。

第一节 研究背景与意义

一、研究背景

（一）我国经济由高速增长阶段转向高质量发展阶段

习近平总书记在党的十九大报告中指出："我国经济已由高速增长阶段转向高质量发展阶段。"经济高质量发展的提出并不是偶然的，是遵循经济发展规律、适应我国社会主要矛盾变化、解决环境问题的必然要求。经济高质量发展是对过去的不科学、不合理的发展方式的改革，是按照"创新、协调、绿色、开放、共享"五大发展新理念，生产要素投入少、生产效率高、环境成本低、经济社会效益好，同时又能够很好地满足人民群众日益增长的美好生活需要的可持续发展。经济高质量发展由过去强调经济发展的"有没有""快不快"转化为"好不好"。这是一种新的发展理念、发展方式、发展战略，具有深刻而丰富的内涵；同时，具有具体的实践要求。经济高质量发展将是今后我国经济社会发展的总的指导方向与具体要求，各行各业的发展都要围绕"高质量"来展开各项工作。

（二）旅游已经成为人们的常态化消费

当前，我国正在处于全面建设小康社会的决胜时期，经济社会发展水平不断提高，综合国力不断增强，国际地位不断提高，人们的生活水平也在不断提高。随着可支配收入的不断提高以及闲暇时间的不断增加，作为人们追求美好生活的一种重要方式，旅游已经成为人们的一种常态化消费。而随着工作和生活压力的不断增加，现代城市居民越来越多地倾向于前往周边的乡村地区开展各种旅游活动。同时，人们的文化素质不断提高、旅游经验不断丰富，传统的观光旅游已经无法满足广大群众对美好生活的向往与追求，人们更倾向于通过旅游寻求异地文化的高品质体验，通过这种高品质的文化体验获得身心的愉悦以及自身文化素养的提高。

（三）乡村旅游成为脱贫攻坚的主战场与中坚力量

乡村振兴，产业兴旺是关键。乡村旅游是农业与旅游产业融合发展的产物，而作为一种新的旅游形式，其不仅能够满足广大旅游者传统的观光旅游需求，更多的是能够为广大旅游者提供特色文化体验，满足旅游者的回归自然、远离城市喧嚣的精神需求。因此，近年来，乡村旅游成为国内旅游消费的新热点，乡村旅游市场非常火爆。乡村旅游产业具有融合度高、覆盖面广、带动效应强的特点。我国很多贫困地区拥有良好的自然生态环境，自然旅游资源较为丰富，乡土文化特色也比较突出，很适合发展乡村旅游产业。近年来，不少贫困地区都在大力发展乡村旅游，并积极探索村民参与旅游开发的各种模式，涌现出了贵族西江千户苗寨、湖南湘西土家族苗族自治州十八洞村、陕西咸阳市礼泉县袁家村等乡村旅游扶贫的全国典范。乡村旅游成为脱贫攻坚的主战场与中坚力量，乡村旅游产业的发展不断助推乡村地区经济社会的全面发展，推动农村产业结构调整，促进农民增收致富，使其走上奔小康的道路。

二、研究意义

一直以来，"三农问题"都是我国经济社会发展的重点与难点问题。当前，我国正处于全面建成小康社会的决胜期，全面小康社会的建成，关键在于农村的发展。目前，我国不少贫困地区还有很多的村民没有脱贫，脱贫攻坚的任务依旧非常艰巨。助推贫困村民脱贫致富，必须要有强大的产业支撑。乡村旅游具有明显的产业带动效应，近年来成为很多贫困地区重要的扶贫方式。当前，经济高质量发展已经成为我国经济发展的主旋律。因此，研究高质量发展背景下贫困地区的乡村旅游扶贫问题具有重要的理论意义与实践意义。

1. 理论意义。当今，在旅游学界，乡村旅游扶贫是一个持续受到关注的研究热点与研究重点，但是，目前从经济高质量发展的视角研究乡村旅游扶贫问题及其政策协同的成果还不是很多。在借鉴产业融合理论、利益相关者理论、可持续发展理论相关知识，以及梳理我国经济高质量发展的内涵、特征、要求的基础上，本书的研究力求既可以完善当前有关乡村旅游扶贫研究方面的不足、进一步完善乡村旅游扶贫的理论研究体系，又能为乡村旅游扶贫的具体实践方面提供理论指导，因而具有重要的理论意义。

2. 实践意义。第一，为贫困地区乡村旅游扶贫寻找有效的途径。一直以来，贫困地区经济社会发展水平低，自然生态环境也比较恶劣，乡村经济的快速发展一直受到多种因素的阻碍，农民的生活水平低，急需寻求经济发展的有效路径。乡村旅游是重要的扶贫方式，但是，在其发展的过程中也还存在一些突出的问题亟待解决。本书结合我国经济高质量发展的大背景，从产品开发、生态化发展、技术运用、宣传推广、市场管理等五个方面研究了乡村旅游扶贫的具体路径，对解决目前乡村旅游扶贫存在的突出问题起到有效的指导作用。第二，为地方政府开展乡村旅游扶贫工作提供指导。乡村旅游扶贫需要各级政府的政策指导与扶持。地方政府是乡村旅游扶贫的主体，政策的制定与引导是其重要职能和手段之一。本书在具体分析当前我国乡村旅游扶贫政策协同现状、存在问题的基础上，提出地方政府政策协同的对策以及具体的协同政策，能为地方政府更好地发挥职能、有序开展各项乡村旅游扶贫工作提供借鉴与指导。第三，为地方乡村旅游扶贫提供实际指导。本书以湖北省四个贫困村作为案例，对其乡村旅游扶贫中涉及的总体思路与形象策划、空间组织与功能分区、具体路径等重要内容进行具体研究，能为其提供实际指导，提高其乡村旅游扶贫的效益，同时，也能为其他地区的乡村旅游扶贫提供经验借鉴与实际指导。

第二节　研究思路与方法

一、研究思路

本书基于我国经济高质量发展的大背景，对乡村旅游扶贫展开研究，具体研究思路如下：第一，运用文献研究法等梳理我国经济高质量发展的背景，阐述我国经济高质量发展的内涵及其要求，具体分析乡村经济高质量发展的时代意义，为下文的研究打下基础。第二，深入分析我国乡村旅游扶贫的现状，总结我国乡村旅游扶贫的发展历程、典型模式以及扶贫的经济效益、社会效益和生态效益，并找出乡村旅游扶贫存在的主要问题。第三，在分析与总结我国乡村旅游经济高质量发展的内涵、特征，以及高质量发展背景下我国乡村旅游扶贫基本原则的基础上，结合乡村旅游扶贫存在的主要问题，从产品开发、生态化发展、技术运用、宣传推广、市场管理等五个方面具体分析我国乡村旅游的路径选择。第四，基于我国乡村旅游扶贫的现状及其路径选择，具体分析乡村旅游扶贫的地方政府政策协同，找出其存在的主要问题，提出具体的对策；并就乡村旅游扶贫的市场准入政策、环境保护政策、资金政策、人才政策以及利益分配政策进行具体分析。第五，以湖北省四个贫困村乡村旅游扶贫的具体实践为案例，在分析贫困现状与成因、旅游开发条件等的基础上，具体探讨这些贫困村乡村旅游扶贫的产品开发路径等。

具体研究框架如图1-1所示。

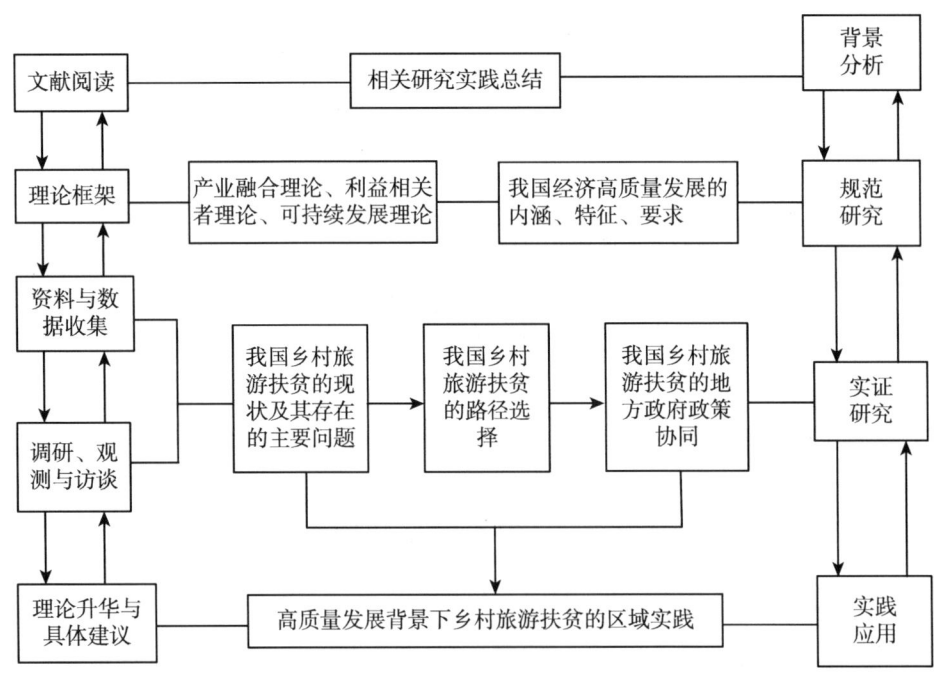

图1-1　本书的研究思路框架

二、研究方法

（一）文献研究法

充分利用馆藏资源和网络资源，收集与研究主题相关的各类文献资料，包括学术专著、学术论文、硕博学位论文、政府文件以及地方发展规划等，并对这些文献资料进行归类、整理，以了解研究主题的最新动态和趋势，并为下文的研究提供基础材料和理论依据。

（二）实地调研法

注重研究资料的可靠性、真实性。本书作者于 2018 年 5 月至 2019 年 6 月多次深入湖北、贵州、广西等地的贫困地区开展实地调研，尤其是 2018 年 9 月，重点深入湖北省武汉市以及大悟县的 30 个贫困村开展深入调研，通过与贫困村的党员干部、贫困村民、乡村旅游经营者等进行深入的交流，多方搜集各种资料与数据，并帮助这 30 个贫困村制订乡村旅游扶贫规划，从而为本书的研究提供了坚实的数据以及资料基础。

（三）案例研究法

本书结合作者多年来的乡村旅游规划实践，根据我国经济高质量发展的要求，以湖北省四个贫困村（大悟县柏园村、武汉市江夏区山坡街光华村、武汉市新洲区三店街董椿村、武汉市新洲区仓埠街上岗村）的乡村旅游扶贫为案例，探索乡村旅游扶贫的总体思路与形象策划、空间组织与功能分区、具体路径等重要内容，总结乡村旅游扶贫实践经验，以便为其他地区的乡村旅游扶贫提供一定的经验借鉴。

第三节　研究内容与创新之处

一、研究内容

在内容安排上，本书从宏观和微观两个层面展开，总体上包括乡村旅游扶贫路径选择、乡村旅旅游扶贫政策协同、乡村旅游扶贫区域实践三大板块，具体分为十章。

第一章为本书的"绪论"部分，主要介绍本书的研究背景、研究意义、研究思路与方法、研究内容以及本书的创新点。

第二章"我国经济高质量发展概述"，分析我国经济高质量发展的背景、经济高质量发展的内涵及其要求，阐述我国乡村经济以及乡村旅游高质量发展的时代意义。

第三章"我国乡村旅游扶贫的现状"，梳理我国乡村旅游扶贫的发展历程，总结与归纳我国乡村旅游扶贫的"景区带村""能人带户""公司＋农户""合作社＋农户"四大主要模式，分析乡村旅游扶贫的经济效益、社会效益和生态效益，并找出当前我国乡村旅游扶贫的主要困境。

第四章"乡村经济高质量发展与乡村旅游扶贫"，主要分析乡村旅游经济高质量发展的内涵、经济高质量发展对乡村旅游扶贫的内在要求，阐述高质量发展背景下我国乡村旅游扶贫的四大原则。

第五章"高质量发展背景下我国乡村旅游扶贫的路径选择"，根据乡村旅游高质量发展的内在要求以及乡村旅游扶贫存在的主要问题，从产品开发、生态化发展、技术运用、宣传推广、市场管理等五个方面重点阐述我国乡村旅游扶贫的路径。

第六章"我国乡村旅游扶贫与地方政府政策协同"，明确政府政策协同的含义、特征，并从基础设施的完善、旅游资源分布不平衡、旅游扶贫的多部门性、环境问题、扶贫成效的巩固与提升等五个方面分析乡村旅游扶贫中地方政府政策协同的必要性。

第七章"乡村旅游扶贫地方政府政策协同的现状与问题"，在明确政策协同的含义与特征的基础上，重点分析我国部分连片特困区地方政府乡村旅游扶贫的政策协同的基本现状，总结我国当前乡村旅游扶贫地方政府政策协同的主要特征，分析我国乡村旅游扶贫政策协同存在的主要问题。

第八章"高质量发展背景下乡村旅游扶贫政策协同的途径"，总结国外部分机构以及发达国家在政策协同方面的成功经验，重点从提高政策协同的认知、完善协同政策的制定、建立协同机制、加强行政文化建设、发挥社会力量、加强组织机构建设等六个方面阐述乡村旅游扶贫政策协同的途径。

第九章"高质量发展背景下乡村旅游扶贫的协同政策"，围绕"创新、协调、绿色、开放、共享"五大发展理念,重点阐述乡村旅游扶贫的市场准入、资金、人才、环境保护、利益分配政策。

第十章"高质量发展背景下乡村旅游扶贫的区域实践",以湖北省部分县、区的乡村旅游扶贫为案例,探索乡村旅游扶贫的总体思路与形象策划、空间组织与功能分区、具体路径等重要内容,总结乡村旅游扶贫实践经验,以便为其他地区乡村旅游扶贫提供经验借鉴。

二、主要创新之处

本书以产业融合理论、利益相关者理论、可持续发展理论为基础,紧紧围绕我国经济由高速增长阶段转向高质量发展阶段这个背景,具体研究我国乡村旅游扶贫的路径及其政策协同。因此,本书的研究能够进一步推动乡村旅游相关理论的进一步深入,同时拓展我国乡村旅游扶贫研究的视角。

本书结合我国经济高质量发展的内涵、特征以及我国乡村旅游经济高质量的内在要求,较为系统地梳理了我国乡村旅游扶贫的具体路径;同时,阐述了我国乡村旅游扶贫的具体的协同政策,研究内容比较系统、全面,时代性特征较为明显。因此,紧跟国家经济发展的新步伐、新要求、新特征开展研究,这也是本书的一大特色。

第二章 我国经济高质量发展概述

当前,我国经济发展已经进入了一个崭新的时代,即经济高质量发展的新时代。我国经济进入高质量发展的时代并不是偶然的,而是我国经济发展到一定阶段的必然要求。我国为什么要提出经济高质量发展的要求,其背景是什么?我国经济高质量发展的内涵包括哪些内容?农业、农村、农民问题是关系国计民生的根本性问题,乡村经济的高质量发展具有哪些重要的时代意义?本章将一一梳理上述这些问题及其主要内容。

第一节 我国经济高质量发展的背景

党的十八大以来,我国经济快速发展,并取得了世界瞩目的成就,"经济新常态""五大发展理念""供给侧结构性改革"等热词频频出现。习近平总书记在党的十九大报告中指出:中国经济由高速增长阶段转向高质量发展阶段。高质量发展,就是能够很好满足人民日益增长的美好生活需要的发展,是体现新发展理念的发展,是创新成为第一动力、协调成为内生特点、绿色成为普遍形态、开放成为必由之路、共享成为根本目的的发展[1];其回答的不是"快不快"的问题,而是"好不好"的问题,更加能够增加人民群众的获得感与幸福感。由此可见,我国当前和今后一个时期的发展思路的确定、经济政策的制定以及宏观调控的实施将会紧紧围绕高质量发展这一根本性要求。推动高质量发展并不是偶然的,而是必然的,有着深刻的背景,主要体现在以下四个方面:

---

[1] 任保平. 我国高质量发展的目标要求和重点 [J]. 红旗文稿, 2018 (24): 21-23.

一、高质量发展是遵循经济发展规律的必然要求

自中华人民共和国成立之后,历届党和国家领导人都在不断地摸索中国经济发展的科学道路。要发展经济,就必须要认识经济发展的客观规律,并遵循经济发展的客观规律,否则将会受到经济规律的惩罚。例如,在探索建设社会主义的道路中,我国曾出现违背经济规律、超越社会发展阶段的"大跃进"和人民公社化运动,导致国民经济出现严重困难局面。因此,在新的时代,面临新的形势,我们必须要吸取以前的经验教训,严格遵循经济发展规律,做到实事求是。每一个时代有每一个时代的发展目标,每一个经济发展阶段有每一个阶段的发展任务。

进入 21 世纪,尤其是党的十八大以来,我国经济发展取得了巨大的成就,成为世界瞩目的发展"奇迹",展现活力与韧性的"中国力量":在世界经济持续低迷的背景下,尽管面临下行压力,中国经济再上新台阶,五年来经济增速均超过 7%,对世界经济增长平均贡献率超过 30%,国内生产总值从 54 万亿元增长到 80 万亿元,稳居世界第二位,经济韧性增强,成为世界经济增长的主要动力源和稳定器。[①] 因此,在新的形势下,我国应如何继续引领经济发展新常态,促进国民经济发展再上台阶,实现从世界经济大国向经济强国的转变,进一步提高人民的获得感与幸福感,是党和国家领导人面临的一大历史性任务。经济规律具有客观性,但是,并不等于人们在经济规律面前是消极、无能为力的,我们可以认识与利用经济规律,为整个社会谋利益。习近平总书记在多个场合中曾经多次强调,我国经济发展必须要遵循经济发展的客观规律,结合国际、国内具体形势推动经济发展方式转变,促进经济高质量发展。因此,在当前国际新形势以及国内发展条件下,我国经济社会未来的健康持续发展,必须要实现从长期以来的高速增长转向高质量发展。

二、高质量发展是适应我国社会主要矛盾变化的必然要求

社会主义初级阶段是一个很长的历史进程,目前,我国仍处于社会主义初

---

① 党的十八大以来我国经济社会发展成就述评 [EB/OL]. http://politics.people.com.cn/n1/2017/1218/c1001-29713225.html.

级阶段,这个基本的国情是不变的。但是,在社会主义初级阶段这一历史进程中,我国的社会主要矛盾是随着社会发展的变化而发生变化的。1981年,党的十一届六中全会指出:"在现阶段,我国社会的主要矛盾是人民日益增长的物质文化需要同落后的社会生产之间的矛盾。"随着中国特色社会主义建设步伐的不断加快,我国经济社会不断蓬勃发展,整个社会面貌发生了巨大的变化,GDP不断上升,人均可支配收入也在不断增加,中国特色社会主义进入了新时代。因此,习近平总书记在党的十九大报告中指出:"中国特色社会主义进入新时代,我国社会主要矛盾已经转化为人民日益增长的美好生活需要和不平衡不充分的发展之间的矛盾。"①

根据国家统计局网站公布的数据,2018年,全国居民人均可支配收入达28228元,比上年名义增长8.7%,扣除价格因素,实际增长6.5%;其中,城镇居民人均可支配收入39251元,增长(以下如无特别说明,均为同比名义增长)7.8%,扣除价格因素,实际增长5.6%;农村居民人均可支配收入14617元,增长8.8%;此外,人均教育文化娱乐消费支出2226元,增长6.7%,占人均消费支出的比重为11.2%。② 由上述数据可知,随着我国经济社会的不断蓬勃发展,居民的购买力在不断地增加,因而居民的消费观念、消费需求结构也在发生变化,居民对美好生活的追求越来越强烈。反映在消费内容上,居民对舒适的生活环境、优质的教育、可靠的社会保障、高水平的医疗服务、丰富的休闲娱乐活动等的需求在不断增加。比如,外出旅游是人们对美好生活追求的一种实实在在的表现,近年来,随着人均可支配收入的不断增加,人们的旅游需求不断旺盛(如图2-1所示),我国进入了大众化旅游时代。从总体上来看,虽然我国经济社会蓬勃发展,并取得了世界瞩目的发展成就,但由于地理区位、资源禀赋、发展观念等因素的影响,不平衡不充分的发展依然存在,这是满足人民群众对美好生活需求的重要制约因素。因此,在广大人民群众消费不断升级、优质供给不充分的形势下,必须要深化供给侧结构性改革,推动经济高质量发展才能化解矛盾。

---

① 颜晓峰. 我国社会主要矛盾变化的重大意义 [J]. 理论导报,2018 (1):16-18.
② 统计局:2018 年全国居民人均可支配收入 28228 元 [EB/OL]. https://yichang.focus.cn/zixun/d780558ddbfb56c7.html.

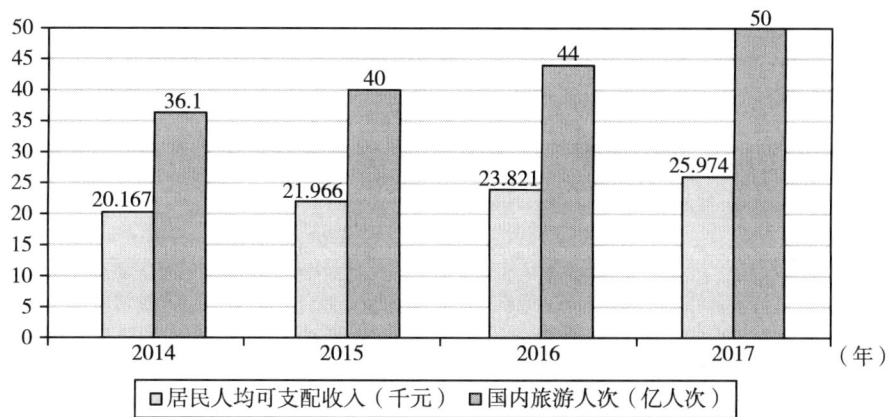

图 2-1 人均可支配收入与国内旅游人次

资料来源：国家统计局 2014—2017 年国民经济与社会发展统计公报。

三、高质量发展是我国全面建成小康社会的必然要求

"小康社会"是由邓小平同志在 20 世纪 70 年代末、80 年代初，在规划中国经济社会发展蓝图时提出的战略构想。1979 年 12 月 6 日，邓小平同志在会见日本首相大平正芳时使用了"小康"来描述中国式的现代化；1984 年，邓小平同志又进一步补充："所谓小康，就是到本世纪末，国民生产总值人均 800 美元。"随着我国经济社会的不断发展，"小康社会"的内涵和意义在不断扩大。2000 年 10 月，党的十五届五中全会提出，从新世纪开始，我国进入了全面建设小康社会，加快推进社会主义现代化的新的发展阶段；2012 年，党的十八大明确提出了"全面建成小康社会"的奋斗目标[①]，并进一步明确了全面建成小康社会的新要求，即经济持续健康发展，人民民主不断扩大，文化软实力显著增强，人民生活水平全面提高，资源节约型、环境友好型社会建设取得重大进展。[②] 由此可见：全面建成小康社会，不仅仅涉及经济方面，还涉及政治、文化、环境等方面；而全面建成小康社会，经济建设是基础，也是政治、文化、环境等方面的目标实现的基础，因此，必须要大力发展经济，促进经济健康持续发展。

改革开放 40 多年以来，我国经济持续高速增长，成为世界经济大国，并对

---

① 全面建设小康社会 [EB/OL]. https://baike.so.com/doc/572078-605615.html.
② 张占斌，高立菲. 全面建成小康社会：衡量标准与科学内涵 [J]. 人民论坛·学术前沿，2016 (18)：6-16.

世界经济发展做出了很大的贡献。当前，我国经济发展进入新常态，面临着一系列的重大问题亟待解决，这些问题主要体现为：一是体制结构有待进一步完善，目前长期形成的结构性矛盾和粗放型增长方式并没有得到根本性的改变，影响经济发展的体制机制的障碍依然存在；二是城乡、区域经济社会发展依旧不平衡，城乡二元结构明显，东、西部发展差距在逐渐加大，教育、文化、卫生等方面的发展水平也有待于进一步提高；三是农村经济发展水平还是比较落后，脱贫攻坚任务依旧比较重，农村发展滞后的局面还需要加大力度才能进一步转变；四是通货膨胀的压力依旧存在，人民群众的生活成本在不断增加，房价调控效果不明显，高房价使得多数人的生活压力不断增加，进而影响了其获得感与幸福感。由此可见，全面建成小康社会，不仅仅涉及经济方面，还涉及政治、文化、环境等方面；而全面建成小康社会，经济建设是基础，也是政治、文化、环境等方面的目标实现的基础，因此，迫切需要改善供给侧环境，优化供给侧机制，促进经济高质量发展，增强我国经济长期稳定发展的新动力，从而才能建成"经济更加发展、民主更加健全、科教更加进步、文化更加繁荣、社会更加和谐、人民生活更加殷实、环境生态更加友好"的小康社会。①

四、高质量发展是解决环境问题的必然要求

在较长的一段时间内，我国粗放型的经济增长方式一味追求经济效益，忽视了生态环境保护，因而加重了生态环境承载力，留下了深刻的经验教训。"绿水青山就是金山银山"，习近平总书记提出的著名的"两山论"就是运用了马克思的唯物史观指出了经济发展与环境保护之间的关系，即保护生态环境就是保护生产力，改善生态环境就是发展生产力。生态效益、经济效益和社会效益相得益彰、和谐共生，是对《资本论》生态文明思想的继承、发展及其在中国的具体实践。党的十八大以来，以习近平总书记为核心的党中央就把生态文明建设放在突出的位置，并将其融入经济建设、政治建设、文化建设、社会建设各方面和全过程，以建成美丽富饶的中国。

尽管党的十八大以来，我国在生态文明建设、环境保护等方面下了很大的功夫，取得了较好的成绩，解决了一些突出问题，扭转了一些被动局面。但是，

---

① 张占斌，高立菲. 全面建成小康社会：衡量标准与科学内涵 [J]. 人民论坛·学术前沿，2016 (18)：6 – 16.

从总体上来看，成绩来之不易，形势依然严峻，老百姓身边突出的环境污染问题、大气污染源头治理、地表水污染治理、工业固废历史堆存和垃圾处理难题、农村环境污染以及城乡人居环境治理等问题亟待解决。此外，近年来，华北、华东地区出现大面积雾霾天气，一些与环境污染有关的疾病发生率上升。上述这些突出的环境问题，除了与生态观念、管理制度等密切相关之外，经济生产方式或经济发展模式是重中之重。习近平总书记强调："坚决摒弃损害甚至破坏生态环境的发展模式""牢固树立保护生态环境就是保护生产力、改善生态环境就是发展生产力的理念"。[①] 而要解决上述这些环境问题、显著改善环境状况、使"绿水青山就是金山银山"理念深入人心，必须要实现经济高质量发展。经济高质量发展是一种生产要素投入少、资源配置效率高、资源环境成本低、经济社会效益好的可持续发展[②]，意味着坚定不移走生态优先、绿色发展新道路，意味着用更低的成本获得更高的产能和效益，并以低能耗缓解环境压力，从而实现经济社会的健康持续发展。因此，高质量发展是解决环境保护难题的必然要求。

第二节　我国经济高质量发展的内涵及其要求

推动经济高质量发展、建设现代经济体系是中国特色社会主义进入新时代的本质特征及本质要求。经济高质量发展是对过去的不科学、不合理的发展方式的改革，是按照"创新、协调、绿色、开放、共享"五大发展新理念，生产要素投入少、生产效率高、环境成本低、经济社会效益好，同时又能够很好地满足人民群众日益增长的美好生活需要的可持续发展。经济高质量发展由过去强调经济发展的"有没有""快不快"转化为"好不好"，这是一种新的发展理念、发展方式、发展战略，具有深刻而丰富的内涵；同时，具有具体的实践要求。

---

① 秦尊文，路洪卫．协同推动经济高质量发展和生态环境高水平保护［N］．光明日报，2018－06－21．
② 王永昌，尹江燕．论经济高质量发展的基本内涵及趋向［J］．浙江学刊，2019（1）：91－95．

一、我国经济高质量发展的内涵

根据十九大报告的精神，经济高质量发展的内涵主要有以下内容①：

（一）经济高质量发展是质量和效益不断提高的发展

经济高质量发展，必须坚持质量第一、效益优先，是质量与效益不断提高的发展。当前，我国社会主要矛盾已经转化为人民日益增长的美好生活需要和不平衡不充分的发展之间的矛盾。为了满足广大人民群众的美好生活需要，我国经济发展就必须要提供高质量的生产、生活以及各类服务产品。反过来，广大人民群众对美好生活的需求、对高质量产品的需求又能够促进我国产业结构的调整，推动企业改进生产技术、提高产品质量、降低生产成本、提高企业利润。因此，高质量发展是质量和效益不断提高的发展。

（二）经济高质量发展是绿色成为常态的发展

目前，绿色发展已经成为世界发展的一个重要趋势，很多国家都把这种以效率、和谐、持续为目标的经济增长和社会发展方式作为经济高质量发展的重要标志。随着人民生活水平的不断提高，人们对人居环境提出了更高的要求；同时，随着低碳技术的不断进步，当前我国经济快速发展的过程中的环境污染与破坏问题也在逐渐地得到修复。因此，经济高质量发展是一种绿色成为常态的发展，是不以牺牲环境为代价来换取经济繁荣发展的科学的发展方式，是一种顾及子孙后代未来发展的可持续发展战略。

（三）经济高质量发展是深化改革开放的发展

我国经济高质量发展要实现"质量转变、效率转变、动力转变"三大转变目标，就必须要深化改革开放，改革开放依然是发展的必由之路和强大动力。深化改革开放包括两方面，一是对外的改革开放，二是对内的改革开放。改革开放40多年，我国对外开放已经站在更高起点，与世界各国和平相处，并实现了从贫穷落后到世界第二大经济体、最大货物贸易国、第二大对外直接投资国的飞跃。未来，我国经济高质量发展将会不断加大对外开放的步伐，更加密切与世界各国的经济往来，并最终实现世界经济强国的伟大目标。对内，深化改革开放的理念将会进一步融入我国经济社会发展的各个领域中，推动质量变革、

---

① 林兆木. 关于我国经济高质量发展的几点认识［N］. 人民日报，2018-01-17（007）.

效率变革、动力变革，提高全要素生产率，形成全面开放的新格局。

（四）经济高质量发展是共享成为根本目的的发展

落实党的十八届五中全会提出的共享发展理念，是坚持和发展中国特色社会主义的本质要求，是一个解放思想与求真务实、效率与公平相统一的过程。[①] 共享发展的提出，就是要保障人民群众的主体地位，保障人民群众当家做主的权利，保证公平正义，实现共同富裕，只有这样，才能使人民群众对美好生活的向往变为现实。因此，经济高质量发展应是共享成为根本目的的发展，经济高质量发展的成果要由人民群众共享；同时，这也是充分调动广大人民群众积极参与经济建设、推动经济高质量发展的强大动力。

二、我国经济高质量发展的实践要求

高质量发展具有深刻而又丰富的内涵，同时，决定了高质量发展的实践要求，具体的要求如下[②]：

（一）推动经济高质量发展，必须要提高供给体系质量

高质量发展，坚持质量第一。推动经济高质量发展，必须要激发社会创造力和发展活力，获得更有效率、更有公平、更持续的发展。因此，推动经济高质量发展，必须要坚定不移地把提高供给体系质量作为主攻方向。具体地，提高供给体系质量应从优化产业结构、培育科学产能和推动产品升级三个方面去着力。一是产业结构优化。要根据国民经济发展需要，不断地调整和优化产业结构；严格控制新增产能，有序退出过剩产能，积极发展先进产能；各产业内部保持符合产业发展规律和内在联系的比率，保证各产业持续、协调发展，同时，各产业之间协调发展，即实现产业结构合理化；还要通过技术创新等，使产业结构整体素质和效率向更高层次不断演进，即实现产业结构高级化。二是科学产能培育。按照供给侧结构性改革的要求，合理配置人力、财力、物力，用最安全、最高效、环境友好的方式进行生产，提高生产效率，减少环境污染。三是推动产品升级。农业、工业等物质生产和服务部门以及教育、文化等精神产品生产和服务部门要根据市场需求，加大对产品的研发力度，努力降低产品

---

① 共享：中国特色社会主义的本质要求 [EB/OL]. 中国共产党新闻网，http://theory.people.com.cn/n1/2016/0908/c40531-28700811.html.
② 田秋生. 高质量发展的理论内涵和实践要求 [J]. 山东大学学报（哲学社会科学版），2018（6）：1-8.

的生产成本,推动产品的升级换代,生产质量更好、效率更高、功能更齐全、更节能的优质产品。

(二) 推动经济高质量发展,必须要建设现代经济体系

新的经济发展阶段需要相应的经济体系作为支撑,以推动经济的健康持续发展。习近平总书记强调:建设现代化经济体系,必须把发展经济的着力点放在实体经济上,把提高供给体系质量作为主攻方向,显著增强我国经济质量优势。推动经济高质量发展,必须要建立现代经济体系。现代经济体系是一个以人民为中心、协调平衡、具有创新力的体系,具有六个方面的特征,即更高效益的经济水平和经济增速,更高质量的经济增长方式,更平衡的区域和城乡发展格局,更完善的市场经济体制,更全面的对外开放,更完善的现代化产业体系、空间布局结构和协调程度。[①] 由此可见,通过现代经济体系的建设,能够转变我国经济增长方式,优化产业结构,缩小地区差异,从而实现质量转变、效率转变、动力转变,以质量高、效益好、可持续的发展满足人民群众日益增长的美好生活需要,推动建设中国特色社会主义现代化经济强国的伟大梦想的早日实现。

(三) 推动经济高质量发展,必须处理好速度与质量的关系

经济高质量发展,更加突出质量和效益,但不是不重视速度,而是追求速度与质量的统一,讲求有质量与效益的速度。在过去我国经济发展的历程中,重速度、轻质量的生产理念、方式、方法和思路曾经带来惨痛的教训。而当前我国经济社会发展的过程中,也依旧存在着重速度、轻质量的现象。如 2017 年 2 月 4 日国务院印发的《全国国土规划纲要 (2016—2030 年)》中就明确指出:当前城镇化重速度、轻质量问题严重,部分城市承载能力减弱,水土资源和能源不足,环境污染等问题凸显。由此可见,我国经济高质量发展,不是一味地追求经济发展的速度,而应该要以质量和效益为重,要避免过分追求经济发展速度而造成的资源浪费以及环境污染;经济高质量发展是质量、效益、结构、速度四者的有机统一。

(四) 推动经济高质量发展,必须要进行科技创新

当前,我国经济发展已经由高速增长阶段转向高质量发展阶段,正处在转变经济发展方式、优化产业结构、转化增长动力的关键时期,需要不断地进行

---

① 全面解读现代化经济体系——六大特征、三个难点、五条路径 [EB/OL]. http://finance.jrj.com.cn/2017/11/30103923718784.shtml.

科技创新，为经济发展注入新的活力和动力。习近平总书记曾指出："科技兴则民族兴，科技强则国家强""科技创新是核心，抓住了科技创新就抓住了牵动我国发展全局的牛鼻子"，由此可见，科技创新是我国经济高质量发展的强大动能，科技创新能为我国经济高质量发展提供重要的支撑作用。近年来，随着我国高新技术的发展，许多基于新的信息技术而产生的经济新业态、新模式不断涌现，如蓬勃发展的信息经济、共享经济等不仅为我国实体经济的发展注入了新的活力，同时也为广大人民群众提供了很多的便利。党的十九大报告强调"要推动互联网、大数据、人工智能技术和实体经济的深度融合"，国家高度重视科技创新，企业也要高度重视科技创新，广泛应用各类新技术促进企业的改革与产品的优化升级，不断提升企业的创新能力与竞争优势。

第三节 我国乡村经济高质量发展的时代意义

当前，高质量发展已经成为我国经济发展的主导方向以及经济发展战略、发展政策制定的主要依据。农业、农村、农民问题是我国全面建成小康社会的重点和难点。目前，我国城乡经济发展不平衡，各地乡村经济发展水平高低不一；农民的生活水平还有待于进一步提高，部分农民尚未脱贫，精准脱贫成为决胜全面建成小康社会的三大攻坚战之一。因此，认真贯彻落实党的十九大精神，努力推动乡村经济高质量发展具有重要的时代意义。

一、乡村经济高质量发展的重要意义

我国是一个农业大国，乡村经济高质量发展具有重要的时代意义，主要体现在以下三个方面：

（一）乡村经济高质量发展是我国经济高质量发展的应有之义

农业是国民经济的基础，是国家自立、社会安定的基础。农业是我国国民经济的重要组成部分，因而乡村经济高质量发展是我国经济高质量发展的应有之义。近年来，全国各地均以农业供给侧结构性改革为主线，以农业提质增效和农民就业增收为目标，农业生产形势持续向好，产业结构不断得到优化；

2018年,全国粮食总产量达到13158亿斤,农产品加工业与农业产值比达到2.3∶1,休闲农业和乡村旅游营业收入超过8000亿元,为我国经济高质量发展大局提供了有力支撑,为应对各种经济风险与挑战提供了有力保障。[①] 此外,当前我国农村基础差、底子薄、发展滞后的状况尚未得到根本改变,经济社会发展中最明显的短板仍然在"三农",因此,必须要推动乡村经济高质量发展,才能从根本上推动我国整体经济高质量发展,不断加快中国特色社会主义建设步伐。

(二) 乡村经济高质量发展是打赢扶贫攻坚战的内在要求

党中央提出了到2020年实现全面建成小康社会的宏伟目标。全面建成小康社会,最大的困难和障碍就是农村地区的扶贫脱贫问题。目前,我国的扶贫攻坚战已经取得了一定的成效,但是,从整体上来看,我国贫困人口数量多、分布的范围也比较广泛,扶贫脱贫以及防止返贫的任务都非常的艰巨,因此,必须要从根本上寻求解决之路。扶贫必须要紧扣时代发展的新要求,贯彻落实乡村振兴战略,采取"造血式扶贫",以产业发展为基础,通过大力培养新型职业农民、加大技术引进力度、加快农业与其他产业融合发展的力度等措施,优化农村产业结构,推动乡村经济的高质量发展,不断提高村民的生活水平,从而为打赢扶贫攻坚战、全面建成小康社会做出更大的贡献。

(三) 乡村经济高质量发展是乡村振兴的根本要求

党的十九大报告中提出,要实施乡村振兴战略,要坚持农业农村优先发展,按照产业兴旺、生态宜居、乡风文明、治理有效、生活富裕的总要求,建立健全城乡融合发展体制机制和政策体系,加快推进农业农村现代化。[②] 而产业兴旺、生态宜居、乡风文明、治理有效、生活富裕这五个方面的要求都是与乡村经济的发展密切相关的,产业兴旺是实现乡村振兴的基石,生态宜居是提高乡村发展质量的保证,乡风文明是乡村建设的灵魂,治理有效是乡村善治的核心,生活富裕是乡村振兴的目标[③];只有乡村经济得到高质量发展,这五个方面的具体要求与目标才能实现。由此可见,乡村经济高质量发展是乡村振兴的根本要求。

---

① 农业部:2018年我国粮食总产量13158亿斤 [N]. 人民日报, 2018 - 12 - 31.
② 李周. 深入理解乡村振兴战略的总要求 [J]. 理论导报, 2018 (2):43 - 44.
③ 同上。

二、乡村旅游高质量发展的重要意义

旅游产业是朝阳产业,具有明显的带动效应与辐射效应。我国广大乡村地区拥有较为丰富的乡村景观,自然生态环境优美,随着城市居民对乡村生活体验的向往与追求,乡村旅游近年来蓬勃发展,并呈现出良好的发展势头,成为乡村振兴的重要抓手和着力点。乡村旅游高质量发展是一种健康持续的发展,是供需均衡、产业升级、能够满足人民群众美好生活需求的低碳化发展,能在优化农业产业结构、提高农民经济收入、改善乡村人居环境以及促进乡土文化的保护与传承等方面起到重要的促进作用。

(一)乡村旅游高质量发展能优化农业产业结构

产业兴旺是乡村振兴的重点,同时,也是乡村振兴的物质基础。乡村旅游高质量发展能够使旅游业与农业深度融合,催生多种新业态,如国家农业公园、休闲农场/休闲牧场、乡村营地、乡村公园、乡村庄园/酒店/会所、乡村博物馆/艺术村、乡村民宿、文化创意农园、田园综合体等,促进农业产业结构的调整,拉长农业产业链,助推乡村经济的健康持续发展。

(二)乡村旅游高质量发展能进一步提高农民生活水平

农民是农村地区的主人,同时也是乡村旅游的参与主体。乡村旅游的高质量发展是广大农民群众积极参与并公平享有旅游红利的发展。乡村旅游的高质量发展,能够为广大农民群众提供合适的就业岗位,扩大农民的增收渠道,进一步提高农民的生活水平,实现"增收"与"顾家"两不误的目标。同时,乡村旅游高质量发展还能够提高农民在乡村经济社会发展中的话语权,从而为广大游客提供更优质、更高效的服务。

(三)乡村旅游高质量发展能更好地改善乡村人居环境

良好的生态环境与资源条件是乡村地区的宝贵财富,是实现乡村旅游高质量发展的前提和基础。[①] 而乡村旅游高质量发展是低碳化的发展,是保护与开发并重的发展,践行"绿水青山就是金山银山"的理念,因此,乡村旅游高质量发展又能促进生态环境的保护,从而为广大村民提供良好的人居环境。乡村旅游高质量发展着重为广大游客提供优美的乡村环境,重视乡村环境污染的预防

---

① 罗文斌. 乡村旅游高质量发展的背景、内涵及路径 [N]. 中国旅游报,2019 - 05 - 14 (003).

与治理工作，推进垃圾与污水的再生利用与无害处理，使乡村的生产、生活空间与生态环境相得益彰，不断提高乡村居民的生活环境质量。此外，乡村旅游高质量发展能够不断增强广大乡村居民的环保意识，使其养成良好的生产、生活习惯，自觉维护乡村的自然生态环境，推动乡村振兴。

（四）乡村旅游高质量发展能更好地满足人们对美好生活的需要

乡村旅游高质量发展不仅能够为广大农民提供就业岗位，拓宽增收渠道，同时也能够为其提供良好的人居环境，因而，能够满足广大农民群众对美好生活的需要，提高农民群众的获得感、幸福感与安全感。此外，随着生活水平的不断提高以及工作压力的不断增加，越来越多的城市居民更加向往空气清新、生活淳朴的乡村生活，希望能够回归大自然、欣赏田园风光、体验乡村情趣。乡村旅游高质量发展能够从城市居民的现实需求出发，不断丰富旅游产品类型，为广大游客提供更多参与性强、体验度高的旅游项目，从而更好地满足城市居民对美好生活的需要，增强旅途中的获得感、幸福感与安全感。

（五）乡村旅游高质量发展能更好地保护与传承乡土文化

乡村地区不仅拥有丰富的自然资源，同时还拥有绚丽多姿的乡土文化，乡村旅游高质量发展能更好地保护与传承乡土文化。当今，我国旅游业的发展已经进入了文旅融合的新时代；文化是旅游业的灵魂，乡村旅游高质量发展，重视乡土文化的价值，重视乡村文化的挖掘与保护；通过文化与旅游的深度融合，创新发展乡土文化的表现形式。同时，还重视乡土文化传承人的保护与培养，发掘乡土人才的价值与潜力，并将高新技术应用于乡土文化的保护与开发中，为广大游客提供优质的文化体验，进而更好地保护与传承乡土文化。

第三章　我国乡村旅游扶贫的现状

随着工作压力、生活压力的不断增强，以及家庭对亲子教育的普遍重视，越来越多的城市居民利用节假日前往拥有良好生态环境、秀丽田园风光的乡村地区开展观光游览、休闲度假、互动体验等活动，使得我国乡村旅游蓬勃发展，乡村地区的"绿水青山"逐渐转变成为"金山银山"。乡村旅游的蓬勃发展带动了贫困地区村民脱贫致富，国家乡村旅游扶贫工程观测中心公布的数据显示：2017年贫困村通过乡村旅游脱贫人数达264万人，占全国脱贫总人数的18.3%；乡村旅游已成为我国农民就业增收、农村经济发展、贫困人口脱贫的主战场和中坚力量。[1] 本章将梳理我国乡村旅游扶贫的发展历程，分析我国乡村旅游扶贫的主要模式与效益，并找出当前我国乡村旅游扶贫的主要困境。

第一节　我国乡村旅游扶贫的发展历程

相对于国外而言，我国乡村旅游起步较晚，但是，由于旅游产业具有较强的辐射和带动效应，因此，乡村旅游具有明显的扶贫效应，乡村旅游与旅游扶贫成为许多地区脱贫攻坚的重要渠道。我国乡村旅游扶贫工作经历了从无到有、从效益不明显到效益显著增强并成为脱贫攻坚工作重要抓手的过程。从总体上来看，我国乡村旅游扶贫的发展历程可以分为以下几个主要阶段[2]：

---

[1]　乡村旅游扶贫故事，青山变金山［EB/OL］. http：//www.mayi.com/all_sengl/t_269710/.
[2]　李若凡. 延边州精准扶贫的困境与路径思考［D］. 延吉：延边大学，2018.

一、中华人民共和国成立到改革开放前（1949—1978 年）

中华人民共和国成立之后到改革开放前，党中央和国家领导人就很重视扶贫工作，虽然没有制定直接的扶贫政策，但是，国家在自然灾害以及宏观经济萧条时期对贫困人口采取了直接帮助救济的方式，即输血式扶贫。由于这个时期我国旅游业以政治接待为主，不以营利为目的，乡村地区的旅游开发尚未起步。因此，乡村旅游扶贫还没有真正出现。

二、改革开放之后到贫困未被正式定义前（1979—1985 年）

改革开放之后，我国经济建设开始进行大规模的改革与创新，政府通过实行家庭联产承包责任制等解决贫困问题。家庭联产承包责任制是农民以家庭为单位，向集体经济组织（主要是村、组）承包土地等生产资料和生产任务的农业生产责任制形式。1982 年，家庭联产承包责任制被中央以文件形式确定下来，即 1982 年 1 月 1 日，中国共产党历史上第一个关于农村工作的"一号文件"正式出台，明确指出包产到户、包干到户都是社会主义集体经济的生产责任制。之后，家庭联产承包责任制不断得到完善与稳固，农民利用手中分到的田地逐渐开展多样化种植，家庭收入不断增加，逐渐解决了贫困问题。1980 年代，我国乡村旅游开始兴起，以 1984 年开业的珠海白藤湖农民度假村为主要标志，白藤湖农民度假村首创了农业观光游、农业休闲游；之后，虽然该度假村由盛转衰，但是它也曾经为当地的农民带来了实实在在的好处，推动了当地农民脱贫致富。

三、贫困正式定义到扶贫攻坚阶段（1986—2000 年）

1986 年，国务院贫困地区经济开发领导小组（以下简称"领导小组"）成立，时任国务院副总理田纪云于 5 月 14 日主持了第一次领导小组全体会议，并在会议中指出"部分农民的温饱问题尚未完全解决"；1993 年，领导小组更名为"国务院扶贫开发领导小组"。1986 年至 1993 年间，我国的扶贫工作一直有规划地持续进行，但是任务依旧很艰巨。中央也意识到了必须采取有效措施才能在

20世纪末解决农村温饱问题,于是在1994年出台了著名的《国家八七扶贫攻坚计划》。[①] 1996年之后,中央制定了一系列的扶贫政策,鼓励采取多种方式扶贫,并鼓励企业与社会组织积极参与扶贫。在这个时期,1986年是"七五"计划开局年,旅游业被正式纳入国民经济与社会发展计划中,旅游资源的开发得到了国家及各级政府的大力支持,一些拥有高品位旅游资源的贫困农村地区开始了旅游开发计划,如安徽皖南、湖南湘西与湘南地区、云南西双版纳与大理、新疆吐鲁番与喀什地区等,乡村旅游在提高农民收入、促进农民脱贫致富方面起到了重要的促进作用。[②] 同时,在1980年代末,以农民家庭为基本接待单位,利用农、林、牧、渔资源为游客提供餐饮、住宿、观光、娱乐、购物等服务的农家乐在成都郫县农科村等地诞生。"旅游扶贫"的思路在1991年全国旅游局长会议被正式提出,1996年10月,国务院扶贫开发领导小组办公室和国家旅游局相继召开旅游扶贫工作会议,研究和总结我国旅游扶贫工作。[③] 此外,在国家相关扶贫政策的影响下,国家旅游局在旅游宣传、产品开发方面也非常重视乡村旅游的发展,并充分发挥乡村旅游的扶贫带动作用。1998年,国家旅游局将旅游主题年定为"华夏城乡游年",将1999年定为"生态环境旅游年",其中都涉及了乡村旅游。此外,北京延庆县龙庆峡、山东淄博市樵岭前村、四川巫山县"小三峡"、贵州镇宁县黄果村等地的乡村旅游发展较好,对当地的扶贫工作起到了较好的推动作用,不少村民通过发展乡村旅游实现了脱贫,日子越过越红火。

四、整村推进、十年评估阶段(2001—2010年)

2001年,国务院颁布并实施《中国农村扶贫开发纲要(2001—2010)》,提出低收入标准;我国的扶贫工作进入了全面发展阶段,并取得了较好的成绩。2007年底,绝对贫困人口减少到1479万人,低收入人口减少到2841万人。乡村旅游在这个阶段的扶贫工作中发挥了很大的促进作用,不少农村地区都充分利用当地的乡村资源开发各类乡村旅游项目,全国产生了一些典型的乡村旅游

---

① 中国扶贫三十年演进史 精准扶贫为什么 [EB/OL]. 中国扶贫网, http://www.cnfpzz.com/column/fupinzixun/fupinfangtan/2016/0225/8864.html.
② 王颖. 中国农村贫困地区旅游扶贫 PPT(Pro - Poor Tourism)战略研究 [D]. 上海:上海社会科学院,2006.
③ 于乐荣. 旅游扶贫的原则及方式 [J]. 中国国情国力, 2016 (7): 48 - 50.

扶贫案例,如成都近郊的郫县以及武汉市黄陂木兰①。1990 年代中后期,四川成都近郊郫县的农民就利用自家院落以及傍依的田园风光开发农家乐旅游,吸引了城市游客前来观光旅游,经过 10 多年的发展,该县的农家乐发展迅猛,并形成了农家园林型、花果观赏型、景区旅舍型、花园客栈型等四种主要类型。"农家乐"旅游经营机制灵活,有游客时可商,无游客时可农,从事旅游服务和务工务农两不误,不但利用了闲散劳力,而且农副产品可实现就地消费,成为发展农村经济、增加农民收入的有效途径;2003 年底,全县农业旅游接待景点已发展到 300 余处,共有 45 位外来投资者前来开发农业旅游景点,其中,投资额达 100 万元至 500 万元以上的有 15 家,党和国家领导人多次前来考察,同时也吸引了 30 多个国家及联合国有关组织官员慕名而来考察学习。黄陂木兰乡雨林村王明月是该村第一个"吃螃蟹的人",2000 年开始他在家里办起农家乐,靠农家乐每年可增收 3 万至 5 万元。木兰天池景区是黄陂区的国家级森林公园,2004年初其附近的向阳村农民自发经营的农家乐已有 10 余户,农家乐与景区相得益彰,互利双赢,很受游客欢迎。

五、精准扶贫阶段(2011 年至今)

2011 年,中央决定将农民人均年收入 2300 元作为新的国家扶贫标准。这个上调幅度历史罕见,比 2009 年提高了 92%。同时,2011 年乡村旅游扶贫被写入《中国农村扶贫开发纲要(2011—2020 年)》,这是乡村旅游扶贫作为重要的扶贫方式之一,第一次被写入我国政府扶贫纲领性文件。2012 年,党的十八大召开,之后,精准扶贫成为扶贫工作的中心。2013 年 11 月,习近平总书记到湖南省十八洞村考察时正式提出"精准扶贫"。精准扶贫,即针对不同贫困区域环境、不同贫困农户状况,运用科学有效程序对扶贫对象实施精确识别、精确帮扶、精确管理的治贫方式。旅游产业具有明显的带动效应和辐射效应,因而成为这个阶段精准扶贫的重要手段。2015 年之后国家以及相关部委制定了一系列的相关政策,进一步扶持与推动乡村旅游扶贫的持续开展(详见表 3 – 1)。

---

① 成都郫县发展"农家乐"调查 [EB/OL]. http://news.sina.com.cn/s/2004 – 06 – 21/07562861524s.shtml.

表 3-1　　　　　　　　全国旅游精准扶贫政策一览表

政策名称	颁布时间	颁布单位	主要内容
《国务院关于促进旅游业改革发展的若干意见》	2015 年 1 月	国务院	加强乡村旅游精准扶贫，扎实推进乡村旅游富民工程，带动贫困地区脱贫致富
《关于进一步促进旅游投资和消费的若干意见》	2015 年 8 月	国务院	加大对乡村旅游扶贫重点村的规划指导、专业培训、宣传推广力度，组织开展乡村旅游规划扶贫公益活动，对建档立卡贫困村实施整村扶持
中央 "一号文件"	2016 年 1 月	国务院	强调要大力发展休闲农业和乡村旅游，积极扶持农民发展休闲旅游业合作社等
《关于金融助推脱贫攻坚的实施意见》	2016 年 3 月	国家发展改革委等七部门	各金融机构要积极支持能吸收贫困人口就业、带动贫困人口增收的绿色生态种养业、经济林产业、林下经济、森林草原旅游、休闲农业、传统手工业、乡村旅游、农村电商等特色产业发展
《乡村旅游扶贫工程行动方案》	2016 年 9 月	国家旅游局、国家发展改革委、国土资源部等 12 个部门	确定了乡村旅游扶贫工程的五大任务和提出了实施乡村旅游扶贫八大行动
《"十三五"脱贫攻坚规划》	2016 年 12 月	国务院	在产业发展脱贫的规划中，提出了旅游扶贫的详细措施，因地制宜发展乡村旅游、大力发展休闲农业，积极发展特色文化旅游
中央 "一号文件"	2017 年 2 月	国务院	大力发展乡村休闲旅游产业，扎实推进脱贫攻坚，充分发挥乡村各类物质与非物质资源富集的独特优势，利用 "旅游+" "生态+" 等模式，推进农业、林业与旅游、教育、文化、康养等产业深度融合
《关于深入推进农业领域政府和社会资本合作的实施意见》	2017 年 5 月	财政部、农业部	将农业田园综合体作为聚焦重点，推进农业领域 PPP 工作

续表

政策名称	颁布时间	颁布单位	主要内容
《关于推动落实休闲农业和乡村旅游发展政策的通知》	2017年5月	农业部	在用地、财政、金融、公共服务、品牌创建上提出具体措施,旨在促进、引导休闲农业和乡村旅游持续健康发展,加快培育农业、农村经济发展新动能,壮大新产业、新业态、新模式,推进农村一二三产业融合发展
《关于政策性金融支持农村一二三产业融合发展的通知》	2017年6月	农业部、中国农业发展银行	支持农业多种功能开发,增加农村产业融合发展拓展力;运用农业资源优势发展特色旅游产业,加大力度支持贫困地区农业绿色生态功能开发

资料来源:全国旅游精准扶贫政策解读[EB/OL]. http://www.jxfpym.gov.cn/news/e7d62cbc-25a5-4cf2-b5dc-94e9ec0f2e35.html。

旅游精准扶贫也得到了党中央和国家领导人的高度认可,很多省级管理部门也制定了一系列相关的政策或行动方案,如贵州省出台了《发展旅游业助推脱贫攻坚三年行动方案》,山东省出台了《乡村旅游提档升级工作方案》,云南省印发了《关于加快乡村旅游扶贫开发的意见》《云南省旅游扶贫专项规划(2016—2020年)》,等等,通过大力发展乡村旅游,鼓励老百姓积极参与旅游开发,不少村民都吃上了"旅游饭",走上了奔小康的道路。

在这个阶段,全国各地涌现出了很多乡村旅游扶贫实践的成功案例。湖南省十八洞村精准扶贫的"旅游实践"就是一个典型的例子。2013年11月3日,习近平总书记来到十八洞村考察之后,该村就依托当地的生态与资源优势,大胆探索乡村旅游脱贫致富的道路,并将农家乐作为致富的突破口,鼓励村民创办农家乐。同时,为了规范农家乐的管理、防止恶性竞争、保证农家乐的服务质量,十八洞村实行了"五统一"管理模式,即统一接团、统一分流、统一结算、统一价格、统一促销。十八洞村还认真贯彻习近平总书记在考察时提出的"不栽盆景,不搭风景"要求,确立了"人与自然和谐相处,建设与原生态协调统一,建筑与民族特色完美结合"的建设总原则,通过改厕、改水、改圈、改厨、改路"五改"工作和公共服务设施建设等,让村寨风貌发生了巨大变化。此外,十八洞村还积极寻求发展新路子,与花垣县苗汉子合作社"联姻",组建了花垣县十八洞村苗汉子果业有限责任公司,将农业产业与乡村旅游结合起来;

实施"113工程"建设,即每家每户种植10株冬桃树、10株黄桃树,养殖300条稻田鱼,并将桃子采摘权和稻田鱼捕捉权对外出让,对该工程的实施每户农户只须投资400元左右,3年后即可实现创收近5万元;深入挖掘苗族文化元素,提升乡村旅游产品的文化内涵。① 经过几年的发展,十八洞村乡村旅游精准扶贫取得了较好的效益,2013年,该村人均纯收入仅1668元,到2017年人均收入突破万元。2016年11月,十八洞村便向镇里递交了退出贫困村的申请书。2017年2月,湖南省"扶贫办"宣布该村脱贫摘帽。未来十八洞村将"以一带四"的产业格局,即以乡村旅游业为核心动力,带动以猕猴桃为主的种植业、以湘西黄牛为主的养殖业、以苗绣为主的手工艺加工业、以"旱涝保收"为主的劳务输出业,支撑起整个乡村旅游扶贫发展格局。②

除了湖南之外,湖北省的乡村旅游扶贫成效也非常明显。近年来,湖北省乡村旅游扶贫精准发力,不断创新扶贫模式,采用多元化的投资,并在贫困地区实施"旅游+"工程,推进贫困区旅游与关联产业融合,形成了一批乡村赏花、避暑度假、田园休闲等旅游新业态;推出140个休闲农业与乡村旅游示范点,举办湖北茶文化旅游活动,发布16条覆盖武陵山区、秦巴山区、大别山区与幕阜山区四大贫困片区采茶旅游线路。乡村旅游扶贫总体上取得了良好的脱贫效果,2017年底,全省通过旅游实现脱贫80万人,占全省脱贫人数的17%;旅游扶贫的建档立卡重点村人均通过旅游增收5000元以上;农家乐、民宿、旅游购物等相关行业,还为乡村老人、留守妇女、低学历者等贫困弱势人群提供了40多万个就业岗位。③

第二节 我国乡村旅游扶贫模式

近年来,在国家脱贫攻坚战略的推动下,乡村旅游充分发挥了广泛参与以及良好的扶贫带动效应。全国各地不断探索乡村旅游扶贫模式,并取得了较好的成效,乡村旅游已经成为农民就业增收、农村经济发展、贫困人口脱贫的主

---

① 冯豪博. 十八洞村精准扶贫的"旅游实践"[N]. 中国旅游报,2018-10-17.
② 十八洞村精准扶贫的"旅游实践"[EB/OL]. https://www.sohu.com/a/260111143_100191061.
③ 湖北乡村旅游扶贫精准发力 实现80万人脱贫[EB/OL]. http://www.hubei.gov.cn/zwgk/hbyw/hbywqb/201807/t20180714_1315198.shtml.

战场和中坚力量。① 从总体上来看。我国各地乡村旅游扶贫模式可以总结归纳为"景区带村"模式、"能人带户"模式、"公司+农户"模式、"合作社+农户"模式等四大模式，这些模式扶贫成效明显，并得到社会的广泛认可以及相关管理部门和领导人的充分肯定。2016 年 8 月，时任国家旅游局局长的李金早在"第二届全国乡村旅游与旅游扶贫工作会"上指出，上述四种扶贫模式值得肯定；2018 年 3 月，国务院办公厅发布的《关于促进全域旅游发展的指导意见》中也提出："大力实施乡村旅游扶贫富民工程，通过资源整合积极发展旅游产业，健全完善'景区带村、能人带户'的旅游扶贫模式。"以下对这四大模式进行系统梳理，并具体分析部分典型例子。

一、"景区带村"模式

（一）"景区带村"模式的优势

"景区带村"模式，即通过景区旅游发展带动周边村庄发展，村民脱贫致富，不仅仅是景区的公益事业，同时也是贫困地区经济发展的内生性要求。2016 年，国家旅游局公布的 280 个全国旅游扶贫示范项目中，"景区带村"示范项目共有 80 个，分布在广西、云南、贵州、河北、河南、海南、四川等地。"景区带村"模式具有以下几个方面的优势：

1. 带动交通基础设施的改善，村民生活日益便利。发展旅游，交通先行。旅游景区的发展能够带动周边村庄基础设施的改善，城市之间、县与县之间、村与村之间的道路状况不断得到改进，甚至一些村庄形成了"航空+高铁+高速"的立体交通网，村民与外界的沟通与交流越来越便利，不仅开阔了村民的视野，同时，也为村民进行商品交易等提供了很多的便利。

2. 优化产业结构，增加就业机会。旅游景区尤其是大型的 AAAA 景区或者 AAAAA 景区的发展涵盖的范围比较广，往往包括餐饮、住宿、交通、游览、购物、娱乐等旅游项目，需要大量的劳动力，而景区周边的村民则是景区日常经营所需要的大量劳动力的主要来源。村民通过参与景区的日常经营活动，改变了传统的以农业种植为主的产业结构，拓宽了就业渠道，村民的增收渠道也日益多样化，生活水平得到了极大的改善。

---

① 邓敏敏，邢立涛. 国家旅游局发布《全国乡村旅游扶贫观测报告》乡村旅游成我国贫困人口脱贫的中坚力量 [N]. 中国旅游报，2016 - 08 - 19（1）.

3. 提升村民的获得感、幸福感与安全感。景区的旅游发展改善了当地的交通基础设施状况，增加了农民的收入，同时还能改善村容村貌；村民积极参与其中，并从中分享旅游发展的红利，吃上"旅游饭"，不仅能够增强村民的主人翁地位，同时能够进一步提升村民获得感、幸福感与安全感。

（二）"景区带村"模式的典型案例

恩施旅游集团旗下的恩施大峡谷在"景区带村"扶贫方面在全国具有一定的知名度与美誉度，并得到了国家相关管理部门的大力支持与充分肯定。恩施旅游集团有限公司是湖北鄂西生态文化旅游圈投资有限公司的全资子公司，于2011年12月6日注册成立，2012年2月9日在恩施州正式揭牌，总资产近30亿元，员工1000余人。近年来，恩施旅游集团产业规模不断扩大，产业体系日趋完善，旗下的恩施大峡谷以喀斯特地质地貌自然景观为依托，深挖当地土家文化，打造精品演艺项目，摸索富硒养生、科普研学、体育赛事、营地体验等跨界融合，实现了从自然观光过渡到综合体验，产品形态向体验和服务转变，在乡村旅游扶贫等方面取得了很好的成效。

1. 加大投入力度。集团累计投入近20亿元，对恩施大峡谷进行整体开发，相继启动马鞍龙游客服务枢纽、客运索道、云龙地缝景区开发、七星寨景区提升改造、女儿寨度假小镇、实景演出等项目的投资建设，不断提升景区的品质。

2. 大力实施"旅游+"。(1)"旅游+交通"。大力实施通村公路通畅工程和通达工程建设，加大出口公路和村产业"断头路"建设力度。屯渝公路的优化升级，大大提升了大峡谷的旅游交通运输能力；242省道的全线贯通，打通了恩施大峡谷和利川腾龙洞景区之间的"肠梗阻"；堤沐线的改造拓宽，方便大峡谷景区和女儿湖之间的交通往来。(2)"旅游+农业"。农、旅融合，农业发展正逐渐向葡萄、茶叶、油牡丹等产业转型。目前，大峡谷管理处共组织种植茶叶14000亩、葡萄1000亩、金钱柳1200亩、油牡丹近1000亩。通过"公司+合作社+基地+农户"的模式，按照农旅结合的方式，打造青钱柳、红花油茶、金丝皇菊、荷花等农业观光基地1500余亩，改变了周围村庄的产业结构，拓宽村民增收的渠道。

3. 村民获得实实在在的好处。以大峡谷景区为依托，通过发展乡村旅游、特色农业，民宿产业等，大力实施精准扶贫和美丽乡村建设。目前，大峡谷核心区所在的木贡村、营上村、前山村已有数千名村民从事旅游相关行业，三个村的农民年人均纯收入跃居恩施前列。大峡谷推动旅游扶贫的经验，令各方瞩目。2014 年底,全国贫困村旅游扶贫试点工作会在恩施召开,时任国家旅游局局长李金早表示:"鄂旅投发挥龙头企业、龙头景区引领作用,推进旅游扶贫做了有意义、很成功的探索。"恩施大峡谷风景区管理处以景区为依托,先后落实扶持资金 1500 万元,直接带动 540 户、1620 人脱贫。景区为当地居民提供各种就业岗位,90% 的员工是当地居民;景区在对外招聘时在能力胜任的条件下优先录取、聘用建档立卡户人员;大峡谷辖区共发展农家乐 320 多家,客房总数两千多间,床位三千多张,总餐位数四千多个,本地从业人员一千多名,外来从业人员 300 余名,峡谷从此变"金山";依托旅游资源,大力发展特色种养殖;采用"龙头企业 + 合作社 + 基地 + 农户"模式,发展现代观光休闲农业,打造富硒茶叶、土家腊肉等特色旅游商品。

二、"能人带户"模式

(一)"能人带户"模式的优势

贫穷并不可怕,扶贫的关键在于激发贫困地区人民群众走出贫困的志向以及内生动力。而在扶贫过程中,榜样、示范的作用是必不可少的。"能人带户",即在乡村旅游发展的过程中,以有智慧、有上进心、敢于拼搏、能干事、干成事以及拥有创业致富能力、较强经营管理能力或其他特殊才能的人才为主导,带领村民积极参与乡村旅游开发,通过乡村旅游的发展实现共同富裕。[①] 2016 年,国家旅游局公布的 280 个全国旅游扶贫示范项目中,"能人带户"示范项目共有 70 个,分布在河北、辽宁、吉林、黑龙江、安徽、福建、江西、湖北、湖南等地。乡村旅游能人一般主要包括三类,一是返乡创业成功人士,二是本地土生土长的、拥有资金实力以及经营管理能力的精英人物,三是外来创客。近年来,上述三类能人在乡村旅游扶贫工作中带动一方百姓、搞活一片经济、富裕一乡农民的"头羊效应"越来越明显。

1. 具有说服力很强的示范效应。乡村能人一般都对家乡、农村拥有较为深厚的感情,同时熟悉本地的优势、劣势,又具有适合在农村发展的一技之长,资金实力较为雄厚,也有一定的经营管理能力,通过发展乡村旅游实现了发家致富。这些能人发家致富的过程,当地的群众都是看在眼里的,能够对当地的

---

① 成英文. 大力提倡"能人带户"模式 优化旅游扶贫要素组合 [N]. 中国旅游报, 2018 - 04 - 20 (003).

群众起到一定的引领和带动作用，激发群众依靠双手积极参与乡村旅游发展、改变落后面貌的强烈欲望。因此，能人带动具有说服力很强的示范效应。

2. 有利于生产要素的整合。在乡村旅游发展的过程中，土地、资金、劳动力、技术、经营管理才能等生产要素都是不可或缺的。从目前的情况来看，对当地的农民而言，土地与劳动力不是问题，关键在于资金、技术、经营管理才能的缺乏；而乡村能人不仅拥有一定的经营资金，同时，也掌握了一定的经营管理技术与能力，因此，能够更好地整合乡村地区的生产要素，帮助村民克服参与乡村旅游开发所面临的主要困难，进而使其分享旅游发展红利，早日脱贫致富。

（二）"能人带户"模式的典型案例

江西靖安县古楠村是"全国环境优美乡镇""江西省最佳人居环境自然村"，村里的全国"能人带户"旅游扶贫称号获得者舒敏璋，在外出打工获得第一桶金之后，毅然回到家乡创办靖安县圣康生态养殖有限公司和古楠生态养殖种养合作社，引领乡亲们走生态种养致富路。随着乡村旅游的不断升温，舒敏璋又带领村里的老百姓积极发展乡村旅游。目前，该村已经形成了"赏古楠木、品农家饭、住农家屋、游田园风光、购绿色食品、体验农事生活"的乡村旅游业。扶贫要突出扶"志"、扶"智"，舒敏璋非常重视提高本地村民的文化素质，并采取多种途径加大对村民的智力扶持力度，如自己出资开设古楠村文化课堂，每周日晚上组织村民在会议室收看学习中华传统文化、党的十八大和十九大精神、种养技术等主题讲座；资助和组织本村的村民前往南昌参加江西省首届公民道德公益论坛，学习中华传统文化，从而不断提高村民的文化素质，为村民参与乡村旅游发展奠定基础。同时，舒敏璋还非常重视对年青一代村民的教育与感化，从2012年4月起，每个周六上午舒敏璋以购买零食作为奖励，召集全村的孩子清扫捡拾村里的垃圾；每年出资分期、分批带领本村50多个孩子外出旅游，组织孩子们撰写游记，从而培养年青一代树立高尚的品德，不断开阔视野。① 正因为怀着对家乡的热爱，舒敏璋的真诚、执着打动了村里的老百姓，并成为老百姓最爱戴的人。2016年8月国家旅游局公布的全国旅游扶贫示范项目名单中，舒敏璋系江西宜春市全市唯一荣获全国旅游扶贫"能人带户"称号的能手。

---

① 回报家乡造福桑梓——舒敏璋与古楠村的不了情 [EB/OL]. 江西新闻网，http://jiangxi.jxnews.com.cn/system/2013/10/17/012722542.shtml.

2018年"全国脱贫攻坚奖""奉献奖"获得者、湖北先秾坛生态农业有限公司总经理闻彬军带动本地村民脱贫致富的先进事迹得到了国家和当地人的充分肯定。闻彬军在事业达到顶峰的时候,回到家乡湖北英山县投资2.2亿元创办以湖北英山神峰山庄为核心基地的湖北先秾坛生态农业有限公司。在公司创办期间,依托当地的资源,将神峰山庄打造成为种植养殖—农产品深加工—直营店销售—餐饮住宿—交通物流—生态农业旅游观光等一二三产业融合发展的全产业链企业,企业经营效益突出,扶贫效应明显,神峰山庄成为全国旅游扶贫"能人带户"示范项目、全国"巾帼脱贫"示范基地,"神峰模式"成功入选全国产业扶贫十大典型案例。[①] 在扶贫过程中,闻彬军注重扶"志"、扶"智",为大别山国家连片特困地区培养了1万余名新型职业农民,对接帮扶贫困户1204户、3611人,带动英山县以及周边7万余名农民增收脱贫,年均为贫困对象直接增收2.9亿元。

三、"公司+农户"模式

(一)"公司+农户"模式的优势

"公司+农户"模式,即通过旅游公司的经营,吸纳当地的村民参与乡村旅游的经营管理与服务,并根据经营获利情况给予村民一定的利润分红,从而盘活乡村地区闲置的土地以及富余的劳动力,拓宽村民的就业渠道,增加村民的经济收入,促进当地居民脱贫致富。2016年,国家旅游局公布的280个全国旅游扶贫示范项目中,"公司+农户"示范项目共有65个,分布在河北、内蒙古、吉林、湖南、湖北、广西、云南、贵州、四川、重庆等地。从总体上来看,"公司+农户"模式具有以下两个方面的主要优势:

1. 规范管理,提高服务水平。公司是适应市场经济社会化大生产的需要而形成的一种企业组织形式。旅游公司本身具有较为雄厚的资金实力以及科学的经营管理模式,对旅游市场需求比较熟悉,能够进行单个农户难以实现的多项乡村旅游开发;同时,拥有自己的管理与服务标准,能够对参与乡村旅游的村民进行培训,对全村的乡村旅游活动进行规范化管理,提高服务质量。

2. 避免不良竞争,保障村民的合法权益。从总体上看,广大乡村地区的村

---

① 神峰山庄闻彬军荣获"全国脱贫攻坚奖奉献奖" [EB/OL]. 鄂东晚报数字报刊,http://wb.hgdaily.com.cn/html/2018-10/19/content_353063.htm?div=-1.

民文化素质还是比较低，受贫困文化的影响，多数人的目光还是比较短浅，在乡村旅游发展的过程中，容易发生一些不良竞争行为以及不公平的事件。旅游公司或投资商能够以相应的标准与制度对村民进行约束，在一定程度上避免不良竞争损害游客利益，同时，也能确保村民公平地享有旅游发展红利，从而促进乡村旅游的健康发展。

(二)"公司+农户"模式的典型案例

贵州普定"秀水五股"扶贫模式是企业帮扶贫困村民奔小康的典型。普定县龙场乡秀水村是汉、苗、仡佬族等多民族混居的老少边穷贫困村，同时也是典型的"三无"空壳村、空巢村、贫困村，2014年，全村尚有贫困人口1321人，占总人口的1/3以上。贵州省大力推行"千企帮千村"精准扶贫行动，2015年，贵州兴伟集团投入3.77亿元在秀水村开展精准扶贫，并派出100多人的管理团队进驻秀水村，了解村民的困难与需求，召开群众大会；帮助村民成立了旅游公司、农业公司和花卉公司三家具有集体经济性质的管理公司，发展综合旅游产业，培育优势特色农业，改善人居环境；建造500栋小洋房免费提供给村民们，开展农家乐、商铺、旅馆等旅游业配套服务业务；此外，为了平等扶贫，集团对所有项目的经营业绩实行"秀水五股"共享经济模式，即人头股、土地股、效益股、孝亲股、发展股等"五股"持有，按照"五股"的红利比例进行年终分红。[①] 普定县龙场乡秀水村"公司+农户"的旅游扶贫模式，使当地村民实现了身份的转换，改变了原先贫穷落后的面貌，走上了奔小康的道路。

怪潭景区位于安徽池州石台县横渡镇钓鱼台村，方圆不过1千米，却居有49户农民、150多人口，其中，贫困人口多达11户、40余人。为了改变贫困落后的面貌，2006年，村民们集资200多万元创办自己的旅游公司，成立了诗之河股份旅游公司。旅游公司在发展的过程中坚持"全民参与，不落一户"的原则，全村49户都是股东；同时，在工作岗位安排上，公司始终倾向于贫困户，照顾性地安排贫困户参与景区日常的管理与服务，以保障贫困户经济收入的稳定增长。经过十几年的发展，诗之河股份旅游公司使钓鱼台村从一个贫穷落后的小山村变成了安徽省乃至国内知名的旅游景区，景区经营绩效不断提高，村民原先持有的股份在不断升值，原来每股3万元，2017年初已经升值到7万元。

---

① 周静. 普定"秀水五股"扶贫模式走新路　企业帮扶奔小康 [N]. 贵州日报，2017-08-31.

随着景区未来的不断发展，钓鱼台村民的日子将会发生更大的变化。

四、"合作社+农户"模式

（一）"合作社+农户"模式的优势

合作社是实现小农户和现代农业发展有机衔接的重要桥梁。近年来，随着我国乡村旅游的蓬勃发展，乡村旅游合作社成为新型的农民专业合作社，是广大农民依照《农民专业合作社法》有关规定，自愿联合，民主管理，通过组织成员开展旅游相关业务、经营活动及服务共同分享收益的互助性经济组织。① 乡村旅游合作社已经成为我国旅游扶贫的重要形式，在脱贫攻坚工作中发挥了重要作用。2016年，国家旅游局公布的280个全国旅游扶贫示范项目中，"合作社+农户"示范项目共有65个，分布在河北、辽宁、内蒙古、吉林、黑龙江、安徽、山东、河南、广西、湖北、湖南、海南、四川、云南、贵州等地。从总体上来看，"乡村旅游合作社+农户"模式不仅具有政策、法律等方面的保障优势，其组织优势、产业优势也比较明显，同时，还进一步提升了乡村旅游服务质量，提高了广大游客的满意度。

1. 政策和法律保障优势。近年来，农民专业合作社是解决我国"三农"问题的重要组织形式。国家对农民合作社的发展给予了大力支持与肯定，习近平总书记2016年5月在考察黑龙江抚远市时就指出："农业合作社是发展方向，有助于农业现代化路子走得稳、步子迈得开"；党的十九大报告明确提出实施乡村振兴战略要"发展多种形式适度规模经营，培育新型农业经营主体，健全农业社会化服务体系"，这些都反映出了农民合作社的发展与壮大是实现我国农业现代化的重要环节。乡村旅游合作社是农民专业合作社的重要类型，对带动村民通过发展乡村旅游实现脱贫致富具有重要的促进作用。我国制定的《"十三五"旅游业发展规划》中就明确提出："创新乡村旅游组织方式，推广乡村旅游合作社模式，使亿万农民通过乡村旅游受益。"此外，乡村旅游合作社拥有其独特的制度安排和运行机制，使农民群众通过互助达到自助。乡村旅游合作社是一种新型的农民合作社，其成立、运作、管理、利益分配等，必须要严格执行《农民专业合作社法》中的相关规定。由此可见，乡村旅游合作社具有相关政策与

---

① 银元. 四川省乡村旅游合作社发展现状及对策研究[J]. 四川行政学院学报，2017（4）：81-85.

法律的保障，从而使其能够发挥应有的功能与作用，进一步推动村民脱贫致富，实现共同富裕。

2. 组织优势。乡村旅游合作社在促进农民组织化方面具有明显的优势。乡村旅游合作社是农民为了通过发展乡村旅游实现增收、脱贫致富而自主组织起来的经济组织。乡村旅游合作社能够把原先分散的乡村旅游经营户组织起来，有效避免一家、一户、一园独立发展的弊端，从而有效整合全村的资源，优化旅游供给侧。此外，乡村旅游合作社以合作的形式凝聚人心，能够使全村的村民团结起来，集中力量进行乡村旅游开发，能够避免恶性竞争导致邻里关系的紧张，从而营造团结、和谐的文明乡风，进一步推动乡村振兴。

3. 产业优势。乡村振兴，产业兴旺是关键。乡村旅游合作社的成立，能够很好地发挥农村地区的资源优势，将分散的土地、资金、技术等生产要素集中起来，进一步推动农业生产的规模化与集中化。同时，乡村旅游合作社能够推动农业与旅游业的深度融合发展，优化农村地区的产业结构，使农民的种植业、养殖业等与现代旅游业紧密结合起来，实现生产、加工、流通、消费的有机结合，从而实现乡村旅游产业要素的聚集和乡村振兴产业的规模化发展，进而拓宽农民的增收渠道，促进农民脱贫致富。

4. 服务质量优势。乡村旅游合作社能够争取国家相关的政策与资金支持，通过税收减免、定额补贴、技术扶持等措施鼓励和支持从业农民进行各种类型的知识与技能培训，以提高从业农民的文化素养、服务技能和服务水平；同时，本着可持续发展原则，乡村旅游合作社对村民的旅游经营行为进行统一的规范与管理，统一对外宣传、统一价格、统一标准，保证乡村旅游的市场秩序，避免恶性竞争，从而保证旅游服务质量，提高广大游客的满意度。

（二）"合作社＋农户"模式的典型案例

1. 旅游扶贫共赢共享的"山亭模式"。2012年以来，山东枣庄市山亭区坚持"生态立区、民生为本、城乡一体、绿色发展"的全域旅游发展理念，借助旅游扶贫向全域旅游发展，实现了旅游产业的大跨越、共建、共赢、共享，被旅游业界称为"山亭模式"。山亭区重视旅游业在精准扶贫中的重要地位与作用，聚焦"六准四赢"（对象精准、目标精准、项目精准、资金精准、措施精准、培训精准；群众赢、支部赢、企业赢、产业赢），以双山涧村、湖沟村为代表，通过成立旅游合作社，引导贫困户利用民宅发展农家乐和民宿，吸纳170户贫困户实现就业，2017年湖沟旅游合作社入选国家"合作社＋农户"旅游扶贫示范项目。①

2. 银龙·幸福小镇让村民更加幸福。幸福小镇位于贵州省毕节市威宁自治县海边街道草海之滨，山环水抱，自然生态环境优美，是观海、观鸟、休闲、避暑、养生、度假的好去处。为了更好地鼓励村民积极参与乡村旅游开发，通过经营农家乐与民宿等实现脱贫致富，"幸福小镇乡村旅游专业合作联社"应运而生，成为毕节市首家乡村旅游合作社。合作社广纳会员入社，2016 年发展社员单位 32 家，其中，农家乐 15 家，草海民宿 17 家，可同时接纳 3000 余人就餐、500 余人住宿，并成为毕节市唯一一家入选全国"合作社+农户"旅游扶贫示范项目。为推动乡村旅游的健康持续发展，合作社对所有农家乐和草海民宿实行"八个统一"，即：统一规划布局、统一形象标识、统一接待用品、统一宣传营销、统一服务标准、统一管理培训、统一评分定级、统一提取收益，推行标准化运行、规范化管理，杜绝一切宰客行为，从而不断提升了广大游客的满意度。②

第三节 我国乡村旅游扶贫的成效

随着乡村振兴战略的提出，党中央、国务院及相关部委相继对乡村经济发展制定了一系列的利好政策，具体涉及土地、资金、技术、人才培养等内容，同时，也非常重视乡村旅游扶贫工作的持续推进。近年来，乡村旅游成为全国各地的投资热点。在利好政策与投资的推动下，我国乡村旅游蓬勃发展，成为乡村经济高质量发展的重要引擎，并在经济、社会、生态等方面取得了明显的成效。

一、经济效益

乡村旅游开发需要具备一定的资源与条件，不是每个贫困村都适合开发旅

---

① 旅游扶贫共赢共享的"山亭模式"[N]. 大众日报，2017-06-12.
② 吴兴春. 威宁银龙·幸福小镇：乡村旅游的好去处[EB/OL]. 贵州民族报（数字报）http://dzb.gzmzb.com/P/Item/21773.

游。但不可否认的是，在适合开发旅游的贫困村，乡村旅游除了吸引广大城市居民前来观光游览、休闲度假等之外，其在农民就业增收、农村经济发展以及贫困人口脱贫等方面具有明显的成效。

（一）解决就业方面

旅游产业具有明显的带动与辐射效应，对其他产业的快速发展具有明显的推动作用，从而能够为社会带来充分的就业岗位，解决劳动力剩余问题，拓宽当地居民的就业渠道。乡村旅游的蓬勃发展，能够不断地优化农村地区的产业结构，推动农、林、牧、渔业等与旅游业的深度融合发展，衍生出一系列的旅游新业态；能够为农村地区提供大量的就业岗位，如景区接待与服务、景区安保与卫生服务、旅游纪念品销售、乡村环境保洁等，解决贫困人口以及部分农村残疾人口的就业问题，使其实现"顾家"与"就业"两不误，从而提升村民的获得感、幸福感与安全感。2017年，全国通过乡村旅游实现脱贫人数占脱贫总人数的17.5%，乡村旅游的蓬勃发展为当地贫困人口提供了充分的就业岗位，如新疆维吾尔自治区自2016年以来乡村旅游已直接带动就业11.45万人、间接带动40.03万人，直接带动贫困户就业1.2万户、2.17万人，间接带动贫困户就业2.06万户、3.94万人。①

（二）增加收入方面

根据《中国乡村旅游发展指数报告》公布的数据，2012—2016年，中国乡村旅游游客接待人次和营业收入年均增速分别达32.0%和26.2%。2016年，乡村旅游游客接待已达24亿人次，占国内游客接待人次的54.4%，营业总收入达4800亿元，占国内旅游总收入的12.2%。同时，中商产业研究院公布的数据显示，2017年，中国乡村旅游接待游客28亿人次，占国内游客接待人次的56%，营业总收入超7400亿元，占国内旅游总收入的16.2%。2018年，全国休闲农业和乡村旅游接待游客超30亿人次，营业收入超8000亿元。由此可见，近年来我国乡村旅游需求持续旺盛，乡村旅游总体上呈现蓬勃发展之势。乡村旅游的蓬勃发展在一定程度上也促进了当地农民经济收入的提高，取得了较好的扶贫效益。国家旅游局发布的《全国乡村旅游扶贫观测报告》显示，2015年，乡村旅游带来的农民人均收入占农民人均年收入的39.4%，贫困村通过乡村旅游脱贫人数达264万人，占全国脱贫总人数的18.3%；"十三五"期间，我国将通过发

---

① 乡村旅游已成为贫困人口脱贫中坚力量［EB/OL］. http：//www.cinic.org.cn/xw/fp/462024.html.

展乡村旅游带动全国25个省（区、市）2.26万个建档立卡贫困村、230万贫困户、747万贫困人口实现脱贫。贵州省雷山县德朗镇坚持将贫困人口脱贫致富作为乡村旅游发展的出发点与落脚点，2015年建立德朗景区以来，建立"公司+合作社+农户"的利益共享机制，鼓励村民积极参与乡村旅游建设，共接纳700余人就业创业，人均月收入2000元以上，带动40余户、150余人脱贫。

二、社会效益

（一）教育水平

在带来经济效益的同时，乡村旅游的发展也为我国带来了明显的社会效益。扶贫先扶智。随着大量外来游客的进入以及生活水平的不断提高，村民们越来越意识到教育的重要性，除了重视子女的教育、支持子女上学之外，部分村民也积极参加政府相关部门或者是村委会举办的各项种养殖技术培训，不断提升自身的文化素质与技能水平。同时，国家、省级旅游主管部门也举办各种相关的旅游扶贫培训，如文化和旅游部连续5年举办近20期"全国乡村旅游重点村村官培训班"和3期"深度贫困地区旅游扶贫专题培训班"，广西举办各类旅游扶贫和乡村旅游专业培训班10期，培训贫困地区乡村旅游发展骨干人员近965人次，这些措施在很大程度上提高了乡村旅游从业人员的综合素养与业务技能。此外，从国家旅游局公布的《全国乡村旅游扶贫观测报告》来看，2015年度我国乡村旅游从业人员接受过初中及以上教育程度的比例为89.1%，高于我国2015年度农业从业人员的平均水平。因此，从整体上来看，乡村旅游扶贫在一定程度上提高了贫困地区群众的教育文化水平，对营造当地的文明乡风具有重要的促进作用。

（二）基础设施

当前，乡村旅游的快速发展极大地改善了贫困地区的基础设施状况，为贫困地区群众与外界的沟通交流、经贸往来等方面提供了很多的便利。根据国家统计局公布的数据，2016年末，全国通公路的村占全部村的比重是99.3%，与十年前第二次全国农业普查相比，提高3.8个百分点；全国开展旅游接待服务的村占全部村的比重是4.9%，比十年前提高2.7个百分点。同时，得益于乡村旅游的蓬勃发展，目前，全国农村地区的网络覆盖面广，农村互联网普及率明显提升。2016年国家旅游局发布的《全国乡村旅游扶贫观测报告》显示，2015

年，我国旅游扶贫观测点有线电视、移动电话普及率分别为 63.9%、94.9%，经营场所免费 Wi-Fi 覆盖率为 81.5%；而随着我国乡村旅游需求的持续旺盛，《数字乡村发展战略纲要》提出的"到 2020 年，数字乡村建设取得初步进展。全国行政村 4G 覆盖率超过 98%"的目标是能够实现的。此外，乡村旅游的发展使许多贫困村从"农村"变成了"景区"，带动了乡村地区基本社会事业的发展与完善，医疗条件、公共服务水平等得到了明显改善，为当地群众看病就医、办理各种事项等提供了许多便利。

（三）邻里关系

乡村旅游的蓬勃发展为广大村民提供了大量的就业岗位，村民的经济收入不断增加。随着生活水平的不断提高，当地村民的文化素质大幅度增强，邻里之间的关系越来越和谐，全村的社会风气也不断得到改善。同时，乡村旅游开发之后，村民们逐渐吃上了"旅游饭"，感受到村里各项资源的价值所在，因此，更加深刻地意识到全村就是一个整体，荣辱与共，认为"村里的事就是自己的事"，积极参加村里举办的各项活动；遇到有困难的村民，大家都积极伸出援助之手。

三、生态效益

（一）环保投入

乡村旅游是"绿水青山"转化成"金山银山"的"金扁担"，在为广大城市居民提供各种好山好水好风光的同时，也极大地推动了当地制订生态环境保护等专项规划，并加大对环境保护投入的力度；大力实施乡村绿化、美化、亮化工程，提升乡村景观，改善乡村旅游环境，从而从总体上改善了当地的生态环境。国家乡村旅游扶贫工程观测中心数据统计显示：2015 年，国家乡村旅游扶贫工程观测点村集体环保投入占村集体公共支出的 24.4%；保洁员人均保洁面积 203.74 亩；2015 年接入生活污水处理设施农户比率为 29.1%，公共卫生厕所（相比于一般公共厕所）比率为 64.9%；水冲式厕所普及率为 28.4%。[①] 除了观测点之外，全国各地为进一步推动乡村旅游发展、促进美丽乡村建设，也都在不同程度上加大对乡村地区的环保投入力度，改善生态环境，提高村民的人居环境质量。如 2018 年上半年，湖北省建成农户无害化厕所 34.5 万座，完成

---

① 邓敏敏，邢立涛. 国家旅游局发布《全国乡村旅游扶贫观测报告》 乡村旅游成我国贫困人口脱贫的中坚力量 [N]. 中国旅游报，2016-08-19 (1).

全年 70 万亩植树造林任务，灭荒造林 72 万亩，建成污水厂 138 个，生活垃圾治理率达 74.1%，为乡村振兴上交了一份满意的成绩单。①

（二）卫生条件

乡村旅游的卫生条件直接关系到游客的满意度与忠诚度。乡村旅游扶贫不仅带动乡村地区经济的快速发展，提高当地村民的收入水平，同时，也改善了当地的人居环境。在乡村旅游开发之前，很多农村居民没有养成良好的卫生习惯，村里的各种垃圾、烟头等随处可见，全村的环境卫生质量差。乡村旅游开发之后，村民逐渐意识到环境卫生的重要性，平时都自觉打扫、整理自家庭院、屋前房后、村里的道路；并逐渐改掉了一些环境陋习，养成了垃圾分类以及随手捡废纸、烟头等良好的习惯。同时，村民自觉保护自然环境，积极配合上级开展各项乡村环境治理工作。

第四节　我国乡村旅游扶贫的主要困境

随着党中央和国务院对扶贫工作的高度重视，近年来，我国乡村旅游成为促进农民增收、推动脱贫攻坚取得胜利的重要"战场"，乡村旅游扶贫取得了较为明显的经济效益、社会效益和生态效益。但是，由于我国的贫困人口较多，分布的范围也比较广泛，扶贫脱贫任务比较重，加上全国各地旅游业发展水平高低不一，总体上来看，乡村旅游扶贫尚存在产业特色不明显、环境保护力度有待增强、资金投入不足、旅游人才匮乏等问题亟待解决。

一、乡村旅游产业特色不明显

乡村振兴，关键在于产业兴旺。旅游业是一个朝阳产业，对地方经济社会发展具有显著的辐射效应和带动效应。乡村旅游扶贫要获得持续发展，使广大村民获得实实在在的利益以及真正实现"造血式扶贫"，产业的培养以及产业特色的打造非常关键。但是，从目前来看，我国乡村旅游全村一面、产品雷同性

---

① 彭一苇. 振兴乡村出实招　2020 年湖北村庄规划全覆盖［N］. 湖北日报，2018－09－18.

比较高的现象还是比较明显,既能凸显地方特色又能满足游客多样化体验需求的旅游精品还是比较少。

(一)照搬照抄,雷同比较严重

目前,不少贫困村庄在开发乡村旅游的过程中,往往对旅游市场需求调研不足,不了解城市居民的真正需求,一些地方的乡村旅游处于初级开发阶段,景区建设简单模仿、盲目跟风,往往使游客产生视觉疲劳,最终以惨淡收场。一些地方虽有优质旅游资源,但是,对资源的挖掘与利用力度不够,对具有特色的传统村落、农作物生产方式、特色物产等的利用方式还是比较粗放,地方特色不够明显。因此,在国内很多乡村地区,各种采摘园随处可见,但采摘季节过后,一些景区人气不旺、经营惨淡;而不少农家乐的经营项目还主要局限于吃饭、打牌、钓鱼,可细看、可回味的不多,无法满足现代城市居民多样化的旅游休闲需求,同质化、雷同化问题已经严重影响乡村旅游产业的健康持续发展。

(二)产业经营管理较为粗放

由于我国乡村旅游起步较晚,加上贫困村的经济、社会发展水平有限,许多乡村地区的乡村旅游在经营管理上缺少科学、先进的理念以及方法和手段;乡村旅游业态不清晰、缺乏统一的服务标准、代代相传的"贫困文化"导致邻里经营者之间的矛盾与冲突、安保设施不足、卫生条件较差等经济管理粗放现象时有发生,从而影响了产业特色的打造以及产业的健康持续发展。

(三)市场营销意识不够强

乡村旅游产业特色的打造以及产业的健康持续发展需要有强烈的市场意识,同时,还要通过各种营销手段进行宣传推广。但是,从目前来看,很多乡村旅游经营者由于自身文化水平不高,缺少足够的市场营销意识,对现代城市居民信息收集方式以及消费观念、消费方式的认识不足,因此,缺乏对旅游产品的特色定位以及精心包装,也不会运用最新的营销渠道与方式对产品进行宣传推广,导致产品的市场知名度和社会影响都比较低,不利于客源市场的进一步开拓,从而影响产业的健康持续发展。

二、乡村旅游开发和生态文明建设失调

2018年1月2日正式发布的《中共中央 国务院关于实施乡村振兴战略的意

见》中指出,要"实施休闲农业和乡村旅游精品工程""打造绿色生态环保的乡村生态旅游产业链",乡村旅游成为实现乡村振兴的重要领域,全国各地都在大力发展乡村旅游,助推乡村振兴。但是,在发展乡村旅游的过程中,不少地方急功近利,出现了破坏生态、竭泽而渔的现象,使得乡村可持续发展受到了严重的威胁。

(一)环保意识淡薄,对环境保护不够重视

在乡村地区,无论是相关政府部门工作人员、乡村旅游经营者,还是当地村民,其环保意识都普遍淡薄,缺乏可持续发展的眼光。一些政府部门片面追求经济效益,在招商引资的过程中并没有优先考虑生态环境问题,或是对相关投资商的生态指标考核力度不够。部分乡村旅游企业的经营者法制观念不强,缺乏环保意识,在利益的驱动下,往往对环境保护抱以消极的态度。而由于文化水平比较低,当地农民不了解环保知识,同时还养成了一些污染环境、破坏生态平衡的不良生产、生活习惯,如乱倒生活垃圾、滥用化肥和农药等。

(二)资源浪费和过度开发

随着大众旅游时代的到来,为了缓解日常的工作和生活压力,越来越多的城市居民在节假日纷纷涌入乡村,体验乡村的美景、美食与乡土文化。政府部门和旅游开发商看到了难得的商机,纷纷开发各类旅游项目,但不少项目由于先期缺乏深入的市场需求调查,或没有很好地结合本地的资源优势与特色来开发,因此,不仅项目的预期效益没有实现,而且还造成了资源的浪费。同时,为了在旅游旺季接待更多的游客,一些旅游经营者大兴土木,不断扩大景区的游客承载力;为吸引游客前来尝鲜、获得更多经济利益竭泽而渔。如贵州关岭县,当地的农家乐为了卖出更多的特色菜肴——拌山梨花,掠夺性地占有野生山梨花,许多高处够不着的树枝被折断、砍断。① 此外,由于缺乏科学、合理的规划,一些配套的旅游基础设施选址不合理,也造成了对生态环境的破坏,从而影响了乡村旅游的健康持续发展。

(三)生态监管力度不够

随着我国乡村旅游的蓬勃发展,国家和各地政府都加大了乡村基础设施建设的力度,如改造农村污水处理工程、新建乡村旅游厕所、清理整治排污沟渠、进行绿化美化等。但是,许多地方普遍存在重建设、轻管理的现象,监管力度不够,大量的基础设施只是政府部门的政绩工程而已,环境保护更多地是停留

---

① 高辰. 乡村旅游憾事:千村一面单调乏味 破坏环境缺导游 [N]. 人民日报,2016-10-18.

在表面上。同时,乡镇没有专门的环保机构以及专职管理人员,环卫工人多为当地农民兼职,对游客的监管不到位,游客在游览过程中随地乱扔垃圾、踩踏花草等现象时有发生。此外,政府相关管理部门缺乏对乡村旅游企业的定期环保检查,使得一些乡村旅游经营者为了获得更多的经济效益而忽视自然环境保护,不履行应尽的社会责任。

三、资金投入不足

我国许多乡村地区拥有较为丰富的旅游资源,在旅游扶贫过程中,旅游资源优势要转化为经济优势,带动村民脱贫致富,必须要有足够的资金投入。吃、住、行、游、购、娱是旅游业六大要素。乡村旅游扶贫,首先要解决道路交通问题,接着,游客进入乡村之后,还要考虑餐饮、住宿、购物、娱乐等问题,这些项目建设都涉及资金问题。此外,对广大农民参与旅游开发而进行的各种岗前、岗中等的定期或不定期培训等,也需要一定的资金投入。由于多方面的原因,目前,乡村旅游扶贫的资金投入总体上还是不足。

(一)以财政资金投入为主

从目前来看,我国很多贫困地区经济发展水平落后,经济实力不强,因而旅游开发所需的资金以财政资金为主,财政基金投入主要用于开发前期中旅游交通基础设施、公共服务体系、垃圾处理以及污水排放等方面的建设与完善。如2017年湖北省加大扶贫投入,省、市、县三级共投入财政扶贫资金134.57亿元,积极推进乡村旅游扶贫、电商扶贫、光伏扶贫、生态扶贫等扶贫新业态,带动贫困户增收脱贫。但是,一些乡村地区在制订旅游发展规划时,由于对实际情况调研不足,基础设施的建设与完善规划本身就存在一些不足,使得原本就有限的财政资金投入使用不合理,导致一些基础设施建设工程质量较差。

(二)社会资金投入较少

如前所述,目前乡村旅游开发以财政资金投入为主,但是,政府资金投入毕竟是有限的。同时,从产业发展的角度来看,乡村旅游要获得健康持续发展,必须要不断地优化产业体系、丰富产品类型,结合现代城市居民的旅游体验,需要推动新业态的发展,从而促进农业、农村资源与旅游、消费、文化、科技、设计等要素深度融合,因此,必须要有大量的社会资本的投入。近年来,为了鼓励社会资本参与乡村旅游开发,国家相关部委制定了一些鼓励政策,如2018

年国家发展改革委、财政部等 13 个部门联合发布《促进乡村旅游发展提质升级行动方案（2018—2020 年）》，提出要创新社会资本参与方式，鼓励和引导民间投资通过 PPP、公建民营等方式参与有一定收益的乡村基础设施建设和运营，扩展乡村旅游经营主体融资渠道。① 从政策方面来看，社会资本投入乡村旅游扶贫目前虽具有一定的政策扶持力度，但是，在实际运作中，由于受到贫困地区的地理位置、资源特色、客源市场等方面的限制，社会资本投资建设的旅游项目回报周期比各类城市旅游项目的回报周期长。因此，从总体上来看，目前社会资本投入乡村旅游扶贫较少，即使是部分已投入的项目，由于项目回报周期长，其后续经营与开发也面临资金问题。

四、乡村旅游人才匮乏

乡村振兴，人才先行。大力发展乡村旅游、振兴乡村多元文化，需要大量优秀的旅游人才。乡村旅游产业是乡村的新产业、新业态，是培育农村发展新动能的重要途径。大力发展乡村旅游产业，集聚乡村的优美环境、历史文化以及特色资源，满足广大旅游者的精神文化需求，需要大批优秀的旅游规划、市场营销、文化创意、经营服务方面的人才。同时，文化是旅游业的灵魂，乡村旅游要获得可持续发展，必须要不断振兴乡村文化，推动乡村文化振兴。推动乡村文化振兴，要挖掘优秀的传统农耕文化，培育文明乡风，改善农民的精神面貌，以独特的文化魅力吸引广大旅游者；而在具体实施中需要知识丰富、专业性强的优秀人才。

从总体上来看，目前，我国乡村旅游人才非常匮乏，尤其是高学历人才已经成为重要的发展瓶颈，很多乡村旅游景区对高学历人才的渴求是非常迫切的；同时，招不到、留不住成为普遍现象，人才供需失衡比较严重。之所以出现上述问题，主要是由于当前我国在乡村旅游人才培养方面存在不少的弊端，具体体现在以下四个方面：（1）高校旅游管理人才的培养没有精准的特色方向。长期以来，很多高校旅游管理专业人才的培养计划缺乏自身特色、内容大同小异；而能够结合乡村的旅游发展实际需求、调整人才培养方向与内容的高校少之又少。（2）对学生前往农村就业的意识引导不够。由于城乡发展不均衡，家庭、

---

① 王洁. 引入"社会资本" 打破乡村旅游发展瓶颈［N］. 杭州日报，2018 - 10 - 17.

社会、高校对大学毕业生前往农村就业的意识引导不够，旅游管理相关专业的毕业生倾向于选择在城市就业，导致乡村旅游人才短缺。很多大学毕业生虽然家在农村，但是上了大学之后就不想再回到农村。（3）乡村旅游本土人才的培养出现断层现象。当前，乡村地区的很多中青年都外出务工，留下的多数是老人、儿童以及行动不便的中青年，乡村旅游产业发展急需的各类本土人才难以培养，当地文化传承人的培养出现断层现象。（4）人才激励政策力度不够。目前，国家和政府相关部门鼓励各类人才在农村就业的政策及其落实力度不够，关于各类人才在农村就业的福利待遇、子女上学、科研平台支撑等方面的制度还不够明确，因此，导致很多人才不愿来或者不愿意长期留在乡村地区工作、发展。

五、贫困人口主动参与意愿较低，参与能力不足

目前，从很多贫困地区乡村旅游开发的情况来看，绝大多数的旅游资源是由旅游企业主导开发、政府部门支持，贫困村民由于自身教育水平、思想观念以及经营管理能力的限制，从乡村旅游开发中获得的利益是非常有限的，而获利最大的还是旅游企业；同时，不少村民也意识到从事旅游经营活动需要具备一定的经济基础、较高的知识文化水平和综合能力，旅游收入具有一定的不稳定性与风险性，导致村民主动参与乡村旅游的积极性与主动性并不是很高，不少村民更愿意外出务工，或者是以种植养殖业为主。

近年来，不管是国家层面还是地方层面，在发展乡村旅游、脱贫攻坚等方面都制定和颁布了一系列相关的促进与扶持政策，但是，在真正落实的过程中，由于在精确识别、精确帮扶、精确管理等环节上存在问题，一些旅游扶贫政策在落实过程中产生偏差，部分地区在扶贫过程中存在关系扶贫、人情扶贫等现象，导致原本需要扶贫的人得不到真正的扶贫，而一些比较富有的村民却得到了帮扶，造成了旅游扶贫不公平、旅游扶贫资源浪费的现象，只有较少比例的贫困人群真正从中受益，且获益也相对较少。因此，贫困村民主动参与旅游扶贫的意愿比较低，认为旅游并未能够真正使自己脱贫致富。

第四章 乡村经济高质量发展与乡村旅游扶贫

高质量发展已经成为我国经济发展的总的指导方向,各行各业都在努力朝着高质量发展方向迈进,进一步促进我国社会主义市场经济的繁荣发展,推动小康社会的全面建成。乡村振兴关键在产业兴旺,乡村旅游作为一种综合性产业,在促进农村经济发展、改善农村生态环境、提高农民生活水平等方面具有积极的促进作用。乡村经济高质量发展是时代发展的需求,因此,要努力推动乡村旅游经济高质量发展。本章主要分析乡村旅游经济高质量发展的内涵、乡村经济高质量发展对乡村旅游扶贫的内在要求、原则。

第一节 乡村旅游经济高质量发展的内涵

我国是农业大国,小康社会全面建成的关键在于农村发展,最艰巨、最繁重的任务在农村,尤其是贫困地区。根据国家统计局公布的数据,2018年末,我国乡村常住人口56401万人,农村贫困人口1660万人。近年来,乡村旅游在农村地区蓬勃发展,在优化农业产业结构、促进农民增收、推动脱贫攻坚方面取得了明显的成效。但是,从整体上来看,乡村旅游扶贫也存在产业发展缺乏特色、生态环境保护力度不够、旅游人才匮乏、贫困人口主动参与意愿较低以及参与能力不足等问题,直接影响了乡村旅游的健康持续发展。因此,在我国经济高质量发展的背景下,乡村旅游经济发展需要顺应时代潮流,全面提升产业发展质量和综合效益,才能突破上述发展瓶颈,在满足现代城市居民回归乡村、亲近自然的体验需求的同时,激活乡村产业发展的新动能,进一步推动乡村振兴。乡村旅游经济高质量发展具有深层次的内涵,结合《中共中央国务院关于实施乡村振兴战略的意见》《乡村振兴战略规划（2018—2022 年)》以及文化和旅游部、国家发展改革委等 17 部门颁布的《关于促进乡村旅游可持续发展的指导意见》，本章认为，乡村旅游经济高质量发展是供需均衡、产业升级、绿色生态、文旅融合、共享成为根本目的的良性循环发展。①

一、乡村旅游经济高质量发展是供需均衡的发展

随着我国经济社会的快速发展，人们对美好生活的需求越来越旺盛，旅游逐渐成为人们感受美好生活的基本方式。随着我国经济社会的快速发展，当前的社会矛盾已经转化为人民日益增长的美好生活需要和不平衡不充分的发展之间的矛盾，人们对美好生活的需求越来越旺盛。旅游产业是五大"幸福产业"之一，旅游活动不仅能够使人们得到休闲娱乐，同时还可以增长见识、开阔眼界。近年来，我国国内游客人次与旅游收入不断攀升（见图 4-1）。文化和旅游部公布的数据显示：2018 年，我国国内旅游人数达 55.39 亿人次，比上年同期增长 10.8%；出入境旅游总人数达 2.91 亿人次，同比增长 7.8%；全年实现旅游

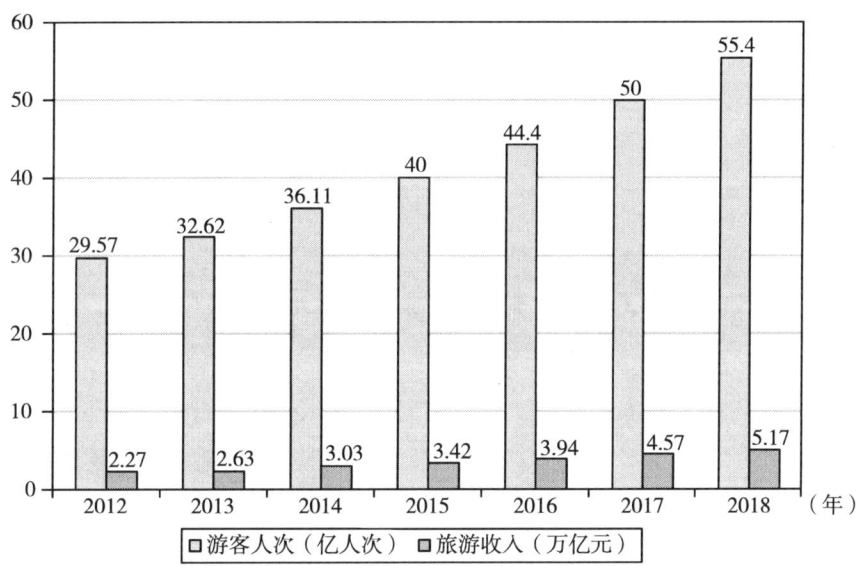

图 4-1 2012—2018 年国内旅游市场基本情况

资料来源：中商产业研究院。

---

① 罗文斌. 乡村旅游高质量发展的背景、内涵及路径 [N]. 中国旅游报，2019-05-14 (003).

总收入 5.97 万亿元，同比增长 10.5%；国内旅游人数中，城镇居民 41.19 亿人次，增长 12.0%；农村居民 14.20 亿人次，增长 7.3%。由此可见，我国已经进入大众化旅游时代，旅游消费水平不断提升，旅游成为人民群众的常态化生活方式，且出游规模越来越大。

乡村旅游作为一种新型的产业形态和消费业态，在适应城市居民日益增长的休闲度假消费需求方面具有独特的优势，近年来呈现出蓬勃发展的趋势，在满足城市居民对美好生需求、促进贫困地区脱贫攻坚等方面发挥了重要的作用。现代城市居民前往乡村地区旅游，期望能够"望得见山、看得见水、记得住乡愁"，但是，目前很多乡村地区旅游开发存在着同质化严重、服务质量不高、基础设施滞后、缺乏统一规划、环境与经济发展不匹配等突出问题，产品开发主要停留在餐饮、住宿、观光上，对农业文化以及当地特有的民风、民俗挖掘不够，在游、购、娱、险、奇、情方面缺乏较好的内容体验，与广大游客的预期具有较大的差距。上述这些问题，主要是需求与供给失衡引起的。因此，无论是从我国经济社会发展的时代潮流，还是从乡村旅游未来发展来看，乡村旅游经济高质量发展必须要解决供需不均衡的突出问题。提供高质量的有效供给是乡村旅游经济高质量发展的重要内涵；高质量的有效供给才能适应广大游客对乡村旅游的高质量需求，才能不断优化乡村旅游产业结构，有效整合资源，提高产品与服务质量，同时，才能够与我国国民经济各行各业的高质量发展相匹配。①

二、乡村旅游经济高质量发展是产业转型升级的发展

当前，我国经济发展已经进入新常态，转型升级是我国经济发展的当务之急。在此背景下，旅游产业只有转型升级才能适应经济新态势，转型升级是旅游发展的主旋律。产业转型升级是适应当前旅游消费日益多样化的形势、提高旅游产业竞争力、实现产业可持续发展的必由之路。产业转型升级可以理解为经济结构组成要素特征的变化过程——从低附加值转向高附加值升级，从高能耗高污染转向低能耗低污染升级，从粗放型转向集约型升级。② 我国已经进入了

---

① 罗文斌. 乡村旅游高质量发展的背景、内涵及路径 [N]. 中国旅游报, 2019-05-14 (003).
② 谭晶荣. 长三角地区产业转型升级特征、路径与实施方略 [J]. 企业经济, 2012 (9).

优质旅游发展的时代，2018年中央"一号文件"提出实施乡村旅游精品工程的要求，该要求与我国优质旅游发展的总体目标是一致的，这说明了我国乡村旅游全面转型升级的新时代已经到来了。因此，乡村旅游经济高质量发展就是产业转型升级的发展。

中央"一号文件"将乡村旅游定位为推进一二三产业融合发展的重要途径、农民增收的重要渠道。为实现上述目标，乡村旅游产业要重点从技术、产品、功能、价值链四个方面进行转型升级（见表4-1）。[①]（1）技术升级：旅游企业要充分利用现代化信息技术，在乡村资源开发的过程中多使用先进的技术，为游客提供更多的便利与服务，增强游客的体验性；重视对员工进行信息技术的应用培训，使员工不断掌握新技术并能够将这些技术应用于实际工作中，创新服务方式，提供人性化、个性化的服务，以提高游客的满意度与忠诚度。（2）产品升级：要形成新的产品观，加大对现有旅游产品更新改造的力度，使乡村旅游产品努力朝着以休闲为主导、品位高、体验性强的方向转型升级，避免同质化、低俗化与过度商业化；根据现代旅游者"求新、求异、求奇"的心理特征，以更高层次的创造性思维来开发新型的乡村旅游产品，如创意旅游产品等。（3）功能升级：努力转变乡村旅游的单一功能为多重功能以实现其综合作用，实现乡村旅游由经济功能向综合功能转变。一是继续深化旅游产业作为"民生产业"的经济功能，继续为当地经济水平的提升、提供就业岗位、提高当地村民生活水平等方面做出更大的贡献。二是充分发挥乡村旅游作为"动力产业"的产业带动作用。要努力通过乡村旅游的健康持续发展，进一步带动当地的农业、工业、教育、医疗、科技等领域的发展。三是努力回归旅游产业作为"绿色产业"的本质功能，在乡村旅游发展过程中要努力使其生态效应得到最大的释放，主动承担社会发展赋予的重大使命，建设美丽乡村。（4）价值链升级：当前，人们对旅游产品的需求已经从观光型向休闲度假型过渡，旅游产业必须不断地充实其内涵，延伸产业价值链，才能不断满足人们高层次的旅游消费需求。要建设设施完备、功能多样的休闲观光园区、森林人家、康养基地、乡村民宿以及鼓励发展乡村共享经济、创意农业、特色文化产业等新业态，促进乡村旅游高品质发展，不断提升乡村旅游的吸引力。

---

① 潘冬南. 广西旅游产业转型升级的路径研究［J］. 广西财经学院学报，2015，28（3）：50-54.

表 4-1　　　　　　　　　乡村旅游转型升级的路径

	路径	具体表现
I	技术升级	旅游企业引用新技术，对员工进行技术培训
II	产品升级	更新改造现有产品，开发新型产品
III	功能升级	深化经济功能，发挥产业带动作用，回归"绿色产业"的本质功能
IV	价值链升级	跨产业升级，旅游业态创新

三、乡村旅游经济高质量发展是绿色、可持续的发展

绿色发展和生态文明是时代的要求、时代的发展趋势。党的十八大以来，以习近平总书记为核心的党中央向全国人民以及全世界深刻回答了为什么建设生态文明、建设什么样的生态文明、怎样建设生态文明等问题，形成了习近平生态文明思想。"生态兴则文明兴，生态衰则文明衰。"习近平总书记曾多次指出，生态文明建设是关系中华民族永续发展的根本大计，并始终强调，"小康全不全面，生态环境质量是关键"，要创造良好的生态环境，这是最普惠的民生福祉，要不断满足人民群众日益增长的优美生态环境需要。① 近年来，我国掀起了生态文明建设的热潮，也取得了较为明显的成效，绿色发展理念逐渐深入人心，绿色的生产方式和生活方式逐步形成，美丽中国的宏伟目标不断得到推进。

习近平生态文明思想突出强调永续发展观，保护生态环境就是保护生产力，改善生态环境就是发展生产力。对以自然生态环境为主要生产、生活资源的乡村地区而言，生态环境保护任重而道远。因此，在绿色发展理念贯穿全社会各领域、"绿水青山就是金山银山"共识已形成的大环境下，绿色生态应是乡村旅游经济高质量发展的第一要义，乡村旅游经济高质量发展就是绿色可持续的发展。生态文明是乡村旅游发展的根本，要以生态文明引领乡村旅游发展。具体来说，要坚持生态惠民、生态利民、生态为民，以习近平总书记提出的"坚持人与自然和谐共生、绿水青山就是金山银山、良好生态环境是最普惠的民生福祉、山水林田湖草是生命共同体、用最严格制度最严密法治保护生态环境"等

---

① 曹滢. 习近平生态文明思想引领"美丽中国"建设 [EB/OL]. http://www.xinhuanet.com/politics/xxjxs/2018-05/22/c_1122866707.htm.

推进生态文明建设的重要原则,来指导乡村旅游与休闲农业的发展;将农村的生产生活与环境保护融为一体,牢固树立"绿水青山就是金山银山"的理念,注重生态和传统历史文化的保护,使现代城市居民能够在乡村地区找到心目中的蓝天白云、繁星闪烁、清水绿岸、鱼翔浅底、鸟语花香、田园风光、诗情画意以及历史文化的印记,使当地村民以及广大游客吃得放心、住得安心;坚决避免和抵制短期经济行为,实现百姓富、生态美的有机统一,从而使乡村旅游有发展后劲、有发展未来。

四、乡村旅游经济高质量发展是文旅融合的发展

文化与旅游紧密相连,不可分割。文化是旅游的灵魂,旅游是文化的载体。从本质上来看,旅游就是一种文化认知、文化体验与文化分享,文化又通过旅游这一载体得以不断地传承与发展。2018年4月,由原文化部与国家旅游局新组建的文化和旅游部正式挂牌,进一步推动我国文化产业与旅游产业的融合发展,通过文化内涵的注入不断提升旅游品质,同时,通过旅游拓宽文化的市场空间,有利于提高我国的文化软实力以及中华文化的影响力。随着国民综合素质的不断提升,人们的文化旅游需求不断旺盛,文旅融合成为我国旅游业发展的主要方向,文化旅游也成为新时代旅游业发展的重要力量。目前,很多省市已经明确将文化旅游作为旅游产业转型升级的主攻方向。

"千园一面"和"千村一面"的乡村旅游现状已经不能满足现代城市居民日益增长的文化旅游需求,提供差异化的个性文化旅游产品和服务将是大势所趋。乡村文化是乡村旅游的灵魂,大力挖掘乡村文化、彰显自身特色、进行差异化竞争、实现求同存异,是赢得游客真心的最有效手段。发展乡村旅游,不仅要让广大游客"望得见山、看得见水",更重要的是使其"记得住乡愁",因此,乡村旅游经济高质量发展是文化与旅游深度融合的发展。乡村的生活方式、生产方式是体现乡村文化的主要节点,村名的起源、聚落的形态是乡村独有的历史积淀的重要体现,人们寻找的诸如远方、故土的文化记忆以及往昔的儿时情怀等所谓的乡愁,隐含在乡村文化的肌理之中。[①] 文化与旅游的深度融合,通过将乡村特有的生产生活习俗、历史文化、建筑文化等融入旅游产品开发中,

---

① 乡村旅游要挖掘文化意蕴 [EB/OL]. http://www.wenming.cn/wmpl_pd/whkj/201809/t20180927_4845390.shtml.

结合现代旅游者的需求，能开发一系列乡愁旅游产品，不仅有助于增强乡村旅游的文化体验性，提升乡村旅游产品的内涵与品质，推动乡土文化的保护与传承，守住根脉，留住乡愁，同时，还能够进一步推动乡村旅游的转型升级，推动乡村旅游经济高质量发展。除了乡愁产品的打造之外，乡村浓郁文化的营造也非常重要。要从乡村特有的生产生活方式以及乡村景观中找寻村民认同、游客感知的文化符号；运用多种营销手段与方法，打造独具特色的文化品牌；动静结合，综合运用场景化恢复与活态化展示，营造浓厚的文化氛围，将乡村特有的民俗活动生动地展示在广大游客面前，使游客得以体验并融入其中。只有这样，才能不负"诗与远方"的期待，更好地满足现代城市居民更高的精神需求。

五、乡村旅游经济高质量发展是共享成为根本目的的发展

党的十九大报告明确指出："带领人民创造美好生活，是我们党始终不渝的奋斗目标。必须始终把人民利益摆在至高无上的地位，让改革发展成果更多更公平惠及全体人民，朝着实现全体人民共同富裕不断迈进。"这就要求我国经济社会发展必须要坚持以人民为中心，通过经济高质量发展，不断提高人民群众的获得感、幸福感与安全感，不断满足人民群众对美好生活的向往。

当前，我国正处于全面建成小康社会的决胜期，习近平总书记曾指出："小康不小康，关键看老乡。如果不把农村建设好，全面建成小康社会就要被拖后腿。"由此可见推动乡村经济高质量发展、消除贫困在全面建成小康社会中的重要地位。发展乡村旅游是实现乡村产业兴旺、促进农民增收脱贫的重要途径，是破解乡村经济发展模式困境的"良方"。乡村旅游经济高质量发展必须是共享成为根本目的的发展，必须要落实改革成果由人民共享理念；要将共享贯穿于旅游发展的方方面面，把共享既作为发展的理念，也作为发展的行动，既作为发展的出发点，也作为发展的落脚点。① 农民是乡村地区的主人，发展乡村旅游必须要坚持以农民为中心，充分发挥农民的主体作用，将农民作为旅游开发主体、建设主体、服务主体、受益主体，引导农民积极参与，增加农民的就业渠道，拓宽农民的增收范围；同时，要将旅游扶贫作为脱贫攻坚的一个突破口，

---

① 共享旅游发展成果的赤水实践［EB/OL］. https：//www.sohu.com/a/209781418_637502.

加强对贫困人口的倾斜与照顾,使其实现在家门口创业、就业、脱贫,从而使广大农民群众公平、公正地享有旅游发展成果,从而不断增加农民的获得感、幸福感与安全感。此外,政府部门要认真履行职责,制定科学、合理的利益分配机制,切实处理好旅游企业利益和农民利益、短期利益与长期利益之间的关系,使农民更多、更好地共享发展成果。

第二节　经济高质量发展对乡村旅游扶贫的内在要求

乡村旅游扶贫是乡村地区经济社会发展的重要途径。经济高质量发展对乡村旅游扶贫具有一定的内在要求,只有明确这些具体的要求,才能真正实现"造血式扶贫",实现真扶贫、扶真贫,促进村民增收致富,推动乡村振兴,进而进一步推动全面小康社会的建成。

一、坚定脱贫致富的信心与决心

扶贫先扶志,致富先治心。脱贫致富,必须激发贫困人口内生动力,最终需要村民的努力奋斗、辛勤劳动才能实现,因此,充分发挥贫困地区村民的主体作用,彻底消除贫困群众"人穷志短"的误区,激发其内生动力,这是打好脱贫攻坚战的关键所在。目前,在推动脱贫攻坚战的过程中,某些地区、某些贫困人口的内生动力不足,存在较为严重的"等、靠、要、懒"现象。"等"即脱贫行动不主动、不自觉,等着政府和其他人前来帮扶;"靠"即靠政府、靠扶贫单位的帮扶,自己不奋发、不努力;"要"即户户争当贫困户,伸手向上要、向外要;"懒"即不愿动脑子也不愿费力气。这些现象造成了即使有政策扶持,也难以落地。

乡村旅游扶贫首先要开展"精神脱贫",坚定贫困地区村民脱贫致富的信心,使其变被动为主动,积极参与旅游开发。旅游业具有较强的带动与辐射作用,能够提供大量的就业岗位,同时,就业门槛相对来讲比较低,在带动贫困地区村民脱贫致富、推动乡村振兴方面具有较为明显的优势。在旅游开发的过程中,要通过抓好宣传教育、抓典型引路、抓政策激励、抓能力培训等途径实现点燃激情、增强信心、坚定决心与培养能力的目标。目前，有一些地区在这方面已经在全国树立了良好的榜样。如湖北秭归县为了使贫困户拔掉穷根，以"立壮志、改陋习、树新风"活动为载体，以"精神脱贫"促精准扶贫；具体地以文化人促"我应脱贫"、典型带动促"我要脱贫"、宣传引导促"我能脱贫"、走访动员促"我必脱贫"，并最终取得了很好的成效，2017年，全县4745户13041名贫困人口成功摆脱贫困。

二、基础设施与公共服务旅游化

乡村旅游的发展不能只停留在景区、景点、宾馆、饭店等方面，而是要更加注重整个乡村地区的基础设施和公共服务的系统配套，实现旅游要素配置的全域化。[①] 要按照全域旅游发展的理念，将整个村庄作为一个旅游区进行开发，重视"多规合一"，加强对基础设施及公共服务体系的规划，实现环境优化、景观美化、服务提升，同时，满足当地村民以及广大游客的需求。主要措施有：（1）基础设施旅游化。基础设施的建设要注重审美价值与休闲游憩价值相结合，优化交通格局，推进村庄的道路辐射能力，使之形成网络化的布局；优化区域路网与干线骨架公路衔接及周边交通网络对接，完善各景点之间的交通连接工程。（2）公共服务的旅游化。建设风景道、厕所、停车场等公共服务设施。建设游步道，避免过于平直单调，做到自然、野趣，少留人工痕迹，同时景观和环境融合，沿线设景观小亭、休息设施及环卫设施；因地制宜，借景造景，在道路两边种植合适的花卉和观赏植物，形成景观道路。各功能分区入口处、人流量集中区域每间距800米，各游览区内沿游览线路每间距800—1000米应规划建造旅游厕所。厕所全部规划为生态型公厕，并系统考虑男、女蹲位的比例，设置残疾人蹲位。停车场的建设要充分利用绿色植物，体现生态性质，采用草坪做停车位、行道树隔离车位，树隙停车，树荫遮阳；分设出入口，有专人指管，停车场建设与周边景观相协调；主、次干道及部分景观道全程设置自行车道等。

---

① 朱元秀，刘佳琴. 全域旅游背景下旅游特色小镇发展对策研究——以江苏溱潼小镇为例 [J]. 中国集体经济，2019（16）：9-11.

三、以旅游为主导的产业融合与产品创新

当前,全域旅游已经成为国家发展战略,"旅游+"是全域旅游发展的关键。乡村旅游的发展必须要以全域旅游理念为指导,通过大力实施"旅游+",将旅游产业与乡村地区的其他产业进行有效整合与深度融合,从而衍生新的业态,最终形成满足乡村旅游市场需求的有效供给。首先,要充分利用当地的自然与人文资源优势,结合市场需求,统筹各项资源要素进行旅游开发,并将旅游业培育成为带动乡村经济社会发展的重要力量。其次,充分发挥旅游业的辐射与带动作用,强化"旅游+"功能,促进旅游业与农、林、牧、渔等其他产业的深度融合发展,推动各种产品、业态的发展与创新,形成全村相关产业的联动发展大格局,推动"造血式扶贫"的发展,增加村民的就业机会,从而持续提高村民的经济收入,促进脱贫致富。主要创新产品有:(1)林业观光体验。重点发展以果蔬种植、采摘为主的休闲体验乐园以及生态林业旅游,打造果蔬采摘、加工、酒庄展馆、缤纷树林等项目,向旅游者提供较有观赏价值、体验价值和教育意义的旅游农业及休闲项目。(2)乡村休闲度假。利用乡村地区优美的自然生态环境以及各类种养殖资源,打造趣钓和烹饪、稻禾休闲等乡村体验游憩区,丰富旅游体验的内容,延长旅游者的逗留时间,增加旅游的经济效益。(3)山地体验项目。利用别具一格的山地位置和景色开发森林瑜伽馆、健身跑道、露营地、拓展地以及砖石创意园等体验项目,旅游者可以参与健身、养生、露营、拓展等项目,体验健身乐趣。(4)特色旅游商品。充分结合乡村背景与当地实际,培育具有地理特色的农产品及其加工品,挖掘具有文化特色的手工艺品,开发具有地区风味的特色小吃,形成完整的旅游商品生产、加工、包装产业链。

四、突出地方特色要素

乡村旅游扶贫要注重突出地方特色要素,以特色吸引广大游客,以特色获取竞争优势,避免产品的雷同与单一,从而最终获得可持续发展能力,持续促进村民脱贫致富,推动乡村振兴。首先,要以现代城市居民最为关注的生态、文化以及康养需求作为出发点,整合贫困地区的自然景观、田园风光、人文历

史等各类旅游资源，探索"公司+农户""景区+农户""协会+农户"等特色扶贫模式，增强贫困地区的"造血"能力，打造特色旅游产品。其次，组织贫困群众积极参与旅游开发，积极引导贫困群众利用旅游发展的契机种植各种特色农产品、开发包装绿色食品、制作旅游工艺品，在带动农村劳动力就地转移就业的同时，打造一批特色农产品品牌，使各种带有"土味"的特色农产品搭上旅游发展的"快车"，将特色农产品升级、组合与包装成为特色旅游商品，增加其商业价值，从而增加贫困群众的经济收入。

第三节　高质量发展背景下我国乡村旅游扶贫的原则

乡村旅游扶贫，是以乡村地区的旅游资源为依托，通过外部各种力量的扶持与推动，以旅游业的辐射与带动实现当地群众脱贫致富的一种旅游发展方式。在我国经济进入高质量发展的时代，乡村旅游扶贫须遵循一定的原则，才能实现扶贫的可持续性，从而助推乡村经济的高质量发展。

一、坚持以农民增收为导向的原则

国家统计局公布的数据显示，2018年末，我国农村贫困人口达1660万人，比上年末减少1386万人，贫困发生率为1.7%；贫困地区农村居民人均可支配收入达10371元，比上年增加994元，深度贫困地区农村居民人均可支配收入达9668元，比上年增加935元。从数据上来看，我国的脱贫攻坚工作取得了一定的成效，但是，与全面建成小康社会的要求还是有较大的差距，增加农民收入的任务依旧艰巨。因此，乡村旅游扶贫必须要坚持以农民增收为导向的原则，要不断探索农民参与乡村旅游、通过乡村旅游脱贫致富的方法与途径，实现农民收入来源多样化，不断优化农民的收入结构。主要方法有：（1）拓展农民增收渠道，引导农民开展多样化经营。结合乡村旅游发展规划，根据市场需求，引导和支持农民因地制宜地种植兼具观赏价值与经济价值的水果、花卉等高效经济作物，发展渔业、生猪、肉蛋鸡等家庭养殖业，并就地为当地的农家乐、餐饮企业等提供原材料，改变农民原有单一地以粮食为主要收入来源的情况。

(2) 着力提高农民工资性收入。工资性收入是增加农民收入最根本、最有效的办法。要推动旅游业与其他产业的深度融合,衍生新的产业业态,为农民提供更多的就业岗位,使农民成为产业工人,不断增加其工资性收入。(3) 不断增加农民的财产性收入。财产性收入的增加不仅能够提高农民的收入水平,同时,还能够进一步增强农民的主体地位。在乡村旅游发展的过程中,要通过推进农村经济组织的发展赋予农民更多的财产权利,使农民入股农业生产合作社和农村经济合作组织并成为股东,获取财产性收入。

二、坚持全面发展的原则

乡村旅游经济高质量发展的根本诉求是全面发展,全面发展来自两方面的诉求:(1) 产业自身的全面发展。从旅游业自身的发展诉求来看,我国旅游业的发展已经由高速增长向优质旅游发展转变,旅游业向更加平衡、更加充分的发展格局迈进。① 目前,我国正处于全面建成小康社会的决胜期,乡村地区的小康是我国全面建成小康社会的关键,而乡村旅游是乡村地区转变经济发展方式、促进农民脱贫致富的重要途径,从这个层面上来看,乡村旅游的全面发展是新时代的发展要求。贫困地区要充分发挥旅游业的辐射与带动作用,以全域旅游发展的理念引领乡村旅游的全面,以"旅游+""+旅游"为路径,大力推动农旅深度融合,从而扩大旅游产业要素,拓展旅游发展空间,促进旅游产业结构的转型升级与全面发展,进而以丰富多样、特色鲜明的旅游产品满足广大旅游者的多样化需求。(2) 乡村地区的全面发展。乡村旅游是推动乡村振兴与乡村经济社会全面发展的有效途径。在乡村旅游开发的过程中,要突破原有的狭隘的发展观念,以旅游业的发展带动乡村地区的交通、医疗、卫生、文化等事业的建设与全面发展,为广大游客提供服务与便利的同时,改善当地村民的生活条件,提高村民的获得感、幸福感与安全感。

三、坚持因地制宜的原则

当前,我国乡村旅游蓬勃发展,但在蓬勃发展的同时存在着产品雷同、缺

---

① 王德刚. 优质旅游的根本是内涵式发展 [N]. 中国旅游报,2018 - 01 - 12 (003).

乏特色等突出问题，不少贫困地区的旅游开发只是简单地照搬照抄，脱离当地的资源与文化特色，缺乏创意与吸引力。我国幅员辽阔，不同的乡村地区的地理位置、自然条件、经济社会发展水平不同，同时，乡村旅游的发展是一个循序渐进的过程，不能急功近利、盲目跟风，否则将以经营惨淡收场。因此，乡村旅游扶贫必须要因地制宜，走出"一村一品""一村一景"的差异化发展道路，才能实现造血式旅游扶贫的目的。具体地，需要从以下三点做到因地制宜：（1）旅游资源的开发要因地制宜，不能盲目照搬照抄。相关政府部门可以聘请专业旅游策划公司、旅游研究机构的专家对当地的资源进行考察、分析与评价，认清旅游资源开发的优势与劣势，扬长避短，才能开发具有地方特色的乡村旅游产品，吸引旅游者前来观光游览、休闲度假。（2）旅游基础设施的建设、公共服务体系的完善要因地制宜。旅游基础设施的建设不能一味地追求高大上，一定要结合当地生产生活以及旅游接待的需要进行适当的建设与完善，并与周围的景观特色相一致。（3）引导村民参与旅游开发要量力而行。乡村旅游虽是解决农村剩余劳动力问题、增加就业岗位、促进村民脱贫致富的重要途径，但是，很多贫困人口自身经济状况不好以及文化水平也不高，政府相关部门、村委会要正确引导村民参与旅游开发，要量力而行，要结合自身的实际情况选择合适的旅游项目，否则，不但不会增加村民的收入，而且还会使村民对旅游产生反感，从而不利于乡村旅游的健康持续发展。

四、坚持经济、社会与生态效益有机统一的原则

中国要美，乡村必须美。良好的自然生态环境以及深厚的文化底蕴是乡村旅游健康持续发展的重要基础，乡村旅游的发展必须坚持经济效益、社会效益和生态效益的统一协调。要牢固树立保护生态环境就是保护发展生产力、绿水青山就是金山银山的理念，在扶贫过程中，不能单纯为了追求经济效益、提高农民的收入而忽视了社会效益和生态效益，要避免出现以破坏和牺牲环境为代价。要正确处理好乡村旅游发展与经济社会发展、旅游资源开发与保护的关系，旅游项目的开发要统筹考虑资源和环境的承载能力，旅游基础设施的建设与完善要更加注重农村生态环境、乡村风貌的保护，建设美丽乡村，努力使乡村成为城市居民更向往的旅游目的地。同时，乡村旅游扶贫还必须要高度重视社会效益，要在乡村地区营造良好的社会氛围，消除"贫困文化"，培育文明

乡风、良好家风、淳朴民风，从而不断提升农民的精神风貌以及乡村社会的文明程度，改善邻里关系，使村民能够团结起来，凝聚力量，齐心协力地推动乡村旅游的可持续发展，努力改善当地落后的面貌，打赢脱贫攻坚战，共同走上奔小康的道路。

第五章　高质量发展背景下我国乡村旅游扶贫的路径选择

乡村旅游扶贫，是以乡村地区的旅游资源为依托，通过外部各种力量的扶持与推动，以旅游业的辐射与带动实现当地群众脱贫致富的一种旅游发展方式。结合我国经济高质量发展的大背景，根据乡村旅游高质量发展的内在要求分析乡村旅游扶贫存在的主要问题后可知，我国乡村旅游扶贫要在产品开发、生态化发展、技术运用、宣传推广、市场管理等方面采取有效的途径，以期推动乡村旅游经济高质量发展，促进村民脱贫致富，走上奔小康的道路。

第一节　高质量发展背景下我国乡村旅游扶贫的产品路径

乡村旅游是精准扶贫的有效途径，要充分发挥其强劲的造血功能和巨大的带动作用，在充分利用农村特色区域的优美景观、建筑和文化、自然环境等特色资源的基础上，推动贫困地区经济、社会、文化和环境的可持续发展。乡村旅游发展最终要落实到旅游产品的开发上。从现代城市居民的旅游需求来看，乡村旅游的发展趋势是：超越传统的农家乐模式，集观光、休闲、度假、康养于一体。未来乡村旅游产品的开发要结合当地的资源特色与优势，注重体验性与参与性，并向创意化、精致化方向转变，才能满足游客更高层次的旅游需求。

一、高质量发展背景下乡村旅游产品的转型升级

近年来,我国休闲农业与乡村旅游蓬勃发展,在推动农村基础设施建设、加快农村产业结构调整、促进农民增收脱贫等方面发挥了巨大的作用,2018 年,接待游客 30 亿人次、营业收入超过 8000 亿元。2015 年 8 月 4 日,国务院办公厅印发《关于进一步促进旅游投资和消费的若干意见》(以下简称《意见》),部署改革创新促进旅游投资和消费工作,《意见》中指出:要实施乡村旅游提升计划,开拓旅游消费空间;到 2020 年,全国建成 6000 个以上乡村旅游模范村,形成 10 万个以上休闲农业和乡村旅游特色村、300 万家农家乐,乡村旅游年接待游客超过 20 亿人次,受益农民达 5000 万人;① 到 2020 年,全国每年通过乡村旅游带动 200 万农村贫困人口脱贫致富;扶持 6000 个旅游扶贫重点村开展乡村旅游,实现每个重点村乡村旅游年经营收入达到 100 万元。随着乡村振兴战略的不断深入,休闲农业与乡村旅游未来具有很大的发展空间。

从供给上来看,我国旅游业正迈向优质旅游时代,旅游供给从"有没有"已经转向"好不好",依靠品质、质量和服务才能实现旅游业的可持续健康发展。从需求上来看,需求的品质化与中高端化日益明显,康养、亲子、研学、休闲度假以及高端私人订制旅游需求旺盛。2017 年《中国休闲度假发展报告》显示:2017 年,国内休闲度假人数占比达到 60%,其中,自由行占 62%;其次是半自助游、定制旅游、邮轮、私家团,定制游成为居民休闲度假的新兴方式。"80 后""90 后"是主力的消费群,占 60% 以上。此外,休闲度假人均消费达到 3819 元,比 2016 年同比增长近 10%。当前,我国乡村旅游产品存在类型单一、休闲性不强、参与性弱等突出的问题,无法满足现代城市居民的旅游需求,由此可见,乡村旅游产品的转型升级势在必行。为满足广大旅游者的需求,乡村旅游产品的类型必须要不断多样化,要不断地推动各类旅游业态的涌现与发展;要超越传统的农家乐模式,集观光、休闲、度假、康养、体育、商务、研学等于一体,构建复合型、多样化的旅游产品体系,实现旅游产品的全域化、特色化、精品化特点(见图 5 - 1)。

---

① 国务院办公厅关于进一步促进旅游投资和消费的若干意见 [EB/OL]. https：//baike.baidu.com/item/.

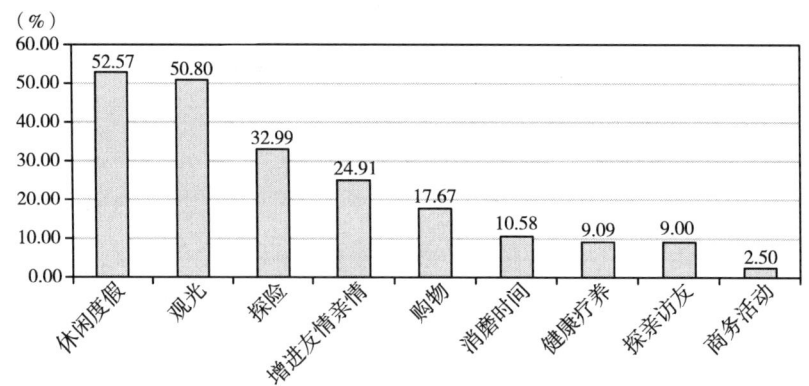

图 5-1 2016 年我国居民出游目的

资料来源：2016 年《中国休闲度假发展报告》。

二、高质量发展背景下乡村旅游产品体系构建的理念

如前所述，乡村旅游经济的高质量发展是一种全面的发展，同时，全域旅游已经上升为国家发展战略，在乡村旅游发展的过程中，要将全域旅游发展理念贯穿其中，打造产业交叉、产业融合以及产业联动的旅游产品体系；在旅游产品体系的构建中要坚持全域化、全景化、全业化、全时化、全民化的理念。[①]

（一）全域化

全域旅游是一种新理念、新模式、新格局。全域旅游强调全域化发展，统筹区域内的资源，以实现区域内旅游与社会经济的融合发展，创建社会共建共享的旅游环境，带动和促进经济社会协调发展。乡村旅游产品体系的构建要体现"全域化"的理念，统筹乡村地区的各项资源，打破"独立景点"发展思路，将原有的独立的大景区变更成为全域性的景区，将整个村庄作为一个综合性的旅游景区进行多角度的旅游开发，将乡村的经济建设、环境保护、文化建设、制度建设等各个领域的建设与完善与旅游业发展紧密结合起来，实现乡村地区经济社会的全面协调发展。

（二）全景化

我国很多乡村地区拥有丰富的旅游资源，要坚持全景化打造，提升美丽乡

---

① 孟秋莉，邓爱民. 全域旅游视阈下乡村旅游产品体系构建[J]. 社会科学家，2016（10）：85-89.

村的"颜值",从而吸引更多的游客,推动乡村旅游的健康持续发展。在旅游产品体系构建的过程中,注重规划引领,按照美丽山川、美丽田园、美丽乡村的整治规划,完善基础设施建设,用乡村地区的山水、田园、建筑、民俗、生产生活、特色农产品以及村民等要素打造全景化旅游产品;通过旅游业的发展,将乡村建设成为有乡愁味道可留恋、有优美环境可观赏的全景化美丽乡村,推动村风村貌、农民增收再上新台阶。此外,通过发展旅游为乡村地区引入新的产业,为其注入新的活力。在保留自然的生产、生活、生态状态的同时,用"景区化"的打造手法,对其进行整体包装和品牌塑造,重在提高整体美观度、旅游舒适度和休闲环境,将整个乡村打造成为一个"看得见山、望得见水、记得住乡愁"的大旅游景区。

(三)全业化

乡村振兴,产业兴旺是关键。旅游产业具有综合性强、涉及面广的特征,在乡村旅游扶贫过程中,要打破"旅游单一发展思维限制",以"旅游+"的思路推动乡村旅游产品的转型升级。将旅游做成区域经济多元化发展的引导产业与基础产业,大力实施"旅游+农业""旅游+林业""旅游+渔业""旅游+体育""旅游+教育""旅游+医疗""旅游+文化"等,发挥旅游产业"搭建平台、打破边界、提升价值、实现共生"的功能与作用,通过互动、渗透、交叉、重组等形式促进旅游产业与其他相关产业的深度融合发展,实现一二三产业的联动发展,打造多样化、丰富化的产品体系,拉长旅游消费链条,促进旅游经济的高质量发展,提高当地旅游业的整体实力和竞争力,推动乡村地区其他相关产业的快速发展,实现乡村振兴。

(四)全时化

目前,我国不少乡村旅游产品的雷同性、季节性比较明显,尤其是一些采摘产品,采摘季节一过,基本无人问津;同时,乡村的夜游产品也有待于进一步开发,以延长游客的消费时间。因此,乡村旅游产品的转型升级要突破季节性、时间性的问题,打造四季全时的旅游产品体系。(1)突破季节性问题。要把握好春种、夏长、秋收、冬藏的四季主题,另外,还包括一些节气、节日等,根据这些来设计一系列乡村旅游或休闲农业产品。春季最重要的自然资源是花草,同时,春耕活动也是重要的资源;秋季是收获的季节,各种各样的果实以及独特的景观是主要的卖点,因而春季与秋季乡村旅游可重点打造观光与农事体验产品。夏季主要是让广大游客体验万物生机勃勃的景象,同时,结合资源与生态优势，适当开发休闲避暑产品。冬季可以利用温泉、冰雪、庙会以及温室等资源打造冬季版乡村旅游产品。温泉旅游产品符合人们康养的需求，盘活乡村旅游产品；开展涵盖观光类、休闲游乐类、度假类、民俗节庆类等各种冰雪嘉年华活动，形成冬季度假聚集结构；通过乡村民俗展示、创意集市、土特产品展销集市、餐饮、祭祀、民俗游戏等庙会活动聚集冬季旅游人气；以温室设施为载体，以恒温环境为卖点，集生态观光、休闲娱乐、旅游度假、科普教育、农业种植等于一体的综合性产品，打造冬季乡村游的亮点。（2）突破时间性问题。夜市经济是商品经济与传统习俗文化相结合的产物，具有娱乐性和休闲性的特征。以"文化、休闲、生态"为主题，运用"声、光、电"技术和景观植入等手段，用乡间的原野小径、房屋脊线、景观映像打造会讲故事的田园夜景，打动人心，使游客获得安静、愉悦的乡村体验。

（五）全民化

发展乡村旅游必须要紧密结合党中央与国务院提出的解决"三农问题"的根本宗旨，促进农民就业，提高农民收入，推动农业生态与乡土文化的保护，促进农业的转型升级。农民是乡村地区的主人，是乡村旅游景观的缔造者，因此，乡村旅游产品体系的构建要坚持全民化的理念，要发挥农民的主体地位。在乡村旅游产品开发的过程中要强调村民参与，提高村民参与的积极性与主动性，实现共建共享，使每一位村民都有机会为谋取旅游利益而施展与贡献自己的才能与力量、发表意见与看法；通过加强培训、加强沟通、建立机制等途径，提高村民参与的能力与程度，使全体村民能够公正、公平地享有旅游发展红利。同时，政府相关管理部门要在资金、税收、人才培训等方面采取各项优惠与鼓励措施，鼓励与吸引社会各类优秀人才如乡村创客、返乡能人等前往乡村地区开发与经营旅游项目，以推动乡村旅游经济高质量发展，促进村民脱贫致富。

三、乡村旅游产品体系的构建

围绕乡村振兴战略，美化乡村生态环境，立足当地农耕文明，发掘民俗文化，拯救村落文化；构建符合时代需求的乡村旅游产品体系，形成观光旅游和休闲度假旅游并重、旅游传统业态和新业态齐升的新格局，从而推进休闲农业和乡村旅游高质量发展，为城乡居民提供看山望水忆乡愁的好去处，最终实现农业强、农村美、农民富。具体地，根据乡村旅游市场的现实需求与未来发展趋势，依托乡村地区的农、林、渔、文化等旅游资源，实施"旅游+"，重点打造观光游览、科普教育、探险猎奇、休闲度假、康体养生、文化体验六大产品体系，实现乡村旅游产品的"有情味""有土味""有人味""有雅味"（见图5-2）。

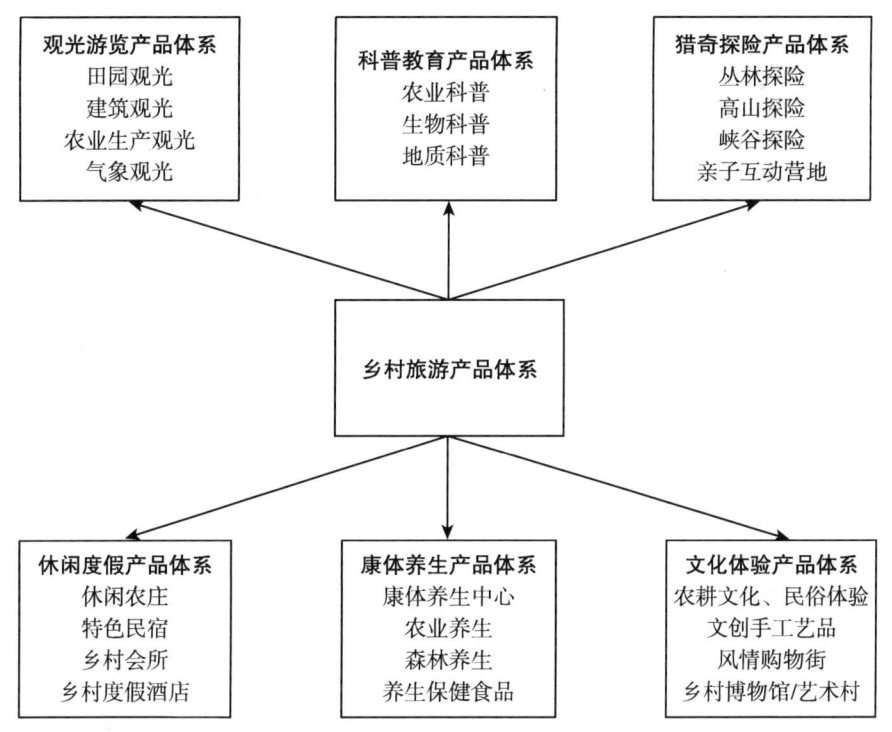

图5-2 乡村旅游产品体系

（一）观光游览产品体系

充分利用乡村地区丰富的自然资源、历史文化资源以及各种农业生产活动等，将当地的自然风光、蔬果田园、花卉苗木、农业生产设施、农业生产生活技艺、特色古村落以及特有的气象景观等开发成田园观光、建筑观光、农业生产观光、气象观光等多层次、多类型、综合程度高的游览型产品，达到提升产品质量的目的，满足城市居民回归自然、回归乡村，感受大自然的原始美以及体验不同于大城市的乡居环境的需求。

（二）科普教育产品体系

将农业生产和科学教育相互结合，利用农业生产、自然生态、农村生活文化等资源，设计一系列农业科普、生物科普、地质科普产品，展示现代科技引领下的农业发展，或者设计体验活动及进行教育解说，从而将村庄打造成为中小学生农业与自然实习基地。此外，还可以开发农业技术培训、民间技艺制作培训等研修型产品,发挥乡村农业的教育功能,满足那些对农村的自然环境以及民俗、民艺等感兴趣的游客学习与提升的需求。

(三)探险猎奇产品体系

充分利用乡村地区的森林资源、高山峡谷等地形地貌,开发丛林探险、高山探险、峡谷探险等各种探险猎奇产品,满足广大旅游者求新、求奇、求异的心理需求。如通过在森林设置并搭建各种难易不同、风格迥异、超强刺激的关卡闯关,使广大游客能够体验丛林攀爬与林间穿越的刺激,既健康又时尚,同时,也能够使游客在活动中探索成长的道理与奥秘。此外,在亲子互动探险体验方面,可以乡村童趣项目为特点,设置独木桩、穿越火线、踩跷板、捉蝴蝶等具有乡村特色的亲子互动项目,打造具有乡村野趣特色的亲子互动营地。

(四)休闲度假产品体系

依托乡村地区特有的乡村文化和生态环境,开发一系列休闲度假产品,突出特色要素——"乡村性",注重保持乡村自然环境与人文环境的原真性,提供舒适的旅游设施、周全的旅游服务以及多样的文化娱乐,满足游客多样化的休闲度假需求。具体的产品类型主要有:休闲主题农庄、特色民宿、乡村会所、乡村度假酒店等。如可以依托现有的水果种植基地,以水果为主题,修建水果景观造型、水果外形建筑、水果客房等设施,打造充满童趣的休闲主题农庄。打造乡村度假酒店,为游客提供高品质的田园生活方式,既沿袭农家乐的乡村农家特色,又借鉴度假型酒店的标准规范,使客人感受到别样的度假体验。

(五)康体养生产品体系

随着工作、生活压力的不断增加,越来越多的现代城市居民出现了亚健康状态;加上人口的老龄化,人们对养生的重视程度不断提升,这为乡村旅游康体养生产品的开发带来了良好的契机。乡村地区要依托当地良好的自然生态环境、完善的旅游基础设施、多样化的农业生产活动以及丰富的农产品,开发一系列康体养生产品,如康体养生中心、农业/森林养生以及各种养生保健食品等,实现以景养生、以气养生、以动养生、以静养生。以景养生,即以田园风光为主题,辅以美食、民俗为补充,打造集美景熏陶、释放压力于一体的乡村农业养生项目;以气养生,即考虑与医疗机构合作,通过天然的优质空气、养生环境打造康体养生中心;以动养生,即通过参与耕地、种菜摘菜、水果采摘、花田采风、骑马垂钓、下水摸鱼、采茶等农事活动,达到愉悦身心、运动锻炼的目的;以静养生,即将中医理疗、药浴、SPA等与乡村的自然生态环境相结合，打造"医疗+睡眠"的乡村特色养生项目。①

（六）文化体验产品体系

文化是乡村旅游的灵魂，结合现代旅游者高层次的文化需求，挖掘乡村特有的文化，打造农耕文化与民俗体验、文创手工艺品、风情购物街、乡村博物馆与艺术村等系列文化体验产品。设计一系列的农耕文化与民俗体验活动，使游客有机会参与农业生产过程中，如挖地种菜、采摘蔬果、放养动物、捕鱼捞虾、制作当地的风味小吃以及特色手工艺品等，体验农业生产、男耕女织的乐趣。打造风情购物街，带动地方农副产品的加工与销售，促进农民增收致富。依托当地的古民居、古村落、古街巷，以乡村环境为基底，植入艺术文化，建设乡村博物馆/艺术村，展示传统乡村生活的所有领域，包括从实物形态、方言到生产和生活习俗等的每一个细节；同时，博物馆与艺术村还可以为艺术家以及高校大学生提供艺术创作的时间、空间支持，从而吸引文化创客前来乡村就业创业，进一步推动乡土文化的保护与传承。

第二节 高质量发展背景下我国乡村旅游扶贫的生态路径

发展乡村旅游和生态文明建设是乡村振兴的重要内容，两者具有共同的目标；但发展乡村旅游主要是市场行为，而生态文明建设主要是公益行为，两者之间存在一定的矛盾与冲突。人是自然界的重要组成部分，人类可以利用自然、改造自然，但是，必须尊重自然发展规律，不能凌驾于自然之上；同时，人类不能以牺牲自然生态环境为代价换取一时的经济利益，要"靠消耗最小的力量"来合理协调人与自然的关系。② 自然资源以及自然生态环境是乡村地区生产生活的基本条件。因此，在开展乡村旅游扶贫的过程中，必须要走生态化发展的路径。

当前，在乡村振兴大背景下，全国各地都把乡村旅游作为助推乡村振兴的重要抓手，乡村旅游发展态势良好，成绩显著。但是，乡村旅游发展与生态文

---

① 乡村"康养"旅游路在何方？[EB/OL]. http://www.sohu.com/a/220644992_295626.
② 资本论：第3卷 [M]. 北京：人民出版社，2004：928-929.

明建设依旧存在较为突出的矛盾,具体表现为:环保意识淡薄,对环境保护不够重视;资源浪费和过度开发;生态监管力度不够等。乡村旅游与生态文明建设的协调发展需要政府部门、乡村旅游企业、乡村居民、游客的共同参与。政府部门要加大生态文明的宣传力度,并加强生态监管力度;旅游企业要提高员工的环保意识,合理利用资源,打造乡村旅游精品,并引导游客文明旅游;同时,要鼓励乡村居民参与旅游开发,并不断增强其生态意识,使其自觉参与乡村生态环境的保护工作,从而在多方协同下建设美丽乡村,推动乡村振兴。

一、乡村旅游发展与生态文明建设之间的关系

乡村振兴就是要建设"产业兴旺、生态宜居、乡风文明、治理有效、生活富裕"的美丽乡村。发展乡村旅游与生态文明建设都是乡村振兴的重要内容,发展乡村旅游是重要抓手,生态文明建设是美丽乡村建设的基础和保障。因此,发展乡村旅游与生态文明建设相辅相成、关系密切。

(一) 生态文明建设为乡村旅游发展奠定物质基础

生态文明建设坚持尊重自然、顺应自然、保护自然的理念,主张人与人、人与自然、人与社会的和谐共生,节约和合理利用各种自然资源,加强对生态环境的保护与改善、对生态系统的修复与建设,从而为我国经济建设与子孙后代的永续发展提供坚实的物质基础。① 在大众旅游时代下,乡村旅游已经成为城市居民常态化的生活方式以及中国旅游发展的新热点,对乡村振兴具有重要的促进作用。乡村旅游以乡村特有的自然环境、田园风光、农事生产劳动以及民俗风情为核心吸引物,而生态文明建设能够为乡村旅游发展提供这些核心吸引物。一是通过对乡村的山、林、田、路、水等方面的保护与优化,不仅能够使乡村保持良好的生态环境,同时,也能够为乡村旅游可持续发展提供资源基础。二是通过对山水林田湖草生态修复、矿山环境治理恢复、土地整治与污染修复等工作,可以对一些荒废或被污染的海滩、山地、湖泊、湿地等进行修复、整治与绿化,实现资源的有效利用,使之成为新的乡村旅游吸引物,吸引广大游客。

---

① 唐承财,周悦月,钟林生,等. 生态文明建设视角下北京乡村生态旅游发展模式探讨[J]. 生态经济,2017,33 (4):127-132.

（二）乡村旅游发展促进生态文明建设

产业兴旺是乡村振兴的首要任务。2018 年初《中共中央 国务院关于实施乡村振兴战略的意见》（以下简称《意见》）正式发布，乡村旅游被写入中央"一号文件"，并成为乡村振兴的重要抓手。乡村旅游的健康持续发展不仅能够提高乡村居民的家庭收入，推动农民脱贫致富，同时，还可以促进乡村生态文明建设，改善农民的生产生活条件及其人居环境，并形成良好的乡风文明，从而进一步提高农民的幸福感和乡村的宜居水平，助推乡村振兴。一是科学、合理的乡村旅游开发就是对乡村自然资源的绿化、净化和美化，使乡村的自然资源如名树名木、田园、湖泊、河流等得到合理利用与开发，转化为风景资源，同时，又具备观赏性、审美性，从而不断改善乡村的自然生态环境。二是科学、合理的乡村旅游开发能够保护与传承乡村的传统生态民俗文化，促进生态文明建设。乡村居民在与自然和谐相处、协调发展的过程中创造了丰富的生态民俗文化，如乡规民约、环境故事、民歌民谣、地方风物传说等，这些生态民俗文化具有很高的生态文明价值，是生态文明建设的人文基础。文化是旅游业的灵魂，乡村旅游能够不断地活化乡村的传统生态民俗文化，使其得到更好的保护与传承，从而促进生态文明建设。三是通过发展乡村旅游，村民能够从中分享旅游发展红利，从而能够进一步意识到当地自然资源的重要价值，进而不断增强其生态文明意识，使其逐渐养成良好的生产和生活习惯，并自觉参与环境保护工作，共同维护乡村的自然生态环境（见图 5-3）。

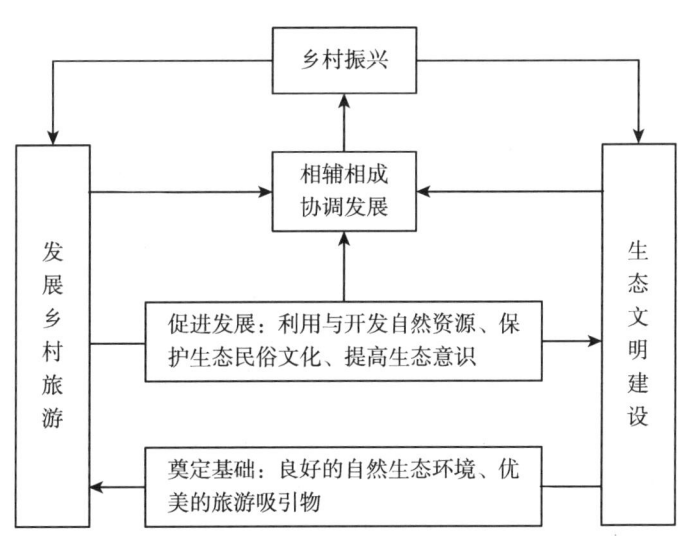

图 5-3 发展乡村旅游与生态文明建设的关系

二、乡村旅游与生态文明建设协调发展的路径

习近平总书记指出"绿水青山就是金山银山"。这个著名的"两山论"运用了马克思的唯物史观指出了经济发展与环境保护之间的关系,即保护生态环境就是保护生产力,改善生态环境就是发展生产力,生态效益、经济效益和社会效益相得益彰,和谐共生,是对马克思生态文明思想的继承、发展及其在中国的具体实践。[①] 一直以来,旅游开发与生态环境保护之间的关系及其协调是旅游学术界研究的重要议题。随着乡村振兴战略的实施,发展乡村旅游与乡村生态文明建设成为社会关注的焦点。目前,学术界关于乡村旅游与生态文明建设协调发展的路径研究取得了较为丰富的成果。从制度的层面来看,乡村旅游与生态文明建设的协调发展要强调"生态优先"原则,同时,要建立完整的制度体系,完善乡村生态补偿机制、奖惩和监督机制以及村民参与机制。从教育的层面来看,要加大生态环境保护的宣传力度,开展有针对性的生态文明教育,以提高社区居民的生态意识,乡村旅游从业人员也要接受相关的教育和培训,旅游景区要加强对游客文明行为的引导。此外,从产业的层面来看,乡村旅游的发展一定要制订科学、合理的规划,保持乡土特色,尽量减少人为改造;同时,加强农村基础设施建设,包括建设和完善生态停车场、旅游厕所、保洁车与垃圾池、排水设施以及加强园林绿化等。在借鉴学者现有研究成果的基础上,本书针对当前乡村旅游发展与生态文明建设失调的突出问题,提出两者协调发展的路径,以期更好地建设美丽乡村、助推乡村振兴。

(一)加强教育,提高环保意识

政府相关管理部门的工作人员、旅游企业员工、当地村民、游客的环保意识的高低直接关系到乡村旅游环境的好坏,因此,要采取多种途径,切实提高相关人员的环保意识。第一,环保部门要通过各种专门的宣传活动或者设立固定的"环保宣传日",加强生态环境保护知识的宣传力度,不断提高社会公众的环保意识,使人人自觉参与乡村环保行动,做文明的旅游者。第二,各个乡镇政府、各村村委会要通过集中宣传与教育、现场个别教育等形式加强当地村民的环保意识,使其深知环境保护与经济发展的密切关系,并养成良好的生产和

---

① 黄承梁. 习近平新时代生态文明建设思想的核心价值 [J]. 行政管理改革, 2018 (2):22 - 27.

生活习惯，自觉保护生态环境。第三，旅游企业要树立强烈的社会责任感，要把环保工作纳入自身的日常管理工作中，并加强对员工的环保教育；同时，要在景区内设置各类警示标识牌和环保标识牌，引导游客文明旅游，及时阻止各类破坏自然环境的行为。

（二）多规合一，合理利用资源

良好的自然生态环境是乡村地区吸引大都市居民前来休闲旅游、实现乡村旅游健康持续发展的前提基础。规划先行，是既要"金山银山"，又要"绿水青山"的前提。要保证乡村旅游的健康持续发展，必须要制订科学、合理的乡村旅游发展规划。各地要在实地调研的基础上，结合市场需求特征，坚持人与自然和谐发展的原则，突出"绿水青山就是金山银山"的理念，积极探索"多规合一"，科学编制乡村旅游发展规划，将乡村旅游发展规划与土地利用总体规划、易地扶贫搬迁规划、交通建设规划等有机衔接，以实现有效整合、科学利用各类资源，避免破坏环境和浪费资源。此外，各类旅游项目的开发要经过严格的可行性验证与审批程序，根据当地的资源优势，深入挖掘当地的乡土文化特色资源，减少人为改造；树立品牌意识，打造一系列乡村旅游精品项目，不断吸引广大旅游者，从而才能实现经济效益、社会效益和生态效益的统一，助推乡村振兴。

（三）多部门协调，加强生态监管力度

加强生态监管力度是乡村旅游与生态文明建设协调发展的重要保障。要充分发挥旅游主管部门、乡镇人民政府、各级环保部门的职能与作用，全面考察当地的资源与环境，划定环境敏感区和非敏感区；多方协调，共同制定符合当地实际情况的乡村环境保护管理制度，并在乡村旅游发展的过程中严格执行。同时，相关管理部门要对乡村旅游景区、农家乐、农产品加工厂的建设严格执行环境影响评估和竣工环保验收，并定期对其经营情况进行定期检查与评估，规范其经营行为，及时查处和纠正环境违法行为，并将环保评估结果纳入上述企业经营贷款、土地续约、持续经营的重要评估指标。此外，要加强农村环境治理工作，建设污水处理厂和垃圾无害化填埋场和焚烧厂；乡村旅游景区、各村庄要合理设置垃圾桶，定点存放与及时处理各类垃圾，确保农村环境的干净、整洁。

（四）突出村民的利益，创新共享机制

马克思的生态思想明确指出，要处理好人与自然的关系，就要先处理好人与人之间的关系。农民是乡村振兴的主人，乡村旅游与生态文明建设的协调发展离不开当地村民的积极参与。乡村旅游发展的主要目的是为了增加村民收入，促进村民脱贫致富，实现乡村振兴。因此，在乡村旅游发展的过程中，首先要尊重当地村民的主人翁地位，要突出当地村民的利益，通过"景区带动""能人带户""农户+合作社"等模式带动村民积极参与乡村旅游开发。同时，在利益分配过程中，要根据村民的参与意愿和参与能力来确定利益分配的原则与比例，并适当对建档立卡贫困户、五保户、残疾家庭给予特殊照顾，确保每一位村民都能平等地分享旅游发展红利，提高村民的获得感与幸福感，进而使村民自觉地增强乡村环境保护意识，主动参与"美丽乡村"建设，共同维护乡村地区的绿水青山。此外，要不断畅通与拓宽村民的利益诉求渠道，政府相关部门以及旅游企业要及时了解村民的意见与建议、应对乡村旅游开发面临的问题与困难等；并引导村民以合理的方式表达自己的利益诉求，避免不必要的矛盾与冲突。

第三节 高质量发展背景下我国乡村旅游扶贫的科技路径

随着现代高新技术的迅猛发展，越来越多的技术广泛运用于旅游业中，不断丰富旅游产品类型，提高旅游者的旅游体验，进一步推动旅游产业的转型升级。目前，我国旅游业的发展已经从高速旅游增长阶段转向优质旅游发展阶段，其中，科技创新就是重要动力。在"互联网+技术创新"的时代背景下，大众旅游市场个性化、参与体验化的需求特征越来越明显，乡村地区要创新乡村旅游业态的游憩方式，以技术创新引领乡村旅游业态品质升级。

一、以科技创新引领乡村旅游业态品质升级的背景分析

2015年国家旅游局颁布《关于实施"旅游+互联网"行动计划的通知》，明确指出：到2020年，旅游业各领域与互联网达到全面融合，互联网成为我国旅游业创新发展的主要动力和重要支撑，网络化、智能化、协同化国家智慧旅游公平服务平台基本形成；在线旅游投资占全国旅游直接投资的15%，在线旅

游消费支出占国民旅游消费支出的 20%。科学技术与旅游业的结合将更加紧密，不断推动中国旅游业的创新与发展。因此，必须要以技术创新引领乡村旅游业态品质升级，才能实现乡村旅游产业的健康持续发展，从而推动乡村旅游经济高质量发展，促进农民脱贫致富。

（一）"旅游 + 互联网"将为旅游者提供更多优质服务

旅游区域互联网基础设施建设步伐不断加强，越来越多的景区、酒店将实现 Wi – Fi 全覆盖和部分实现机器服务，智能导游、电子讲解、在线预订、信息推送等服务将日益完善。随着移动终端技术的不断发展、旅游类应用软件的不断优化升级，在线旅游企业能够为旅游者提供更加丰富、安全保障系数高的个性化、定制化的旅游产品和服务。

（二）智慧旅游将助推旅游企业全面升级

一是智慧景区的建设势不可挡。未来，大数据将渗透到景区的各个环节，不仅为旅游者提供个性化的服务，同时，将成为景区的核心竞争力，渗透到景区的市场定位、市场营销、舆情监测与动态监测中，助推景区的全面升级。二是 AR、VR、MR 等技术广泛应用于旅游业。虚拟现实 VR、增强现实 AR、混合现实 MR 等技术，可为游客提供全新体验。比如，2016 年，河南云台山景区全面布局全景式 VR、AR + 智慧旅游，景区实现由传统观光游向深度体验游的转变。2016 年，阿里旅行推出"未来酒店"，提供 VR 在线选房、智能门锁、刷脸入住等服务。

（三）数字乡村战略的大力实施

2019 年 2 月，《中共中央　国务院关于坚持农业农村优先发展做好"三农"工作的若干意见》（以下简称《意见》）正式出台，《意见》中提出，要实施数字乡村战略，加快推进宽带网络向村庄延伸，发展智慧农业。2019 年 5 月，中共中央办公厅、国务院办公厅印发了《数字乡村发展战略纲要》，明确发展目标，并部署了数字乡村发展的重要任务。数字乡村战略的实施将进一步提高互联网与农业的融合度，全面推进乡村地区的信息化建设以及农村电商产品品牌的打造，网络扶贫行动向纵深发展，信息化在美丽宜居乡村建设中的作用更加显著，从而促进乡村经济社会高质量发展。[①]

综上所述，为适应未来智慧旅游的发展、为广大旅游者提供更多的便利、

---

① 中共中央办公厅　国务院办公厅印发《数字乡村发展战略纲要》[J]. 农村工作通讯，2019（11）：6 – 9.

提高旅游吸引力、推动产业转型升级，乡村地区要实施"互联网＋乡村旅游"发展战略，构建旅游和农业互联网智慧云平台，实现互联网、乡村物流、旅游人流、农村金融、物联网的有机融合；适应"互联网＋"的时代背景，以游客和村民需求为出发点，构建智慧乡村，通过打造智慧公共服务体系、智慧旅游体系、乡村旅游电商平台等，实现便利服务、精准营销、精细管理。①

二、乡村旅游扶贫科技路径的具体实施

随着现代技术的快速发展，人们的生活方式和消费方式已经发生了巨大的变化，一部手机就可以行遍天下。乡村旅游的发展必须要适应现代社会的"网络化"消费模式，坚持走科技创新发展之路，将现代高新技术应用于乡村旅游发展，整合旅游资源要素，通过构建乡村智慧旅游服务系统，采用新技术、新工艺等开发旅游商品，提高产品的科技含量，打造乡村旅游电商平台，加强对科技人才的引进与培养等，不断提升乡村旅游的吸引力、体验性和互动性，从而促进乡村旅游经济高质量发展，助推脱贫攻坚工作，推动乡村经济社会全面发展，进一步增强农民的获得感、幸福感与安全感。

（一）构建乡村智慧旅游服务系统

互联网与农业的融合，为乡村地区构建乡村智慧旅游服务系统提供了良好的机遇。为促进乡村旅游经济高质量发展、满足旅游者日益个性化的旅游需求，政府相关部门要结合乡村地区的实际情况，进一步推动旅游与互联网技术的深度融合发展，构建乡村智慧旅游服务系统，对旅游信息进行智慧化的收集、整理与发布，并将信息化渗透到乡村旅游活动的各个环节，从而更好地拓展乡村旅游市场的空间，突破旅游消费的地域和时间界限，为广大游客提供全方位、智能化的旅游服务。一是政府相关部门要积极与携程、同程、驴妈妈等平台合作，整合当地的乡村旅游资源如农家乐、宾馆、酒店等，制作本地的"旅游主题页"，方便游客在网上搜索旅游信息，预定旅游服务。创建以旅游商务网、WAP网、手机APP客户端为网络支撑的智能平台，方便游客用一部手机即可完成旅途所需的各项服务。二是可以在发展规模较大、经营绩效良好的乡村旅游景区、景点实行"一卡通"服务，实现手机APP自助导航、景点二维码导游、

---

① 刘利．六大创新探索乡村旅游升级发展路径［N］．中国旅游报，2016-07-12（A02）．

多媒体信息查询等功能，提供吃、住、行、游、购、娱一条龙服务，为游客提供便利的服务。三是考虑建立省级、县级的乡村旅游综合服务平台，依托大数据、人工智能等技术，实现旅游资源的整合、旅游活动发布、旅游产品推荐、旅游市场管理、实时安全监控、流量动态分析、旅游评价与投诉等功能，以有效推动乡村旅游的规范化管理，提升游客的满意度，促进乡村旅游的健康持续发展。

（二）提高乡村旅游产品的科技含量

科技就是第一生产力，科技能够为乡村旅游发展提供强有力的支撑。乡村旅游从业人员素质的提升、乡村旅游的科学规划与规范化管理等，都需要乡村发展规划与建设技术、规范化管理技术的指导。同时，各种农业种养殖高新技术的研发与推广应用于观光农业中，不仅可以营造独具特色的农业自然景观，还可以创造不同形态的农业观光产品，增强产品对游客的吸引力，同时，也能够进一步推动农业科技的科普教育，有利于研学旅游产品的开发。此外，高新技术还可以进一步丰富乡村旅游产品的内容，给游客带来全新体验，延长游客停留时间，促进旅游消费。具体来看，主要有以下四种模式：一是农业科技示范园模式，以农业科学技术为支撑，建设农业科技教育基地。二是农业博览园模式，把当地的农业技术、农业生产过程、农业产品等打造成乡村旅游的产品。三是高科技农业生态旅游模式，以某一方面的科学技术为主题，开发系列主题农业生态产品，同时，适当增设一些创意景观、创意农业文化展示以及一些科技产品的模型等，增进农业生态旅游的科技体验性及旅游产品的高端化。四是乡村旅游夜游模式，运用"声、光、电"技术和景观植入等手段，将乡间的原野小径、房屋脊线、景观映像融入当地的文化元素，打造出会"讲故事"的乡村旅游田园夜景，带给游客全新的体验，从而增加游客的满意度与忠诚度。

（三）促进"乡村旅游＋扶贫＋电商"联动融合

目前，电商日益成为增加乡村地区贫困群众收入、带动经济增长的新亮点。乡村地区要结合自身的实际情况，搭乘着"互联网＋"的快车，积极探索"乡村旅游＋扶贫＋电商"联动融合的发展道路。一是相关政府管理部门要积极搭建电商平台，可以采用自建平台＋引进平台相结合的措施，以各种专业合作社为主，建设"网上村庄"，提升各种农副产品销量；或直接与阿里巴巴"农村淘宝"接洽，让农家水果、蔬菜、腊肉、土鸡蛋等各种农特产品成功上线，带动贫困户网上出售农特产品，增加贫困户收入。二是创新电商扶贫模式，实施

"乡村旅游+农产品销售"相结合的模式,将城市旅游人口带进农村,再通过城市旅游人口将农产品带出来,既可促进旅游业发展,又可促进农产品的销售。具体地,可依托乡村旅游合作社,建立电商服务站,一方面承担乡村旅游的接待工作,另一方面通过电商推动农产品的收购、包装、销售,网上代购、品牌推广以及开展电子商务培训等,还可以通过电商平台,开展客户网上下单、认养贫困户家禽家畜等扶贫众筹活动,从而最终实现农产品形成规模销售、乡村旅游更具人气、农民真正实现增收的目标。

(四) 加强对科技创新人才的引进与培养力度

习近平在党的十九大上强调:发展是第一要务,人才是第一资源,创新是第一动力。强起来要靠创新,创新要靠人才;激励各类人才在农村广阔天地大施所能、大展才华、大显身手,打造一支强大的乡村振兴人才队伍。[①] 乡村旅游扶贫,人才是关键。在智慧乡村旅游建设的过程中,地方政府及相关管理部门要采取各种措施,发挥政府层面、高校层面、乡村层面三方的力量,加强对科技创新人才的引进与培养力度。(1) 政府部门制定相应的优惠政策和奖励机制,健全人才培养长效机制。对税收、生活津贴、科研补助、创业扶持、住房保障、子女入学、医疗保障等制定优惠政策,鼓励各类人才回归乡村、扎根乡村。完善目前在岗的旅游人才奖励机制,使其优先享受各类创业扶持政策、优先申报项目、优先参加各级部门组织的培训和考察交流。建立用才、育才、惜才的长效机制,为各类人才搭建施展能力的平台;为科技创新人才职业能力的提升、综合素质的提高创造良好的条件。(2) 高校应履行服务地方乡村经济社会发展的职责。高校要在旅游人才培养上适当调整培养方向,增设乡村旅游方向,并在课程中融入乡村科技创新知识,提高学生科技创新的理论水平和实践能力。同时,引导学生消除对行业就业的盲目性与区域的偏见性,使学生端正就业观念;鼓励旅游管理、电子信息、计算机科学与技术、电子商务等相关专业毕业生到乡村就业创业。(3) 乡村地区要采取多种途径,培养新型职业农民,为乡村旅游发展培育本土人才。政府部门以及村委会要在村民中挑选出一批文化水平较高、上进心强、有责任感的农民,按照"爱农业、懂技术、善经营"的新型职业农民的标准对其进行全方位的培养,包括旅游服务知识、服务技能、科学种养殖技术、电商技术等;此外,发挥新型职业农民的示范、组织和服务作

[①] 习近平谈到"高质量发展"的20个关键词 [EB/OL]. http://www.xinhuanet.com/politics/2018-03/15/c_129829690.htm.

用，把分散的农民组织起来，鼓励农民直接或者间接地参与乡村旅游开发。

第四节　高质量发展背景下我国乡村旅游扶贫的营销路径

目前，我国许多贫困地区都进行了乡村旅游开发，但是，从总体上来看，不少地方的乡村旅游并没有取得预期的经济效益与社会效益，究其原因，除了产品自身的特色之外，产品的营销推广也是重要的影响因素。我国旅游业发展已经进入大众化旅游时代，广大旅游者的消费行为已经发生巨大变化，"酒香不怕巷子深"的时代已经不存在。为了获得更多的市场份额、扩大乡村旅游知名度与美誉度、推动乡村旅游的可持续发展，乡村地区一定要多渠道、全覆盖地做好营销工作。在分析自身所面临的内、外部环境的基础上，制定正确的营销战略，采取有效的营销策略，并结合旅游市场的需求特征，实施有针对性的营销推广。

一、高质量发展背景下乡村旅游的营销战略

我国很多乡村地区拥有丰富的旅游资源，在旅游大众化的时代，如何将资源优势转化为经济优势、促进贫困地区脱贫致富是乡村旅游发展亟待解决的关键问题。乡村旅游要获得发展，首先必须要有游客，而游客从何而来、如何留住游客，这就需要进行市场分析、进行目标市场选择，并根据目标市场的需求特征对产品进行合理定位，才能吸引和留住顾客。STP 战略，即市场细分、目标市场和市场定位是现代市场营销的基础性核心战略。将 STP 战略运用于乡村旅游扶贫，有利于科学、合理地开发乡村旅游资源，同时，也有利于发掘机会，开拓新的目标市场，促进乡村旅游的可持续发展。

（一）市场细分

由于经济社会发展水平较为落后，加上旅游资源具有一定的脆弱性与季节性，因此，贫困地区不可能将市场上所有的旅游者都作为其目标消费者，需要进行市场细分，再确定目标市场。乡村旅游景区景点、农家乐等旅游企业可依据地理因素、人口因素、心理因素和行为因素四个方面进行市场细分，并分析

每一个细分市场的旅游需求特征。

（二）目标市场选择

在分析各个细分市场的基础上，结合区位优势与资源特色，最终确定当地乡村旅游的目标客源市场；并按照地理位置与交通距离，划分出一级客源市场、二级客源市场、三级客源市场。一级客源市场一般为本地的旅游市场，即乡村所在的省会城市，由于距离较近，适合周末的休闲度假，因而往往是乡村旅游的中坚力量。在乡村旅游发展的过程中，要重点抓好一级客源市场的营销推广工作以及相应旅游产品的开发。二级客源市场一般是乡村所在省会城市周边的省、市，有利于开展区域旅游合作，提高乡村旅游的综合实力以及社会影响力。在一级客源市场较为成熟的情况下，可以适当拓展与维护部分二级客源市场。三级客源市场，即乡村所在省会城市及其周边城市之外，国内其他省份以及国外可作为当地乡村旅游的机会客源市场。

（三）旅游市场定位

定位是现代营销理论的核心概念，准确的市场定位可以使旅游产品在市场竞争中脱颖而出，在广大游客的心目中留下深刻的印象，从而增强其对游客的吸引力，刺激游客的旅游消费。明确了目标市场之后，乡村地区以及各个旅游企业要根据自身所处的宏观与微观环境、拥有的资源及其特色优势，针对消费者对各类旅游产品的选择与偏好倾向程度，明确乡村旅游的开发重点和市场营销方向。[①] 同时，通过理念识别系统、行为识别系统、视觉识别系统对乡村旅游形象进行传播与推广，树立良好的旅游形象，提高旅游吸引力（见表5-1）。

表5-1　　　　　　　　　乡村旅游形象系统

系统名称	内容与要素
理念识别系统	旅游发展目标、宣传口号
行为识别系统	政府部门、旅游企业、当地村民
视觉识别系统	建筑造型、公共标志牌、交通工具、象征图案

二、高质量发展背景下乡村旅游的营销策略

乡村地区在确定了旅游目标市场与产品定位之后，要采取相应的营销组合

---

① 刘在锰. 聊城市W生态景区旅游市场营销研究［D］. 西安：陕西师范大学，2018.

策略来具体指导其发展。因此，要以适当的产品（product）、适当的价格（price）、适当的渠道（place）和适当的促销手段（promotion），将适当的产品和服务投放到旅游市场，宣传全村整体旅游形象，提高旅游吸引力。1990年，美国学者罗伯特·劳特朋（Robert Lauterborn）教授以消费者需求为导向，提出了4C营销组合策略，即Customer（顾客）、Cost（成本）、Convenience（便利）和Communication（沟通）。在乡村旅游开发的过程中，可综合运用4Ps策略与4Cs策略，开展有针对性的营销活动，从而提高旅游吸引力（见表5-2）。

表5-2　　　　　　　　　乡村旅游营销组合策略

4P营销组合策略	4C营销组合策略	具体营销策略
产品策略	消费者维度	调查旅游市场，了解不同细分市场的购买能力和购买意愿，分阶段选择重点促销市场，依据旅游产品的现状与特点，分季节、有针对性地推出旅游产品，包括对现有产品的新包装和对新产品市场的开拓
价格策略	成本维度	对于重要的目标细分市场，要采取适时的、有差异的价格营销体系，并根据消费者的实际情况和购买心理制定优惠措施，挖掘潜在旅游者：（1）针对所在省会城市及周边休闲市场，采取低门票吸引消费者，推动休闲游客的多次重复消费；（2）针对周边学生市场，重点做好春游、秋游的促销宣传工作；（3）旅游淡、旺季采取不同的价格，以分流旺季游客，吸引淡季客源
渠道策略	方便维度	多方位地使用网络资源进行信息传播，不仅要在微博、微信平台不断推送乡村旅游产品信息，也可以利用抖音、快手、直播等平台开展旅游短视频比赛，加强旅游形象推广和产品推广；还要与合作商建立共生的营销渠道系统，共享资源，巩固营销网络，占据更大市场
促销策略	沟通维度	针对近域市场，进行场景传播，主要通过在人流密集的目标地域展示个性化广告，开展多种形式的旅游促销活动。针对远距离市场，以微博、微信、网站、直播、旅游频道、短视频等社交平台为主投放广告，同时，利用各类自媒体和网络技术进行广泛传播

三、高质量发展背景下乡村旅游的营销推广方式

（一）乡村旅游营销推广方式

随着现代高新技术的发展，广大旅游者的信息收集方式、旅游消费方式已

经发生了巨大的变化，乡村地区必须要通过如下各种行之有效的营销方式，不断宣传当地的旅游产品，提升旅游产品的形象，促进旅游消费：（1）内容营销：要加强内容营销，给自身的旅游产品进行内容性定位，通过各类网络自媒体进行内容宣传，撰写网络推广软文，以热点传媒引爆乡村旅游宣传。以新颖而独特的内容吸引游客眼球，引发广泛关注。（2）圈层营销。在进行营销宣传的过程中，要发挥各大社交平台的作用，做好朋友圈推广、社交群推广、口碑宣传。邀请知名人士或"网红"进行旅游宣传，促进圈层营销。加强与各大社交媒体的合作，进行联合推广。（3）体验营销。在旅游产品的推广过程中，要着力突出其参与体验功能，经常举行各类旅游活动和优惠措施，引导游客和村民参与体验，同时，不断更新旅游产品，使其更具特色和体验性。（4）绿色营销。要深入开展绿色营销，以特色生态为主题，开展乡村踏春游、赏花游、赏茶游等，向游客宣传本地的生态绿色有机农产品、特色食品，开展保护乡村、全民清理垃圾抽大奖活动等，以绿色生态吸引游客。（5）文化营销。在开发乡村旅游的过程中要大力挖掘突出当地的民俗文化、农耕文化、宗教文化等地域文化特色，开展一系列的文化体验活动，以丰厚的文化底蕴吸引游客。（6）品牌营销。要利用乡村地区丰富的自然旅游资源与文化旅游资源打造旅游品牌，以品牌带动周边景点及农业产业的发展。尤其是要突出其农业品牌和民俗文化品牌，不断提高地区的知名度和影响力，有效开拓客源市场，引爆旅游消费。（7）在线旅游营销。要利用自身的品牌优势和资源优势开展在线旅游营销，在线销售特色农产品、旅游纪念品、旅游产品，联合建设旅游扶贫电商平台；同时，加强与在线旅游企业和旅游电商平台的交流与合作，开展在线旅游宣传。（8）节庆营销。乡村地区一般都拥有丰富的农业资源，如茶、水果、家禽畜等特色农产品，还有一些独具特色的宗教、民俗等特色文化，适合开展多种类型的旅游节庆，如民俗文化旅游节、茶文化旅游节、乡村赏花节等；同时，可以加强对村民的专业化培训，开展旅游演艺，催生新的旅游业态。

（二）乡村旅游促销方式

乡村旅游的发展不仅需要向目标市场提供具有竞争优势的旅游产品，同时，还需要与现实旅游消费者和潜在旅游消费者保持沟通，而这种沟通可以通过促销活动来实现，以传递信息、沟通供需关系，刺激旅游消费、培育旅游消费的意识和潮流，突出特色、增强市场竞争力，缩小淡旺季差异、稳定销售，树立乡村地区良好的旅游形象。在乡村旅游发展的过程中，乡村地区可以结合自身的实际情况,适当采取广告、营业推广、人员推销、公共关系四大促销手段,使广大旅游消费者对当地乡村旅游产品产生好感,从而刺激其旅游消费,并培养和提高旅游消费者的忠诚度,形成稳定的客源市场,扩大市场份额。(1)旅游广告。可以通过电视、互联网、广播、报纸、杂志等进行广告宣传,在主要客源地的交通干道悬挂路牌广告,提高乡村旅游品牌知名度,影响消费者尤其是潜在乡村旅游消费者的购买行为,促成乡村旅游产品的销售。(2)营业推广。要针对旅游消费者的特点和兴趣点,向其散发旅游宣传品、赠送带有乡村旅游产品和服务信息的小物品,或以有奖销售、展销、优惠、折扣等方式,向旅游者宣传乡村旅游产品和服务,增加销售机会。(3)人员推销。首先,要在提供乡村旅游产品或服务的各个环节当中强化"全员营销"意识,加强对乡村旅游从业人员的培训,提高服务技能,做到热情待客、真诚服务,形成良好的口碑,促进销售。其次,要经常派遣专职的推销人员,以发放乡村旅游产品或服务宣传材料的形式走访旅行社、社区进行推销。最后,可以通过展销会、交易会、新闻发布会等会议形式发布和宣传乡村旅游产品或服务,提高知名度,增加乡村旅游产品和服务销售。(4)公共关系。乡村地区要定期开展一系列的公共关系活动,通过双向的传播、沟通手段,增强相关管理部门、旅游企业、旅游消费者、村民等公众之间的相互了解、相互合作,帮助乡村旅游经营管理部门掌握不断变化的环境情况,并有效地利用这些变化促进乡村旅游营销目标的实现。

第五节 高质量发展背景下我国乡村旅游扶贫的管理路径

管理是实现经济高质量发展、确保效益实现的重要保障。当前,我国乡村旅游扶贫存在生态环境遭到破坏、贫困村民利益分享不均、产业发展特色不足等突出问题,这些都需要进行科学、规范的管理才能促进乡村旅游经济高质量发展,实现旅游扶贫效益的最大化,使扶贫资源对准贫困群众,使贫困群众公正、公平地享有旅游发展红利,从而促进贫困群众脱贫致富,推动乡村振兴。因此,乡村旅游扶贫的管理具有非常重要的现实意义。乡村旅游扶贫的管理,要明确管理的主体,并采取有效的管理措施。

一、高质量发展背景下乡村旅游扶贫管理的重要性

管理是乡村旅游经济高质量发展、乡村旅游扶贫效益实现的重要保障。乡村旅游扶贫是一项系统工程,其中涉及多种要素资源的投入以及多个主体的参与,必须要进行有效管理,才能确保扶贫资源对准扶贫对象,避免扶贫资源的滥用、挪用以及腐败行为的产生,从而提升旅游扶贫资源的有效配置。同时,由于各主体在乡村旅游扶贫中的地位与作用、参与的出发点不同,在旅游发展过程中责、权、利不同,因而难免会产生一定的矛盾与冲突,需要及时协调与解决,明确各方的权利与义务,确保各方利益的实现。从资源要素拥有的程度来看,在乡村旅游扶贫过程中,当地村民往往处于弱势地位,他们是帮扶的对象,必须要通过合理、完善的管理措施来确保他们平等地参与旅游开发、公平地享有旅游发展红利,才能实现真扶贫、扶真贫,促进村民脱贫致富,走上奔小康道路。

二、高质量发展背景下乡村旅游扶贫管理的主体

乡村旅游扶贫管理的主体主要指组织和参与乡村旅游扶贫各项工作的组织、企业、团体或者个人,其在拥有一定管理权力的同时,也要承担一定的管理义务。从我国目前的基本情况来看,乡村旅游扶贫管理的主体主要包括政府、贫困村民以及其他参与者。[①]

(一)政府

市场经济是消费需求拉动型经济,满足消费者的需求是产业转型升级的出发点。乡村旅游的发展要满足广大旅游消费者多元化、多层次、复合型的旅游需求,实现贫困村民脱贫致富,但市场的自发作用具有一定的缺陷,因此,政府的作用是必不可少的。结合我国当前的实际情况,政府在乡村旅游扶贫中的角色定位于"规划者""引导者""规范者""协调者",政府部门要通过对旅游产业发展的科学规划,对旅游投融资、新技术利用的引导,对旅游市场运行环境的监督与规范,对区域旅游合作、相关产业部门合作的协调等方面,来推动

---

① 连惠苓. 旅游精准扶贫管理的途径探索 [J]. 社会科学家, 2018 (8): 91 – 94.

乡村旅游经济高质量发展（见表 5 - 3）①。

表 5 - 3　　　　　　政府在乡村旅游扶贫中的角色及其职能

角色	主要职能与作用
规划者	制订旅游产业发展规划
引导者	引导旅游投融资、村民参与旅游开发
规范者	监督与规范旅游市场运行环境
协调者	协调区域旅游合作、相关产业部门间的合作、利益分配

（二）村民

村民是乡村旅游扶贫的对象，也是参与主体。乡村旅游扶贫的目标就是要拓宽当地村民的就业渠道，增加当地村民的经济收入，使其脱离贫困状态，从而推动乡村振兴。因此，在乡村旅游扶贫中，贫困村民参与与否、参与渠道的多少、参与程度的高低直接最终影响贫困村民的受益程度，他们在乡村旅游扶贫中是职责的承担者和项目的推动者。② 在乡村旅游扶贫的过程中，村民要参与乡村旅游项目的前期规划、项目实施以及项目运作后的经营与管理；此外，还应参与乡村治安维护、旅游秩序维护与游客管理工作，不仅能够增加村民的经济收入，同时，还能够提高村民的集体自豪感与社会地位。

（三）旅游扶贫其他参与者

除了政府部门、当地村民之外，乡村旅游扶贫的管理还包括其他参与主体，如一些非政府组织、旅游企业等。非政府组织如定点帮扶单位、志愿者协会以及各种商会等参与乡村旅游扶贫，虽不以营利为目的，但参与管理也是应有之义。旅游企业是乡村旅游项目开发、经营的主体，以营利为目的，其必须要参与乡村旅游扶贫的管理，自觉遵守各项法律法规，做好企业内部的管理；并履行相应的社会职责，监督整个村庄旅游扶贫工作的各个环节，确保当地村民的合法权益，推动乡村旅游的健康持续发展。

---

① 潘冬南. 广西旅游产业转型升级中的政府职能研究 [J]. 广西大学学报（哲学社会科学版），2013，35（1）：92 - 96.
② 连惠芗. 旅游精准扶贫管理的途径探索 [J]. 社会科学家，2018（8）：91 - 94.

三、高质量发展背景下乡村旅游扶贫管理的具体路径

（一）充分发挥政府的职能与作用

政府要在乡村旅游扶贫过程中发挥好"规划者""引导者""规范者""协调者"的职责与作用，具体内容包括[①]：

1. 要做好产业发展规划。规划是旅游发展的基础。为此，政府要坚持"科学开发，永续利用"的原则，要以五大发展理念为指导，按照经济高质量发展的基本要求，将扩大乡村旅游产业规模与提高产业质量、提升产业增长的效益有机结合起来，以提高贫困村民经济收入为出发点，高标准、高起点地制订科学、合理的乡村旅游发展规划；以规划促发展、引领发展、规范发展，以规划促项目、促投入，使乡村旅游在经济高质量发展的大背景下实现全面、协调、健康和可持续发展，使旅游资源对准扶贫对象，避免资源的浪费、滥用。

2. 积极搭建投融资平台，引导科技投入。政府要坚持"谁投资、谁受益"的原则，调动一切因素参与乡村旅游开发，充分鼓励和利用国际资本、民间资本参与、发展乡村旅游产业；同时，引导旅游投资流向，避免旅游投资的盲目性和重复性；进一步完善投资立法，加强执法力度，开发实施旅游项目建设动态跟踪管理系统，防止投资方"投资欺骗"的出现。信息技术能够改变旅游企业组织形态，优化旅游产业的要素配置，形成新的旅游经济增长方式，是旅游产业转型升级的重要突破口和有效途径。[②] 政府要从政策、资金、信贷等方面大力引导和鼓励旅游产业的科技投入，加快推动信息化技术在旅游产业的创新应用和市场开拓。

3. 监督与规范旅游市场运行环境。加强旅游市场监管是提高旅游服务质量、推进旅游业转型升级的重要环节。除了强化传统的示范、评定、检查等工作手段外，政府部门必须要转变工作思路、创新工作方法，以提高市场监管的效果，可以尝试以下新方法：一是试点建立游客对乡村旅游进行直接评价的机制，借鉴银行在柜台前设立评价仪器的做法，形成游客的直接评价系统，并定期向新

---

① 潘冬南. 广西旅游产业转型升级中的政府职能研究 [J]. 广西大学学报（哲学社会科学版），2013，35 (1)：92-96.
② 唐晓云. 信息技术推动我国旅游产业转型升级的探讨 [J]. 商业时代，2010 (25)：122-123.

闻媒体发布乡村旅游服务质量报告，公布服务质量优质的景区名单和服务质量不佳、遭到游客投诉的景区名单，约束景区的服务行为，推动服务质量的改善。二是努力完善和优化旅游标准化工作，积极调动社会各方面力量，在乡村旅游服务质量提升、旅游新业态的促进等方面制定出相应的标准，并认真做好标准的宣传与推广工作，严格监督标准执行的情况，争取在服务标准化工作中取得一定的创新与突破。

4. 促进旅游合作，提高产业竞争力。政府必须结合乡村旅游产业发展的需要，积极加强与相关产业主管部门的沟通与协作，加快旅游业与文化、体育、农业、商贸、金融、房地产等相关产业的融合发展，延伸旅游产业链，构建旅游产业结构新体系。同时，当地政府部门要有区域合作意识，协调区域内相关政府部门建立协调联动机制，共同开发乡村旅游资源，并通过互通车辆、应急联合机制、旅游信息交流平台等措施，清除乡村旅游合作的障碍，提高旅游合作效率。

（二）构建完善的乡村旅游扶贫管理机制

整合多方力量，构建完善的乡村旅游扶贫管理机制，建立工作机构，明确职责，通过组织领导、制度规范等推动乡村旅游扶贫工作的顺利开展。

1. 建立工作机构。乡村地区旅游扶贫工作可设置旅游扶贫开发领导小组、乡村旅游行业协会、村民会议和村民代表会议，共同推进整村乡村旅游扶贫的运营管理。（1）旅游扶贫开发领导小组。由市级政府牵头，会同扶贫、旅游、发改、农业、林业、国土、住建、财政、交通、民政、环保、电信、商务等部门成立旅游扶贫开发领导小组。成员包括上级政府主要分管领导、各有关部门领导和旅游扶贫涉及农村集体、企业等利益相关方代表。领导小组在各村设旅游扶贫开发办公室，负责乡村旅游产业扶贫的各项日常工作。（2）乡村旅游行业协会。在政府引导下，由地方相关事业单位、企业单位、自然人组成乡村旅游行业协会。可以细分行业为单位，下设系列子协会，如民宿行业协会、传统农业协会、手工艺行业协会、地方曲艺演艺协会等。（3）村民会议和村民代表会议。按照《村民委员会组织法》的规定，组织召开村民会议和村民代表会议。将旅游扶贫事务作为村民会议和村民代表会议的重要和常态议程，落实旅游扶贫工作的直接民主（见表5-4）。

表 5-4　　　　乡村地区旅游扶贫工作机构职能一览表

旅游扶贫开发领导小组	乡村旅游行业协会	村民会议和村民代表会议
负责行政管辖范围内旅游扶贫工作的组织领导及综合协调；承担完善旅游扶贫事业管理和乡村旅游经营管理体制机制的责任；指导全域旅游扶贫工作，促进乡村旅游统筹发展；承担提升乡村旅游产品质量和优化乡村旅游收益分配的责任	行业协会以可持续落实旅游扶贫绩效为核心；在政府有关部门的支持下，主要开展政策咨询、行业自律等工作	组织旅游扶贫村村民共同完成旅游扶贫方面的制定规章、人事任免、议事决策、民主监督等事务
依法开展有关乡村旅游的行政许可及监督管理；管理乡村旅游相关经济信息，指导乡村旅游理念创新和技术推广；负责旅游扶贫相关财政资金和项目的监督管理	受旅游扶贫开发领导小组委托，开展经营事项审查、特许经营项目准入资格认证、标准认证、品牌认证、技能培训、市场营销等工作	讨论决定与乡村旅游发展相关的村民会议授权事项及村委会提交议案，汇总全体村民意见，体现村民主流诉求，确保在旅游扶贫工作中落实农村基层民主
负责组织、协调社会力量参与旅游扶贫开发，负责旅游扶贫人才队伍建设；协调乡村旅游资源划定和保护工作；协调乡村旅游与其他产业门类的联动发展；拟订旅游扶贫发展规划和年度计划并组织实施	各行业协会同时收集来自规划村、业界的意见建议，建立与政府间的常态沟通衔接渠道	

2. 强化组织领导。建立领导联系制度，各有关人员务必深入项目点开展调查研究，切实落实旅游扶贫项目。加强调查研究，要及时协调解决项目实施中存在的困难和问题。落实干部帮扶，干部帮扶应采取村民"点菜"、政府"下厨"方式，乡村旅游与扶贫有关部门干部全投入，确保"到村到户"。制订符合发展实际的旅游精准扶贫规划，明确工作重点和具体措施，并落实严格的责任制，做到不脱贫、不脱钩。

3. 形成制度规范。乡村旅游扶贫项目建设的目标和内容、有效方法与经验，以及需要倡导的行为规范等，凡是能够形成制度的，都要建立村规民约，并引导、教育群众自觉遵守，最终形成自我管理、自我教育、自我服务、自我约束的长效机制。

4. 建立项目档案。按照痕迹管理要求，建立村庄建设档案，包括有关文件规划、资金项目管理、工作大事记、会议和学习培训记录、社区风貌建设前后对比等的文字、图像和电子档案。档案作为项目验收的重要依据。

5. 加强后续管理。旅游项目建设完成后，要做好后续管理工作，经常回访，深入调查研究，不断总结旅游项目建设的成效、经验和规律，帮助群众解决生产、生活中遇到的新问题。在充分认识旅游扶贫工作的长期性的基础上，对旅游扶贫工作和资金投入做周密的分期安排计划，保持旅游开发的持续性。

（三）建立多元主体参与的协调机制

如前所述，乡村旅游扶贫是一项系统性的工程，其参与主体并不是单一的，是由政府、当地村民、旅游企业、非政府组织、乡村创客等参与乡村旅游开发的组织与个人等多个主体共同参与完成。为保证旅游扶贫目标的实现、保障各参与主体的利益，需要建立多元主体参与的协调机制。多元主体参与协调机制的建立应围绕三个目标进行：一是要能够统筹整个村庄的旅游扶贫资源，优化资源配置，提高资源利用率；二是要能够调动各参与主体的积极性与主动性；三是考虑各参与主体之间的利益关系，凝聚力量促发展，并保证旅游发展利益分配的公正性、公平性与激励性。多元主体参与协调机制，其协调的内容主要包括三个方面：一是乡村旅游扶贫过程中扶贫资源的配置问题，要确保扶贫资源、优惠政策等落实到每一位贫困户、旅游企业或乡村创客，尤其是要确保落实到每一位贫困户身上；二是协调乡村旅游扶贫过程中每一个参与主体的行为，发挥各参与主体的优势与长处，避免矛盾与冲突，齐心协力、共同推动乡村旅游的健康持续发展。三是协调参与主体旅游利益分配问题，应坚持相互制衡、公正平等的原则，根据实际参与程度、贡献大小合理分配利益，并适当向建档立卡重度贫困户倾斜，保证每一位参与者利益的实现，促进脱贫致富。

第六章 我国乡村旅游扶贫与地方政府政策协同

乡村振兴，关键在于走好产业兴旺发展之路。作为乡村地区的新兴产业之一，乡村旅游成为我国脱贫的主战场与中坚力量，在完善乡村地区基础设施建设、促进农业发展、农民增收脱贫以及推动农村繁荣发展等方面发挥了重要的作用。地方政府在乡村旅游扶贫中发挥主导作用，既是政策的制定者，又是政策的执行者。乡村旅游扶贫是整合社会各方力量，通过乡村旅游资源开发以促进贫困地区脱贫致富、实现繁荣发展的一种综合发展方式，涉及多个产业、多种要素、多方主体，因此，需要政府的政策协同，才能调动各方力量，补短板促发展，实现预期的发展目标。

第一节 政策协同的含义、特征

研究乡村旅游扶贫的政策协同，首先要明确政策协同的含义、特征。政策协同属于公共政策学的主要内容，其涵盖的内容比较广，覆盖不同层级和不同领域之间的政府关系；同时，政策协同具有多方面的特征，在经济社会管理方面具有重要的作用。

一、政策协同的含义

一直以来，学术界对"政策协同"提出了不同的概念术语，如"一致的政策决策"，"跨界政策决策"，"联合政策"，"政策一致"，"政策协调、政策整合"（蔚超，2016），等等。虽然这些术语的文字表达不同，但是，在本质上还是具有相似之处，即学术界对政策协同的含义基本达成共识，可以从目的、过程、能力三个方面来理解。从目的的角度来看，政策协同是政府的一种治理方式，如梅吉尔斯和斯蒂德将政策协同定义为政策制定过程中跨界问题的治理。而学术界对"政策协同"的概念界定，多从"过程"的角度进行界定，即政策协同是为了实现政策目标而进行的动态的推进。如希尔克指出，政策协同其实是一种过程，在这个过程中，政府部门通过"互相对话"来设计政策，努力使各个政策之间的冲突最小化和配合最大化，以实现政策目标。① 从能力的角度来看，政策协同是一种内生能力，是使公共政策具有战略特征，并确保决策模式具有一致性的能力。

综合上述观点，政策协同是不同政府以及政府部门通过互相对话使其政策相互协调、相互支持来解决社会问题，并实现政策目标的一种动态的过程。政策协同是双向调整，而不是单边行动，需要横向部门之间以及纵向部门之间的协同，并保证时间维度上的稳定性与持续性。乡村旅游扶贫政策协同，则是指各政策主体在乡村旅游扶贫政策制定、政策运行及反馈过程中的协作、协商、协议关系。②

二、政策协同的特征

政策协同是一个动态的过程，其具有主体多元性、政府主导性、过程渐进性、效果有限性四个方面的特征③：

（一）政策协同的主体多元性

协同是指协调两个或者两个以上的不同资源或者个体，协同一致地完成某一目标的过程或能力。"政策"本身涉及的主体不多，但是，从协同的定义以及政策协同自身的内涵来看，政策协同的主体范围是比较广泛的，不仅涉及政府部门，还涉及社会组织、企业甚至是个人，具有主体的多元性。政策协同的主体多元性有助于调动社会组织、企业、公民积极参与社会公共管理，促进决策

---

① 朱光喜. 政策协同：功能、类型与途径——基于文献的分析 [J]. 广东行政学院学报，2015，27（4）：20-26.
② 肖芬蓉，王维平. 长江经济带生态环境治理政策差异与区域政策协同机制的构建 [J/OL]. 重庆大学学报（社会科学版）：1-11 [2019-07-22]. http://kns.cnki.net/kcms/detail/50.1023.C.20190516.1022.004.html.
③ 蔚超. 政策协同的内涵、特点与实现条件 [J]. 理论导刊，2016（1）：56-59.

的科学化与民主化。

(二) 政策协同的政府主导性

政策协同是两个或两个以上的政府部门通过相互对话来实现其政策相互协调、相互支持，以实现共同利益的过程。政府是政策协同的主体，起主导作用。政策协同能否成功，取决于相关政府部门对待所要解决的问题是否达成共识，是否具备同样的价值观、利益观。同时，政策协同过程中出现的矛盾与冲突，也需要相关政府部门发挥相应的职能与作用，形成合力，共同研究解决矛盾与冲突的办法，从而实现共同利益。

(三) 政策协同的过程渐进性

政策协同是一种过程，由于政策制定者不同以及政策制定的出发点不同，协同的过程不可能一蹴而就，而协同目标也未必能够顺利实现，需要一个循序渐进的过程。这个过程是政策主体的合作意识由薄弱到增强、利益观念由不统一到统一的循序渐进的过程，需要政府相关部门转变观念，齐心协力，相互协调与配合。

(四) 政策协同的效果有限性

政策协同的本质是政府内部不同部门和不同层级之间的权力、义务、关系、资源配置方式等方面的重新分配。[①] 在这个重新分配的过程中，由于所涉及的主体具有多元性，各主体之间的利益关系较为复杂，加上政策协同所面临的内、外部环境也会发生一定的变化，因此，政策协同的效果可能会具有不稳定性，同时，也具有一定的有限性。

第二节　乡村旅游扶贫中地方政府政策协同的必要性分析

我国是一个农业大国，长期以来，农业是我国经济发展的短板，小康社会的建成程度，关键在农村、农民。因此，全面建成小康社会，难点在农村，重点在农民。近年来，作为乡村地区的新兴产业，乡村旅游蓬勃发展，并成为农村经济的新增长点。我国幅员辽阔，各地的经济社会发展水平，乡村地区的地

---

① 蔚超. 政策协同的内涵、特点与实现条件 [J]. 理论导刊, 2016 (1)：56 - 59.

理区位、自然条件不同，贫富程度也不同，乡村旅游在蓬勃发展的同时也存在一些突出的问题，如生态环境破坏、村民参与程度不一、利益分配不均等。上述问题的解决，已经引起了相关政府部门的重视，并制定了相应的政策；但是，乡村旅游扶贫是个系统工程，涉及旅游、环保、交通、工商、教育等多个政府部门，由于每个政府部门制定政策的出发点不一致，往往出现政策内容的交叉与重复，不但无法对乡村旅游扶贫起到积极的促进作用，同时还会产生一定的矛盾与冲突，不利于乡村旅游的健康持续发展。目前，随着脱贫攻坚战的持续发力，我国乡村旅游已经迎来了巩固脱贫成效、衔接乡村振兴的政策窗口期，乡村旅游扶贫迫切需要地方政府的政策协同，通过政策协同，减少扶贫过程中的矛盾与冲突，以实现共同的扶贫目标。

一、旅游基础设施的完善需要政府的政策协同

（一）我国贫困地区的基础设施状况

从空间分布上来看，我国贫困地区分布广泛，很多地区分布在山区或者高原山区，并呈现出连片分布的空间形态特征。在《中国农村扶贫开发纲要（2011—2020 年）》中，我国明确将六盘山区、秦巴山区、武陵山区、乌蒙山区、滇桂黔石漠化区、滇西边境山区、大兴安岭南麓山区、燕山—太行山区、吕梁山区、大别山区、罗霄山区等区域的连片特困地区和已明确实施特殊政策的西藏、四省藏区、新疆南疆四地州，共计 689 个县作为扶贫攻坚主战场。截至 2017 年底，在深度贫困地区，贫困发生率超过 18% 的县还有 110 个，贫困发生率超过 20% 的村还有 1.6 万多个；经各省认定的 334 个深度贫困县，贫困发生率为 11%，而全国贫困发生率只有 3.1%。[①] 上述贫困地区多数生产生活环境恶劣，生态环境保护任务重；同时，交通非常不便，生存所需的公共基础设施严重匮乏，自我发展能力较弱。如秦巴山区、吕梁山区、三江源地区和琼中地区属于生态环境脆弱型地区，在扶贫开发中要注重生态移民，条件适宜的地区可以开展就业扶贫；武陵山区、乌蒙山区、六盘山区、桂黔滇石漠化区、燕山—太行山区、大兴安岭南麓、南疆地区等片区属生存条件待改善型地区，需要不

---

① 我国现有 334 个深度贫困县 贫困发生率达 11% ［EB/OL］. http：//finance. jrj. com. cn/2018/03/07175524206747. shtml.

断改善生产生活条件。①

近年来,党中央和国务院陆续出台相关的扶贫政策。随着精准扶贫的提出,我国贫困地区的基础设施建设取得了一定的成绩,大大方便了贫困村民与外界的沟通与交流;同时,贫困村民的生产生活条件、人居环境、教育、卫生医疗等方面有了很大的改善。

1. 交通基础设施方面。"在小康路上绝不让任何一个地方因交通而掉队",交通部近年来对贫困地区的交通投入力度越来越大,坚持项目优先安排、资金优先保障、工作优先对接、措施优先落实。党的十八大以来,"十三五"期间已经累计安排中央资金超过 2700 亿元来支持贫困地区的农村公路建设,仅 2017 年就投入了 700 多亿元;2018 年,安排贫困地区中央车购税资金 2144 亿元,带动全社会投入将近 9900 亿元用于贫困地区的交通基础设施建设。同时,交通部还不断提高补贴的标准,如在西部的贫困地区建制村通硬化路,中央补助的标准由"十一五"时期的 20 万元/千米提高到"十三五"时期的 60 万元/千米;2018 年年底,贫困地区 99.3% 的乡镇和 98.7% 的建制村通了硬化路,98% 的乡镇和 94% 的建制村也通了客车。此外,交通部不断创新交通扶贫模式,建成了 9284 千米的"资源路""旅游路""产业路",以及实施"交通+特色农业""交通+电商""交通+文化""交通+旅游""交通+就业""交通+公益"岗位等创新模式,这些特色的路以及创新模式对贫困地区经济社会发展、农民脱贫致富起到了重要的促进作用。

2. 水利、电力、通信等设施方面。水利基础设施关系到贫困地区的农业生产、农民的饮水及其安全问题。国家高度重视贫困地区的水利设施建设,"十二五"期间,在贫困地区中央水利投资 2375 亿元,占中央水利投资总规模的 31.7%,贫困地区的饮水安全工程、农田水利建设、防洪抗旱减灾项目、水保生态工程、农村水电和重大水利工程建设取得明显成效,累计新增、恢复灌溉面积 1300 万亩,改善灌溉面积 4000 万亩,新增节水灌溉面积 3400 万亩。② 同时,为改善贫困地区农林水利基础设施薄弱、生态环境相对脆弱的局面,为贯彻落实《中共中央 国务院关于打赢脱贫攻坚战的决定》,2016 年国家发展改革委印发《关于支持贫困地区农林水利基础设施建设推进脱贫攻坚的指导意见》,

---

① 贾若祥,侯晓丽. 我国主要贫困地区分布新格局及扶贫开发新思路 [J]. 中国发展观察,2011 (7):27 - 30.
② 贫困地区"十二五"中央水利投资达 2375 亿元 [EB/OL]. http://www.gov.cn/xinwen/2015 - 10/15/content_2947546.htm.

助推贫困地区水利基础设施的建设与完善。同时，国家在贫困地区电力设施建设上加大了投入力度，实施贫困地区农网改造升级，基本上解决了贫困地区通电问题。此外，国家加大对贫困地区通信设施的投入力度，贫困地区的通信设施不断得到完善，陕西、甘肃等地也印发了加快贫困地区通信设施建设的行动方案。2017年年末，贫困地区通电的自然村接近全覆盖；通电话的自然村比重达到98.5%，比2012年提高5.2个百分点；通有线电视信号的自然村比重为86.5%，比2012年提高17.5个百分点；通宽带的自然村比重为71.0%，比2012年提高32.7个百分点。①

3. 生产生活条件方面。随着脱贫攻坚工作的持续开展，贫困地区农民群众的生产生活条件不断得到改善，农业生产的机械化水平日益提高，农民群众也逐渐掌握了新的种养殖技术，经济收入不断提高。同时，农村的住房条件不断完善，农民群众的住房面积不断提高、房间建造材料质量也不断得到改善，钢筋混凝土房或砖混材料房逐渐取代了茅草房、土木砖房等；饮水安全也得到了较好的保障。2017年，贫困地区农村居民户均住房面积比2012年增加21.4平方米；居住在钢筋混凝土房或砖混材料房的农户比重为58.1%，比2012年上升18.9个百分点。小汽车、彩电、电冰箱、洗衣机等现代家电的拥有量不断增加，极大地改善了贫困群众的生活水平。

4. 文化教育与医疗设施方面。贫困地区的文化教育水平以及医疗设施状况得到了较为显著的改善。农民群众的文化素质不断提高，并重视家庭子女的教育；农村地区的中小学教育设施不断丰富化与现代化，极大改善当地的教育水平；设置村级文化活动室的自然村数量逐年增加，2017年拥有文化活动室的行政村比重达89.2%，农民群众日常的文化娱乐活动不断丰富，群众之间的文化交流活动日益频繁，有助于文化素质的不断提升。同时，贫困地区的医疗得到改善，拥有医疗站的行政村数量不断增加，并配有专业医师，2017年，贫困地区农村拥有合法行医证医生或卫生员的行政村比重为92%，极大方便了农民群众就近看病就医。

（二）贫困地区旅游基础设施的完善需要政府的政策协同

综上所述，我国贫困地区基础设施建设取得了一定的成绩，但是，从基础设施建设的规模、质量、管理三个方面来看，贫困地区基础设施建设还是存在

---

① 改革开放以来 我国农村贫困人口减少7.4亿人［EB/OL］. http：//www.xinhuanet.com/politics/2018-09/04/c_1123374403.htm.

许多问题亟待解决。从国家统计的数据来看,"十三五"期间,我国贫困地区还有约 438 个乡镇、2.8 万个建制村需要通沥青(水泥)路,主要集中在生态环境脆弱的西部山区和集中连片特困区。同时,建成的公路等级标准相对较低,水资源配置格局有待于进一步完善,互联网普及率虽逐年提升,但与城镇的互联网普及率相比还存在很大的差距,难以为旅游者提供便利的信息化服务。此外,贫困地区基础设施建设资金投入不足,中央财政投入只是一部分,其余的还需要地方政府的大力投入,但很多地方政府的资金投入不足,因而影响基础设施建设的速度与质量;加上管理不善,不少资金存在被挪用、借用、滥用等现象,滋生腐败现象;一些政府部门只图政绩工程,贫困地区急需的教育、文化、医疗卫生等基础设施重建设、轻保养与管理,不少设施难以正常发挥作用,造成了人力、财力、物力的浪费。[①]

目前,我国已经进入优质旅游时代,广大旅游者对旅游基础设施的要求越来越高,已经由"有没有"转变为"好不好",追求的是高品质的旅游体验。当前的基础设施状况难以满足现代旅游者对高品质的旅游体验的需求。完善的基础设施是旅游者开展旅游活动的基础与前提,乡村旅游扶贫,首先要不断完善基础设施建设,提高公共服务水平,从而不断满足当地村民以及广大旅游者对基础设施的多样化与高品质的需求。基础设施建设是一项具有系统性、复杂性、艰巨性的大型工程,单靠某一部门的力量是难以完成的,在建设过程中往往涉及交通运输部门、建设部门、工信部门、医疗卫生部门、教育部门等,同时,很多基础设施建设还涉及跨行政区域的问题,由于部门利益出发点不同,容易产生矛盾与冲突,影响基础设施建设的进度与质量,因而需要多部门的协调发展、相互分工协作以及政策协同,形成多部门协同规划、协同供给的合作机制,共同加快贫困地区基础设施建设步伐,实现脱贫的最终目标。

二、旅游资源分布的不平衡性需要政府的政策协同

(一)贫困地区旅游资源分布不均、开发条件不同

从总体上来看,我国许多贫困地区的自然生态环境良好,历史文化底蕴深厚,拥有丰富的自然和人文旅游资源,且独具特色,为乡村旅游扶贫奠定了良

---

① 张国防. 脱贫攻坚与贫困地区基础设施建设 [J]. 开发研究, 2018 (3): 118 – 123.

好的基础。但是，具体到每个贫困地区的区域内部，其自然资源的空间分布以及旅游开发可利用的条件分布不均衡。如大别山片区覆盖河南省、安徽省、湖北省三个省份的部分县市区，三个省的经济社会发展水平、交通基础设施完善程度不同，整体上来看，湖北省总体实力高于其他两个省份，同时，旅游资源禀赋不同，旅游资源的类别也不一样。此外，同一个省份内部，不同贫困地区的自然资源条件以及旅游开发条件不同。如湖北省内大别山片区、武陵山片区、秦巴山片区、幕阜山片区四大连片特困区，自然资源禀赋不同，丰富程度也不一样。(1) 大别山片区。湖北大别山革命老区红色旅游资源最为丰富，近年来，红色旅游产业发展规模不断扩大，大别山旅游品牌已纳入"知音湖北·楚楚动人"旅游形象整体推广，"多情大别山·风流看黄冈""孝感天下·情润山水"等已成为区域品牌；但是，交通网络方面依旧存在"最后一公里"的普遍问题。(2) 武陵山片区。湖北武陵山片区包括恩施土家族苗族自治州及宜昌市的秭归县、长阳土家族自治县、五峰土家族自治县，其中，恩施土家族苗族自治州旅游资源最为丰富。"一山有四季，十里不同天"，恩施州生态环境优美，空气质量好，是最适宜人类居住的地区之一；自然旅游资源丰富，民俗风情浓郁，交通便利；是中国优秀旅游城市、全国休闲农业与乡村旅游示范县（市）以及全国首批、全省唯一整州创建国家全域旅游示范区的单位。其余的县市，旅游资源丰富程度、旅游知名度与美誉度均逊色于恩施州。(3) 秦巴山片区。湖北秦巴山片区主要包括神农架林区、襄阳市南漳县、谷城县和宜昌市的远安县、兴山县，其中，神农架区的自然旅游资源丰富且独具特色，自然生态环境良好，在国内外具有高知名度和美誉度；而其他的县份，旅游资源较为匮乏，能开发利用的比较少。(4) 幕阜山片区。湖北幕阜山片区集革命老区、山区、库区、疫区于一体，主要包括黄石市阳新县、咸宁市通山县、崇阳县、通城县，片区历史文化悠久，文化底蕴深厚，但基础设施薄弱、自然环境恶劣、产业发展滞后，总体贫困程度深，16 万人口需要生态移民才能脱贫，2.3 万人患地方病，阳新县是全国十大血吸虫重疫区之一；拥有湖光山色、幽谷奇洞等旅游资源，但旅游产业发展规模有待扩大，区域品牌影响力小。

（二）贫困地区区域旅游整体实力的提升需要政府政策协同

自然资源是地方经济社会发展以及扶贫开发的基础条件。贫困地区自然资源分布不均衡，容易导致各县市区争抢资源、市场过度竞争的不良局面，同时，也容易产生各自为政、独立发展的局面，导致贫困地区各县市之间经济社会发展水平的差距加大，不断拉大村民的贫富差距，从而可能会引发一系列的社会矛盾与纠纷，不利于贫困地区经济社会的稳定发展以及小康社会的全面建成。党的十八大报告指出，确保到 2020 年实现全面建成小康社会宏伟目标，需要"在发展平衡性、协调性、可持续性明显增强的基础上，实现国内生产总值和城乡居民人均收入比 2010 年翻一番"，党的十九大报告处处以人民福祉为出发点和落脚点，"保证全体人民在共建共享发展中有更多获得感"。"均衡发展、共同富裕"是社会主义建设的本质要求，我国经济发展已经由不均衡发展转向均衡发展。精准扶贫，不落一人。目前，乡村旅游已经成为我国脱贫攻坚的主战场与中坚力量，但是贫困地区自然资源分布不均衡的突出问题容易引发新的问题，不利于实现增收脱贫、共同富裕的目标。因此，在国家"均衡发展、共同富裕"目标的引导下，贫困地区要加强区域旅游合作，助力区域旅游发展格局均衡化发展；通过整合区域资源、发挥区域整体优势来克服旅游资源分布均衡带来的一系列矛盾与问题；充分发挥旅游资源富足的贫困乡村地区的带动与引领作用，为旅游资源较为匮乏的贫困乡村地区争取更多的合作机会与合作渠道，实现以乡村旅游的健康持续发展带动贫困地区经济社会的全面发展，促进村民脱贫致富。改善贫困地区旅游资源分布不平衡状况，加强区域旅游合作涉及跨行政区域部门的通力合作，为实现共同富裕的目标，需要有相应的政策协同。国家层面应出台相应的政策，如国家发展改革委、财政部、文化和旅游部等部委印发《"三区三州"等深度贫困地区旅游基础设施改造升级行动计划（2018—2020 年）》（以下简称《行动计划》），以促进西藏自治区、四省藏区、新疆维吾尔自治区南疆四地州、四川凉山州、云南怒江州、甘肃临夏州等深度贫困地区旅游基础设施的建设与完善。地方政府是政策的制定者，同时也是政策的执行者，在贯彻落实国家有关部委的政策的同时，还要结合本区域的实际情况，协同各级政府部门，共同研究制定本区域的乡村旅游发展协同政策，在旅游公共服务体系、旅游产品和项目、形象和品牌、景区建设、资源保护与开发、客源市场开拓、政策保障等方面达成共识，并加大合作的力度，以实现区域内交通的互通互利、旅游资源的共享、宣传营销的共享、游客的共享等，提高资源的有效利用率；同时，还应体现差异化，实施错位开发，挖掘地方文化特色，实现互补互促发展，从而最终形成互帮互助、互惠互利的局面，实现共同富裕。

三、旅游扶贫的多部门性需要政府的政策协同

(一)乡村旅游扶贫涉及多个政府部门

扶贫是政府的主要职能,同时,扶贫工作涉及的内容与范围也非常广泛,涵盖贫困地区的产业扶贫、教育扶贫、文化扶贫、旅游扶贫、金融扶贫、交通扶贫、技术扶贫等多方面的内容,涉及农业部门、教育部门、文化与旅游部门、金融部门、交通部门、科技部门等,每一项扶贫内容不仅仅涉及对口帮扶的部门,还会涉及其他相关的部门。乡村旅游扶贫旨在以旅游产业的健康持续发展带动贫困地区经济社会的全面发展,其中,除了直属部门文化和旅游部门之外,还涉及农业部门、国土资源部门、交通部门、劳动与社会保障局、金融机构等多个政府部门,各部门在乡村旅游扶贫过程中发挥不同的作用。

1. 农业部门。农业部门主要注重提升扶贫特色产业,着力解决产业优势特色不突出的问题。按照经济高质量发展的要求,提高贫困地区的标准化生产水平,建设一批绿色高产高效基地、畜禽标准化养殖场、水产健康养殖场、林特产品示范基地和良种繁育基地等,推动一二三产业的深度融合发展,从而为乡村旅游的可持续发展推动各种农业资源的开发利用。

2. 国土资源部门。土地都是困扰包括露营地产业在内的大多数旅游业发展的大问题。国土资源部门为乡村旅游发展提供土地利用支持,主要负责"改革完善旅游用地管理制度,推动土地差别化管理与引导旅游供给结构调整相适应"。近年来,我国旅游土地利用问题得到进一步的缓解,2015年,国土资源部、住房和城乡建设部、国家旅游局联合发布《关于支持旅游业发展用地政策的意见》;2018年国土资源部、国家发展改革委联合下发的《关于深入推进农业供给侧结构性改革做好农村产业融合发展用地保障工作的通知》,休闲农业、乡村旅游、农村电商等新产业、新业态土地利用得到政策保障。全国各地国土资源部门如广西桂林市、河南栾川县、新疆石河子市等也出台相应的旅游土地用地政策,以保障旅游产业用地。

3. 交通部门。交通部门主要负责基础设施建设,包括资金投入、工程建设与验收、项目进度安排与监督等,从而才能为贫困村民以及广大旅游者提供便利的公共服务。

4. 劳动与社会保障部门。劳动与社会保障部门负责就业扶贫工作,主要广

泛搜集适合贫困劳动者就业的岗位信息，大力宣传就业扶贫政策，适时举办专场招聘会，引导贫困群众转变就业观念、积极参与旅游开发等。

5. 金融机构。金融机构主要开展金融扶贫，发挥"输血"与"造血"功能，对家庭农场、种养殖大户、乡村旅游合作社、农家乐经营者、乡村创客等提供各种个性化的贷款服务，进一步拓宽金融扶贫渠道。如广西农村信用社认真贯彻落实一行三会《关于金融支持深度贫困地区脱贫攻坚的意见》（银发〔2017〕286号）的要求，努力为广西脱贫攻坚提供坚实的金融支持：持续加大对能够吸收贫困人口就业、具有示范带动作用、促进贫困人口增收的绿色生态种养业、经济林产业、乡村旅游、林下经济、休闲农业、传统手工业、农村电商等特色产业资金的支持力度；重点加大对20个深度贫困县、30个深度贫困乡镇和1490个深度贫困村的信贷支持力度，对贫困户的贷款期限、利率等方面实行更加优惠的政策；截至2018年10月末，已累计向53.59万建档立卡贫困户发放贷款261.95亿元，惠及贫困人口205万人，带动21万多户贫困户脱贫，发放了广西银行业99%以上的扶贫小额贷款、60%以上的扶贫龙头企业贷款。①

（二）旅游扶贫的多部门性需要政府的政策协同

如前所述，乡村旅游扶贫不是单个部门的行动，而是多个部门协作配合的过程。乡村旅游扶贫内容的广泛性与复杂性，使得各部门的扶贫行为具有复杂性、不稳定性的特征。在实际扶贫的过程中，往往出现各部门或机构各自为政，行业、业务之间以及行业内部缺乏省（市）内整体及行业系统协同配合等现象；各部门制定的扶贫政策在一定程度上难免会出现矛盾与冲突，不利于扶贫活动的顺利开展。因此，为了实现共同的扶贫目标，政府的政策协同必不可少。

为了推动项目建设、巩固乡村旅游扶贫成效、提升脱贫质量，相关部门的各项扶贫政策需要从注重强有力推进转向注重政策协同，根据实际情况对政策进行调整、协调，以政策协同发力促进乡村脱贫致富，并与乡村振兴顺利衔接。第一，政策协同能够减少各政府部门在乡村旅游扶贫过程中出现的多头领导、权责不清、资金使用不当、资源过度开发等问题，以便使各种财力、物力、人力等有效、精准地投入扶贫中，避免资源的浪费以及环境的破坏。第二，政府部门的政策协同能够加强各政府部门之间的沟通与协调，使之达成共识，齐心协力，共同研究重大问题，协同解决突出的难题，从而更好地服务于乡村旅游

---

① 广西农信社多渠道推进金融精准扶贫［EB/OL］. https：//bank.cngold.org/c/2018－11－22/c6091416.html.

扶贫工作。如2018年以来，海南以实施乡村旅游扶贫和开展精准帮扶为主要路径，强化政策的扶持与协同，省旅游和文化广电体育厅与省扶贫办公室、国家农业发展银行海南省分行组织专家评审国家金融扶持旅游扶贫项目，对保亭神玉岛文化旅游度假区项目、保亭呀诺哒旅游文化区项目、三亚凤凰谷生态文化旅游区项目、白沙"阿罗多甘"田园综合体项目等4个国家项目从资金扶持、金融扶持、品牌扶持入手，三管齐下，取得了较好的扶贫成效。

四、旅游扶贫过程中的环境问题需要政府的政策协同

（一）旅游扶贫过程中出现各种环境问题

近年来，在我国乡村旅游蓬勃发展的过程中，不少乡村贫困地区出现了不同程度的环境问题，这些环境问题不仅影响当地村民的生产生活，而且也严重地影响到乡村地区未来的可持续发展，这有悖于乡村旅游扶贫的初衷。从整体上来看，目前，我国乡村旅游扶贫过程中常见的环境问题主要有[1]：一是乡村旅游的蓬勃发展带来了大量的游客，游客开展旅游活动后留下来的垃圾已经超过了乡村原有的垃圾处理能力；二是贫困地区的生态环境原本就比较脆弱，大量游客的涌入，远远超过了当地环境的承载力，造成了空气、森林、植被等的破坏；三是乡村旅游项目工程的建设产生的大量固体垃圾对当地的水体、森林、植被等造成不同程度的污染，一些项目占用大量土地与良田，但由于前期规划不合理，后期建设进度缓慢甚至是停滞不前，造成了田地资源的闲置与浪费；四是部分乡村旅游经营户如农家乐、餐厅等产生的餐饮垃圾随意堆放或者倾倒、填埋方式不当等也造成了严重的环境污染；五是乡村地区的环境治理存在突出的问题，如村民参与环保的积极性与主动性不足、环境治理资金投入不足、环境治理能力低等。

（二）环境问题的解决需要政府的政策协同

乡村旅游扶贫参与主体具有多样性的特征，因此，扶贫过程中产生的环境问题治理同样涉及多方利益，任意一方的独立作为无法解决问题，必须开展协同治理。如哈尔滨市环保局建立联动新机制，多部门协同解决环境污染难题，与市公安局、市检察院和市中级人民法院联合制定《环境行政执法与刑事司法

---

[1] 刘冰，周剑洋，卢霞，等. 乡村旅游发展中的环境保护问题及对策研究 [J]. 社会治理，2018（6）：71-76.

联动机制暂行规定》；与气象部门建立联合会商与预警预报机制，实时互传，每日会商，共同面对环境污染问题；与规划部门建立季（月）度联席会议制度，共同研究落实省、市政府重大环境政策和重大环保项目，审定主要任务计划和阶段性目标，对规划中的重点和难点问题，提出具体解决方案；与安监部门建立环境应急联动机制，形成安全生产和突发环境事件应急应对协作体系，环境污染的治理能力和治理效果显著提升。①

良好的生态环境是乡村地区的最大优势和宝贵财富，必须尊重自然、顺应自然，协同多方力量，共同治理，实现百姓富、生态美的统一。由于各地的资源禀赋不同、生态问题的严重程度不同、政府治理能力不同，乡村地区的生态环境治理涉及当地人民政府与环保部门、旅游部门、林业部门、农业部门、建设部门、规划部门等，需要上述政府部门协作商议，以绿色发展、协调利益为导向，基于当地的具体情况共同制定治理策略与措施，通过构建政策协同机制更好地开展环境治理，协调好乡村旅游发展与环境保护之间的关系，实现生态资源共享、生态问题共治、生态利益共享。同时，鉴于各部门政策差异的客观性，乡村旅游扶贫中的环境治理应实施差异化协同，并通过构建政策协同生成机制、政策协同沟通机制、政策协同调整机制，打破行政分割的限制，从而形成各部门协同治理环境问题的良好局面，最终实现乡村旅游的健康持续发展，推动乡村振兴。政策协同生成机制强调各部门在政策制定过程中相互认同，达成共识，并加强生态环境保护能力与治理能力的提升；政策协同沟通机制强调政策信息的传递与借鉴，构建信息公开机制、交流沟通机制，提供各部门面对面交流、协商的机会，共同研究乡村环境治理方案与措施；政策协同调整机制强调各部门在政策改进与完善过程中的配合与互动，构建成本分摊机制以解决环境治理资金投入不足的问题，各政府部门要有成果共享意识，构建成果共享机制，确保参与主体利益的实现，提高各部门环保治理的积极性与主动性，共同保护碧水蓝天，建设美丽乡村。

五、旅游扶贫成效的巩固与提升需要政府的政策协同

近年来，随着乡村振兴战略的实施以及乡村旅游的蓬勃发展，旅游扶贫成

---

① 建立联动新机制 多部门协同解决环境污染难题[EB/OL]. http://www.huaxia.com/lthq/ltkx/2016/08/4975396.html.

效显著,乡村旅游已经成为"老少边山穷"地区脱贫攻坚的重要产业,在促进村民就业、增收脱贫、加强农村基础设施建设等方面发挥了重要作用。如云南省红河哈尼族彝族自治州弥勒市可邑村打造的可邑小镇带动了周边近 200 户贫困村村民实现脱贫致富,户均年收入达到 10 万余元。丘北县普者黑景区核心区仙人洞村通过发展旅游业成为富裕村,景区内 6 万余居民通过景区就业、入股分红、土地租赁等方式增加了收入;同时,旅游发展也带动了村容村貌的改善,丘北县积极开展乡村旅游公路、村内道路硬化、电力电信管沟铺设、垃圾、污水处理站、绿化亮化等基础设施及配套服务设施建设。[①] 海南保亭槟榔谷景区通过土地租用、农产品收购、精准扶贫商铺等形式增加当地贫困户收入,在槟榔谷工作的当地贫困员工可获得六项收入:一是村民因征收青苗获得的补偿收入,二是村民土地出租获得的租金收入,三是村民在已享受租金的土地上种植农作物获得的额外收入,四是村民参与工程建设获得的务工收入,五是景区免费提供商铺给村民经营获得的经济收入,六是在景区内从事管理服务工作获得的工资收入。此外,海南的其他景区还积极开展就业扶贫、改善生产生活基础设施扶贫、产业扶贫、人才培训扶贫等,通过"扶智"带动扶贫,为农民脱贫后的生产生活提供有效保障。[②]

目前,从总体上来看,我国乡村旅游扶贫成效明显,全国各地都涌现出不少乡村旅游扶贫的典型案例。未来,为了确保"真脱贫、脱真贫、不返贫、能致富",必须要突破各种限制,不断巩固与提升乡村旅游扶贫成效。旅游扶贫成效的巩固与提升,要求当地的旅游部门要努力改变唱独角戏的尴尬局面,以产业发展促进贫困群众稳定增收为支撑,以富民兴村为目标,积极与当地的医疗部门、教育部门、电力部门、环保部门等协同配合,构建多元主体参与的扶贫大格局,持续推进乡村旅游健康扶贫、教育扶贫、光伏扶贫、电商扶贫、生态扶贫等扶贫新业态的发展;多部门共同协商制定"扶贫、扶智、扶志、扶技、扶业"等"多位一体"的扶贫政策,并将政策落实到细处,不断巩固脱贫成效,不断推动贫困地区"农业更强、农村更美、农民更富",带动村民走上乡村振兴之路。

---

① 云南:乡村旅游市场潜力巨大 旅游扶贫成效明显 [EB/OL]. http://travel.gmw.cn/2019-01/24/content_32405038.htm.
② 海南黎苗少数民族地区旅游扶贫"摘穷帽" 乡村振兴显成效 [EB/OL]. https://news.sina.com.cn/o/2019-05-21/doc-ihvhiews3485763.shtml.

第七章　乡村旅游扶贫地方政府政策协同的现状与问题

党的十八大以来，党中央把脱贫攻坚工作纳入"五位一体"总体布局和"四个全面"战略布局。随着距离完成脱贫攻坚目标任务时间紧迫以及任务重，贫困地区一直在不断探索扶贫的新路子、新模式。旅游扶贫政策决定旅游扶贫的方向。近年来，乡村旅游成为乡村地区重要的扶贫模式，为了尽早完成脱贫致富目标，各地人民政府及其相关部门除了落实党中央和国务院颁布的一系列有关乡村旅游扶贫的政策之外，还结合本地的实际制定了相应的政策与措施；一些连片特困区的地方政府也开始联合、协同制定有利于本区域整体脱贫致富的政策，并取得一定的成效。本章重点分析我国部分连片特困区乡村旅游扶贫政策协同的现状及其存在的主要问题。

第一节　乡村旅游扶贫地方政府政策协同的现状

在贫困地区发展乡村旅游，是解决"三农问题"、实现脱贫致富的重要途径。近年来，党中央和国务院及其相关部委就乡村旅游扶贫，在国家层面、宏观层面制定了一系列的相关政策；地方政府对本辖区内的乡村旅游扶贫负主要责任，即地方政府实际上在主导着乡村旅游扶贫。乡村旅游扶贫涉及多方面的内容、多部门的参与，部分地区还具有超越"行政区域"的特点，需要地方政府进行政策等方面的协同，以实现旅游扶贫的最终目标。在国家相关扶贫政策的鼓励与支持下，近年来，一些地区的地方政府及其相关部门在乡村旅游扶贫方面进行了较好的协同合作。以下重点分析部分连片特困地方政府乡村旅游扶贫的政策协同。

一、武陵山连片特困区乡村旅游扶贫的政策协同现状

武陵山连片特困区包括湖北省、湖南省、重庆市、贵州省在内的64个县市（见表7-1），是脱贫攻坚的主战场和先行区，为助推乡村旅游扶贫、促进贫困村民增收脱贫，特困区内的各省份之间就乡村旅游方面开展了一些具体的政策协同行动。

表7-1　　　　武陵山连片特困区县、市名单一览表

省份名	地市名	县名
湖北（11）	宜昌市	秭归县、长阳土家族自治县、五峰土家族自治县
	恩施土家族苗族自治州	恩施市、利川市、建始县、巴东县、宣恩县、咸丰县、来凤县、鹤峰县
湖南（31）	邵阳市	新邵县、邵阳县、隆回县、洞口县、绥宁县、新宁县、城步苗族自治县、武冈市
	常德市	石门县
	张家界市	慈利县、桑植县
	怀化市	中方县、沅陵县、辰溪县、溆浦县、会同县、麻阳苗族自治县、新晃侗族自治县、芷江侗族自治县、靖州苗族侗族自治县、通道侗族自治县
	娄底市	新化县、涟源市
	湘西土家族苗族自治州	泸溪县、凤凰县、保靖县、古丈县、永顺县、龙山县、花垣县
重庆（7）	重庆市	丰都县、石柱土家族自治县、秀山土家族苗族自治县、酉阳土家族苗族自治县、彭水苗族土家族自治县、黔江区、武隆县
贵州（15）	遵义市	正安县、道真仡佬族苗族自治县、务川仡佬族苗族自治县、凤冈县、湄潭县
	铜仁地区	铜仁市、江口县、玉屏侗族自治县、石阡县、思南县、印江土家族苗族自治县、德江县、沿河土家族自治县、松桃苗族自治县、万山特区

资料来源：中央政府门户网站，http://www.gov.cn/gzdt/2012-06/14/content_2161045.htm。

(一) 省内政府部门之间的政策协同

重庆市是中西部唯一的直辖市,为推进乡村旅游扶贫工作,2016年7月,重庆市人民政府出台《关于加快乡村旅游发展的意见》(以下简称《意见》),该《意见》明确了乡村旅游发展的总体要求、重点任务与保障措施,并指出要"重点支持建设一批旅游扶贫重点项目、打造一批乡村旅游精品线路、创建一批乡村旅游品牌、开展一批游客互送旅游活动。各区县(自治县)要引导贫困山区群众,通过土地、山林承包经营权等方式,参与乡村旅游发展,分享产业链收益,依托发展旅游业脱贫致富",为充分发挥乡村旅游在扩内需、稳增长、促就业、减贫困、惠民生等方面的积极作用起到了促进和保障作用。同时,重庆市扶贫办组织制定《重庆市乡村旅游扶贫规划》《重庆市乡村旅游扶贫产业项目实施意见》等指导性、规范性政策文件,推动乡村旅游成为该市贫困群众脱贫增收的主导产业;并及时制定了《重庆市深化乡村旅游扶贫行动实施方案》,开展旅游规划扶贫公益行动。在部门政策协同方面,重庆市扶贫开发办公室与重庆市财政局2018年2月印发《重庆市扶贫开发办公室 重庆市财政局关于进一步推进资产收益扶贫工作的通知》(以下简称《通知》),该《通知》强调要优化资产类型,并明确利用财政专项扶贫资金和其他涉农整合资金投入设施农业、养殖业、农产品加工销售业、乡村旅游业、电子商务业等项目形成的资产;投资厂房、库房、扶贫车间、农产品交易市场,购买机器设备(包括农机具、生产加工设备、农产品冷链物流车辆),建设旅游接待设施、文体游乐设施、景区景点、停车场、便民服务设施、电商服务场地等项目形成的资产。

2016年,湖南省旅游局与省扶贫开发办公室联合印发《关于实施乡村旅游精准扶贫工程的意见》,对旅游局、扶贫办、发展改革委、宣传部、农委、卫计委、经信委、财政厅、交通运输厅、住房和建设厅、林业厅、科技厅、人力资源社会保障厅、教育厅、国土资源厅、水利厅、环保厅、文联、统计局、金融办、省委督查室和省政府督查室等部门的协作与分工进行了明确的规定,以推动贫困地区充分发挥旅游资源优势,因地制宜发展旅游业,使老百姓通过乡村旅游脱贫致富。

湖北省紧紧围绕脱贫攻坚战,将乡村旅游作为贫困地区村民脱贫致富奔小康、农业供给侧结构性改革和乡村振兴的重要渠道。2018年3月,湖北省旅游委和省扶贫办下发了《关于支持深度贫困地区旅游扶贫行动方案》,明确指出:"力争到2020年9个深度贫困县和深度贫困地区的旅游扶贫重点村,基本建成完整的旅游产业体系，初步形成区域性的乡村旅游目的地。"2018年我国第五个扶贫日，湖北省旅游委、省扶贫办、省农发行及十堰市人民政府，联合举办了旅游扶贫专场推介会，并公布《湖北旅游扶贫新十大行动计划》，进一步推动旅游扶贫。2019年4月，湖北省农业农村厅、省扶贫办、省文化和旅游厅、省林业局印发《湖北省产业精准扶贫规划（2019—2020年）的通知》，按照"巩固壮大过去产业，发展新型产业"的发展思路，重点将观光旅游、特色粮油、蔬菜、水果、茶叶、畜牧、中药材、烤烟、生态水产、林果等十大产业培育成扶贫支柱产业。在多项利好政策的推动下，湖北省乡村旅游扶贫取得了显著的成效，如作为全域集中连片贫困区，也是湖北省唯一整州创建国家全域旅游示范区的恩施土家族苗族自治州，制定《恩施州发展乡村旅游促进旅游扶贫工作的意见》，积极探索全域旅游扶贫，带动40万群众吃起"旅游饭"，"旅游+扶贫"入选联合国减贫案例，成为脱贫攻坚的恩施品牌。湖北省下辖的贫困县也非常重视政策的制定与引导，如被评为全省乡村旅游及旅游扶贫突出贡献单位的建始县，坚持规划引领产业发展，先后编制完成《建始县旅游发展总体规划》《湖北省建始县乡村旅游发展规划》以及全域旅游规划和10个乡镇差异化规划的编制工作，致力于打造全域旅游示范区，助力精准脱贫。

（二）省际的政策协同

2018年10月30日—31日，由湖南省政协牵头的湘鄂渝黔四省市政协助推武陵山片区旅游产业扶贫合作座谈会在湘西土家族苗族自治州召开。会议就片区旅游扶贫合作进行深入商讨，并达成广泛共识，协商通过了《湘鄂渝黔四省市政协助推武陵山片区旅游产业扶贫合作的湘西共识》和《湘鄂渝黔四省市政协助推武陵山片区旅游产业扶贫合作座谈会议纪要》；会议决定，建立领导小组，围绕武陵山片区旅游产业扶贫的重大问题和区域间共性问题，开展联合调研视察活动，形成的重要建议报送全国政协、同级党委政府；此外，在此次座谈会上，四省市文化和旅游部签订《湘鄂渝黔旅游产业扶贫合作框架协议》，建立四省市旅游扶贫协调会议制度，设立固定的联络和工作机构，成立了湘鄂渝黔旅游产业扶贫合作领导小组。[①] 上述会议成果，对推动武陵山片区政府部门互相配合、取长补短、形成合力、书写片区协作发展与脱贫攻坚新篇章具有重要的促进作用。

---

① 湘鄂渝黔四省市政协助推武陵山片区旅游产业扶贫合作座谈会在湘西州召开［EB/OL］. http：//www.xxz.gov.cn/2018zhuanti/jzfpzxx/qylyzfp/201811/t20181102_944454.html.

二、滇黔桂石漠化区乡村旅游扶贫的政策协同现状

滇黔桂石漠化区包括云南、广西、贵州在内的 80 个县市（见表 7-2），是全国扶贫对象最多、少数民族人口最多、所辖县数最多、民族自治县最多的片区，集革命老区、民族地区和边境地区于一体，自然环境恶劣，贫困程度深，脱贫难度大。

表 7-2　　滇黔桂石漠化区特困区县市名单一览表

省份	地市名	县名
广西（29）	柳州市	融安县、融水苗族自治县、三江侗族自治县
	桂林市	龙胜各族自治县、资源县
	南宁市	隆安县、马山县、上林县
	百色市	田阳县、德保县、靖西县、那坡县、凌云县、乐业县、田林县、西林县、隆林各族自治县
	河池市	凤山县、东兰县、罗城仫佬族自治县、环江毛南族自治县、巴马瑶族自治县、都安瑶族自治县、大化瑶族自治县
	来宾市	忻城县
	崇左市	宁明县、龙州县、大新县、天等县
贵州（40）	六盘水市	六枝特区、水城县
	安顺市	西秀区、平坝县、普定县、镇宁布依族苗族自治县、关岭布依族苗族自治县、紫云苗族布依族自治县
	黔西南布依族苗族自治州	兴仁县、普安县、晴隆县、贞丰县、望谟县、册亨县、安龙县
	黔东南苗族侗族自治州	黄平县、施秉县、三穗县、镇远县、岑巩县、天柱县、锦屏县、剑河县、台江县、黎平县、榕江县、从江县、雷山县、麻江县、丹寨县
	黔南布依族苗族自治州	荔波县、贵定县、独山县、平塘县、罗甸县、长顺县、龙里县、惠水县、三都水族自治县、瓮安县
云南（11）	曲靖市	师宗县、罗平县
	红河哈尼族彝族自治州	屏边苗族自治县、泸西县
	文山壮族苗族自治州	砚山县、西畴县、麻栗坡县、马关县、丘北县、广南县、富宁县

资料来源：中央政府门户网站，http://www.gov.cn/gzdt/2012-06/14/content_2161045.htm。

(一) 省内政府部门之间的政策协同

云南省对乡村旅游扶贫与脱贫攻坚、美丽乡村建设以及生态移民等进行统筹部署，统筹、协调多部门整合配套政策，共同推动乡村旅游扶贫开发的新格局。2017年9月10日，云南省旅游产业发展领导小组印发《云南省旅游扶贫工作方案》（以下简称《方案》），《方案》中明确了扶贫的工作任务，要建立"横向统筹协调、纵向层层落实"的统筹协调制度，形成组织有力、横向到边、纵向到底、统筹有方、推进有效的旅游扶贫工作统筹协调机制，并强化政策支撑。2017年12月30日，云南省人民政府办公厅正式下发《关于加快推进产业扶贫的指导意见》（以下称《意见》），《意见》中指出要"实施精准旅游扶贫'123518'工程，即：1个全域旅游扶贫示范州（怒江）、20个旅游扶贫示范县、30个旅游扶贫示范乡镇、500个特色旅游扶贫村（其中，省级100个、州市级150个、县级250个）、1万户旅游扶贫示范户建设，旅游产业综合带动贫困人口脱贫80万人以上"；并明确由云南省农业厅、扶贫办会同有关产业主管部门共同推动产业扶贫工作，云南省农业厅、工业和信息化委、旅游发展委、商务厅、林业厅分别统筹做好农业产业扶贫、工业和信息产业扶贫、旅游产业扶贫、电商扶贫和林业产业扶贫工作。此外，光伏发电扶贫是资产收益扶贫的有效方式，也是产业扶贫的有效途径。云南省能源局2016年发布的《关于推进光伏开发利用的指导意见》和2018年10月由云南省扶贫办、云南省能源局联合印发的《关于云南光伏存量电站的通知》等文件计划实施"光伏+"战略，通过光伏产业带动养鸡、养猪等养殖业以及生态农业观光的发展。

广西大力实施乡村旅游富民工程。2016年，广西壮族自治区人民政府正式下发《关于脱贫攻坚旅游业发展实施方案》（以下简称《方案》），《方案》中将每一项措施具体落实到每一个相应的政府部门，涉及文化和旅游厅、发展改革委、人力资源和社会保障厅、交通运输厅、住房城乡建设厅、农业厅、林业厅、工业和信息化委、商务厅、新闻出版广电局等以及各市、县人民政府，并将旅游扶贫列入绩效考核；因地制宜，积极探索"公司+农户、合作社+农户、景区+农家、企业带动+村寨联盟、能人+农户"等旅游扶贫新模式。同时，广西多部门发力，护航贫困家庭"三留守"人员，如广西壮族自治区妇联不断深化做实"产业到家+牵手妈妈"脱贫攻坚巾帼行动，帮助外出务工妇女实现家门口就业，并联合商务厅、网信办等三部门开展广西电子商务创业大赛、"电商培训八桂行"巡回培训等活动，涌现出百色女能人协会电商平台、贵港梁英电商平台、罗翠美的中欧仫佬依电商平台等，以及催生了旅游"网红"商品如"轩妈"蛋黄酥等。此外，广西壮族自治区党委统战部制定下发了《广西统一战线参与脱贫攻坚战三年行动指导意见》，各级统战部门、民主党派、工商联和统战团体等在开展统一战线参与脱贫攻坚工作中承担着重要职责；桂林市委统战部印发《全市统一战线"不忘初心·助力脱贫"行动实施方案》，推动统战力量深度参与脱贫攻坚；贵港市委统战部联合扶贫办等部门建立社会力量扶贫工作运行机制，对统一战线成员参与产业扶贫项目进行督查考评，确保帮扶力量精准落实到贫困村和贫困户。在全区各级政府部门以及各级组织的共同努力之下，广西乡村旅游脱贫攻坚战取得了显著成效，2017年乡村旅游消费约1506.70亿元，同比增长约38.3%，约占全区旅游总消费的27%。通过乡村旅游扶贫辐射带动142个旅游扶贫村脱贫摘帽，带动约3.3万户、14.71万贫困人口脱贫。

贵州省坚持将乡村旅游作为精准扶贫的重要途径，全省各部门同心协力，制定并实施一系列相关政策，积极探索乡村旅游扶贫的模式，共同推动乡村旅游的蓬勃发展；实施旅游扶贫"九项工程"和"百区千村万户"乡村旅游扶贫工程，打造旅游扶贫的"贵州样本"，越来越多的贫困群众分享到旅游带来的"红利"，并实现脱贫致富。在大力发展乡村旅游、促进贫困村民脱贫致富的过程中，贵州省始终坚持加强顶层设计，各级、各部门积极探索扶贫开发方式，2011年，贵州省扶贫办、省委政策研究室、省旅游局联合提出了《大力实施乡村旅游扶贫倍增计划的意见》，推动乡村旅游与扶贫开发的有机结合，不断拓宽村民增收的渠道；2016年，贵州省旅发委与省扶贫办联合下发了《贵州省旅游精准扶贫实施意见》，加快实施"百区千村万户"工程，打造全民参与的乡村旅游扶贫产业链和山地旅游扶贫示范带；2017年，贵州省人民政府印发《贵州省发展旅游业助推脱贫攻坚三年行动方案（2017—2019年）的通知》等，这些政策的颁布与实施，不断地促进贵州省乡村旅游扶贫的精准化推进。此外，贵州省扶贫办与省旅发委共同印发了《关于依托"扶贫云"做好旅游精准扶贫大数据工作的通知》，开发了"贵州旅游精准扶贫云系统"，建立了全省乡村旅游发展和乡村旅游扶贫综合信息精准管理的统一平台，不断提高乡村旅游精准扶贫管理的科学性与有效性。

（二）省际的政策协同

滇黔桂石漠化区的各县市均拥有丰富的旅游资源，适宜通过发展乡村旅游带动地方经济社会发展、农民脱贫致富。在这一点上，三省份都有共同的意识，并将乡村旅游作为脱贫攻坚的重要途径，加强协同合作。滇桂黔石漠化片区区域发展与扶贫攻坚工作于2012年6月开始启动，之后，片区三省份政府和部际联席会议成员单位落实精准扶贫、精准脱贫的要求，因地制宜实施了脱贫攻坚举措；同时，三省份还建立和加强了扶贫开发统筹协调和沟通联系，形成片区发展与脱贫攻坚的合力，滇桂黔石漠化片区区域发展与脱贫攻坚现场推进会每年都定期举办，会议上三个省份分别介绍自身扶贫、脱贫的经验与做法，部分扶贫典型还进行发言交流。2013年1月，国家林业局和水利部在北京联合召开滇桂黔石漠化片区部际联席会议，启动滇桂黔石漠化片区区域发展与扶贫攻坚部际联席工作机制；2013年5月，滇桂黔石漠化片区省际联席会议第一次会议在广西南宁召开，会议强调要加强跨省协调项目和事项之间的合作，同时启动滇桂黔石漠化片区跨省协调机制，签订滇桂黔三省区石漠化片区跨省协作备忘录。[①] 三省份跨省级协调合作对该片区乡村旅游扶贫工作起到了重要的推动作用。2017年6月，云南、贵州、广西三省份的旅游部门联合签署《滇黔桂三省区民族文化旅游示范区建设南宁共识》，在促进民族文化、传统医药、健康旅游、高铁旅游经济带、旅游扶贫等方面达成多项共识，三省份将统一整理各自享受的相关优惠政策，相互借鉴，在示范区内统一执行；对三省份省际通道、相邻地区交通以及景区景点间交通进行同步规划、同步建设、同步完善，重点打通三省份之间以及三省份与周边省份的"断头路""瓶颈路"，解决好"最后一公里"问题；实行三省份旅游"一卡通"，实现游客在三省份所有旅游景区、景点消费的标准统一、优惠统一、实时结算等。[②] 上述这些强有力的合作途径将能够推动滇黔桂贫困地区进一步发挥自身的资源优势，同时利用三省区的优惠政策推动乡村旅游的快速发展，并形成区域合力，实现资源共享、利益共享、共同富裕的目标。

除了与片区内的省份合作之外，广西还充分利用毗邻广东省的区位优势，积极与广东开展旅游扶贫协作，粤、桂两省（区）旅游扶贫协作使很多的贫困村民吃上了"旅游饭"。2017年，落实《广东广西旅游扶贫帮扶合作框架协议》，联合扶贫办等部门先后召开了深圳对接会、南宁座谈会；粤、桂旅游主管部门联合举办了7场旅游专题推介和旅游项目招商活动、2期"对口旅游扶贫乡

---

① 曾晓嬴. 滇桂黔石漠化片区地方政府合作扶贫开发问题研究 [D]. 西南大学，2014.
② 云南贵州广西将实行旅游"一卡通" [EB/OL]. http://news.focus.cn/dali/2017-06-13/11566609.html.

村旅游"培训班,广东省组织了3次广西旅游扶贫主题采风活动、深圳巴马大健康合作特别试验区等一批项目落户广西;2018年4月,广西在广东举办粤、桂扶贫协作旅游优惠政策发布会,对广东企业到广西33个贫困县投资旅游产业给予优惠政策。

三、六盘山区乡村旅游扶贫的政策协同现状

六盘山区覆盖宁夏西海固地区、陕西桥山西部地区、甘肃中东部地区及青海海东地区共61个县（区）（见表7-3）,涉及人口2000余万人;地形破碎,沟壑纵横,基础设施条件十分落后,是国家扶贫开发的主要区域。

表7-3　　　　　　　　六盘山区特困区县市名单一览表

省份名	地市名	县名
陕西（7）	宝鸡市	扶风县、陇县、千阳县、麟游县
	咸阳市	永寿县、长武县、淳化县
甘肃（40）	兰州市	永登县、皋兰县、榆中县
	白银市	靖远县、会宁县、景泰县
甘肃（40）	天水市	清水县、秦安县、甘谷县、武山县、张家川回族自治县、麦积区
	武威市	古浪县
	平凉市	崆峒区、泾川县、灵台县、庄浪县、静宁县
	庆阳市	庆城县、环县、华池县、合水县、正宁县、宁县、镇原县
	定西市	安定区、通渭县、陇西县、渭源县、临洮县、漳县、岷县
	临夏回族自治州	临夏市、临夏县、康乐县、永靖县、广河县、和政县、东乡族自治县、积石山自治县
青海（7）	西宁市	湟中县、湟源县
	海东地区	民和回族土族自治县、乐都、互助土族自治县、化隆回族自治县、循化撒拉族自治县
宁夏（7）	吴忠市	同心县
	固原市	原州区、西吉县、隆德县、泾源县、彭阳县
	中卫市	海原县

资料来源：中央政府门户网站,http://www.gov.cn/gzdt/2012-06/14/content_2161045.htm。

（一）省内政府部门之间的政策协同

陕西省近年来紧紧抓住党中央、国务院以及相关部委颁布的一系列相关政策，并结合自身实际，各部门也联合制定了一些相关的促进政策，大力推动乡村旅游扶贫，旅游业在精准扶贫、精准脱贫中发挥着越来越重要的作用，乡村旅游扶贫效益明显，吃上"旅游饭"的村民越来越多。2017年，陕西省旅发委联合发展改革委、国土厅、环保护厅、住建厅、交通厅、水利厅、农业厅、林业厅、扶贫办、国家开发银行陕西分行、农业发展银行陕西分行等11家单位，共同制定印发了《陕西省"十三五"旅游扶贫行动计划》（以下简称《行动计划》），明确到2020年的旅游扶贫思路。《行动计划》按照"旅游发展带动扶贫开发，扶贫开发促进旅游发展"的思想，以旅游产业为载体，以全面脱贫为目的，按照"六个一批"精准扶贫思路，积极推动"万企万村"帮扶专项行动，并重点做好基础设施建设、旅游项目建设、市场营销推广、旅游人才培训、扶贫工程示范等八大行动任务。2018年，制定出台了《关于发展乡村旅游促进乡村振兴的意见》《关于大力培育乡村旅游示范村助力乡村振兴的实施意见》和《陕西省"十县百村"旅游扶贫示范工程评定办法》，以规范乡村旅游，以旅游促进贫困村民脱贫致富。同时，陕西省旅发委还联合相关部门共同出台推动旅游业融合发展的指导意见；特别制定了《旅游财政补助资金常态化检查工作意见》，对财政资金支持项目的常态化检查做出具体规定，确保项目与资金落在实处，推动旅游扶贫工作取得成效。被列入特困区的宝鸡市近年来也是充分发挥乡村旅游强大的市场优势、强劲的造血动能，以各项政策助推贫困村民脱贫致富。2018年，宝鸡市人民政府办公室颁布《宝鸡市人民政府办公室关于加快推进旅游扶贫工作的意见》，并强调要"强化政策引导，实施更加灵活的用地、贷款、投资政策，支持有条件的村集体经济组织兴办旅游公司，支持有条件的农村居民发展农家乐、乡村酒店等乡村旅游经营实体；支持和鼓励以龙头企业为代表的专业化旅游企业参与贫困地区旅游开发，给予优惠配套政策"。

甘肃省是文化旅游资源大省，也是我国脱贫攻坚的主战场，近年来，该省紧紧围绕打赢脱贫攻坚战，推动乡村旅游的快速发展，进一步发挥旅游业在深度贫困地区脱贫攻坚中的带动和促进作用，以旅游业发展助推脱贫致富。2017年，甘肃省旅发委、发展改革委、国土资源厅、环保厅、住建厅等12个部门联合印发了《乡村旅游扶贫工程行动方案》，计划在十三五期间联合推动乡村旅游扶贫"八大行动"，力争贫困村年旅游经营收入达百万元，贫困人口年人均旅游收入超过3000元。2018年，甘肃省旅发委下发《关于做好甘肃省"两州一县"深度贫困地区旅游规划扶贫公益行动有关工作的通知》，先后安排4亿多元资金，在"两州一县"深度贫困县的50个旅游扶贫重点村，组织开展乡村旅游规划公益扶贫行动；举行扶贫攻坚政策新闻发布会，省扶贫办、旅发委、农牧厅、人社厅、发展改革委、建设厅、教育厅、交通厅、财政厅等12个政府部门全面解读19项脱贫攻坚政策。

宁夏回族自治区在2000年就建设了全国第一个国家级旅游扶贫试验区——六盘山旅游扶贫试验区，以加快固原地区扶贫开发步伐，促进固原地区经济社会的全面发展。近年来，宁夏高度重视脱贫攻坚工作，成立由自治区党委、政府办公厅以及党委政研室、发展改革委、财政厅、住房城乡建设厅、交通运输厅、农牧厅、文化厅、林业厅、旅发委、扶贫办组成的特色旅游产业示范村建设领导小组。自治区旅发委认真贯彻落实党中央、国务院以及相关部委出台的系列扶贫政策，大力组织实施乡村旅游扶贫工程，并将乡村旅游扶贫开发建设作为创建宁夏全域旅游示范（省）区和全域旅游示范市、示范县的突破口；加强领导，以各项政策持续推进扶贫工作的开展，旅游精准扶贫取得明显成效；组织编制《宁夏六盘山旅游扶贫发展规划（2015—2020年）》，2018年旅游规划全面覆盖国家发展改革委、国家旅游局、环保部、住建部、农业部国家旅游局、国务院扶贫办等七部委确定的72个乡村旅游重点村中的建档立卡村；每年初签订《旅游精准扶贫目标责任书》，并将任务分解到局机关各处室以及各市旅游局，区、市、县三级旅游部门统筹负责本区域内乡村旅游扶贫工作，实现扶贫工作层层抓落实；制定出台《自治区旅游扶贫专项资金管理暂行办法》，并在9个扶贫开发重点县（区）执行，以规范旅游扶贫专项资金的使用和管理。

青海省将旅游扶贫作为全省扶贫的生力军，近年来，针对乡村旅游和旅游扶贫制定了一系列的政策，凝聚扶贫合力，出台《关于加快发展休闲农业与乡村旅游的意见》和《青海省乡村旅游扶贫项目实施意见》；实施乡村旅游富民工程，启动乡村旅游"十百千万"计划。乡村旅游扶贫离不开金融扶持，2018年，青海省共安排2710万元旅游发展专项资金用于乡村旅游扶贫；农发行青海省分行主动响应国家"金融支持精准扶贫"工作号召，创新信贷品种，整合信贷资源，量身为支持旅游扶贫项目打造"旅游+扶贫""基金+旅游+扶贫"等模式，成效显著。列入特困区名单中的西宁市，2016年，该市旅游局、农牧和扶贫开发局联合出台《西宁市乡村旅游扶贫工作实施方案》，以75个"美丽乡村旅游扶贫重点村"为重点,充分发挥旅游业造血式扶贫的独特优势,将旅游扶贫、休闲观光农业、高原美丽乡村建设相结合,打造一批乡村旅游特色村,使绿水青山成为群众脱贫致富的金山银山。

(二) 省际的政策协同

宁夏加强与福建省的旅游扶贫合作。宁夏是福建对口扶贫协作的省份,福建与宁夏对口扶贫协作开始于1996年,在国家"八七"扶贫攻坚的关键时刻,党中央、国务院作出东部比较发达的13个省市结对帮扶西部10个省区的战略部署,福建对口帮扶宁夏。两省的旅游资源具有很强的差异性与互补性,合作成绩显著。合作20多年来,两省一直坚持"优惠互补、互惠互利、长期合作、共同发展"的原则,把党政主导、联席推动作为闽、宁对口扶贫协作的有力抓手,共同签订旅游战略合作协议,坚持一年一度的对口扶贫协作联席会议,走出了企业合作、产业扶贫、项目带动的"造血"式扶贫,创造了全国东、西扶贫协作的"闽宁模式"。2018年,两省联合印发《闽宁对口扶贫协作三年行动计划(2018—2020年)》,进一步推动协作,打赢脱贫攻坚战。此外,宁夏是继海南省后中国第二个省级全域旅游示范区创建单位,为进一步推动全省旅游的发展,以旅游助推脱贫致富,宁夏积极与旅游大省湖南省加强旅游产业合作,2019年7月25日,两省文化和旅游厅签署战略合作协议,进一步推动两省旅游市场向多产业合作迈进,共同推荐两省旅游互惠共赢发展。

乡村旅游与扶贫攻坚在经济、产业、生态、文化等方面具有天然的耦合性,具有明显的带动效应。为了进一步推动乡村旅游的健康持续发展,不断拓宽贫困地区农民脱贫致富奔小康的渠道,陕西省近年来加强与发达省份如江苏省加强旅游合作,在旅游产品开发、宣传互动推广、人才培养等6个方面与江苏省文化和旅游厅签订两省旅游战略合作协议,引导各市及贫困县加强与对口帮扶县旅游部门的沟通协作;并吸引江苏的旅游企业前来陕西投资发展,在带来旅游扶贫资金的同时,也带动了当地旅游企业发展的实力,进一步巩固和提高乡村旅游成效。此外,被列入特困区名单中的宝鸡市,近年来也积极主动地与其他省市开展旅游合作,进一步拓宽旅游市场,提高旅游经济效益。2018年9月,宝鸡市旅发委与成都旅游局签署两地旅游战略合作协议,实现两地优势互补、资源共享、市场联动、信息互通、客源互送,进一步推动宝鸡市乡村旅游发展;2019年6月,宝鸡市与太原市两地文化和旅游局共同签署了旅游战略合作协议,宝鸡市重点景区代表与太原市旅行社代表签署了客源互送协议,双方在资源共享、客源互送、宣传互动、线路共建等方面开展深入合作，对于拓展两地的乡村旅游客源市场具有重要的促进作用。

第二节 乡村旅游扶贫地方政府政策协同的主要特征

政策是行动的指南，在乡村旅游扶贫过程中，地方政府的政策制定及其协同对旅游扶贫工作的开展具有重要的引导与推动作用，可以确保旅游扶贫资金安排到位、旅游扶贫项目有序开展、贫困村民有参与旅游开发的机会以及共享旅游发展红利。从我国主要特困连片区地方政府乡村旅游扶贫政策的现状来看，当前地方政府政策协同的主要特征表现在以下三个方面：

一、各级政府重视乡村旅游扶贫的政策协同

从总体上来看，目前我国乡村旅游扶贫的相关的政策，无论是省级层面，还是各县市层面，都比较重视政策的制定与引领，以政策引领乡村旅游扶贫工作的顺利开展。同时，还强调政府及其相关部门之间的联动，整合多方资源，形成合力，共同推动当地的乡村旅游扶贫攻坚工作。各级政府政策的协同以及具体协同行动主要体现在：（1）省级政府层面的政策协同，连片特困区内省级政府的政策协同如湘鄂渝黔四省市政协助推武陵山片区旅游产业扶贫的《湘鄂渝黔四省市政协助推武陵山片区旅游产业扶贫合作的湘西共识》与《湘鄂渝黔旅游产业扶贫合作框架协议》，非连片特困区内省级政府的政策协同如粤、桂两省（区）签署与落实《广东广西旅游扶贫帮扶合作框架协议》、宁夏与福建省的《闽宁对口扶贫协作三年行动计划（2018—2020年）》；（2）同一省份内部不同政府部门的政策协同与联合行动，如陕西省旅发委联合发展改革委、国土厅、环保护厅、住建厅、交通厅、水利厅、农业厅、林业厅、扶贫办、国家开发银行陕西分行、农业发展银行陕西分行等11家单位共同制定印发的《陕西省"十三五"旅游扶贫行动计划》，甘肃省旅发委、发展改革委、国土资源厅、环保厅、住建厅等12个部门联合印发的《乡村旅游扶贫工程行动方案》，等等。

二、协同政策分布越来越广泛

从政策分布来看,我国乡村旅游扶贫协同政策的分布越来越广泛。一是纵向方面,政策的协同从省级政府层面一直深入具体的市、县、镇。如湖北省乡村旅游扶贫政策,既有省级层面的《关于支持深度贫困地区旅游扶贫行动方案》与《湖北省产业精准扶贫规划(2019—2020年)的通知》,也有下辖市、县的乡村旅游扶贫政策,如《恩施州发展乡村旅游促进旅游扶贫工作的意见》与《建始县旅游发展总体规划》《湖北省建始县乡村旅游发展规划》;陕西省颁布《陕西省"十三五"旅游扶贫行动计划》《关于发展乡村旅游促进乡村振兴的意见》《关于大力培育乡村旅游示范村助力乡村振兴的实施意见》《陕西省"十县百村"旅游扶贫示范工程评定办法》,以及宝鸡市人民政府办公室颁布《宝鸡市人民政府办公室关于加快推进旅游扶贫工作的意见》,等等。二是横向方面,除了旅游扶贫是重点之外,还一直延伸到科技、交通、电商、人才培训等具体领域的协同。如云南省旅游发展委、农业厅、工业和信息化委、商务厅、林业厅分别统筹做好农业产业扶贫、工业和信息产业扶贫、旅游产业扶贫、电商扶贫和林业产业扶贫工作;广西壮族自治区妇联与联合商务厅、网信办等三部门开展广西电子商务创业大赛、"电商培训八桂行"巡回培训等活动;贵州省发布《关于依托"扶贫云"做好旅游精准扶贫大数据工作的通知》,加快科技与旅游扶贫的深度融合(见表7-4)。

表7-4 部分连片特困区地方政府协同扶贫政策情况一览表

	政策文件	发布时间	主要内容
省政府层面	重庆市人民政府《关于加快乡村旅游发展的意见》	2016年7月	重点支持建设一批旅游扶贫重点项目,打造一批乡村旅游精品线路,创建一批乡村旅游品牌,开展一批游客互送旅游活动
	云南省人民政府办公厅《关于加快推进产业扶贫的指导意见》	2017年12月	实施精准旅游扶贫"123518"工程,即:1个全域旅游扶贫示范州(怒江)、20个旅游扶贫示范县、30个旅游扶贫示范乡镇、500个特色旅游扶贫村(其中,省级100个、州市级150个、县级250个)、1万户旅游扶贫示范户建设,旅游产业综合带动贫困人口脱贫80万人以上

续表

	政策文件	发布时间	主要内容
省政府层面	广西壮族自治区人民政府《关于脱贫攻坚旅游业发展实施方案》	2016年1月	创新体制机制，全面推进贫困地区旅游精准扶贫工作，促进贫困农户增收脱贫。到2020年，扶持550个贫困村发展旅游业，实现20万人脱贫，力争全区通过旅游产业融合发展带动80万人脱贫
	贵州省人民政府《贵州省发展旅游业助推脱贫攻坚三年行动方案（2017—2019年）的通知》	2017年9月	把旅游扶贫作为产业扶贫的重要抓手，把乡村旅游作为精准扶贫的重要途径，把解决更多贫困人口就业作为旅游发展的重点方向
	《湖南省旅游局 湖南省扶贫开发办公室关于实施乡村旅游精准扶贫工程的意见》	2016年6月	找准乡村旅游扶贫的新路子，在精准施策上出实招、在精准推进上下实功、在精准落地上见实效，培育旅游新业态，丰富旅游产品供给，打造一批资源品位高、品牌形象优、核心吸引力强的旅游精品
	湖北省旅游委和省扶贫办《关于支持深度贫困地区旅游扶贫行动方案》	2018年3月	力争到2020年9个深度贫困县和深度贫困地区的旅游扶贫重点村，基本建成完整的旅游产业体系，初步形成区域性的乡村旅游目的地
	《陕西省"十三五"旅游扶贫行动计划》	2017年4月	以旅游产业为载体，以全面脱贫为目的，要求各地充分挖掘贫困地区自然和人文优势，按照"六个一批"精准扶贫思路，积极推动"万企万村"帮扶专项行动
县、市层面	《宝鸡市人民政府办公室关于加快推进旅游扶贫工作的意见》	2018年6月	以旅游产业发展带动贫困群众增收致富、稳定脱贫；突出规划引领，坚持旅游带动；强化项目支撑，促进产业融合；加大政策支持，增强发展活力；健全组织保障，严格督查考核
	西宁市旅游局、农牧和扶贫开发局《西宁市乡村旅游扶贫工作实施方案》	2016年8月	以发展乡村旅游为主要形式，以西宁市75个"美丽乡村旅游扶贫重点村"为重点，整合西宁旅游资源和相关产业要素，为贫困人口创业、就业、增收提供平台，使旅游产业成为群众脱贫致富的朝阳产业
	贵州省《雷山县精准实施产业扶贫工作方案》	2017年3月	发展壮大乡村旅游扶贫产业，把乡村旅游扶贫作为该县产业扶贫的主导产业，依托该县丰富的生态资源、旅游资源、文化资源、传统村落等加快打造一批乡村旅游示范带、示范村和景区景点

三、设立协同组织确保政策的有效执行

为确保协同政策的有效执行，地方政府部门还设立相应的协同机构。政策协同机构一般包括领导会商制度、联席会议制度、现场办公会制度等在内的非日常的议事、协商制度，以及负责日常联络和组织工作的功能性机构[①]；从我国目前乡村旅游扶贫的相关政策来看，政策协同的相应机构主要是非日常的议事、协商制度。(1) 非日常的议事、协商制度。目前，连片特困区成立的乡村旅游扶贫政策协同机构有鄂湘渝黔四省市政协助推武陵山片区旅游产业扶贫合作联席会议制度。(2) 负责日常联络和组织工作的功能性机构。乡村旅游扶贫领导机构，如湘鄂渝黔旅游产业扶贫合作领导小组，宁夏由自治区党委、政府办公厅以及党委政研室、发展改革委、财政厅、住房城乡建设厅、交通运输厅、农牧厅、文化厅、林业厅、旅发委、扶贫办组成的特色旅游产业示范村建设领导小组，大别山片区鄂豫皖三省政协主席联席会议制度，湖北省连片特困地区区域发展与扶贫攻坚领导小组办公室，贵州省雷山县县委、县政府成立乡村旅游扶贫领导机构，强化组织领导和协同推进，将乡村旅游扶贫工作纳入重要议事日程。协同组织的建立，能够明确各相关部门在乡村旅游扶贫过程中的职责与分工，整合部门资源，齐心协力，将旅游扶贫的人力、财力、物力真正落到实处，真扶贫、扶真贫，以乡村旅游的蓬勃发展助推贫困地区的产业结构调整，不断拓宽贫困地区农民脱贫致富奔小康的渠道，进一步提高贫困村民的获得感、幸福感与安全感。

第三节 乡村旅游扶贫地方政府政策协同存在的主要问题

旅游产业具有融合度高、创新能力强、综合带动力大的特征，乡村旅游扶贫成为能够实现贫困村民脱贫、走向致富的利民工程、民心工程。从上一节的分析可以看出，近年来，我国中央和地方政府都意识到脱贫攻坚战工作中政策

---

① 李荣娟. 当代中国跨省区域联合与公共治理研究 [M]. 北京：中国社会科学出版社, 2014.

协同的重要性，乡村旅游扶贫的政策协同在很多省份取得了一定的成效，进一步推动了贫困地区的产业扶贫效益，不断增加贫困村民经济收入，改善村民的人居环境，使很多村民走上了奔小康的道路。但是，从总体上来看，我国乡村旅游扶贫政协同仍存在一些问题亟待解决。

一、地方政府的协同意识有待于进一步增强

从上一节对我国主要连片特困区乡村旅游扶贫政策协同的现状的分析中可以看出，目前地方政府的政策协同主要体现在两个方面：一是同一省份不同政府部门之间为了共同推进当地的乡村旅游扶贫而进行的政策协同；二是不同省份之间的人民政府及其相关部门为了进一步实现优势互补、扩大客源市场以提高旅游产业扶贫绩效而进行的政策协同。从目前来看，第一种协同形式比较多，但是第二种协同形式还是比较少，地方政府与周边省份或者是连片特困区内的地方政府之间的乡村旅游扶贫政策协同、合作推进乡村旅游扶贫还是比较少，这说明了地方政府在这一方面的协同意识还是比较薄弱。目前，区域协同发展已经成为经济发展的重要趋势，区域协同发展能够克服地区独立发展的缺陷与弊端，能够实现优势互补、利益共享，促进经济社会发展水平的进一步提高。贫困地区往往自然条件比较恶劣、经济发展基础差，更应进一步增强协同发展意识，与周边省份开展乡村旅游扶贫合作，并以政策协同引领和主导乡村旅游扶贫的顺利开展，实现共同富裕的目标。

二、协同政策的内容不够具体、针对性不强

地方政府之间的协同政策越具体、针对性越强，则其对区域内乡村旅游扶贫的指导性、引导性就越清晰，乡村旅游扶贫的成效就越明显、突出。但是，从目前查阅与收集的资料来看，地方政府相关部门联合制定的乡村旅游扶贫政策中的有关乡村旅游发展的内容比较详细，目的、任务都比较明确，但是，各相关部门在其中的具体的工作职责、合作内容、考评标准等文字表述泛化笼统，内容也比较空泛，指导性不强；有些政策尚未涉及这些具体的内容。而贫困地区地方政府之间的协同政策以宏观的战略协作框架为主，很多都没有具体涉及旅游扶贫合作的主要内容、对应部门的主要任务等，合作的内容也比较单一，

以基础设施建设、旅游资源共同开发、市场共同开拓等为主，而较少涉及双方所属辖区的产业重组、乡村旅游精品的共同打造、旅游市场共同治理等深层次的合作内容。此外，文件中的文字表述也比较笼统和模糊，如一些政策文件在内容上对政府的协同主要表述为"多部门联动，整合资源，形成合力""加强区域合作，进一步推动区域一体化"等，并没有真正涉及乡村旅游协同扶贫的具体权责划分、利益分配等实质性的内容，对区域乡村旅游扶贫协同的引领性、指导性还是不够强。① 这非常不利于下一级政府如市、县、镇等各部门的政策执行以及具体工作的安排，不利于发挥各地的资源优势，从而最终会影响到区域旅游扶贫的成效。

三、政策协同缺乏完善的监督机制

目前，地方政府乡村旅游扶贫的政策协同缺乏完善的监督机制，不利于保证双方合作的有效性与持续性。政策协同的出发点是为了共同促进双方乡村旅游的蓬勃发展，实现共同脱贫致富的目标。但是，在实际执行过程中，由于各地方的自然环境、旅游资源状况、经济发展基础等存在较大的差异，地方政府在一定程度上还是会存在地方保护主义，作为地方利益的代表，地方政府在协同的过程中会最大限度地维护地方利益，这就违背了政策协同的初衷。而目前，关于乡村旅游扶贫政策的协同缺乏绩效考核，监督机制还是不够完善，对相关地方政府及其部门的协同行为缺乏强有力的监督，无法完全避免上述情况的出现；同时，也还会出现"搭便车"现象，涉及的部门越多，"搭便车"的现象就更多。因此，从一定程度上来讲，这是导致不少地方政府不愿意开展旅游扶贫合作，而更多地愿意"单打独斗、各自为政"的直接原因。

四、政策协同的组织机构不健全

健全的组织机构是乡村旅游扶贫政策协同的保障。我国乡村旅游扶贫政策协同的组织机构主要有两大类，即包括领导会商制度、联席会议制度、现场办公会制度等在内的非日常的议事、协商制度，以及负责日常联络和组织工作的

---

① 吴玉莲. 湖北连片特困地区扶贫中的政府协同问题研究 [D]. 武汉：湖北大学，2017.

功能性机构，如扶贫开发领导小组等。从目前来看，这些会商制度、会议制度、现场办公制度在促进乡村旅游扶贫政策协同方面起到一定的积极作用，各地的扶贫开发领导小组数量也日益增加。但是，从总体上来看，这些组织机构的设置还是不够健全，一些地方政府尚未建立起相应的机构，政策协同缺少组织保障；同时，从组织协同的成效来看，这些组织机构推进各地乡村旅游扶贫的进展还是比较慢，成效也不是非常明显，一些扶贫领导小组还停留在挂牌成立、设立办公室但尚未开展实际工作的初级阶段，最终导致乡村旅游协作扶贫的成效不够显著。

第八章　高质量发展背景下乡村旅游扶贫政策协同的途径

改革开放40多年以来，我国在经济社会发展方面取得了世界瞩目的成绩，但是，还拥有一定比例的贫困村、贫困人口，截至2018年年底，还剩2.6万个贫困村。因此，脱贫攻坚成为我国全面建成小康社会的关键。要促进贫困地区脱贫致富、走上奔小康的道路，产业扶贫是关键；旅游产业具有融合度高、创新能力强、综合带动力大的特征，近年来，乡村旅游成为贫困地区脱贫攻坚的主战场，在优化贫困地区的产业结构、改善基础设施与人居环境、提高村民经济收入等方面发挥了重要的促进作用。乡村旅游扶贫得到了各地政府的大力支持，各地政府也制定了一系列的支持政策；为进一步发挥乡村旅游扶贫的作用与成效，地方政府近年来也在逐渐加大政策协同的力度，以形成合力，助推乡村旅游扶贫的持续开展。一个系统中各子系统和各要素的"协同"会使无序转化为有序，使分散甚至相互抵触的成分转变成有序的整体合力并形成整体功能。[①] 当前，我国乡村旅游扶贫政策协同的过程中存在一定的问题，为巩固脱贫绩效、有效衔接乡村振兴，乡村旅游扶贫政策协同的力度需要不断加强，其存在的问题需要寻求有效的解决途径。

第一节　国外政策协同的经验借鉴

政府政策从制定到执行是一个复杂的过程，而政策协同涉及多个主体、多种元素的影响，其协同过程更具有复杂性与挑战性。在长期的社会治理实践中，

---

① 柏振忠，李亮. 连片特困山区可持续生计问题与协同发展机制研究［M］. 北京：科学出版社，2015.

国外一些组织以及发达国家在相关政策制定、政策协同方面积累了一定的经验，这些经验对我国乡村旅游扶贫政策协同具有重要的学习与借鉴作用。

一、世界经合组织政策协同的途径

世界经济合作与发展组织，简称经合组织（OECD），是由36个市场经济国家组成的政府间国际经济组织，旨在共同应对全球化带来的经济、社会和政府治理等方面的挑战，并把握全球化带来的机遇。① 世界经济合作与发展组织是通过政府间的双边审查以多边监督和平行施压，促使各成员国遵守规则或进行改革；其工作方式始于数据收集和分析，进而发展为对政策的集体讨论，然后达到决策和实行，是一种高效的机制。关于政策协同的路径，世界经济合作与发展组织提出八种具体的途径：政治领导人的努力，建立战略性政策框架，培养决策者的全局视角和协调能力，向决策者提供关于政策问题的清晰界定和优秀分析，建立提早预测和解决政策冲突的机制，建立能够使政策优先次序与财政计划一致的决策程序，建立使政策能够适应新信息和变化环境的执行程序和监控机制以及培育能够促进跨部门合作和不同政策共同体之间系统性对话的行政文化。② 上述八大具体途径中，对乡村旅游扶贫政策协同具有重要的借鉴作用的主要是决策者全局视角和协调能力的培养、预测和解决政策冲突机制的建立、政策执行程序和监控机制的建立，以及行政文化的培育。这些主要途径的实施有利于我国乡村旅游扶贫政策协同的创新与发展，有助于进一步巩固脱贫成效，使贫困地区较为顺利地衔接乡村振兴，实现农业强、农民富、农村美。

二、部分发达国家政策协同的主要经验

良好的生态环境是乡村振兴的重要支撑。近年来，国家坚持倡导绿色发展理念，强调要扎实做好乡村地区的生态环境保护工作，以乡村生态振兴助推乡村产业振兴、文化振兴。国外发达国家如美国、英国、加拿大等国在环境与气候政策协同实践方面取得了一定的成效，其主要做法值得我国借鉴，以便正确处理好乡村旅游发展与生态文明建设的协同关系。发达国家有关环境与气候政

---

① 张雯景. 中国与世界经合组织成员国经济发展状况比较 [J]. 当代经济，2019（4）：17-20.
② OECD. Building Policy Coherence: Tools and Tensions [Z]. Public Management Occasional Papers, 1996 (12).

策协同的经验主要体现在以下四个方面：

（一）注重政策前期调研与评估

政策前期的调研与评估直接影响到政策协同的成效及其持续性。为了控制环境污染与气候变化，美国相关部门积极对清洁电力计划（CPP）进行讨论，环保署、电力公司以及清洁煤电联盟等部门与机构联合对 CPP 的电力可靠性进行评估；环保署、能源部以及联邦能源管理委员三部门通过管理、技术的支持与协同，共同对 CPP 进行监督与管理、可控制潜在风险。[①] 加拿大英属哥伦比亚省设立独立的环境评估办公室，负责全省所有重要规划项目的环境影响评估，评估中注重所有的潜在利益相关者，并以建议书的形式授予或者拒绝发放环境评估证书。

（二）明确政策的主体与分工

在大气污染治理方面，英国既非常注重立法，又非常重视各部门的协作与分工，如设立 2005 年前实现的污染控制定量目标，要求工业、交管和地方政府共同努力，减少一氧化碳、氮氧化合物、二氧化硫等常见污染物的排放量。在生活垃圾防治方面，英国环境、食品与农村事务部负责废物处理监管工作，地方政府负责家庭和企业的废物收集、废物处理、执法、处理非法倾倒、鼓励回收等，政策制定与部门协作保证了垃圾回收的执行及其效果的提升。[②] 在水环境监管方面，英国在 20 世纪 90 年代初就先后修改《水资源法》和《水工业法》等，以对水资源污染者进行约束与监督；同时，建立职责明确的管理体制，由环境食品和乡村事务部对水资源进行宏观调控，而由国家环境署、水服务办公室、饮用水监督委员会等负责执行具体的事务[③]。

（三）鼓励政策主体间的沟通与协作

加拿大环境治理中的跨部门合作、鼓励政策主体间的沟通与协作是其环境治理的主要特色。内阁、政府各部和执行机构三者之间签订公共服务协议，已达成目标共识。在环境治理中主张跨部门合作，包括各政府部门之间的横向合作与纵向合作，通过环境协议明确各部门的权利与义务，约束其行为；并采用理事会调解机制，设立加拿大环境部长理事会（CCME）以及西部平原省份水资源理事会、不列颠哥伦比亚省的弗雷泽流域管理理事会、阿尔伯塔省的弓河流

---

① 张娜，梁喆. 西方发达国家环境与气候政策协同的经验启示［J］. 中国行政管理，2019（3）：155-156.
② 贾小梅，彭欣然. 英国生活垃圾污染防治研究［J］. 环境科学与管理，2017，42（5）：71-73.
③ 李晶，王新义，贺骥. 英国和德国水环境治理模式鉴析［J］. 水利发展研究，2004（1）：52-54.

域管理理事会等独立协调机构。加拿大环境部长理事会（CCME）成立于1961年，扮演对话机构、决策机构、论坛平台以及协会组织的角色，对重大环境事件进行磋商，采用政治协议的方式通过相应环境政策，分享环境领域的信息以及研究进展，制定环境领域的原则、规章和标准等。[①] 同时，加拿大还强调决策共识与利益协调，尊重对方的立场与利益，通过协商的方式进行决策的制定，出现分歧时允许个别成员退出，避免保护主义的出现。此外，除了重视政府部门之间的沟通与协调之外，加拿大也非常重视地方政府之间的联合治理，如在乔治亚盆地形成一个相对独立的生态系统，围绕温哥华市形成了一个包括21个市和1个选区在内的、联系紧密的大型城市集群，开展双边与多边对话，并通过协商和投票相结合的方式达成协议。

（四）非政府组织积极参与跨部门协作

在西方发达国家，在环境协同治理的过程中，非政府组织的积极参与也非常重要。非政府组织参与环境治理，不仅有利于发挥其专业优势，提高环境治理的专业性与治理效果，同时，还可以保证环境治理的社会效益。加拿大非政府组织通过签订环境协议的形式参与跨部门的环境治理，环境协议明确了各组织的权利与义务，同时，对各组织的行为进行监督与约束。目前，在加拿大比较有名的环境治理非政府组织分别是非政府组织网络——加拿大环境网与加拿大大自然网、"气候变化的经济影响专题研究会"、民间环保组织"森林保护网络"等。加拿大政治界、科学界、工程界、民间高度重视气候变化对加拿大自然生态环境和社会经济的影响，"气候变化的经济影响专题研究会"汇集了政府官员、大学教授、企业家等各界人士，定期对气候变化与经济发展、社会治理的关系进行研究，定期召开讨论会，并为政府提供应对气候变化的政策建议。

第二节 我国乡村旅游扶贫政策协同的途径

结合当前我国乡村旅游扶贫政策协同存在的主要问题，借鉴国外相关政策

---

① 王玉明，邓卫文. 加拿大环境治理中的跨部门合作及其借鉴 [J]. 岭南学刊，2010 (5)：116 – 120.

协同的经验，本书认为，我国进行乡村旅游扶贫的过程中，应从提高政策协同的认知、完善协同政策的制定、建立协同机制、加强行政文化建设、发挥社会力量、加强组织机构建设等六个方面促进扶贫政策的协同，使其实现资源互补、利益共享，共同推动乡村旅游可持续发展，促进贫困村民脱贫致富。

一、提高乡村旅游扶贫政策协同的认知

从我国目前的情况来看，在乡村旅游政策协同方面，地方政府的不同部门对其认知逐渐增强；但是，不同地方政府之间，由于所处的经济社会发展条件不同、利益出发点以及地方保护主义等因素的阻碍，省级政府之间关于乡村旅游扶贫政策的协同认知度不高。对政策协同的认知、目标性共识是政策协同的基础与前提，无论是世界经济合作与发展组织倡导的八大路径，还是西方发达国家有关生态环境治理政策协同的经验，都共同表明了政策协同的认知、共同目标对决策者的全局观念、政策协同的实施与成效起到引领与指导作用。

目前，合作共赢已经成为世界经济社会发展的一种共识。在经济社会发展的过程中，每一个主体都不是孤立存在的，而是与周围的其他主体存在一定的联系，需要相互协作、促进共同发展。政策协同是不同主体之间开展合作的保障，对双方合作的内容以及行为起到引领与监督作用，以确保合作成效。习近平总书记2016年在银川主持召开东西部扶贫协作座谈会时曾强调，东西部扶贫协作和对口支援，是推动区域协调发展、协同发展、共同发展的大战略。习近平总书记提出的扶贫协作思路不仅适用于东西部地区的对口扶贫支援，也适用于贫困地区之间的扶贫协作。乡村旅游已经成为我国脱贫攻坚的主战场，是促进贫困村民脱贫致富的重要途径。"十个指头弹钢琴"是对宏观调控科学性的比喻，地方政府要深刻认识到乡村旅游的健康持续发展涉及许多领域，需要各个领域的部门开展协同合作，以政策协同引领和指导部门之间的合作内容与行为约束，才能取得预期的扶贫协作成效。同时，不同地方政府加强乡村旅游扶贫协作，政策协同配合的意义十分突出，不但有利于相关地区的产业发展与资源利用、相互取长补短，而且对于维护社会公平、构建社会主义和谐社会、使全体人民共享发展成果具有深远的意义。

合作才能共赢。提高地方政府对乡村旅游政策协同的认知，需要从四个方

面努力着手：（1）加强交流、学习。地方政府要积极组织相关部门及其工作人员，就乡村旅游扶贫前往周边地区以及地方政府之间合作取得卓越成效的发达地区，如珠江三角洲、长江三角洲等地开展实地调研与考察学习活动，通过调研与考察活动，学习他人的成功经验，提高地方政府通过有效合作推动区域协调发展的能力，同时，从中寻求旅游扶贫合作的机会，达成合作的共识。（2）要强化部门联动的作用。乡村旅游扶贫涉及多个地方政府部门，地方人民政府要对相关部门的领导以及主要工作人员开展培训，并通过定期组织相关部门共同商议重要问题、共同制定政策、加强对合作共赢理念的引导及合作成功案例的宣传推广等途径，强化相关部门开展乡村旅游扶贫合作、政策协同的意识，发挥多部门的联动作用与优势，共同推动地方旅游扶贫工作的顺利开展，巩固脱贫成效。（3）破除地方保护主义思想。地方政府要从长远利益出发，树立"合作共赢"的思想，树立政府间合作的意识，定期开展经济、社会、文化等方面的交流，寻找双方更多的利益结合点，避免为占更多社会资源与利益而导致的恶性竞争；信任对方，以避免政府的投机行为，实现双方合作利益最大化。（4）树立并宣传地方政府成功合作的榜样。中央政府或者更高一级的政府要通过网络、电视、报刊等媒介加大对当前我国地方政府扶贫成功合作案例的全方位的宣传，并定期组织学习，通过典型案例的宣传与学习，唤醒和增强一些地方政府合作的意识。

二、完善乡村旅游扶贫协同政策的制定

习近平总书记在党的十九大报告中指出："确保到二〇二〇年我国现行标准下农村贫困人口实现脱贫，贫困县全部摘帽，解决区域性整体贫困，做到脱真贫、真脱贫。"目前，我国的脱贫攻坚任务非常艰巨，"艰巨"具体体现在两个方面：一是时间紧，距离2020年现行标准下农村贫困人口实现脱贫目标的时间已经不多；二是脱贫攻坚已经进入决战决胜阶段，迫切需要解决贫困问题的都是"硬骨头"，即自然条件差、发展基础薄弱、贫困程度较深的贫困地区。脱真贫、真脱贫，是脱贫攻坚的质量要求。乡村扶贫，关键在产业扶贫，只有实施产业扶贫，变输血式扶贫转化为造血式扶贫，才能根本解决贫困地区落后的社会面貌，才能使其获得经济社会持续发展的内在动力。乡村旅游作为精准扶贫的一种创新模式，目前在我国许多贫困地区发挥了重要的产业带动效应，对调

整贫困地区的产业结构、拓宽村民的就业渠道、增加村民的经济收入、改善村民的人居环境以及树立文明乡风等方面具有显著的促进作用。

乡村旅游扶贫主要是依托贫困地区良好的自然生态环境以及具有地方特色的人文景观等，通过政策、资金等的支持与引导，帮助建档立卡贫困村群众通过多种形式参与乡村旅游开发而实现增收脱贫，提升贫困地区及其群众自我脱贫、自我发展能力的一种经济发展方式。乡村旅游是一个关联度高、涉及面广的产业，发展乡村旅游主要是市场行为。农民虽然是乡村地区的主人，同时也是乡村地区资源的所有者，但是，农民普遍缺乏市场意识、专业知识，因而不能很好地发现所拥有的资源的市场价值，也不了解市场行情，更缺乏市场投资能力，迫切需要政府和社会力量的帮助与扶持。因此，发展乡村旅游，助推脱贫攻坚，需要政府政策的大力支持与引导；同时，乡村旅游扶贫涉及贫困地区经济社会发展的方方面面，涉及范围广，需要制定相应的协同政策，以确保预期目标的实现。

如前所述，乡村振兴，产业兴旺是关键；乡村旅游扶贫重在产业扶贫。地方政府要加强以产业协同为中心，完善乡村旅游协同扶贫政策的制定与实施，推动产业一体化发展。具体地，结合贫困地区的实际，紧紧围绕"创新、协调、绿色、开放、共享"五大发展理念，在市场准入、资金、人才、环境保护、利益分配等方面制定相应的协同政策。(1) 市场准入政策。要明确乡村旅游市场主体的权利与义务，确保旅游市场的稳定与安全，保障游客与村民的切身利益。(2) 资金政策。资金是乡村旅游发展的物质基础与前提条件。资金政策的制定，要能够调动社会力量参与乡村旅游投资的积极性与主动性，并不断拓宽投融资渠道，形成全社会共同参与旅游扶贫的氛围，为乡村旅游扶贫提供雄厚的资金保障，促进贫困地区的持续发展。(3) 人才政策。人才是乡村振兴的关键，也是乡村振兴的难点，要从贫困地区的长远发展出发，制定人才发展规划，确保乡村振兴的人才支撑与智力支持。(4) 环境保护政策。发展乡村旅游与生态文明建设都是乡村振兴的重要内容，发展乡村旅游是重要抓手，生态文明建设是美丽乡村建设的基础和保障，两者相辅相成，关系密切。环境保护政策要能够着力解决贫困地区的环境问题，助力贫困地区生态文明建设并取得显著成效。(5) 利益分配政策。乡村旅游扶贫涉及的参与主体比较多，利益分配政策的制定必须要保障利益相关者的利益，实现共建共享、共同富裕。

三、建立有利于乡村旅游扶贫政策协同的机制

乡村旅游扶贫涉及领域的广泛性、各项政策之间的关联性以及各个贫困地区的经济社会发展水平不同,客观上要求建立与乡村旅游扶贫政策协同相适应的协调机制。同时,在建立协调机制的过程中,要避免协调机制的滥用以及协调机制的无效。具体地,要重点构建乡村旅游扶贫政策协同的沟通机制、信息共享机制、利益共享机制。

(一)乡村旅游扶贫政策协同的沟通机制

地方政府以及相关部门要克服长期以来"各自为政"的狭隘思想,建立整体观、大局观,加强地方之间、政府不同部门之间的交流与合作。基于纵向协调的视角,相关部门在制定和实施政策的过程中,要尽可能多地听取村民的利益诉求,同时,要与各个政策相关部门进行信息交流与沟通,既要考虑该政策对其他部门政策的影响,又要考虑其他部门的政策的功能、作用对本部门当前所制定的政策的具体影响。基于横向协调的角度,建议地方政府通过联席会议制度以及建立具体的沟通机制,对区域内乡村旅游协同扶贫的各项政策的制定与实施、各地区乡村旅游发展的思路、区域内乡村旅游发展重大问题的协调解决等进行讨论与协商,从而形成规范的对话与协商机制,共同推进区域内乡村旅游产业的一体化发展。

(二)乡村旅游扶贫政策协同的信息共享机制

乡村旅游扶贫政策协同,必须要注重信息共享机制的建立与完善。在乡村旅游扶贫政策协同的过程中,地方政府及其各部门之间必须要强调和重视信息的公开、共享与反馈,应按照纵向贯通、横向联动的原则,建立跨地区、跨部门和跨层级的信息资源共享机制。一是以需求为导向,构建扶贫信息共享平台。全方位收集与整理国家、省级层面以及区域内的各种扶贫信息,并对信息的归属、权益、存储、发布、共享、交换、安全等进行统一规范,使地方政府及其相关部门能够从中寻求合作机会,并为旅游企业提供便利的政策与信息咨询服务。二是构建政策信息交流与反馈平台。信息共享重在信息交流与信息反馈,避免"信息孤岛"。政策信息的交流与反馈能够及时发现政策制定与实施过程中的问题与难点,并以此作为政策调整、修订与完善的重要依据。而信息的交流与反馈的具体执行,可以考虑利用先进的云计算、大数据、互联网等新技术进

行科学、有效的信息沟通与反馈。

（三）乡村旅游扶贫政策协同的利益共享机制

促进地方经济社会的发展、实现地方经济社会利益是地方政府开展乡村旅游扶贫政策协同的出发点以及最为关注的焦点。因此，必须要加强以利益互动为基础的政策导向，建立完善的利益共享机制。一种完善的利益共享机制可以为贫困地区乡村旅游产业一体化发展提供持续的动力，实现旅游资源共享、旅游利益共享。地方政府及其相关部门要共同制定包括利益表达机制、利益整合机制、利益分配机制、利益补偿机制在内的利益共享机制。利益表达机制是利益主体共享利益的重要保障，利益整合机制要求将多元的利益主体的需求有机地融合在一起，利益分配机制能够保障各参与主体的根本利益，利益补偿机制能够缩小利益主体间的利益差距，促进地区公正与公平。

四、加强地方政府行政文化建设力度

行政文化是行政管理活动的重要载体，是社会文化在行政活动中的特殊形式，行政文化是在公共行政管理活动中对行政管理人员起支配作用的观念体系，具体包括行政观念、行政意识、行政价值、行政原则、行政道德等。[①]

（一）行政文化建设的重要意义

加强行政文化建设对政府的行政治理具有重要的意义。一是加强行政文化建设有利于塑造政府的良好形象，提升政府的公信力。政府形象是人们对政府服务与管理的直观评价与心理认同，其形象的好坏直接影响到人们对政府信任度与支持度的高低。良好的政府形象有利于减少政府政策制定与实施的阻力，是政府政策实施取得预期效果的重要保障。加强行政文化建设，能够使行政管理人员树立正确的行政价值观与行政道德，自觉约束自身的行为，全心全意为人民服务，自觉维护公平正义、秉公执法、克己奉公，从而在人民群众的心目中树立起良好的形象，并提升自身的公信力。二是加强行政文化建设有利于提高政府的执行力。近年来，国家制定了一系列有力改善民生的利好政策，但是在具体执行中，"上有政策，下有对策"的现象时有发生，一些地方政府往往不作为，或者执行不力，甚至是利用国家制定的利好政策牟取私利，当地老百姓

---

① 张韬，杨小虎. 行政文化创新对服务型政府建设的影响 [J]. 黑龙江社会科学，2018（5）：132-135.

对此怨声载道。先进的行政文化以科学的行政价值观、行政精神和行政道德为核心内容，并以严格的行政原则推动地方政府从松散低效型政府逐渐转变为高效型政府，提高行政执行能力，真正为人民群众谋福利。

（二）行政文化与政府政策协同的契合分析

行政文化与政府治理相互联系、相互作用，行政文化的建设主要包括服务型行政文化、创新型行政文化、法治型行政文化、廉政型行政文化以及效能型行政文化的建设，这五大文化的建设与地方政府政策协同具有明显的契合性。[①] 服务型行政文化要求政府必须要树立服务意识、责任意识和民本意识，为多元化的社会主体提供服务。乡村旅游扶贫政策协同的出发点是发挥政策的引领与指导作用，助推乡村旅游发展，促进村民脱贫致富，其本质上亦是一种服务活动。创新型行政文化具有开放性、包容性和进取性的特点，即开放、包容、进取的行政文化有利于政府解放思想，寻求合作与交流，促进共同发展；乡村旅游扶贫政策协同是地方政府及其相关部门协商互动，形成平等的合作关系，共同促进乡村旅游发展，两者具有契合性。法治型行政文化倡导平等、协商对话，在合法、有序的环境下达成治理共识。乡村旅游扶贫政策协同的基础就是地方政府及其相关部门能够达成合作共识，并在相关协议的约束下履行各自的职责。廉政型行政文化要求政府工作人员勤政为民，同时要廉洁自律，公正执法，自觉接受社会公众的监督。乡村旅游扶贫政策的协同就是需要这样的廉政型行政文化，能够增强政策制定与协同的透明度，切实维护广大农民群众的利益。效能型行政文化强调以行政行为产生的社会效益作为考核标准，不仅注重量的考核，更关注质的考核。乡村旅游扶贫政策协同是否达到预期的目标，需要地方政府及其相关部门制定相应的考核与评价标准，改变过去对绩效考核的片面理解，以贫困地区人民群众的利益为导向，把改善民生、环境保护、文明乡风建设等指标纳入考核体系中，从而提高政策协同的高效性与全面性，促进贫困地区经济社会的全面发展，实现农业强、农村美和农民富的目标。

（三）加强行政文化建设的途径

政府行政文化的建设是一项复杂、系统的工程，需要不断地创新方式与方法，并且要发挥社会力量，常抓不懈。一是要转变政府职能。转变政府职能是先进行政文化建设的前提。政府职能要积极向服务型转变，促进地方政府及其

[①] 廖振民. 行政文化创新：实现有效政府治理的进路 [J]. 前沿，2018（3）：42-48.

相关工作人员牢固树立为人民群众服务的意识，转变工作作风与工作方式；破除阻碍"放管服"的各种因素，加强政府部门间的职能统合。二是要强化行政监督与教育。充分发挥社会力量，强化对政府各级干部与工作人员行为的监督，以促进对行政不正之风的根除；同时，要加强对各级干部、工作人员进行制度与政治教育。三是完善政绩考核体系。改革地方政府及其相关工作人员政绩考核体系，将改善民生、环境保护、文明乡风建设等指标纳入地方政府绩效考核体系中；对政府工作人员的考核要严格执行德、能、勤、绩四个方面的考核，并将群众的满意度纳入其考核与晋升评价体系中。①

五、充分发挥社会力量的参与和监督作用

政府扶贫政策的实施与协同，不仅仅来自国家与地区经济社会发展的需要，同时，也需要社会的正面监督。建立科学、有效的监督机制，对乡村旅游扶贫政策协同过程中地方政府以及相关部门的协同行为进行监督与管理，以确保各项政策的有效实施，实现预期的扶贫目标。监督机制的构建应从两个方面着手：对地方政府之间的政策协同，国家相关部委要制定明确的监督机制，地方政府之间要有明确的监督协议，对双方的协同行为进行约束与管理；对不同政府部门的政策协同，地方政府要结合本地的实际，综合各个部门的职能与作用，制定相应的监督机制。需要强调的是，无论是地方政府之间的协同，还是不同政府部门之间的协同，监督机制的构建都应强调全社会力量的共同参与，除了政府及其相关部门之外，还应包括当地村民、旅游企业以及其他与乡村旅游扶贫相关的组织或个人，实现全社会的共同监督。

（一）调动社会力量的积极性与主动性

公众是政府政策作用的对象，同时，也应该成为政策过程中的参与主体。政策的制定与改革要关乎"民生"，需要倾听社会公众尤其是弱势群体的声音。乡村旅游扶贫的根本目的就是为了促进贫困村民脱贫致富，促进乡村经济社会的全面发展。要充分发挥贫困村民的主体意识，使其积极参与表达自身的政策利益诉求，并主动参与乡村旅游扶贫政策的制定、实施与协同的监督。从我国乡村地区目前的实际情况来看，许多村民的主体意识还是非常薄弱，这非常不

---

① 常玉. 国家治理现代化视域中先进行政文化建设 [J]. 湖北经济学院学报（人文社会科学版），2018，15(6)：14-16.

利于其维护自身的合法权益以及对扶贫政策协同的监督。而村民主体意识的培养，需要建立规范的教育和培训制度，使村民充分意识到自身的主体作用以及明确自身的合法权利；同时，相关部门工作人员以及当地村委会的干部应通过交流、沟通、座谈会等形式深入了解村民的利益诉求，以便为政策的制定提供现实的依据。旅游企业以及其他与乡村旅游扶贫密切相关的组织或个人，如乡村旅游协会、乡村创客、返乡能人等都应参与乡村旅游扶贫政策协同的监督，监督的具体内容包括政策实施过程中各政府部门的具体职责的执行情况、是否出现"搭便车"与各种腐败现象、政策执行过程的监督以及执行效果与障碍的反馈等。

（二）拓宽和畅通社会力量监督举报渠道

政府要充分利用现代媒体技术，从多方面加大社会力量参与扶贫政策协同的舆论宣传力度；在城市中心街区、乡村地区大力宣传扶贫监督执纪工作程序，分发监督执纪工作手册，并向社会公开举报监督方式，广泛接受社会公众的监督。同时，要加大通报曝光力度，对社会公众举报与反馈的各种行为与问题，要及时开展调查，并分类处理：对于苗头性、倾向性问题做到早提醒、早纠正、早处理、早解决；对违纪违法问题，要立即严肃追责。

（三）加强社会力量参与的组织化建设

组织化建设是提高社会参与程度的有效途径。组织化是对贫困村民更有利的参与方式。在乡村旅游扶贫的过程中，虽然当地村民是政策作用的对象，人口数量也多，但其力量的大小不在于数量的多少，而是其组织化的程度。与乡村旅游扶贫相关的各种社会组织亦是如此。因此，为了增强对社会参与政策协同过程的监督与管理，必须要加强社会组织与村民参与的组织化与制度化建设，使社会组织与当地村民能够通过组织来发表意见和建议，从而影响政府政策制定与协同的过程，才可能拥有与政府平等对话的权利，进而才能实现政策主客体的协同，促进乡村旅游各项扶贫政策的落实并取得预期的效果。

六、加强政策协同组织结构的建设

乡村旅游扶贫政策的协同需要建立一个高于各协同政府之上的协同机构，如扶贫开发协调委员会等，为政府的政策协同提供坚实的组织保障。协同机构的设立需要地方政府的协商共议，共同商定机构的合作框架、合作内容、合作形式、矛盾与冲突的处理流程等，以便各成员按照规定履行相应职责。同时，协同机构可以结合实际情况，整合职能重复的会议制度，取消一些成效不明显的会议制度，避免资源的浪费。同时，对现有的组织机构或会议制度进行完善，使其发挥应有的职能与作用，并建立规范、完整的协商机制。

第九章 高质量发展背景下乡村旅游扶贫的协同政策

"十个指头弹钢琴"形象地表达了各项政策协同配合的重要性。乡村旅游扶贫是一项民生工程，涉及面广，单靠某一部门的力量无法实现脱贫致富的目标，需要多部门的通力配合，协作推进，并制定相应的协同政策。从我国当前旅游扶贫的现状来看，贫困地区应从自身实际出发，紧紧围绕"创新、协调、绿色、开放、共享"五大发展理念，在市场准入、资金、人才、环境保护、利益分配等方面制定相应的协同政策。

第一节 市场准入政策

2018年9月24日，国务院办公厅印发了《完善促进消费体制机制实施方案（2018—2020年）》（以下简称《方案》），《方案》进一步放宽服务消费领域市场准入，并对旅游领域、文化领域等服务消费领域进行了放宽市场准入的具体部署。近年来，我国乡村旅游市场需求旺盛、富民效果突出、发展潜力巨大，既是满足城市居民休闲度假的主要方式，也是促进农民增收、推动农村经济社会全面发展的重要力量。未来，为了进一步扩大乡村旅游的市场空间，发挥乡村旅游在精准脱贫、富民兴村方面的重要作用，政府相关部门应结合国务院办公厅印发的《完善促进消费体制机制实施方案（2018—2020年）》的精神，制定相关的市场准入政策，放宽乡村旅游的市场准入，以促进更多的社会资源投入乡村，以多样化的消费拉动乡村旅游经济的高质量发展。

一、放宽乡村旅游市场准入的原则

以消费释放内需潜力、推动乡村旅游经济转型升级、改善贫困地区的民生问题，需要放宽乡村旅游市场准入，但是，并非无限放宽、毫无约束的放宽，必须要遵循一定的原则。

（一）坚定自信

扶贫先扶志。长期以来，贫困地区经济发展方式单一且粗放，不仅经济社会发展水平落后，同时，自然生态环境也比较落后，与发达地区存在很大的差距，因而导致不少贫困地区的干部、群众对脱贫致富缺乏足够的自信。放宽市场准入，首先要坚定自信，要对当地经济社会的未来发展充满信心，当地干部要通过会议、座谈等形式对村民进行思想教育与鼓励，培育村民"人穷志不穷，穷则思变、穷则思勤"的奋斗精神和脱贫的勇气和决心。

（二）把握底线

乡村旅游市场准入的放宽，不是无限制的放宽，为了保证乡村旅游发展的质量、切实维护广大群众的切身利益，必须要把握一定的底线。要对乡村旅游经营者的信誉、社会责任行为等进行严格把控。要根据国家发展改革委 2018 年 6 月发布的《关于对旅游领域严重失信相关责任主体实施联合惩戒的合作备忘录》的精神，限制或禁止侵害旅游者合法权益、发生重大安全事故、破坏旅游目的地文物古迹、旅游经营者及其从业人员在旅游领域发生严重失信行为的当事人的市场准入、行政许可；对已经进入乡村旅游市场但出现失信行为的当事人应加强日常监管，限制其融资、享受优惠政策与评优表彰等。

（三）扩大开发与加强监督相结合

要制定较为灵活又不失约束的市场准入政策，吸引更多的社会资本投资乡村旅游项目，为乡村带来人气，刺激消费，促进乡村经济社会全面发展。但在扩大开放的同时，必须要加强监督，综合运用依法监管、行政监管、市场监管以及旅游消费者监督等多种手段，规范乡村旅游市场秩序，从而才能促进乡村旅游的健康持续发展。

二、制定完善的市场准入标准

国务院办公厅印发的《完善促进消费体制机制实施方案（2018—2020 年）》

中已经明确要"进一步放宽服务消费领域市场准入",并对如何进一步放宽做出了部署。其中,与乡村旅游市场准入密切相关的主要有:制定出台自驾车、旅居车营地建设相关规范;出台实施进一步促进乡村旅游提质升级的政策措施;鼓励发展租赁式公寓、民宿客栈等旅游短租服务。贫困地区的自然生态环境良好,是现代都市居民前往休闲度假、避暑纳凉的好去处,因此,在发展乡村旅游的过程中,可结合本地的实际情况,制定有关乡村旅游营地、民宿客栈、养生养老示范园等新型旅游业态的市场准入政策,推动旅游新业态的发展,促进乡村旅游转型升级,从而进一步增加农民增收致富的渠道,助推乡村振兴。

(一) 乡村旅游营地建设标准

随着自驾车游的蓬勃发展以及城市居民对乡村深度体验游的需求持续旺盛,乡村旅游产品的差异化与个性化成为当前乡村旅游转型升级的重要内容。乡村旅游被诟病最多的主要是"玩"和"住"两大问题,而乡村旅游营地的建设刚好能够较好地解决这两个问题。发展自驾车、房车旅游是贫困地区经济社会发展、推动旅游扶贫的重要方式,地方政府要结合当地的实际情况,鼓励社会资本开发乡村旅游营地,并制定乡村旅游营地的建设标准或规范,以规范营地建设与经营行为,为自驾车游客提供高品质的旅游服务。乡村旅游营地建设标准的内容要全面、具体,应包括营地的选址要求、汽车营位、生活卫生设施、管理与服务设施、游乐设施、安保设施等方面的具体规定。

(二) 乡村民宿建设标准

近年来,乡村民宿市场非常火爆,其原因不仅仅在于民宿让城市居民回归田园,更重要的是民宿还承载着高工作和生活压力状态下城市居民的探索、乡愁以及"久在樊笼里,复得返自然"的精神需求。相关数据显示,2017年,我国民宿消费规模达200亿元,预计到2020年,我国乡村民宿消费将达363亿元,成为乡村经济的新增长点。2015年,莫干山民宿创造了3.5亿元的经济收入,被视为民宿经济崛起的标志;很多游客愿意"为一间房,赴一座城",乡村民宿的发展潜力巨大。因此,自然生态环境优美、旅游资源丰富、地方文化特色突出的贫困地区可以考虑大力发展乡村民宿产业,充分利用乡村地区闲置的农房、农家小院等,打造成乡村特色民宿,带动村民发家致富。乡村民宿的规模化、规范化、品质化发展,需要相应的建设、经营管理标准加以引导和监督,地方政府要结合本地的实际情况,制定一系列的政策标准。如海南省近年来加大对乡村民宿的管理与监督,并制定了《海南省乡村民宿管理办法》和《海南省促进乡村民宿发展实施方案》等相关政策，对民宿开办要求、开办流程、经营规范、监督管理等进行规范要求，新建乡村民宿须逢建必报，严禁变相发展房地产；对乡村民宿的服务质量进行等级评定与划分，将其划分为"金宿""银宿""铜宿"三个等级，并对民宿服务质量等级实行"动态管理、能升能降"的复核管理机制。

（三）养生养老示范园建设标准

当前，我国人口老龄化趋势越来越明显，同时，老百姓的健康需求也越来越旺盛，康养旅游产品的市场潜力巨大，发展空间广阔。具有良好生态环境、茶叶、草药资源等丰富的贫困地区可以考虑依托现有的景区景点，打造养生养老示范园，以良好的自然生态环境、齐全的配套设施、优质的旅游服务为广大旅游者提供高品质的各种康养、保健与休闲服务。为确保养生养老旅游市场的规范化发展，地方政府要在国家相关政策的指导下，结合当地实际制定相应的标准与规范，对示范园的建设申报、建设过程、工程验收等环节进行明确规定并加强过程管理；同时，对示范园内的养老公寓、养生会所、康复疗养中心、休闲娱乐活动中心等的建设及其日常经营做出具体、严格的规定，使其做到依法经营、诚信经营。

第二节 资金政策

资金是乡村旅游扶贫的重要保障。近年来，为了促进乡村振兴，中央及其相关部委制定了一系列相应的资金扶持政策，这些资金在乡村旅游扶贫方面发挥了一定的作用，但在其使用与管理的过程中也存在一些问题亟待解决。同时，贫困地区经济社会发展落后，中央给予的资金扶持毕竟是有限的，因此，为了保证乡村旅游扶贫的各项目的顺利推进，地方政府要在国家出台的产业扶持政策框架指导下，结合本地的实际以及旅游发展外部环境，因地制宜地制定、调整、创新地方乡村旅游扶贫财政配套专项资金政策；同时，要通过各种途径全方面调动社会力量积极参与乡村旅游扶贫，从而助推乡村经济社会快速发展，实现村民脱贫致富、乡村振兴。

一、乡村旅游扶贫资金政策存在的主要问题

从总体上看,目前我国乡村旅游扶贫资金政策主要存在以下三个方面的问题[①]:

一是"重分配、轻管理"的现象比较突出。从资金有效使用的角度来看,乡村旅游扶贫资金在使用之前,地方政府应组织相关工作人员深入贫困乡村,对乡村旅游开发的具体情况进行深入的考察,明确资金使用的轻重缓急情况,准确掌握乡村旅游发展的薄弱环节,从而才能实现物尽其用,恰到好处。但是,目前很多地方政府往往缺乏深入的调研,对相关专项资金只重视分配到村,对资金具体使用在哪些方面的建设未能做出准确的规划;同时,对资金后期的管理也不到位,导致部分资金使用不合理,甚至出现资金挪用、滥用等现象,造成大量资金浪费,项目建设成效低。

二是项目申报审核工作缺失。申报材料是项目资助的重要依据。一些资金主管部门对各地报上来的项目建设申报书审核不够严格,存在靠关系获取项目资助,甚至是恶意套取资金的风险。

三是政策宣传不足影响了政策的实际效果。一些地方的资金主管部门对旅游扶贫资金的政策宣传不到位,宣传方式与渠道都比较单一,很多村民对政策了解不透彻,不熟悉利用资金扶持政策参与旅游开发的优势、需要承担的风险等,因而对旅游扶贫项目的申报不积极、不主动,导致项目申报数量以及实际资助数量与当地乡村旅游发展的需要还存在较大的差距。

二、完善乡村旅游扶贫资金政策的措施

(一)转变政府职能,认真做好扶贫资金的各项服务工作

地方政府要积极转变职能,建设勤政为民、克己奉公的行政文化,努力打造服务型政府,认真做好扶贫资金的各项服务工作。相关政府工作人员要树立强烈的责任心,定期深入乡村地区,全面考察当地的旅游发展条件,明确资金支持的项目及其轻重缓急的程度,以提高资金的使用效率。同时,每一个贫困

---

① 杨熙. 深圳市南山区产业扶持专项资金政策研究[D]. 深圳:深圳大学,2017.

村可以考虑出台详细的旅游发展财政资金管理办法，对资金的设立、变更、资金审核与拨付、项目申报、项目管理、绩效评价等方面的内容进行明确的规定，并严格执行。对于项目评审、绩效评估、后续管理等专业性强而又复杂的工作，地方政府也可以考虑由市场上的专业机构代为执行，但需要明确双方的权利与义务，以免产生纠纷，阻碍旅游项目的持续开展。

（二）加强项目审核管理

旅游发展的财政扶持资金必须要科学合理地利用，避免滥用、挪用、套用等现象，做到真扶贫、扶真贫。而要避免这些现象的产生，地方政府必须要加强项目审核管理工作。首先，在项目申报未正式启动之前，资金管理部门应深入贫困地区开展调研，了解当地乡村旅游项目开发的可行性、必要性，动员有能力申报的村民提前做准备，并对村民进行项目申报的指导工作。其次，在项目审核过程中，工作人员要仔细核查项目申报所需的各种必要材料，并确保所提交资料的真实性、完整性和规范性，材料不完整的责令申报方补齐。最后，项目的审核与立项要坚持层层把关的原则，避免滋生各种腐败现象；项目后期的管理要有明确的管理规范、考核标准，以确保资金使用的效果。

（三）加大资金扶持政策的宣传力度

政府相关部门要不断创新资金扶持政策的宣传方式，通过微博、微信、APP应用等互联网与智能平台加大对资金政策的宣传力度，提高资金政策宣传的效果；同时，要定期派出工作人员经常性地深入贫困地区开展政策宣传活动，现场解答村民的各种疑问，使更多的村民了解旅游扶贫资金政策，破除信息壁垒，使有能力的村民能够积极主动地申请旅游资助项目，进一步增强资金资助的受益人数与覆盖范围，真正实现真扶贫、扶真贫。

（四）推动区域产业政策联动，提高资金的使用效益

地方政府要树立区域联动发展的意识，积极与周边地区的相关资金管理部门就资金设立、项目审核与管理、政策宣传等方面开展交流与考察活动；在条件允许、时机成熟的情况下，辖区内的贫困乡村可以尝试开展旅游项目资金投入合作，发挥各地优势，弥补自身的不足，形成合力，共同推动乡村旅游的可持续发展，实现共同富裕。

三、乡村旅游扶贫中社会资金的投入

旅游扶贫的本质是产业扶贫，离不开大量资金的投入与支持。除了上述提

到的财政配套资金之外,地方政府还应制定相应的资金政策,吸引和引导企业资本、社会组织资本和个人资本等社会资本的加盟,投入乡村旅游的开发中,积极探索"资源变资产、资金变股金、农民变股东"三变模式,形成社会资本的良性循环结构。在引导社会资本的过程中,要做好如下几方面的工作:首先,做好调查摸底工作,了解村湾环境资源、空房现状、农户合作意愿等;其次,要完善硬环境,推进村湾道路、安全饮水、环境卫生等生产生活基础设施改善;再次,优化投资软环境,包括提供周到服务,积极帮助流转土地、协调矛盾、办理手续、申报项目、兑现政策等;最后,营造良好的舆论环境,做好宣传推介工作。

(一)企业资本

鼓励和引导企业以独立投资或者合作投资的方式,参与乡村旅游开发。一是独立投资,即企业自主独立投资某一旅游项目,包括开发大型旅游项目和培育"小而精、精而美"的旅游产品。二是合作投资,即多家企业通过参股合作、合作社联营等形式抱团投资合作,做大、做强乡村旅游项目。此外,地方政府还可以联合当地资金实力雄厚、社会形象良好的大型企业成立乡村扶贫产业发展基金,并优先投资当地的精准扶贫产业项目,如文化旅游、健康养老产业等,推动贫困地区的产业融合,改善贫困地区的基础设施条件,为当地村民提供更多的增收机会,促进村民脱贫致富。

(二)社会组织资本

2017年12月初,民政部发布了《国务院扶贫开发领导小组关于广泛引导和动员社会组织参与脱贫攻坚的通知》,地方政府部门应制定相应的鼓励政策,吸引更多的社会组织参与贫困地区的产业扶贫、教育扶贫、健康扶贫等重点领域,与政府、企业扶贫形成优势互补。具体地,如通过美丽乡村建设,鼓励社会组织资本参与交通、生态保护、村容村貌改造等社会公益项目的建设和运营,带动农民、村集体和社会及个人捐赠等资金共同投入。通过全域旅游建设,创建全域旅游示范村,支持社会组织资本围绕食、住、行、游、购、娱,进行乡村旅游项目的开发与运营,以及开展乡村旅游服务技能公益培训等,提升村民参与乡村旅游开发的能力。

(三)个人资本

实施"市民下乡工程",以乡村旅游项目为亮点,吸引市民下乡租赁村内空闲农房,开展休闲农业,盘活农村闲置资源,增加村民财产性收入。实施"能人回乡"工程,吸引乡贤、创业能手、企业家等群体回村投资,开展土地股份合作，成立乡村旅游专业合作社或乡村旅游产业发展公司，促进乡村旅游的规模经营。近年来，武汉市为了引导社会力量投入新农村建设、助推乡村脱贫致富，不断创新扶贫新路径，相继出台市民下乡"黄金20条"、市民下乡助脱贫攻坚十大新政等，鼓励能人、企业家、知识分子、城镇居民等四类人下乡。相关政策中规定，个人利用贫困户空闲农房养老，签下10年以上租约的，可获万元奖补，租用贫困村空闲农房，符合政策的，奖补从原来的8万元提高到20万元。①

第三节　环境保护政策

自然生态环境是农民赖以生产和生活的基础条件。在乡村旅游扶贫过程中，必须要高度重视环境保护，不能为了一时的经济利益而牺牲生态环境。为了更好地协调乡村旅游扶贫与生态环境保护的关系，必须要制定与乡村旅游扶贫协同发展的环境保护政策。

一、国外乡村环境保护政策的经验借鉴

与国内相比较，国外关于环境保护政策的制定与实施经验比国内要丰富一些，而且许多做法值得国内借鉴。英国是世界上工业化发展最早的国家，在工业化发展的过程中不断探索环境保护的政策与措施，环境保护政策相对来讲比较成熟。同时，英国也是最早追求城乡协调发展的国家，其乡村环境是全世界的典范，而良好的乡村环境的保持与其相应的保护政策密不可分。以下，重点分析英国乡村环境的保护政策。

总体上来看，英国的环境保护政策主要由法律、相关规定和执行规范三个部分组成。政策法规制定的指导思想随着经济社会发展的变化而发生变化，19世纪主要以治理为指导思想，20世纪70年代之后则以预防为指导思想，体现了英国环境保护工作的逐渐完善。同时，英国的环境保护政策涉及的具体内容比

---

① 武汉引导社会力量投入新农村建设 "市民下乡"？出扶贫新路径［EB/OL］. http：//finance.jrj.com.cn/2017/07/06080722704630.shtml.

较广泛，涵盖了水资源利用、能源、气候变化、空气质量、土地、废物及再利用、化学品、噪声、消费者产品等各方面的具体政策。此外，英国的环境保护政策具有重视环境保护教育、非政府组织的参与、经济手段的采用、注重保障公民的环境信息知情权等四个方面的显著特征，政策的实施由英国环境署进行统一管理，违反相关政策必遭严格的处罚，如被处以无限度的罚款、最高两年的有期徒刑和相应的民事赔偿；重视可持续发展，1994年就出台可持续发展战略，1999年、2005年分别出台第二、第三份可持续发展战略，2007年颁布新的可持续发展标准。[1]

在乡村环境保护方面，英国制定了科学、合理而又严格的保护政策。1949年，英国议会通过了《国家公园与乡村进入法》，在历史上第一次将乡村的可持续发展纳入法律，为乡村的发展带来了除农业和林业之外的"第三种力量"。《国家公园与乡村进入法》规定了国家公园、自然保护区和乡村进入权三种乡村环境保护与管理的政策：国家公园强调其规划必须兼顾生态环境保护和居民生活生产的需求，土地性质变更和开发行为受到严格的控制；自然保护区由自然保护理事会担任其公共管理机构，强调对乡村地区自然环境的保护，对不实行耕作、农药使用、农业排水等破坏环境的行为给予符合财政标准的补贴；给予社会民众进入乡村的权利，并开放一系列进入乡村的步道网络，并对步道的管理进行了明确的规定。[2] 此外，英国对农业环境的保护政策方面也具有自身的特色，主要是通过以生态补偿形式为主的项目来进行，促使农民选择最佳耕种模式以达到环境保护的目的，各项目补贴的标准来源十分科学，并且积极开展针对农民的宣传教育。[3]

二、乡村旅游扶贫的环境保护政策

"三农问题"是我国全面建成小康社会的难点与重点，脱贫攻坚、污染防治成为我国决胜全面建成小康社会的两大攻坚战。乡村振兴要保证环境保护和农民致富并驾齐驱。在乡村旅游扶贫的过程中，一定要高度重视环境保护，并制定科学、合理、有效的政策。

---

[1] 徐芳芳. 英国环境保护政策问题研究 [J]. 环境保护与循环经济，2015，35（11）：17-20.
[2] 韦悦爽. 英国乡村环境保护政策及其对中国的启示 [J]. 小城镇建设，2018（1）：94-99.
[3] 赖欣，孙桂凤，刘江，等. 英国农业环境保护政策、措施及其启示 [J]. 农业环境与发展，2012，29（2）：16-19.

乡村环境保护规划是一种政策手段，其具有预防与宏观指导的重要功能。县级以上环境主管部门应结合本地区乡村旅游发展的实际，制订本地区的环境保护规划。环境保护规划政策的目标旨在解决本地的环境问题，同时又防患于未然，为今后的环境保护提供稳定和具有权威的行动指南。如广东省在2017年制定了《广东省环境保护厅关于农村环境保护"十三五"的规划》，从推进农村环境综合整治、保障农村饮用水源安全、加快农村污水处理设施建设、加强农村生活垃圾收运处理、推进畜禽养殖污染治理、防治农村地区工业污染、强化农村环保能力建设等七个方面明确了今后的主要任务；并从强化制度保障、创新投资渠道、鼓励公众参与、落实评估考核等四个方面提出具体的保障措施。上述主要任务是当前农村地区环境问题迫切需要解决的重大问题，保障措施具有一定的针对性与创新性，易于落实。

目前，乡村旅游发展为乡村地区带来的环境问题主要是垃圾问题、资源过度开发、环境承载力问题。为此，国家相关部委如文化和旅游部、生态环境部等要联合制定专门针对乡村旅游的环境保护政策；地方政府相关部门要结合当地乡村旅游发展的实际情况，根据国家制定的相关环境法规如《中华人民共和国环境保护法》等有关法律、行政法规以及相关部委制定的环境保护政策，具体制定本地的环境保护条例。乡村环境的保护条例要以保护和改善乡村环境、推进宜居乡村建设、倡导文明健康的生产生活方式以及促进经济社会可持续发展为出发点，分类别，逐条进行说明，明确职责与分工。同时，乡村环境保护条例的内容应具体涉及家园清洁、田园清洁、水源清洁以及游客环境行为管理、环境保护的监督与管理以及应承担的法律责任等与乡村旅游的可持续发展密切相关的内容。此外，地方政府要定期组织当地的旅游企业、农家乐经营、农户、乡村创客等学习环境保护条例，使其熟悉其中的内容，明确自身的环境责任，从而在日常的生产与生活中自觉保护环境，监督不良的环境行为，促进美丽乡村建设。

第四节　人才政策

乡村振兴，人才是基石，人才是关键。习近平总书记指出："要推动乡村人才振兴，把人力资本开发放在首要位置，强化乡村振兴人才支撑，加快培育新型农业经营主体，让愿意留在乡村、建设家乡的人留得安心，让愿意上山下乡、回报乡村的人更有信心，激励各类人才在农村广阔天地大施所能、大展才华、大显身手，打造一支强大的乡村振兴人才队伍，在乡村形成人才、土地、资金、产业汇聚的良性循环。"① 乡村旅游扶贫，人才是重要的制约因素。人才是旅游市场的第一要素，我国许多贫困地区拥有丰富的自然旅游资源，乡土文化独具特色，但是，乡村旅游一直发展不起来或成效不明显，主要原因就是人才的匮乏，尤其是旅游策划、经营和文化创意人才，以及缺乏能够带领老百姓通过旅游精准扶贫实现脱贫致富的好的带头人。因此，贫困地区的人才匮乏，直接影响到乡村旅游产品的开发、旅游服务质量以及游客的满意度等。为推动乡村旅游的健康持续发展，更好地发挥旅游的带动作用，实现农业强、农村美、农民富，政府相关部门必须要制定相关的人才政策，让愿意上山下乡、回报乡村的人在农村地区施展自己的才华，构建系统的人才培养体系，培养更多的新型职业农民。具体地，相关政府部门要从培养、引进、评价、激励、保障五个方面制定与乡村旅游扶贫协同发展的人才政策。

一、人才培养政策

乡村旅游人才的培养政策，主要着力点在于对从业人员、当地农村的培养政策，尤其是培养新型职业农民的政策。目前，乡村地区的旅游景区景点的从业人员多数为当地的村民。由于很多村民的文化知识水平比较低，同时又缺乏专业的服务知识与技能，因此，影响到整个景区景点的服务质量以及游客的满意度。对乡村旅游从业人员的培训刻不容缓，需要制定相应的培训政策。旅游企业可以将从业人员每月参与专业技能培训的次数以及考核成绩作为绩效工资考核的重要依据，以激发从业人员参与培训的积极性与主动性；同时，旅游企业应该制定员工职业培训补贴政策，对主动参加各级政府组织的各类职业培训给予一定的补贴。

政府相关部门要围绕旅游产业以及与旅游产业相关的产业领域制定培养新型职业农民的激励政策，为乡村旅游的发展培养更多的本土人才。关于新型职

---

① 习近平讲述如何为乡村振兴提供人才保障 [EB/OL]. https://news.youth.cn/sz/201806/t20180618_11646372.htm.

业农民的培养政策,全国各地都在探索中,也取得了一定成效。重庆市铜梁区培养新型职业农民的政策及其具体措施值得学习与借鉴,具体如下:(1)举办新型职业农民培训班。初中以上文化、年龄不超过 60 周岁的户籍在重庆市的种植养殖大户、家庭农场、农民合作社、农企的骨干人员,返乡农民工,退伍军人,涉农创业者等均可自愿报名;培训期 15 天,免收报名费、培训费、食宿费、教材资料费等;培训课程由三大模块组成,分别是理论课(包括党的十九大精神、国家方针政策、涉农法律法规、食品安全等理论),特色课程(团队合作、绿色发展、信息化应用、农业科技和创新、品牌创建、市场营销等),专业技能培训(优质粮油、蔬果、水产、畜禽生产经营、休闲农业与乡村旅游等)。(2)培训结业可以享受多项优惠政策。培训考试合格者可以获得新型职业农民培训结业证书,凭证书可享受国家在农村土地流转、土地整治、小型水利、基地道路、小额贷款、农业保险、农村社保、农业项目、农业试验示范推广、结对帮扶、名优农产品认定和农产品销售服务等方面的扶持政策;优秀的新型职业农民,还可以获得每年 2000 元以上的生产经营扶持资金。[①]

二、人才引进政策

结合本地乡村旅游产业发展的需要,以留得住人才为关键点,制定各项人才引进政策。首先,要结合乡村旅游发展的实际需求,有针对性地引进旅游策划、经营、电商和文化创意、智慧旅游等方面的急需人才。其次是要不断创新人才引进的方式,大力实施"柔性人才"引进政策,如针对某个大型旅游项目,可在国内知名高校或旅游研究机构、旅游规划公司等招募相关专家与学者,采用"合同制"的方式开展短期的项目合作,不仅能够使旅游项目顺利开展,还能够加强人才的交流与合作。同时,要通过人才流动实现人才的"短期引进",具体来说,对于基层干部、科技人员、乡村教师等人才,可探索其在旅游行业的挂职交流、定向培养、挂包服务等方式,促进人才流动。此外,关于优秀人才的引进,除了要制定各类资金保障、生活服务、子女入学、配偶工作安排等优惠政策以吸引人才之外,还要为人才创造良好的工作环境,使其能充分发挥聪明才智,更好地服务于乡村旅游的发展,助推乡村振兴。

---

① 王亚同,赵武强. 铜梁免费培训 600 名新型职业农民[N]. 重庆日报,2017-11-01.

三、人才评价政策

人才评价政策对乡村旅游人才的工作具有引领和导向作用。合理的考核评价制度有利于提高各类旅游人才工作的积极性与主动性，同时，也能够留住这些人才，从而为乡村旅游的发展提供源源不断的智力支持。相关部门要针对不同的人才类型制定相应的评价办法，针对在景区景点从事旅游服务工作的当地村民，其评价标准应侧重在职业道德、服务技能、游客投诉情况等方面的内容；针对从外部引进的各类高层次人才，其评价标准应侧重在职业道德、创新能力、经营业绩、团队合作等方面的内容。同时，各类人才的评价结果要与其续聘、晋升、职称、工资等直接挂钩。

四、人才激励政策

对各类旅游人才采取物质激励与精神激励相结合的激励方式。加大物质激励力度，制定灵活、具有弹性的工资制度；同时，制定合理的收益分配制度，对当地的从业人员，可以采取现金奖励、入股等形式，对于引进的各类优秀人才可以采取一次性现金奖励、住房补贴或入股等形式，对已退休的返乡创业的高知分子给予养老金和医疗费用补贴、收入纳税减免等优惠政策。同时，要采取多样化的精神激励方式，以情留人，分担各类人才在农村发展的各种后顾之忧。如对各类优秀人才授予荣誉称号、宣传表彰等，提高其知名度与美誉度；定期开展多样化的集体活动，如员工生日会、新年晚会、集体出游等活动，从而提高人才的团队意识，增强团队凝聚力。对优秀的青年创客提供多样化的创业指导与学习，让其子女入学享有优先选择权等。

第五节　利益分配政策

乡村旅游作为精准扶贫的重要方式，在促进农村产业结构调整、增加农民经济收入以及推动乡村振兴等方面发挥了重要作用。乡村旅游的发展必须要处理好利益相关者之间的利益关系，地方政府需要制定科学、合理的利益分配政策，确保利益相关者尤其是处于弱势地位的当地农民真正地从旅游发展中获得公平的利益。利益分配政策的制定，既要考虑直接利益的分配，确保直接参与旅游开发的利益相关者的利益，又要考虑间接利益的分配，使不能直接参与旅游开发的村民共享旅游发展成果。

一、乡村旅游扶贫中的利益相关者及其利益诉求

乡村旅游扶贫中，涉及利益分配问题的主要相关者是地方政府、旅游企业和当地居民。不同的利益相关者，其利益诉求点不同。

（一）当地农民

当地农民是乡村旅游扶贫中最重要的利益相关者。乡村旅游扶贫的出发点是拓宽农民增收渠道，促进经济收入提高，改善乡村人居环境，从而不断提高农民的获得感、幸福感和安全感。当然，居民的利益诉求是多方面，主要体现在：一是希望从旅游发展中获得经济收入，不断改善生活；二是希望拥有参与旅游决策以及旅游经营管理活动的监督权；三是对改善居住环境的诉求，当地农民也希望通过乡村旅游的发展不断改善当地的环境，提高当地的宜居水平。

（二）地方政府

地方政府是乡村旅游扶贫的规划者与组织者，整合乡村各类资源，对外招商引资促发展；同时，旅游主管部门还具体对旅游企业以及其他乡村旅游者、从业人员的行为进行管理与监督，以及协调乡村旅游发展过程中的矛盾与冲突等。在乡村旅游扶贫过程中，地方政府及其相关部门，希望通过乡村旅游的发展促进地方产业结构的调整，解决当地农村剩余劳动力，助推农民脱贫致富，保护生态环境，促进乡村文化的传承与发展。由此可见，地方政府在乡村旅游扶贫中的利益诉求具有综合性的特征，集政治、经济、文化、生态于一体。

（三）旅游企业

旅游企业是乡村旅游的重要参与者，是对当地旅游资源进行规划、开发以及乡村旅游进行经营与管理的大型旅游公司或乡村创客在乡村地区的各类旅游企业，如农家乐、特色餐馆、文创商店等。这些旅游企业通过建设与完善当地的旅游基础配套设施、开发旅游资源、打造一系列旅游产品等，最大限度地获

取旅游经济效益,并提高旅游企业的知名度与美誉度。

二、乡村旅游扶贫利益的直接分配

　　乡村旅游的发展能够为贫困地区聚集人流、物流、信息流以及资金流,乡村旅游扶贫是有效精准扶贫的重要方式,地方政府部门必须要制定本地区详细的乡村旅游扶贫利益分配实施方案,才能更好地发挥乡村旅游在精准扶贫中的积极作用。乡村旅游扶贫中利益的直接分配,要维护村民的股权收益和参与旅游的直接收益。要因地制宜,所制定的政策或方案一定要内容清晰、考核标准科学、责权利统一,并起到一定的监督与约束作用,切实保障利益相关者的合法权益,尤其是处于弱势地位的当地村民的合作权益,使其真正地吃上"旅游饭",通过旅游发家致富。利益分配要坚持"政府引导、社会参与,以农为本、自主自愿,规范管理、科学分配,市场导向、产业运作"的原则,坚持以农民作为受益主体,把村民利益放在最重要位置。如 2014 年海南保亭槟榔谷景区惠农街的 52 个商铺交由甘什上、下村签约农户经营;2016 年改建后,商铺数量增加至 80 余个,由农民现场抽签并签订合同,景区免除村民的租金,由农民自主经营提高经济收入;在景区的带动下,村民通过土地红利、固定工资、经营收益等实现了收入的大幅增长。①

三、乡村旅游扶贫利益的间接分配

　　要建立乡村旅游扶贫间接利益分配机制,即利益调节机制,从全村的旅游收益中划拨出一部分作为资助资金,对不能直接从旅游发展中直接受益但是为当地的自然景观、文化景观、环境保护等方面做出贡献的村民进行合理的补偿,对直接参与旅游发展但是受益较少的建档立卡贫困户进行补助,保障全体村民都能从乡村旅游的发展中受益,从而体现利益分配的合理性、共享性,凸显当地村民的主体地位。西江千户苗寨是全世界最大的苗寨,位于贵州省黔东南苗族侗族自治州雷山县境内,有 1400 多户、6000 多人,原本贫穷落后、文化保护乏力的传统村落在 2008 年旅游开发之后发生翻天覆地的变化,2017 年西江千户

---

① 易建阳. 保亭全面推进旅游精准扶贫工作　让村民共享旅游发展成果 [N]. 海南日报,2018 - 12 - 20.

苗寨村民人均收入达22100元，是2007年的13倍，旅游接待人数和旅游综合收入，从2008年的78万人次和1亿元，猛增到2017年的606万人次和49.91亿元，分别增长了7倍和49倍[1]；不仅提高了当地村民的生活质量，同时，也促进了民族传统文化的保护与传承，增强了民族传统文化自信，成为我国旅游扶贫的成功典范。在旅游发展过程中，管理者坚持"人人有份，户户受益"的原则，制定西江千户苗寨民族文化保护补偿办法和评级奖励制度，将景区门票收入的8%作为民族文化保护经费；文化保护费的发放以户为单位，受益多少取决于吊脚楼保护的程度和家庭人口数，吊脚楼越古老，保护越好，家里人口越多，拿到的保护经费就越多。

---

[1] 温庆. 西江模式十年跨越：民族文化旅游脱贫致富的典范［EB/OL］. http：//world. people. com. cn/n1/2018/0620/c351610－30069539. html.

第十章　高质量发展背景下乡村旅游扶贫的区域实践

本章主要结合作者多年来的乡村旅游规划实践，按照我国经济高质量发展的要求，根据现代旅游业发展的特征，以湖北省部分县市区的乡村旅游扶贫为案例，探索乡村旅游扶贫的总体思路与形象策划、空间组织与功能分区、具体路径等重要内容，总结乡村旅游扶贫实践经验，以便为其他地区的乡村旅游扶贫提供一定的经验借鉴。

第一节　湖北省大悟县柏园村乡村旅游扶贫实践

一、柏园村基础情况分析

（一）村情概况

1. 自然条件。

（1）地理位置。柏园村位于三里城镇西北方向，东部靠近京港澳高速，东南部紧挨大界线，西部靠近石武铁路、京深线，地理位置优越；以柏园村为中心，半径10千米范围内覆盖多个知名景点，北部紧挨河南省信阳市4A级景区灵山风景名胜区，西部距离4A级景区鸡公山景区大约10千米，此外，距离当地知名度较高的景区如黄龙寺、滴水岩等距离较近，具有极大的地缘优势。

（2）气候条件。柏园村位于北亚热带季风气候区，四季分明，冬季受西北冷气团的影响，夏季受东南、西南季风控制，形成冬冷、夏热、冬干、夏湿的气候特征；年平均气温在15.4℃左右，降水量在1049—1170毫米之间，雨量充沛，光照充足，无霜期较长，水、光、热资源丰富。

2. 社会经济条件。

（1）产业结构。柏园村的产业结构与一般乡村产业结构相似，由种植业、养殖业、旅游业三大板块构成，以"基地＋专业合作社＋农户"的扶贫模式为基础，依靠丰富的山场资源，形成特色种植业，大力发展茶叶产业，现有茶叶基地和油茶基地，种植业占产业结构的90％。在村委的引导下，村民发展渔产业250亩，并自发养猪、牛、羊，养殖业占收入结构的7％。在旅游扶贫和乡村旅游的浪潮下，柏园村吸引周边城市居民休闲度假，拉动相关餐饮和零售业的发展，旅游业占收入结构的3％。

（2）茶叶经济效益。2004年以前，柏园村人均纯收入只有1300元，村集体负债50多万元，山大坡陡，交通不便，是个远近闻名的贫困村。在镇党委、政府的领导下，经过十多年的努力，目前，柏园村全村90％以上的农户都种茶，不少农户靠种茶脱贫奔小康，在集镇盖了楼房，买了小车。2014年，柏园已有60％的茶叶进入采摘期，当年茶叶销售收入5000多万元，据统计，2014年，全村人均纯收入达到了10000元，村集体经济年收入达16万元。2017年，全村总收入2800万元，人均可支配收入10600元，其中，年种茶收入5000元以上的农户超过100户。此外，柏园村积极招商引资，引进了16位客商投资近4000万元。这些公司常年吸纳当地固定工和季节工1500人以上，仅劳务收入近500万元，共开发茶叶面积近万亩，使柏园村成为全县名副其实的茶叶专业村。

（二）贫困现状及成因

1. 贫困现状。柏园村全村人口总计337户、1156人，其中，拥有劳动能力的有726人。截至目前，全村共有贫困户40户、75人，其中，A类19户、20人，B类21户、55人，疾病和残疾是导致柏园村村民贫困的两大主要原因。A类贫困户都是没有子女和配偶的孤寡人群，B类贫困户大多因为家中劳动力有残疾或患病。

2. 致贫原因。由表10－1可知，柏园村由于疾病、残疾造成贫困的人数比较多，分别占33％和35％。柏园村贫困人口大多集中在老年人身上，由于老年人身体素质的下降和生理的自然老化，一旦患病就会给整个家庭带来沉重的经济负担，难以保障基本生活，需要社会保障制度的资助。然而，现阶段薄弱的农村保障制度很难保障老人的生活，同时，农村贫困家庭收入单一，大部分收入是传统农业收入，非农收入少，收入低，家庭成员多，上有老人下有小孩，老人由于身体素质差,经常犯病,高额的医药费加重了整个家庭的经济负担。

表 10-1　　　　　　　　柏园村致贫原因情况一览表

贫困原因	贫困人数（人）	贫困户数（户）	所在贫困人口比例（%）
因病	25	15	33
因残	26	18	35
因病、因残	17	5	23
因病、因灾	7	2	9

二、柏园村旅游发展条件分析

（一）区位条件

1. 地理区位。柏园村隶属湖北省孝感市大悟县三里镇。三里城镇位于鄂、豫两省边陲,湖北省孝感市大悟县北部,北与河南省信阳市、罗山县接壤,南与湖北省的广水市接壤,素有"脚踏两省,鸡鸣三县"之称。056 县道、057 县道、大界线三条交通线路穿镇而过,位于交通网格状的中心处,整体区域可进入性强。东、西方向靠近京港澳高速和 320 省道,西部方向靠近石武高铁、京广线和 107 国道,交通可进入性强。

2. 交通区位。柏园村交通发达,被京港澳高速、339 省道和石武高铁（石家庄—武汉）三条主干道环抱,位于三条交通线交汇处的中心腹地,三华线和 243 省道通向村内,交通通达性十分明显,西部靠近京广线和京深线,南部靠近 320 省道,交通可进入性强,距离信阳东站不足 35 千米,距离孝感北站（高铁站）不足 30 千米。因此,从总体上来看,柏园村的交通便捷,很适合发展乡村旅游。

（二）旅游发展条件

1. 旅游发展现状。柏园村依托当地优越的地质条件和气候条件,以茶叶特色培育茶文化,发展茶经济。具体而言,柏园村的旅游发展主要依托于以下三大资源类型：首先,是以柏园黄龙寺茶为特色招牌的茶文化资源；其次,是以九里关生态旅游度假区为主打的生态养生旅游资源；最后,是依托 250 亩水产养殖发展的渔业资源。

（1）茶文化资源。三里城镇地处丈别山南麓,非常适宜高山茶的生长,因毗邻河南信阳、罗山县，所产的茶叶与中国历史名茶"信阳毛尖"属同一茶系分布带，农户一直都有种茶、饮茶的习惯。1998年，客商严四毛率先承包黄龙寺200亩茶园，投入资金100多万元，所产生的柏园黄龙寺茶荣获"中茶杯""鄂茶杯"金奖、第九届国际名茶金奖和"绿色食品""绿色无公害食品""有机茶"等三项认证，茶品销往北京、沈阳、天津、上海、武汉等地，供不应求。

（2）生态养生资源。九里关旅游度假区位于柏园村东部，面积9平方千米，约13500亩，是湖北轻奢服务、平民消费的大型关隘文化度假区，是湖北大悟县"十三五"重点工程，县委、县政府2017年一号工程。以关隘文化为灵魂、湖山风光为骨架、生态建筑为形体，集文化体验、山水度假、乡村休闲、运动康体、生态养生等功能于一体，为游客呈现一个涵盖吃、住、行、游、购、娱的大型综合性旅游度假区。

（3）渔业资源。传统的种植只是在一亩田中种植水稻，经济效益有限，柏园村以稻鱼共生为创新，发展沟坑式稻田养鱼模式，使得一亩田能收到两亩田的收益。所谓沟坑式稻田养鱼，就是在稻田的进水口一端开挖一个流水坑，与田面交接处设小田埂，小田埂与田间设2—4个缺口，使坑内水与田内水相通。稻田养鱼对增强土地肥力、改善农田生态环境、提高稻谷产量具有很好的促进作用。

2. 旅游资源评价。从总体上来看，柏园村的旅游资源以茶文化资源最为有名。柏园村拥有土质肥沃、气候适宜等独特的自然条件，种茶历史悠久，早在20世纪七八十年代就已开发茶场，但因管理不善、投入不足等原因，大都荒弃。近年来在镇党委、政府的带领下，柏园村实行农业产业化招商，走兴茶富农之路，推出柏园黄龙寺茶叶品牌，获得"陆羽杯"金奖、"绿色食品"认证等多项官方认证和奖项。在"茶旅融合"的时代，柏园村依托茶叶发展旅游，发展潜力大。

（1）旅游资源价值评价。一是观赏价值。柏园村现有茶叶基地12000亩，占全村国土面积的58%，走进柏园村，漫山遍野的绿色茶树，使人眼前一亮，心旷神怡，是一道亮丽的风景线，具有极大的观赏价值。二是体验价值。茶叶的体验包含两个维度的价值。首先是茶叶生产自身的一整套流程，可让游客参与进去，提高体验感，另外，茶叶本身没有情感，但可以设法使之附上情感色彩，引起旅游者的遐想和共鸣。三是教育价值。茶文化不仅是休闲文化，同时也是礼仪文化、道德文化，茶文化涉及儒释道思想、古代哲学、伦理学等多种学科门类。了解与茶文化相关的内容，对于提升审美能力与文化修养有重要的教育意义。四是养生价值。茶叶不但具有药理作用，而且具有丰富的营养价值。经现代科学的分析和鉴定，茶叶中含有化学成分多达四百种、无机矿物质元素达四十多种，高度的营养价值完美地迎合当今城市居民的养生需求。

（2）旅游资源效益评价。柏园村的旅游发展定位为"华中第一茶村"，茶叶产业是当地发展旅游的主导项目，以茶旅融合为导向，在经济、社会和生态三方面具有明显的效益。一是经济效益。柏园村一直以来以茶叶种植和销售为主要产业，虽然销量广泛，但只是单一的茶叶销售收入模式。通过茶叶与旅游的结合，不断探索和挖掘茶文化的内涵和价值，有利于拓宽产业发展渠道，延长产业链，经济效益潜力可观。二是社会效益。茶文化是我国传统文化中重要的组成部分，其内容包括历史考古、医学保健、文化艺术、餐饮旅游等多个行业和学科。在悠久的发展历史中，茶文化与我国传统文化和传统美德的结合，具有修身养性、陶冶情操的社会功能，因此，挖掘茶文化以及茶事活动中的文化内涵对于培养优秀社会风气都具有重要的现实意义。三是生态效益。茶园或茶场属于农业生态系统类型，其本身具备维持平衡的能力，恰当的种植环境还有助于改良土壤结构，以及各种营养物质和水分的循环，生态效益显著。

3. 旅游市场分析。

（1）旅游市场现状分析。柏园村依托山场资源，大力发展茶叶产业，在镇党委、政府的支持下，充分利用亲情、友情四处招商，先后引进16位客商投资近4000万元，共开发茶叶面积一万多亩，使柏园村成为全县名副其实的茶叶专业村，从2006年到2010年四年时间里，柏园村黄龙寺打造出标准茶园，并创办品牌"柏园黄龙寺茶"，因此，茶叶占有柏园村旅游市场90%的份额。正在建设的九里关旅游度假区，以关隘文化为灵魂，主打生态养生，因此，当下柏园村来访游客大多是因茶而来，带动当地少数农家乐的发展。但由于柏园村地处乡村地区，基础设施不完善，相关服务体系不健全，所以，目的地的接待能力和旅游供给还有很大的提升空间。

（2）旅游客源市场定位。旅游市场的定位依托于目的地旅游资源的类型。柏园村凭借高山地势优势，拥有茶园基地12000亩，是名副其实的茶叶村，其品牌"柏园黄龙寺"分属"悟道茶"，获得了多项国家认证。通过对柏园村茶叶旅游资源的整合，结合九里关生态旅游度假区，将客源市场定位为观光旅游市场、场景化体验旅游市场和康养旅游市场三大板块。

根据柏园村现有资源情况和游客访问量，可将柏园村国内客源市场分为一、二、三级客源市场，具体分布如下：

一级客源市场即核心客源市场：华中地区（包括湖北、湖南、河南、江西）；华东地区（包括山东、江苏、安徽、浙江、福建、上海）。目前来看，以湖北、湖南两省下辖地级市的客流量最为可观，应把这两省列为当前重点开拓的国内旅游客源市场。

二级客源市场即基本客源市场：华南地区（包括广东、广西、海南）；华北地区（包括北京、天津、河北、山西、内蒙古）；西南地区（包括四川、云南、贵州、西藏、重庆）。其中，以北京、山西、广东、四川三省一市为核心层，是柏园村须进一步开拓的潜力巨大的客源市场，由于此区域包含着经济发展水平高的地区，游客的收入高、出游动机强、出游范围大，如果开发效果好，可以转为一级客源市场。

三级客源市场即机会市场：东北地区（包括辽宁、吉林、黑龙江）；西北地区（包括宁夏、新疆、青海、陕西、甘肃）。这个区域范围的游客比重小、流量少，短期内不宜开发，通过调查可以有选择地适度开发。

(三) 旅游扶贫潜力

柏园村山场面积广泛、土地肥沃、土质疏松、气候适中，适宜种植高山作物，除茶叶外，柏园村还种植板栗和油茶。油茶茶油色清味香，营养丰富，耐贮藏，是优质食用油，也可作为润滑油、防锈油用于工业。茶饼既是农药，又是肥料，可提高农田蓄水能力和防治稻田害虫。板栗全身是宝，可以加工制作栗干、栗粉、栗酱、栗浆、糕点、罐头等食品，具有极高的使用价值，素有"干果之王"的美誉，板栗栗木非常坚固耐久、防腐耐湿，是制造军工、车船、家具等的良好材料。茶叶、板栗和油茶三大种植作物所产生的经济效益支撑起柏园村90%的收入来源，因此，在现有基础上，将三大种植业与旅游相结合，具有很大的扶贫潜力。

三、柏园村乡村旅游扶贫思路与主题形象策划

(一) 柏园村乡村旅游扶贫的指导思想

把握湖北省全面推进"美丽乡村"建设的机遇，紧跟大悟县打造"旅游扶

贫创新示范县"的发展定位,以实现柏园村全面脱贫为目标,以"旅游+扶贫"发展战略为抓手,以市场需求为导向,依托该村拥有的茶叶种植基地、油茶种植等产业基础,培育生态旅游等新型业态,构筑以乡村旅游为引领,以茶田养生、生态农业为基础,以"千亩茶海、茶博物馆、茶田迷宫、茶田卡丁车"等项目为支撑的新型乡村旅游产业体系,打造"品茶悟道,养生柏园"旅游形象,将柏园村打造成为大悟县旅游扶贫示范基地、华中第一茶村。

(二)柏园村乡村旅游扶贫的定位

1. 总体定位。旨在通过旅游推动精准扶贫,发挥柏园村的区位优势,优化产业结构,突出旅游产业带动效应,释放农旅融合产业红利,满足柏园村人民对美好生活的需要,打赢扶贫攻坚战,共同建设产业兴旺、生态宜居、生活富裕的柏园村。

2. 目标定位。根据柏园村便利的区位条件、优良的自然环境、良好的旅游基础条件,柏园村乡村旅游扶贫的目标定位为:大悟县旅游扶贫示范基地、华中第一茶村。同时,根据这一目标定位,将其具体分为三个阶段,并制定了相应的发展目标(见表10-2)。通过旅游精准扶贫,在2020年前,柏园村实现全面脱贫,贫困户人均可支配收入达到15000元;到2023年贫困户人均可支配收入达到20000元;到2027年,人均可支配收入达到25000元。同时,充分发挥旅游产业带动效应,推进一三产业融合发展,改变以农业为主的产业结构,到2027年,以旅游为主的第三产业的比重超过70%。

表10-2　　　　　　　柏园村乡村旅游扶贫的阶段性目标

具体时间	目标类型	目标内容
2018—2020年	近期目标	完善建设"千亩茶海、三里茶寨、大别山茶博物馆、茶主题养生基地"等项目,加快一三产业融合,旅游产业带动效应初步显现;初步建成大悟县旅游扶贫示范基地
2021—2023年	中期目标	建设"茶田迷宫、茶田卡丁车"等项目,进一步完善基础设施、服务设施,提升旅游服务水平,改善人居环境,打造美丽宜居乡村;旅游产业带动效应进一步增强,成为该村支柱产业,打造华中第一茶村
2024—2027年	长期目标	延长旅游产业链,做强做大旅游产业,打造"品茶悟道,养生柏园"旅游形象

3. 产业定位。目前,柏园村的产业类型以农业为主,经济模式单一,经济

效益低下。旅游业作为高附加值的现代服务产业，不仅可以促进当地经济发展，还可以实现村民当地就业，达到旅游扶贫效果。因此，柏园村要通过"旅游＋扶贫"发展战略，实现一三产业融合，联动发展，构建以旅游产业为引领，以休闲度假、生态农业为基础的现代产业发展体系。

4. 功能定位。近年来，柏园村的旅游开发刚刚起步，茶叶种植基地、油茶种植基地初具规模，旅游资源零散开发，没有形成合力，核心竞争力不强，需要整合与深度挖掘。因此，根据自身的资源禀赋，结合未来旅游业的发展趋势，柏园村应采取"旅游＋扶贫"发展战略，并明确自身"茶田养生、休闲度假"的功能定位。

5. 产品定位。柏园村拥有茶叶种植基地、油茶种植基地等旅游项目，目前正在建设和完善中。但柏园村的旅游产业还缺少整体规划，不能形成完整的旅游产业体系，核心竞争力不强。因此，通过对柏园村旅游资源禀赋、开发条件、客源市场以及旅游业发展态势进行梳理，重构柏园村旅游产品，形成"茶田养生游、运动休闲游、文化体验游"三大产品体系（见表10－3）。

表10－3　　　　　　　　柏园村旅游产品体系

产品体系	重点项目	游客体验
茶田养生游	茶主题养生基地、茶主题酒店	感受茶乡环境，体验健康生活
运动休闲游	茶田迷宫、茶田卡丁车、亲子乐园	体验运动的快乐
文化体验游	大别山茶博物馆、茶壶乐园、茶坊街	感受博大精深的茶文化

（三）柏园村乡村旅游的主题形象策划

1. 主题形象策划。柏园村自然环境优美，建设有茶叶基地、油茶基地，具有旅游开发的基础条件和资源禀赋；同时，柏园村地处鄂、豫交界处，交通便利，距离高铁站孝感北站40千米，距离京港澳高速15千米。距离武汉市150千米，距离信阳市60千米，区位优势明显。因此，结合未来我国旅游业发展的趋势，该村的主题形象策划应以茶文化为主题，并定位为"品茶悟道，养生柏园"。

2. 宣传口号。在形象宣传口号上，可采用"醉美茶园，养生柏园""养生柏园，心灵归处"等口号，既体现柏园村的资源特色，同时，也能够体现产品的显著体验特征，激发广大旅游者的旅游动机，进而促进其消费。

四、柏园村乡村旅游的空间组织与功能分区

依据柏园村的区位条件、产业发展方向、整体布局需求等，按照茶旅融合的产业融合发展理念，通过休闲茶业统领全村产业经济发展，构建"一心三区"的发展格局。"一心"，即旅游集散中心；"三区"，即大别茶山旅游区、茶主题互动娱乐区、生态茶叶种植区。

(一)"一心"

根据柏园村的实际情况，以柏园村村委会为依托，作为整个柏园村旅游的集散中心，提供游客集散、餐饮、茶文化体验等服务项目。具体地，在旅游集散中心，重点建设游客接待中心、茶主题酒店、茶文化主题村。鼓励村委会周边村民开展茶家乐、民宿等经营活动，为游客提供旅游接待服务，给村民创业致富提供良好的机会，实现旅游扶贫目标。同时，利用美丽乡村建设等政策，将村委会周边的村湾进行改造，打造茶文化主题村。

1. 游客接待中心。对柏园村村委会进行改造，扩充功能，未来作为乡村游客的服务中心，游客可以在此实现买票、问询、购买茶叶等，并在游客中心周围建设停车场，将村委会打造成政务服务中心、游客集散中心、茶叶展示中心。

2. 茶主题酒店。在村湾会后面的茶园中，修建茶主题木屋度假酒店，游客居住的房间可以360度欣赏茶园，将成为重要的旅游体验。

3. 茶文化主题村。积极申请国家美丽乡村政策，将村委会附近的村庄进行改造，利用茶产业基础和茶园风光背景，以茶为主题，围绕茶文化、茶休闲、茶工艺等方面，打造一个主题鲜明、茶文化氛围浓厚的特色村庄。

(二)"三区"

1. 大别茶山旅游区。以三里茶叶生态公园为主，依托秀丽的茶园生态环境，以茶文化为主题，打造系列精品旅游项目，推动旅游业的快速发展，满足游客茶园观光、茶文化体验等旅游需求。同时，借助发展旅游带来的品牌效应和人气，推动茶产业链的延伸，构筑"产、加、销"一体的产业平台，提升茶产品附加值，最终实现"茶旅融合，双管齐下"的产业发展格局。大别茶山旅游区，要重点建设景区服务中心、茶山人家、千亩茶海、茶坊街、茶文化名人园、茶壶乐园、三里茶寨、大别山茶博馆、黄龙寺、茶主题养生基地、茶主题商品加工基地等旅游项目，满足游客观光、休闲、度假、养生等多样化的

旅游需求。

（1）景区服务中心。按照国家 4A 景区的要求配套建设，建筑面积约 3000 平方米，在设施与功能上，其室内空间主要功能为展览展示、导游服务、医疗服务、游客休息、游客购物、会议办公等，涵盖游客中心的基本功能。

（2）茶坊街。充分发挥村内的茶园种植优势，将一条村湾改造成茶坊街，村中开设各式茶馆，让游客既能品尝到大别名茶的清香，又能观看精彩的茶艺表演。

（3）茶文化名人园。在茶园中，修建陆羽、白居易、欧阳修、苏轼等中国历史中茶文化名人的雕塑，同时，将他们与茶叶相关的故事也展现出来，让游客了解我国的茶文化历史。

（4）茶壶乐园。以茶文化的核心符号茶壶为开发主题，以中华名壶为范本，设计出形态各异的茶壶雕塑，配以和谐、自然的水景观，打造成特色鲜明、品味高雅的茶壶主题乐园。

（5）三里茶寨。以大悟关隘文化为背景，在茶山之上修建一座茶寨，游客既可了解大悟深厚的关隘文化，又可参与丰富多彩的茶娱乐活动。

（6）茶山人家。借鉴西湖梅家坞茶文化村的成功经验，利用"企业＋村委会＋茶农"共同开发的方式，鼓励茶农发展茶家乐，形成特色鲜明、配套完善、可游、可赏、可体验的茶家乐集群，带动当地居民摆脱贫困，创业致富。

（7）大别茶山博物馆。充分发挥柏园村的茶产业优势，修建大别山地区第一个茶博馆，馆内通过实物、图片、3D 模拟等形式，介绍大别山地区的各种名茶，让游客了解到大别山千年的茶史。

（8）黄龙寺。历史上的黄龙寺鼎盛一时，香客云集，同时留下了有关陆羽的传说。复建黄龙寺，将"禅"与"茶"结合，打造一系列高端的禅茶主题项目。

（9）茶主题养生基地。充分利用茶园负氧离子高等条件，将茶文化与瑜伽、水疗、太极拳等养生项目结合起来，开发茶园 SPA、茶园太极拳等一系列特色养生项目。

（10）茶主题商品加工基地。在现有茶叶种植的基础上，开发茶食、茶烟、茶饮、茶服、茶酒等系列旅游商品，既能延长茶产业链条，还能给旅游区增强吸引力。

2. 茶主题互动娱乐区。以戴家湾为主，依托现有的茶园环境，设置茶田卡丁车、自行车、山坡滑道等娱乐体验项目，与大别茶山旅游区实现动静相宜、功能互补，增加游客的体验性、娱乐性感受。

3. 生态茶叶种植区。继续扩大茶叶种植面积，精心营造风光秀丽的茶园风光，提升茶叶品质，依靠大别茶山旅游区带来的客源和品牌效益，以大别茶山为统一的茶叶品牌，提升茶产品附加值，打造绿茶名品；同时，以持续不断的茶叶种植不断扩大茶文化旅游的知名度与美誉度。

五、柏园村乡村旅游扶贫的具体路径

结合柏园村的地理位置、资源特色以及乡村振兴的总体要求，在经济高质量发展的背景下，柏园村乡村旅游扶贫要实现预期的发展目标，促进当地产业兴旺、生态宜居、乡风文明、治理有效、生活富裕，需要采取有效的扶贫路径。

（一）加大资金投入力度

1. 争取各级财政资金配套。旅游扶贫开发离不开各级财政资金的配套。因此，柏园村要结合自身的条件与资源优势，积极向各级政府争取财政资金的扶持，从而进一步完善旅游基础设施，改善村容村貌，提高旅游吸引力，加快旅游业发展的步伐（见表10-4）。

表 10-4 各级财政资金配套一览表

资金性质	实施项目	项目建设内容
中央财政扶贫资金	整村推进项目	全村生态环境的治理、旅游基础设施和公共服务设施建设、住房条件的改善、垃圾与污水处理项目
	扶贫贷款贴息项目	对开发与经营茶叶种植与采摘体验等旅游项目、旅游商品制作与销售、乡村餐饮服务和农家乐的返乡农民工、贫困户等实行扶贫贷款贴息
	设施建设项目	全村道路的修建与完善、建筑的修葺与美化、垃圾回收站、污水处理厂等项目，旅游宣传网站的建设与维护，旅游集散中心环境的美化
湖北省财政扶贫资金	重点项目扶持	重点扶持大别茶山旅游区内的茶养生基地、茶博馆、茶名人

续表

资金性质	实施项目	项目建设内容
湖北省财政扶贫资金	四项扶贫基金	1. 教育扶贫救助基金：帮扶子女上学困难的贫困户；开展旅游教育与培训 2. 卫生扶贫救助基金：提高村民身体素质，解决村民因病、因残的致贫原因 3. 产业扶持基金：对有机茶叶种植、茶叶加工、茶文化旅游产业的扶持 4. 扶贫小额信贷：支持贫困户种植果蔬、饲养禽畜
武汉市财政扶贫资金	产业扶持	有机茶叶种植、茶叶加工、茶文化旅游
	景点、公共服务设施	重点景区接待条件的优化与完善，旅游集散中心的建设

2. 引导社会资本的投入。旅游扶贫目标的实现必须要有足够的资金作为保障。为此，柏园村要调动一切社会力量，引导企业资本、社会组织资本、个人资本参与旅游基础配套设施的完善、景区景点的开发、旅游项目的经营与管理、各类技能培训等，从而推动旅游业的不断发展，以旅游业的发展带动全村经济、社会和文化的繁荣发展，使村民走上小康之路。

（1）企业资本。鼓励企业资本投入乡村旅游扶贫具有多方面的优势，不仅能够为旅游扶贫工作投入资金，同时，在经营管理的过程中能引进先进的经营理念、营销推广模式、技术与设备等。企业资本投入的类型主要有直接开发、经营大别茶山旅游区、茶主题互动娱乐区、茶主题酒店等旅游项目；与政府合资共同建设旅游基础设施等。投入的方式也是多样化的，可以是企业全部出资，也可以由企业与政府、乡村能人、返乡农民工、乡村创客共同出资等。

（2）社会组织资本。目前，一些社会组织也在积极投入社会公益事业中，对乡村扶贫工作给予大力支持。为此，要充分利用一切社会资源，充分调动社会组织资本参与乡村旅游扶贫的积极性与主动性。第一，调动行业协会、商会的积极性与主动性，参与各类旅游项目的开发与经营，并利用各种社会关系加强对外宣传；对口帮扶贫困农户，给予贫困户旅游经营费用补贴、旅游服务培训费用与交通费用补贴等。第二，调动公益教育机构的积极性与主动性，开展教育扶贫，定期免费开展果蔬、茶叶种植与禽畜养殖技术、农村电商以及旅游服务技能培训。第三，调动农业科研机构、旅游协会等非营利机构的积极性与主动性，定期开展生态种养、农村电商、旅游服务知识与技能的培训，并对贫困户经营旅游项目给予一定的资金补助。

（3）个人资本。个人资本在乡村旅游发展中也起到非常重要的作用，当地政府相关管理部门要积极推动个人资本投入乡村旅游发展。一是内部个人资本：鼓励柏园村内的当地村民、务工返乡农民、大学毕业生、退伍军人等，以个人资本投入茶叶种植与采摘体验、茶文化旅游项目的开发与经营，或者是经营农家餐厅、旅游商品店等。二是外部个人资本：鼓励社会上有资金实力的爱心人士参与未脱贫农户的对口帮扶，直接给予旅游经营资金补助，资助贫困户参加各类旅游培训、子女入学以及看病就医；或是直接出资投资经营茶主题酒店、茶主题文化村以及其他旅游项目，并提供就业岗位。

（二）完善旅游基础配套设施

乡村旅游的发展离不开完善的旅游基础配套设施。柏园村要从交通基础设施、给排水与电力通信设施、旅游标识系统三个方面进行建设与完善。

1. 交通基础设施。目前，柏园村对外交通条件较为优越，但是，内部交通主要是乡村道路，湾内道路不成体系，且宽度过窄，行车不畅；道路两侧植物杂乱，乔灌草层次不够清晰，没有形成景观序列；缺乏游路，人行道须根据景点进行规划修建；缺乏停车场和交通标志等设施。因此，必须要进一步完善村内的交通基础设施。

（1）主干道。可在原有乡道的基础上进行修建和改造成为主干道，能够减少施工的成本和压力，尽可能减少对当地生态环境的破坏。道路双向通车，路面宽6米，水泥路面，并设置路灯和相关道路标志，沿途设置休憩设施。

（2）次干道、自行车道。在旅游集散中心周边及主要功能区、大别茶山旅游区和茶主题互动娱乐区修建次干道、自行车道，方便游客对旅游区的主要支撑景点进行游览。

（3）游步道。在大别茶山旅游区内部和生态茶叶种植区周边修建游步道，主要为游客的游览增添便利，能够让游客轻松地找到旅游区中的景点并进行休闲游览活动；游步道的设计要与周围的地形地貌相匹配，突出生态旅游理念，同时，景观和环境要相配合、协调。此外，在柏园村旅游集散中心建设1个大型的生态停车场，在大别茶山旅游区，可以根据旅游景点和项目分布情况建设小型分散停车场。

2. 给排水、电力通信设施。

（1）给排水设施。结合柏园村的实际情况，做好给排水工程的建设与维护。在处理生活污水方面，结合规划区内的住宿、餐饮建筑位置，对生活污水采用地埋式一体化污水处理,建立独立的污水净化系统;处理后的水可用于冲厕或绿化,实现达标排放。在农业生产污水的处理方面,首先应做好病虫害预报管理工作,采用药物防治与生物防治、物理防治等多种途径相结合的综合预防措施,尽量减少化学肥料的使用,更多地使用有机化肥;其次,利用特制的污水处理器对污水进行厌氧"粗"处理,后续"精"处理,有效降低污水中的氮、磷指标。

(2) 电力通信设施。电力设施必须保证能够满足村内所有村民的用电需求,供电设施网络必须保证安全可靠。除此之外,柏园村内的无线网络必须也要保证其安全性,避免病毒的侵入危及网络的安全。

3. 旅游标识系统。旅游活动安全顺利进行的前提是规划区有醒目、明亮的旅游标识系统。柏园村目前大部分区域尚处于旅游未开发状态,现有部分旅游标识,但没有较为完善的标识系统来保证游客在柏园村顺利安全的出游,需要对柏园村进行旅游标识的系统建设。

(1) 管理性标识系统:包括规划区内明示、告知、劝说、指令、警告、禁止等系列标志,主要作用为规范游客行为、预防事故、教育社会、保护规划区设施等,一般有消防安全标识、保护生态环境标识、节约用水标识,如"小心落水""注意森林火灾""小心台阶""文明旅游"等。

(2) 信息说明性标识:在各个主要交通要道上设置具有鲜明特色的广告牌,使之能够迅速吸引行人的注意。除此之外,设有专门介绍功能分区的标牌,附有文字说明和游览图,使游客一目了然地清楚自己所处的位置、开发的游览项目及大致游玩的路线,方便游客开展游览活动,使其对旅游区的旅游景点游览得更加深入。

(三) 完善农户参与机制

乡村旅游扶贫成功的关键不仅在于明确帮扶对象,更重要的是推动贫困农户的参与,并提高农户有效参与的水平和效果,变输血扶贫为造血扶贫。因此,柏园村必须要高度重视农户参与,结合本村的实际情况,强化旅游扶贫中农户参与机制的建设。从总体上来看,柏园村可以采取以下乡村旅游扶贫模式,不断完善农户参与机制,提高旅游扶贫绩效,促进乡村经济高质量发展。

1. 景区 + 农户。加大人力、财力、物力投入,加快旅游景区建设的步伐,形成"开发景区—带活经济—致富百姓"的连锁效应。以景区的开发带动全村经济的发展,以景区的开发带动农户参与旅游开发;实施景区对口帮扶贫困户,为贫困户提供就业岗位。

2. 景区+协会+农户。由参与旅游项目经营、旅游接待服务的农户、农民带头，成立柏园村农民旅游协会，发挥景区、协会、农户三方的力量，共同推动旅游业发展。

3. 协会+农户。由农民旅游协会带头人定期组织农户参与各类旅游培训，及时向有关部门反馈农户的需求与困难；组织村民参与地方文化的表演、旅游商品制作、旅游接待服务等。

4. 合作社+农户。成立乡村旅游合作社，农户自愿加入并成为社员；由合作社整合村里的资源统一开发与经营乡村旅游，并为农户提供各类技术培训、信息交流、统一采购等服务。

5. 以大带小。以大带小，鼓励大景区通过设施共建、客源共享、形象共塑等带动小景区的发展；大手拉小手，由旅游能人带动贫困户、党员干部与带头人精准帮扶建档立卡贫困户。

6. 独立经营。鼓励具有资金实力和经营能力的农户独立经营各类乡村旅游项目，如农家乐、乡村餐馆、居民客栈、旅游商品售卖等，通过旅游发家致富。

（四）不断丰富旅游业态

在旅游扶贫的过程中，柏园村要不断地开发易于村民参与的、扶贫效果好的旅游业态，才能调动村民参与旅游开发的积极性与主动性，不断调整全村的产业结构，拓宽村民增加经济收入的路径，实现脱贫致富。具体地，可以考虑开发农家餐饮、居民客栈、农家乐、土特产售卖、特色种养殖、农副产品加工等乡村旅游业态。

一是农家餐饮。依托当地丰富的原材料，打造地道正宗、绿色健康的农家特色餐饮体验产品，如各式茶膳、乡村特色小吃以及乡村美食制作体验。

二是居民客栈。因地制宜，以茶文化为主题，打造具有地方特色的居民客栈。客栈的建筑外观与内部装饰凸显茶文化，居住环境舒适，安全卫生有保障；同时，经营管理合法，要尽心尽力为游客提供个性化服务。

三是农家乐。依托地方特色资源，以当地乡村文化特色为卖点，鼓励有经营实力的村民发展农家乐。在经营农家乐的过程中，紧紧围绕"农""家""乐"三个字，展示原汁原味的农家生活，凸显家的温暖，并设计参与性、娱乐性、文化性强，类型丰富的农家体验活动，从而为游客提供满意的服务，满足其旅游需求，进而增强游客的忠诚度，促进农家乐经营的可持续发展。

四是土特产售卖。依托当地资源，鼓励村民售卖各种土特产品，产品质量有保证，服务态度好；对于部分独具地方特色的土特产品如当地茶叶可申请地理标志保护。此外，除了在景区周边售卖土特产之外，村民还可以考虑通过农村电商，将当地的优质土特产品销售到全国各地，不断提高经济收入，脱贫致富。

五是特色种养殖。当地政府部门依托当地的自然生态环境，通过政策宣传、资金扶持、技术培训等方式，积极引导村民不断扩大茶叶种植、果蔬种植以及水产、禽畜养殖等特色种养殖规模，以增强贫困群众内生动力，拓宽增收渠道。

六是农副产品加工。依托当地的优质资源，通过发展乡村旅游产业，坚持绿色发展理念，积极推进各类农副产品的精深加工，为当地居民提供各类就业岗位，同时，不断延长产业链、提升价值链。政府可以考虑与武汉市高校的轻工食品专业开展项目合作，对当地的大米、红薯等产品加工，使其转化成便于游客携带的方便食品，从而助力当地村民脱贫致富。

此外，目前我国已经进入大众化旅游时代，旅游者的消费需求日益多样化，为此，原国家旅游局长李金早提出旅游业发展的"商、养、学、闲、情、奇"六大新要素。柏园村要围绕六大新要素，不断发展旅游新业态，拉长旅游产业链，推动产业的健康持续发展。

一是"商"，即商务旅游，依托当地茶叶种植的优势，开发一系列商务会展旅游产品，如茶叶展销会、茶文化研讨会、茶文化旅游节等，提升柏园村的知名度。

二是"养"，即养生旅游，依托优美的生态环境以及茶叶种植优势，开发以茶为主题的生态养生产品，如生态观光养生项目，养生茶浴、茶膳以及养生茶吧、茶馆等。

三是"学"，即研学旅游，重点依托大别茶山旅游区、生态茶叶种植区，开发多样化的研学旅游产品，如茶叶采摘体验、茶艺表演与体验，茶文化课程研修以及茶叶加工生产线参观学习等。

四是"闲"，即休闲度假，综合利用大别茶山旅游区、生态茶叶种植区以及互动娱乐区的资源，开发乡村生态度假旅游、茶主题休闲度假产品。

五是"情"，即"情感旅游"，以品茶会友、品茶品人生等为主题，旅游产品的设计中要突出体验和情感投入，传递情感，勾起回忆，给人惊喜。如以亲子为主题，开发亲子采摘体验、亲子互动娱乐体验项目等；以感恩为主题，开发慈善公益游、感恩亲缘之旅、单身交友派对等情感旅游产品。

六是"奇",即探奇旅游,开发卡丁车探险之旅、森林探险之旅、茶园迷宫探险等探奇旅游产品,满足旅游者求新、求奇、求特的心理。

(五)加大人才培养力度

发展乡村旅游,助推柏园村脱贫攻坚,需要大量的优秀人才。但是,从目前来看,柏园村的乡村旅游人才非常匮乏,主要原因在于:一是很多中青年都外出务工,乡村旅游产业发展急需的各类本土人才难以培养,当地文化传承人的培养出现断层现象;二是由于城乡发展不均衡,家庭、社会、高校对大学毕业生前往农村就业的意识引导不够,毕业生倾向于选择城市就业,导致乡村旅游人才短缺;三是国家和政府相关部门鼓励各类人才在农村就业的政策及其落实力度不够,关于各类人才在农村就业的福利待遇、子女上学、科研平台支撑等方面的制度还不够明确。2018年3月8日,习近平参加十三届全国人大一次会议山东代表团审议时强调"要推动乡村人才振兴,把人力资本开发放在首要位置,强化乡村振兴人才支撑,加快培育新型农业经营主体,让愿意留在乡村、建设家乡的人留得安心,让愿意上山下乡、回报乡村的人更有信心,激励各类人才在农村广阔天地大施所能、大展才华、大显身手,打造一支强大的乡村振兴人才队伍"①。因此,相关政府部门、柏园村委要采取各种有效途径,加大人才培养的力度,为乡村旅游的可持续发展提供后备人才和智力支撑。

1. 积极与高校开展乡村旅游人才联合培养。相关政府部门以及柏园村村委,应积极与武汉市高校开展合作交流,寻找1—2所高校开展深层次合作,联合培养乡村旅游人才。具体地,共同制定旅游人才培养计划,细分专业方向,与乡村振兴的人才需求接轨;增加与乡村文化旅游产业发展相关的科目,并在课程中融入乡村创新创业知识,提高学生创新创业的理论水平和实践能力(详见表10-5)。

表10-5 专业细分方向及其培养目标

专业方向	培养目标
乡村文旅规划、经营与管理	熟悉乡村周边旅游景点、田园综合体等的前期规划和后期的经营管理

---

① 习近平谈到"高质量发展"的20个关键词[EB/OL]. http://www.xinhuanet.com/politics/2018-03/15/c_129829690.htm.

续表

专业方向	培养目标
乡村导游服务	掌握导游服务的知识与技能,承担乡村旅游景区景点的导游服务,宣传乡土文化
乡村工艺品、土特产品开发与设计	掌握各类乡村工艺品、农产品的设计与包装,能完成相关产品的文化创意工作
乡村民宿经营与服务	熟悉乡村民宿经营的特征与要求,掌握乡村民宿服务的知识与技能
互联网+电商	熟悉电商基础知识,掌握相关旅游产品、农产品的线上、线下一体化销售

资料来源:张萍. 基于乡村振兴战略的旅游人才需求及对策研究 [J]. 新西部, 2018 (12): 130-131。

2. 大力培养新型职业农民。习近平总书记用"爱农业、懂技术、善经营"九个字对新型职业农民进行了界定。柏园村要深刻理解习近平总书记的用意,大力培养新型职业农民。一是建立职业农民制度,大力实施新型职业农民培育工程,使中青年农民改变传统的观念,愿意留在农村,愿意参与乡村旅游开发;二是加强对农民进行文化旅游服务知识、服务技能的培训;重视农民职业经理人、乡村工匠、文化能人和非遗传承人的培养;三是发挥新型职业农民的示范、组织和服务作用,把分散的农户组织起来,鼓励农户直接或者间接地参与文化旅游开发。

3. 积极鼓励各类人才回归乡村。通过鼓励各类人才回归乡村、扎根乡村,扩大乡村旅游人才队伍规模。(1) 科技文化人才。鼓励高等院校、科研机构、文博单位以及各类科技文化公司的专业技术人员到村委会或村里的各大景点、民宿、农家乐等挂职、兼职,发挥专长,为乡村旅游产业发展注入新的活力。(2) 返乡能人。搭建情感联络平台,鼓励在外的当地优秀企业家、大学毕业生以及务工农民返乡,通过资本合作、项目投资、提供旅游服务等方式参与文旅产业开发。(3) 下乡实干的创业家。吸引、支持社会企业家、党政干部、专家学者、技能人才等通过捐资捐物、投资文旅项目、创办乡村民宿、餐馆等方式加入文化旅游产业发展的人才队伍。

(六) 强化市场营销推广

1. 旅游形象识别系统。柏园村要结合自身的生态环境与资源优势,塑造典型、特色的形象,使广大旅游者产生一致的认同感,从而达到树立良好旅游形象、扩大旅游市场份额、推动全村经济社会发展的目的。因此,柏园村要从理念识别(MI)、行为识别(BI)、视觉识别(VI)三方面构建旅游形象识别系统(见表10-6),以鲜明的整体旅游形象吸引广大旅游者。

表10-6　　　　　　　　　　柏园村旅游形象识别系统

理念识别系统（心）	总体定位：大别茶山,华中第一茶村 主题形象：生态柏园,茶旅胜地
行为识别系统（手）	政府：制定各项政策与措施推动旅游业发展;开展旅游形象的宣传推广活动 企业：提供丰富的旅游产品,并不断提高服务质量;加强宣传促销力度,增强对游客的吸引力 村民：自觉维护当地的旅游环境与秩序,主动配合政府的各项工作,积极参与旅游开发
视觉识别系统（脸）	建筑外观：结合地方文化特色,统一对全村的建筑外观进行适当修饰,打造内容丰富的特色文化墙 户外广告：内容丰富、凸显资源优势,图文并茂,悬挂位置突出 交通工具：采用具有农村生产、生活特色的交通工具,如特色牛车、马车、自行车等 旅游商品：品种丰富,地方文化特色鲜明;质量有保障,包装精美,便于携带 景区、企业员工：统一的服装、统一的操作程序、统一的服务规范等

2. 基本营销组合。随着市场竞争的日益激烈,旅游业的可持续发展对市场营销活动的依赖程度越来越高。柏园村要综合运用产品(Product)、价格(Price)、渠道(Place)和促销(Promotion)等营销因素,开展有针对性的营销活动。

(1)产品。结合市场需求,依托资源优势,开发地方特色产品,如农事体验项目、茶文化旅游产品等;把产品的休闲、体验、度假等功能放在首位;以茶文化为主题,形成"以茶促旅,以旅带茶,茶旅互动"的良好局面;结合市场需求的变化,不断更新旅游产品。

(2)价格。根据目标顾客群的消费水平以及产品特点,制定合理的价格;制定灵活的价格策略,如产品捆绑价格、旅游淡旺季价格、不同人群价格、特殊节日价格(母亲节、父亲节、儿童节、七夕节、教师节、重阳节)等,给游客更多的实惠,提高销售量。

（3）渠道。根据旅游产品的性质、特色与成本，选择正确的营销渠道；一级客源市场可以设立专门营销机构，由专人负责；二、三级客源市场，可以考虑与旅行社、旅游经营商合作；定期对渠道成员的营销业绩进行考核，不断提高旅游产品的销量。

（4）促销。综合运用各种新、旧媒体，加大对旅游产品的宣传促销力度，不断提高产品的销量；通过纪念品、优惠券、累计消费奖励、淡旺季套票等方式加大对游客的促销力度；景区营销专员要深入一级客源市场的政府部门、企业团体开展宣传促销，洽谈合作事宜；鼓励员工、村民利用微信朋友圈、公众号等宣传旅游产品。

3. 新型营销理念。当前，中国已经进入优质旅游时代，旅游者的需求日益多样化和个性化，旅游竞争也越来越激烈。柏园村在开展营销活动时需要引进新的营销理念，不断丰富旅游产品的内涵，增强旅游吸引力，从而才能扩大旅游产业的发展规模。

（1）低碳营销理念。以满足低碳需求为出发点，将低碳理念引入营销体系，为旅游者提供能够有效降低环境污染、防止资源浪费、有效提高效率的产品，力求实现人类行为与自然环境的融合发展。具体的做法有：通过培训、教育等方式增强村民的低碳意识，同时，可以在景区门票、户外广告以及旅游宣传资料方面使用环保纸张、环保颜料等凸显低碳经营的理念；使用低耗能产品代替高耗能产品，建设生态停车场、低碳道路、太阳能照明路灯；鼓励步行或自行车，开发特色代步工具如牛车、马车等；确保蔬菜、水果、肉类等无公害；实行有偿使用包装塑料袋，景区景点、村里的垃圾要分类回收处理，避免环境污染。

（2）创意营销理念。用创意带来吸引力，使旅游者了解柏园村，增加旅游知名度，带来良好效益。核心切入点是产品，要通过对旅游产品内容和形式的创意策划，提高旅游产品对旅游者的吸引力。具体的做法有：整合运用电视、报刊等传统媒体以及微博等现代媒体，提高旅游宣传的有效率和关注度；采用视频营销、微电影营销、事件营销等有趣生动的传播方式；挖掘地方特色文化，丰富内容，增加更多生动的细节、情节，引起游客心理上的共鸣。

（七）加强安全与卫生管理

1. 安全管理。乡村旅游的发展要把游客的安全放在第一位。柏园村要按照国家旅游局 2016 年 12 月 1 日颁布实施的《旅游安全管理办法》，以人为本，坚持安全第一、预防为主、综合治理的方针；旅游企业要制定严格的安全管理制度，做好自然灾害、旅游安全事故、经营管理危机等方面的预防与处理措施，确保旅游活动有序开展，使游客的人身、财产安全有保障。当地旅游主管部门、村委会要定期对旅游经营场所进行安全检查，督促旅游经营者、参与旅游开发的村民认真履行职责，确保游客安全。

2. 卫生管理。按照国家制定的关于环境整治、公共场所、食品等卫生管理要求，增强村民的卫生意识，做好村域环境卫生整治、垃圾回收处理、污水处理、厕所厨房管理等方面的卫生管理，给游客提供干净、整洁的旅游环境以及健康、卫生的美食体验。

（1）垃圾回收处理。配备专门的清洁人员，定点设立分类式垃圾箱；建筑垃圾送至指定地方填埋处理；厨余垃圾、泥土尘灰、植物枝叶等可堆成肥料；金属、玻璃、废纸、塑料等可回收垃圾，进入废品回收环节，作为再生资源回收利用。

（2）污水处理。加强对村民进行污水危害教育，严格控制废水污染源的控制；实施农村无害化厕所改造工程，使农民家中的厕所污水、餐厨废水及其他生活废水得到有效处理。

（3）厕所管理。满足"数量充足、干净无味、实用免费、管理有效"的要求；因地制宜，就地取材，加强旅游厕所的设计和维护，使其成为乡村旅游的一道风景线；创新旅游厕所管理模式，将厕所交给农户管理，每个月补给农户一定的管理费。

（4）厨房管理。厨房要使用清洁能源；各大餐馆食材的进货渠道一定要规范，厨房硬件设施质量要有保证，确保加工环境合格，厨房管理制度要规范，确保做到持证上岗。

（八）重视生态和人文环境保护

乡村景观、特色建筑、乡村意象和乡土风情是柏园村旅游业可持续发展的基础，必须要科学合理保护，才能留得住乡愁。结合柏园村的实际情况，重点要对乡村的整体风貌、特色建筑、乡土风情等进行具体保护。

1. 整体风貌。柏园村整体风貌的保护要做到村落环境优美、生态环境安全。实施村庄绿化工程，优先对村旁、宅旁、路旁、水旁进行绿化，根据村庄实际情况，对宜林荒地进行全面绿化，见缝插绿，花草树种搭配合理，实现居住地"四旁"绿化，打造绿色家园。对全村主要道路进行亮化工程建设，主要街路的商铺、企业设置美观灯饰，对公共场所进行亮化，积极推广节能灯和太阳能灯。同时，增强村民生态环境保护的意识，禁止村民乱砍滥伐，对破坏当地的地形、地貌、土壤、气候、水文以及各种野生动植物的行为进行严厉惩罚。

2. 特色建筑。乡村传统特色建筑是乡村的宝贵财富，通过科学合理的旅游开发，可以将其作为旅游吸引物，从而使这一独特的资源转化为物质财富，实现乡村振兴。目前，柏园村内还存在一些具有一定历史的传统建筑，当地政府应该采取有效措施重点保护具有传统建筑特色和历史文化价值的祖屋、祠堂及其相应的石刻、砖雕等。此外，为了营造独具地方特色的建筑文化，当地政府应要求村民在修缮老屋、建设新房子时尽量使用传统材料，如木、石、砖、瓦等，并形成统一的风貌。

3. 乡土风情。乡村振兴要注重地方特色与乡土风情。因此，柏园村要采取有效措施，加大对乡土文化的保护与传承。（1）要加大对当地文化的挖掘力度。当地政府部门要积极与文化部门、高校合作，挖掘和整理地方的生产、生活、习俗文化，并形成文字材料，公开出版。（2）创造条件，传承乡土文化特色。依托茶博馆、茶文化名人园、茶主题村等，举办茶文化旅游节；定期组织村民开展文艺汇演，传承地方文化。

第二节　武汉市江夏区山坡街光华村乡村旅游扶贫实践

一、光华村基础情况分析

（一）村情概况

武汉市江夏区山坡街光华村东临武广高铁，与光明村接壤，中间贯穿纸贺公路和武咸城际铁路，由北向南直通山坡东站旁的光星村，西接京广铁路，和山新村紧邻，北接乌龙泉街，是山坡街的"北大门"。

1. 自然条件。

（1）气候条件。光华村属典型的亚热带大陆性季风气候：气候温和，四季分明，雨量充沛，自然条件较好，适宜农业生产。年平均降雨量为1000—1460毫米，多集中在夏、秋两季。年平均气温约16℃，日照长，霜期短，全年日照总时数1635.6小时。年平均气温17.5℃，年极端最高气温41.2℃，年极端最低气温-12.5℃。

（2）土地资源。全村版图面积7821.33亩，其中，农作物耕地面积2040亩，水田占1187.9亩，旱地占852.4亩，人均耕地为1.43亩；水面积1360亩，林地面积1300亩；生活住宅面积213.5亩，自留地152.5亩。

2. 社会经济条件。

（1）经济状况。光华村的产业以农业为主，有农业经济合作社3个。其中，精养鱼池面积64亩，年收入为3.2万元；产业扶贫砂糖橘基地900亩，年收入为8万元。农民经济收入以务工为主，2017年，农民人均可支配收入为9800元（脱贫前人均可支配收入为3980元）。

（2）交通、环境状况。光华村全村已实现村村通，村湾全部通水泥路。南靠纸贺路，西临107国道，连接纸贺路与107国道的村内主干道，即将提档升级，从3米加宽至6米。此外，光华村正在进行环境卫生整治，美化村民生产生活环境。按照要求，扎实开展农村"四清"工作。一方面，全村内新建垃圾池50个，发放塑料桶200个。另一方面，组织人员对纸贺公路及辖区内的主要干道、卫生死角进行清理，整治杂物50余处，共投入劳动力60余人次，通湾的4条公路每天清扫一次。

（二）贫困现状及成因

1. 贫困现状。目前，全村有16个村民小组、14个自然湾、407户、总人口1422人、劳动力650人。全村有贫困户43户、贫困人口98人、残疾人32人、空巢老人23人、留守儿童27人、低保户30户。

2. 致贫原因。从总体上来看，光华村贫困的原因主要有因病、因残，具体情况见表10-7。同时，进一步分析深层次的原因，主要表现在：农民增收渠道少，经济效益低，土地收益是农民赖以生存的单一经济来源；因病因残的贫困户，缺乏劳动力，使得常年处于贫困状态或脱贫后返贫；资源分配不均，教育、医疗、就业等资源向城市倾斜，农村与城市存在较大差距；社会保障体系不健全，养老、医疗等福利保障基本上只施惠于城镇居民，对农村社会保障缺乏足够的资金投入。

表10-7　　　　　　　　　光华村致贫情况一览表

贫困原因	贫困户数（户）	贫困人数（人）	所占比例（%）
因病	20	36	36.73
因残	17	44	44.9
因残、缺劳动力	1	4	4.08
因病、因残	5	14	14.29
合计	43	98	100

二、光华村旅游发展条件分析

（一）区位条件

1. 地理区位。江夏区原属武昌县，是武汉市的南大门，素有"楚天首县"之美誉。其东接鄂州，南通咸宁，西临长江，北连武汉东湖高新技术开发区，正在崛起的"武汉·中国光谷"规划区域大部分就在江夏区境内。光华村位于武汉市江夏区山坡街。山坡街在江夏区南部，东与舒安乡隔湖相望，南抵贺站与咸宁市咸安区为界，西南与嘉鱼县烟墩乡和咸宁阜隔水相望，西北与安山街道、乌龙泉街接壤。

2. 交通区位。江夏区交通优势明显，当地的俗语"武汉江夏，交通如画"就能很好地展现这一点。良好的交通区位条件，使得江夏区有机会与周边城市诸如咸宁、黄石、仙桃等共同发展旅游业。光华村所在的山坡街交通便利，距离武汉市、咸宁市、黄石市等周边城市都只有约一两个小时的路程，拥有较大的旅游客源市场。

光华村东临梁子湖畔的武广高铁，西临107国道，中间的纸贺公路和武咸城际铁路，把光华村一分为三，西与京广铁路紧邻，北接乌龙泉街，是山坡街的"北大门"。武咸城际铁路自武昌站出发，途径江夏区纸坊镇直达咸宁，全程只需40分钟，光华村距离纸坊镇大约30千米，村内设有4211路公交车可以到达江夏区纸坊镇。

（二）旅游发展条件

1. 旅游发展现状。光华村除了稻田耕种外，村内拥有900亩的砂糖橘种植基地以及64亩的精养鱼塘。由于砂糖橘生长需要一定的周期，所以，砂糖橘采摘尚未起步，未来逐年将会有显著收益，吸引大量的游客来此进行采摘活动，既能体验采摘乐趣又能品尝美味。同时，光华村现有精养鱼池 64 亩，养殖有鱼虾等各类水产，在纸贺公路西侧是一片 200 亩的鱼虾池，除四大家鱼外还有原生态的龙虾和喜头鱼，可供游客垂钓娱乐。光华村现有的鱼池水产养殖发展较好，具有一定的旅游市场。此外，光华村也是一个历史文化悠久的村落，村内拥有古明清民宅等一系列旅游资源可供开发利用。

2. 旅游资源评价。

（1）旅游资源价值评价。一是观赏价值。光华村拥有 900 亩的产业扶贫砂糖橘基地、64 亩的精养鱼池和茂密的生态林和风景树，环境宜人。旅游者可以欣赏金黄灿烂的砂糖橘、水塘间嬉戏的家鱼青虾、生机勃勃的稻田、香飘十里的荷叶，自然美景、田园风光，美不胜收。二是体验价值。光华村有丰富的旅游资源可以挖掘体验价值，砂糖橘基地可以开发砂糖橘种植和砂糖橘采摘，精养鱼池可以发展鱼虾垂钓、摘荷挖藕，生态林可以喂鸡养鸭等。三是历史文化价值。光华村历史文化底蕴深厚，村内还保存有少量古建筑遗址。光华村后湖任湾的明清古民宅，坐落在江夏区纸贺公路以东，一排两栋，青砖黑瓦，建于道光十六年，共计面积 1200 平方米。四是科学参考价值。光华村的地质地貌、气候条件、农业种植等都可以作为科考的研究对象，因此，具有一定的科学考察价值。

（2）旅游资源效益评价。一是经济效益。旅游资源的适度开发会给当地带来可观的经济效益，从直接的门票收入到间接的交通、餐饮、住宿、娱乐设施及相关的纪念品、手工艺品、特色农产品，都能够带动当地的经济的发展，增加经济效益。光华村内旅游资源丰富，其中，砂糖橘基地以及精养鱼池作为核心旅游资源带动经济效益的增长。二是社会效益。旅游资源的社会效益指的是给当地的文化、宗教、道德、治安等诸多方面带来的综合影响。光华村旅游资源的开发会推动社会的进步。旅游业的大力发展，会增加更多的就业机会，创造出更多的平台可供选择，进而给人民的生活带来幸福感。比如，光华村的砂糖橘基地在开展旅游活动的同时提供大量的务工岗位，解决了村内很多贫困家庭的就业问题，同时起到了扶智的作用，促进了贫困户自身素质的提高。三是生态效益。当前，旅游业越来越注重生态环境的改善，随着"绿水青山就是金山银山"理念的提出，旅游业逐渐由粗放型增长模式向集约型发展模式转变，更加注重生态环境的保护。光华村开展扶贫旅游会使得旅游资源得到更好的开发，村容村貌得以改善，进而生成更好的生态环境。

(3) 旅游资源开发条件评价。一是区位条件。光华村东临武广高铁，与光明村接壤，中间的纸贺公路和武咸城际铁路由北向南直通山坡东站旁的光星村，西接京广铁路，和山新村紧邻，北接乌龙泉街。光华村是山坡街的"北大门"，区位条件优越。二是客源条件。光华村以武汉市市场为主体，积极扩展湖北省周边城市市场，以武汉"1+8"城市圈所涉及的黄石、鄂州、黄冈、孝感、咸宁、仙桃、潜江、天门等周边8个大中型城市为一级客源市场，逐步向外拓展二级客源市场以及三级客源市场。三是景象地域组合条件。光华村四季分明，雨量充沛，气候宜人。林木花卉型生物景观、水域风光型水文景观等多类景观共同构成了舒适宜人的自然环境。光华村景象种类丰富，结构合理，组合条件良好。四是旅游环境容量。光华村空间广阔，旅游资源丰富，旅游者选择性多，对于大众旅游者的接纳容量能力良好。但是，由于目前光华村住宿、餐饮等旅游基础设施不健全，对于消费水平较高的旅游者容纳能力有限。五是投资条件。光华村作为贫困村在进行旅游扶贫规划时，各级政府会投入一定的扶贫专项资金支持。除此之外，光华村在开展"企业兴乡、市民回乡、能人返乡"上做足了功夫，如其中的砂糖橘基地吸引了创业人士来此进行投资与开发。六是施工难易程度。光华村自然资源丰富，周边交通条件较好，但是，由于村内的道路存在一定的问题，所以，在施工时可能会面临一定的难度。

3. 旅游市场分析。

(1) 旅游市场现状分析。光华村旅游市场处于初步发展阶段，市场发育尚不健全，游客总体规模较小，档次较低，接待能力有限，以观光旅游为主。光华村主导产业是砂糖橘种植业以及精养鱼池等养殖业，未来应以乡村旅游来吸引游客。

(2) 旅游客源市场定位。结合光华村的实际情况，其总体客源市场可以定位为：以武汉市场为主体，以周边邻市为补充；立足武汉市，面向华中区域，辐射全国。以一级客源市场为主体，以二级客源市场为辅助，以三级客源市场和其他客源市场为延伸。

综合考虑光华村的地理位置、资源特色、发展机遇以及相关条件，其一级核心客源市场是以光华村为中心的200千米的区域，自驾车距离在一至两个小时之内，包括武汉市、咸宁市、黄石市等。随着光华村的旅游市场不断扩大，在稳固其核心市场后应当进一步扩展其旅游客源市场，起到一定的辅助作用；主要包括武汉周边的一些邻近城市，诸如安徽、河南、江西等周边省份的城市，适合两天左右的出游。当光华村旅游发展得越来越成熟的时候，随着一级客源市场饱和以及二级客源市场的逐步稳定，这时候就需要开拓新的三级客源市场来提供新的旅游增点，主要包括江浙一带，长三角、珠三角地区城市，如上海、杭州等。

前期应以一级核心客源市场为主，深入挖掘其市场潜力。借助光华村现有旅游资源的吸引力为光华村带来一部分先期客源，为后期客源市场的拓展打下坚实基础。中期以二级辅助客源市场为重点，着力培养邻近市、县旅游市场和扩大乡村度假旅游市场，依托光华村现有的交通网络及独特的旅游资源，发挥光华村农旅产业深度融合的优势，积极与周边贫困村如红星村、湖岭村开展扶贫旅游精品游，扩大其产品知名度。后期以三级延伸客源市场为补充，凭借规划区先进的管理理念、完善的服务设施、独特的旅游系列产品、创新的营销思路共同形成强大的旅游吸引力和品牌影响力，不断延展旅游客源市场。

同时，结合光华村的具体资源情况，根据上述一、二、三级客源市场，光华村的专项客源市场可以定位为生态观光旅游市场、农耕体验旅游市场、乡村度假旅游市场以及文化休闲旅游市场。一是生态观光旅游产品市场。将光华村的生态观光旅游市场主要定位在一级以及二级客源市场。光华村的自然资源丰富，村内有砂糖橘及林木基地等景观，可以大力开拓生态观光旅游市场。二是农耕体验旅游市场。将光华村的农耕体验旅游市场定位在一级客源市场和二级客源市场，光华村依托当地的地方文化以及特色农业资源，打造出具有当地特色的一系列农耕体验产品。三是乡村度假旅游市场。乡村度假旅游产品的客源市场主要定位于二级、三级客源市场，融合乡村休闲度假村、乡宿、酒文化展示馆等旅游资源，发展乡村度假游。四是文化体验旅游市场。文化体验旅游市场主要以一级以及二级客源市场为主，辅以三级客源市场。光华村的历史文化底蕴深厚，村内还有明清古建筑遗址，可以有效地进行开发利用。

（三）旅游扶贫潜力

光华村共有贫困户43户，主要为因病因残致贫户。光华村可通过旅游扶贫、产业扶贫、技能扶贫、金融扶贫等方式帮助贫困户脱贫。同时，政府也推出了一系列的政策，尽量完善医疗服务，因病，因残贫困户也能得到有效的改善。截至2018年，还有3户贫困户未脱贫。同时，光华村具有一定的旅游资源，交通基础设施也较为便利；乡村旅游产品需求也日益旺盛。因此，通过旅游扶贫来使光华村全村脱贫致富，潜力较大。光华村可以结合实际，采取直接从事旅游经营、参与旅游接待服务、开发旅游文化商品、出售农副土特产品、资产入股参与旅游等扶贫方式，鼓励村民参与旅游开发，实现旅游富民。

三、光华村乡村旅游扶贫思路与主题形象策划

（一）光华村乡村旅游扶贫的指导思想

紧紧抓住新时代党中央高度重视"精准扶贫"的战略机遇，坚持以国务院扶贫办、国家旅游局出台的《关于开展贫困村旅游扶贫试点工作方案》为指导，把握武汉市全面推进美丽乡村建设的历史契机，以贯彻实施光华村全面脱贫的发展目标为出发点，以"旅游+扶贫"发展战略为着力点，依托光华村拥有的"水、林、田、宅"等旅游资源，盘活乡村资源存量，培育旅游新型业态，促进"三产"要素融合，推动产业提档升级，构筑以乡村旅游为引领，以生态农业为基础，以橘文化、渔文化、生态文化、民居文化为灵魂的新型产业体系，最终塑造以农耕文化为核心的"橘林水韵，醉美光华"旅游形象，力求将光华村打造成江夏区旅游扶贫示范村、武汉市美丽乡村建设试点村和湖北省旅游名村。

（二）光华村乡村旅游扶贫的定位

1. 总体定位。旨在通过旅游精准扶贫，盘活光华村旅游资源存量，挖掘光华村旅游文化内涵，优化光华村旅游产业结构，释放农旅融合产业红利，满足光华村人民对美好生活的向往，打赢光华村扶贫攻坚战，共同建设环境优美、人民安康、旅游发达、政通人和的光华村。

2. 目标定位。根据光华村便利的区位条件、优良的自然环境、悠久的农耕文化和趣味的采摘活动，将光华村目标定位为：江夏区旅游扶贫示范村、武汉市美丽乡村建设试点村和湖北省旅游名村。同时，根据这一目标定位，将其具体分为三个阶段，并制定相应的发展目标（见表10-8）。通过旅游精准扶贫，到2019年，光华村实现初步脱贫，贫困户人均可支配收入达到5000元；到2023年，光华村贫困户实现"一有两不愁三保障"，贫困户人均可支配收入达到10000元；到2027年，光华村全面建成小康社会。在产业结构调整方面，从以农业为主的产业结构调整为一三产业互动发展，到2025年，第三产业的比重超过70%。

表 10 – 8　　　　　　　光华村乡村旅游扶贫的阶段性目标

具体时间	目标类型	目标内容
2018—2020 年	近期目标	重点开发具有推动、示范、引导功能的旅游项目，以橘果种植基地、渔乐圈两大项目为核心，加快一三产业快速融合，建设生态农场、趣味农园、开心菜园等乡村旅游体验项目和古民居博物馆、农耕文化展示馆等乡村旅游展示项目，延伸产业链，基本建成江夏区旅游扶贫示范村的目标
2021—2023 年	中期目标	引进和培育与旅游相关联的现代服务业，完善基础设施、服务设施及配套设施，通过景观绿化、村容村貌改造等工程提升人居环境，打造美丽宜居乡村；进一步建设旅游核心项目及旅游重点项目，努力实现建成武汉市美丽乡村建设试点村的目标
2024—2027 年	长期目标	完善旅游新型业态，做宽旅游产业面，做长旅游产业链，打造现代果园示范区、农耕劳作体验区和田园生活休闲区的三大产业集群，形成大旅游新村发展格局，打造湖北省旅游名村

3. 产业定位。光华村的产业类型以农业为主，仅靠第一产业带动全村经济发展，经济模式单一，经济效益低。旅游业作为高附加值的现代产业，是战略新兴产业的重要组成部分。通过实现一三产业互融互动，并重发展，构建以旅游产业为引领、生态农业为基础的要素融合、优势互补、结构协调的现代产业发展体系，发展体验农业、休闲度假、文化创意等新型产业业态。本书将光华村的旅游产业定位为战略性支柱产业和地方经济发展增长极。

4. 功能定位。近年来，光华村旅游开发刚刚起步，仅停留在砂糖橘种植、精养鱼池的开发上，资源零散开发，呈粗放型发展态势，旅游吸引力极弱，需要整合与深度挖掘。因此，为了盘活资源存量、释放产业价值、促进生产方式由粗放型向集约型转变，光华村坚持以"旅游+扶贫"为发展战略，确定以生态采摘、田园观光为主，以农耕体验、乡村度假、休闲娱乐为辅的功能定位。

5. 产品定位。光华村拥有"水、林、田、宅"等旅游资源，类型丰富且形式多样。目前，以农业为主的光华村尝试性地开展旅游活动，尚未形成独立的旅游产品和规范的产品体系。因此，通过对光华村旅游资源禀赋、开发条件、客源市场以及旅游业发展态势进行梳理，重构光华旅游产品，形成乡村旅游展示产品、乡村风情体验产品、田园生活休闲产品三大产品体系（见表 10 – 9）。

表 10-9　　　　　　　　　　光华村旅游产品体系

产品体系	重点项目	游客体验
乡村旅游展示产品	稻荷田园、古民居博物馆、农耕文化展示馆	通过游览田园、参观博物馆、展示馆等来增加对乡村的感性认识
乡村风情体验产品	橘果种植基地、橘果创意基地、橘果电商平台、渔乐圈、生态农场、野味农园、开心菜园	体验蔬果采摘、生态喂养、手工劳作等农事活动
田园生活休闲产品	乡村休闲度假村、酒文化展示馆、休闲乡宿街	放松身心，感受真正的农家文化

（三）光华村乡村旅游的主题形象策划

光华村作为传统的农业乡村，外界对其的认知停留在山坡街的"北大门"，旅游形象欠缺。为了做好光华村主题形象策划，首先需对其文脉及地脉进行深入剖析。光华村农业历史悠久，有深厚的农业文化历史，以农耕文化为主打文化；伴随旅游扶贫的开展，延伸出橘文化、渔文化、生态文化以及民居文化，文化类型多样；同时，光华村东临武广高铁与光明村接壤，中间为纸贺公路和武咸城际铁路，由北向南直通山坡东站旁的光星村，西接京广铁路和山新村紧邻，北接乌龙泉街，有山坡街的"北大门"之称，区位环境优越。

1. 主题形象。根据上述的文脉和地脉分析可知，光华村农业历史悠久，区位优势明显，同时，拥有较为丰富的旅游资源，砂糖橘种植业具有产业规模优势。结合我国旅游业未来的发展趋势，根据城市居民乡村旅游需求的特征，该村的主题形象可定位为"橘林水韵，醉美光华"。"橘林"，指光华村的千亩橘林是其不同于周边村镇的特色景观，是产业扶贫的具体体现，且为光华村旅游产业发展的核心项目，能够引爆光华经济，引领光华旅游走出江夏、走向全省；"水韵"，指光华村有自西向东流入梁子湖的河流，有作为立体农业示范的精养鱼池，可以认为"水韵"高度体现区域水资源特色，形象直观；"醉美"，指光华村环境优美，人杰地灵，共有四之醉人：千亩橘林，荷花飘香，果味醉人；树林覆盖，天然氧吧，空气醉人；弯弯小河，有鱼有虾，河水醉人；村民淳朴，品格醉人。

2. 宣传口号。在形象宣传口号上，可采用"乐游光华美景，体验农耕年华"，既体现光华村的资源特色与产业优势，激发广大旅游者的旅游动机，进而促进其消费。"乐游"，指从游客的内心感受出发，来到光华村，游戏于橘林之间，游览于荷叶连连，纵情于山水田园，是幸福之旅，快乐之游。"体验"，指光华村不局限于传统的观光旅游模式，而是主打休闲体验旅游牌，通过体验蔬果采摘、捕鱼垂钓、择食喂养，增加旅游的趣味性与重游率，体验最原汁原味的生态光华。"农耕年华"，指光华村旅游扶贫依托农旅融合发展，包括展示农耕文化、体验农耕器具、感受农耕生活。所谓一林一水一心境，一草一木一年华，以光华山水、橘林草木，尽享农耕年华的美与趣。

四、光华村乡村旅游的空间组织与功能分区

在充分考虑光华村的区域定位、产业优势以及地理条件的基础上，融入"旅游+"、乡村旅游、优质旅游等新型发展理念；结合光华村的整体村庄条件、周边建设和特色旅游需求；整合旅游资源分布、类型结构及其地域组合，遵循综合整体性原则、地域空间完整性原则和发展方向一致性原则，光华村乡村旅游发展的整体空间格局可以概括为"一心一轴三区"。"一心"即游客服务中心，"一轴"即乡村旅游发展轴，"三区"即现代果园示范区、农耕劳作体验区、田园生活体验区。

（一）"一心"

在光华村村委会附近建设游客服务中心，集旅游信息咨询服务、旅游景点订票服务，提供集散客自助旅游、团队旅游、旅游集散换乘、景点大型活动、客房预订、票务预订、金融服务、机场快线服务等"吃住行游购娱"为一体的旅游集散中心。其核心是通过整合相关旅游环节从而达到整合村内旅游资源，实现全域统筹、服务优化、产品提升、末端带动，提升服务质量及游客体验。在游客服务中心，要重点建设入口门楼、接待中心、生态停车场、旅游厕所等项目。

1. 入口门楼。入口门楼设计应端庄大气，符合当地文化特色和审美标准，结构以中式门楼建筑的对称性为参考，材料以仿木质或木质为主，设行人步道和行车道，以保持来往畅通，整体风格典雅端庄，富有乡村乡情气息。

2. 接待中心。为连接光华村周边城市，需要在集散中心设置一个区域联动的接待中心，集预订、咨询、集散、换乘、休闲等功能于一体。接待中心的设置可以更好地服务往来游客，提高光华村的旅游知名度。

3. 生态停车场。选址位于入口服务区北部，采用草坪砖铺设停车位、行道

树隔离车位，树隙停车；根据不同车型进行停车位分区。车位摆放遵循科学合理原则；设置停车线，摆放明显的停车标识。分设出入口，有专人指管，停车场建设与周边景观相协调。

4. 旅游厕所。在集散中心两侧建设旅游厕所，厕所应按照"科学、合理"的原则设置，且易于寻找、方便到达，并适于通风、排污。建设风格应符合周围环境特点以达到相对和谐的效果，内部建设则根据景区特点进行装饰和布置，赋予其文化氛围，让游客放松。

（二）"一轴"

乡村旅游风景轴集区域串联、交通轴线、生态观光功能于一体。对光华村现有的交通道路进行适当扩宽、改造，适当设计骑行绿道；进行景观绿化、生态营造，同时，设置各类景观小品等，增强乡村旅游风景轴的生态性、文化性和参与性。光华村的乡村旅游风景轴定位为交通轴、景观道、运动休闲绿道，可以考虑建设光华休闲农庄、特色农产交易中心、骑行绿道、休闲小亭等项目。

1. 光华休闲农庄。休闲农庄为村内最大的一家旅游住宿设施，主要为游客提供一系列旅游需求，游客可以在这里享受用餐、住宿、网络通信、交通出行、特色产品购买、休闲娱乐等服务，体验悠闲的农家生活。

2. 特色农产交易中心。特色农产交易中心采用现做现卖的方法进行展示和销售，天然、安全，包括农副产品的制作和加工；同时，设有专门售卖当地特色的农产品区域，方便游客方便快捷地购买商品，也起到宣传推广当地特色农产品的作用，实行标准化管理。

3. 骑行绿道。骑行绿道在设计上讲究为骑行爱好者带来愉悦的享受；同时，将别具匠心地采用荧光道路设计，给夜骑的游客带来一段奇幻旅程，还将在沿线设立自行车租赁点，为游客徒步踏青、骑行休闲、拥抱大自然提供一个好去处。

4. 休闲小亭。在光华村内视野广阔的主要干道上设置休闲小亭，在设计理念上，要把小亭作为一个风景点来打造。小亭顶部可采取木结构镂空设计或钢化玻璃材质回廊式设计，内设休闲桌椅，使游客在途中休息的同时也可以360度视角地欣赏周边风景；亭内放置自动售卖机，提供茶水、零食等，随时为游客补充能量。

（三）"三区"

1. 现代果园示范区。光华村主导产业是砂糖橘种植业，全村地势平坦，砂糖橘林占地面积900亩，在砂糖橘成熟的季节，金黄色的果园美景能够激发游客前来旅游的欲望，促进旅游消费。为了给游客带来全新的果园体验乐趣，结合光华村的实际，从加快村民脱贫致富的视角来看，可以在现代果园示范区内设置橘果种植基地、橘果创意基地、橘果电商平台三大项目板块。

（1）橘果种植基地。在种植基地内设置砂糖橘种植园、缤纷水果种植园、橘果科普园、橘果景观长廊，满足游客的多样化需求。一是砂糖橘种植园。要对原生产基地进行升级改造，扩大种植面积，完善基础设施。建设缤纷果园种植园，以避免单一水果品种导致游客体验的枯燥性。缤纷果园内可根据不同水果的成熟季节以及果树形态、生长的特点，种植品种丰富的水果，做到春有橙红、杏黄的樱桃，夏有脆爽、甜蜜的桃子，秋有紫晶、翠绿的葡萄，冬有温室培育的草莓，满足不同游客的多元化需求。二是橘果科普园。向游客普及关于砂糖橘以及园区内其他水果的相关知识，在每一种类型水果园前安装红外线语音导览，当游客路过或驻足时，会自动播报园区内水果、植物的百科知识，还可在园内设置动画人物形象，增添游客旅途乐趣，寓教于乐，满足儿童求知、求趣的需求。三是橘果景观长廊。通过大量种植藤蔓植物，形成一道藤蔓依依的绿色屏障和廊道，不仅可以用于游客纳凉、观光等，还可结合婚纱摄影和婚庆宴会，设计喜庆热闹的中式或浪漫温馨的西式乡村婚礼项目。

（2）橘果创意基地。利用各种水果、蔬菜、鲜花，结合摄影的错位，打造具有创意性的水果展示秀；游客可以将自己采摘到的水果在DIY基地清洗、切片、摆盘，基地会提供各种奇特的水果雕刻或摆盘造型供游客模仿，游客可以根据自身想法进行随机创意，在此过程中，不仅品尝到新鲜的水果，还体验到与家人朋友相伴、动手创作的乐趣。

（3）橘果电商平台。电商平台主要包括橘果直播间、线上线下展示厅。一是橘果直播间。利用现代流行的网络宣传软件如淘宝直播、抖音直播软件等，将果园优美的自然环境、游人采摘的丰硕果实、美味的水果品尝、丰富的娱乐互动进行录制，线上展示给观众，获取粉丝流量，可以为当地的砂糖橘品牌营销提供思路，增加水果生产销量，还可以培养网络"红人"，吸引更多的游客前来。二是线上线下展示厅。厅内主要以实物结合图像、视频、讲解的形式展示基地水果从种植到消费者手中的一系列流程，视频播放的形式可以让游客清楚地了解园区的水果是如何种植和成熟的，以及如何通过网络流程结合物流管理将水果安全、完好地送到消费者手中的。游客可以在自己不方便携带的情况下将自己采摘的水果通过线上平台运输,也可以让远方的亲人品尝到健康新鲜的水果。

2. 农耕劳作体验区。在光华村四海桥至老家湾区域内设置农耕劳作体验区,体验区内设置生态农场、野味农园、渔乐圈、稻荷田园、开心菜园等项目,为游客提供乡村体验、观光游览、户外休闲等多样化旅游需求。

(1) 野味农园。农耕劳作体验区内设置野味农园,为游客提供趣味捕捉、择食喂养、野味认养等旅游项目。一是趣味捕捉。以趣味为主,园内种植低矮的花圃、中高的花卉灌木等,设计捕捉蝴蝶、鸡、鸭等趣味活动,为游客提供趣味捕捉活动的体验。二是择食喂养。为游客尤其是少年儿童游客提供鸡、鸭、鹅、兔子等野味的喂养体验,使其体验归田圈养的农家生活,丰富旅游经历。三是野味认养。为游客提供观赏野味购买、领养的体验,游客可以带走自己喜欢的动物,体验自养自食的乐趣,也可以将自己认养的动物挂牌标记,交托给专业饲养人员,工作人员会将动物的成长情况录制传送;游客们在休闲时刻带着家人朋友归园田居,转换一种身份,养养鸡鸭,逗逗趣,享受悠闲惬意的农人生活。

(2) 渔乐圈。依托目前的渔业养殖,在区域内设置鱼虾垂钓区、鲜味坊、渔家民宿、渔副产品加工中心等。在鱼塘划分一部分水域作为垂钓区域,建成钓鱼园,并完善基础设施,为游客提供舒适的钓鱼环境;鲜味坊以鱼塘中养殖的鱼为主要食材,开发各种以鱼食材为主题的各种菜肴;充分利用当地的民居资源,打造渔家民宿,既能让游客体验民宿的静谧与惬意,又能让游客有一种别样的田园感觉和乐趣;创办鱼副产品加工中心,将当地的鱼类产品加工成鱼干等一系列产品,并且将这些产品进行礼盒包装,可以让游客购买以作馈赠亲友之用。

(3) 开心菜园。打造开心菜园,为游客提供蔬菜采摘、"田田圈"蔬菜认领、创意蔬菜制作等旅游项目,农事体验活动增加旅途的参与性与趣味性。蔬菜采摘园以品种多样化、产品特色化、产量高、品质好的健康有机蔬菜为目标进行规模化生产;强调有机、绿色、环保、生态的蔬菜认领,游客可以在此认领自己喜欢的蔬菜,也可采用订单制模式,要求定期配送自己所认领的蔬菜;设计创意蔬菜制作,鼓励游客可以根据个人创意进行创作。

3. 田园生活体验区。在光华村内后湖任湾区域内设置田园生活体验区,主要依托当地的明清古名宅,以古民居博物馆、农耕文化展示馆、酒文化展示馆、休闲乡宿街等重点项目为依托，满足游客观光游览、户外休闲的需求。其中，开发明清古民宅，提升、改造现有古建筑以建成古民居博物馆，同时，挖掘该地区的农业文化，建设农耕文化展示馆；利用后湖任湾的美酒，开发酒文化展示馆，既作酒文化展示区，也可作为一个旅游商品交易市场；在旅游景点附近的湾部建设休闲乡宿街，发展农家乐，为游客提供完善的旅游接待。

（1）农耕文化展示馆。在馆内设置农耕器具展示墙、农耕记忆长廊、百姓民俗用品仓、红旗先进形象墙等，以农耕文化为载体，通过景观小品、图片、文字的方式，展示中国历史悠久的农耕文明历程。通过实物展示，结合图片、资料，展示和还原古代到当代农民生活用品和场景，反映农民生活演变、农作物生长过程、农耕文明进程、新农村建设成就。此外，在红旗先进形象墙上，可以考虑将光华村的先进人物及事迹进行展示，将他们的故事制作成为宣传海报用以宣传，也可以将他们的事迹制作成纪录片或者短视频，循环播放。

（2）酒文化展示馆。在休闲生活区内设置酒文化展示馆，馆内包括光华酒肆、光华酒业示范坊两大板块。光华酒肆的设计以及经营既要体现地方特色，又要满足游客的现代休闲需要。因此，酒肆的设计可以考虑以木质的屋架、质朴的材料为主，同时，融入现代餐饮的经营理念，使游客充分体验择一隅而坐、温一壶清酒，恍惚间有一种穿梭时空的错觉。建设光华酒业示范馆，一方面，通过树立典型，引导行业自律，打击非法生产、销售假冒伪劣酒产品的行为，促进光华酒业的健康发展；另一方面，该馆分为体验区、糖化区和发酵区三大部分，从使用大米蒸饭、洒酒饼粉入坛进行糖化、发酵以及最后的蒸馏，可以使游客亲身体验一系列的酿酒工艺。

（3）休闲乡宿街。打造田园乡宿，将现代民宿概念运用其中，同时就地取材，融入地方文化对民宿进行装饰，营造悠闲舒适的休憩环境。同时，打造农家书屋，书屋内陈列农耕文化读物、农业科技、科普知识读物、荆楚文化读物、作家书籍、新农村建设读物、农村风俗读物、科幻读物等，供游客在此学习农业知识，畅游书籍的海洋。

五、光华村乡村旅游扶贫的具体路径

（一）加大资金投入力度

1.积极争取各级财政配套资金。财政配套资金，是指上级政府拨付给本行政区域社会管理、公共事业发展、社会保障、经济建设以及财政补贴等方面具有指定用途的资金。为了扎实推进脱贫攻坚，光华村在积极争取财政专项扶贫资金投入的同时，还需要加大财政扶贫资金统筹整合力度，加强资金监督、监管，为43户贫困人口提供资金保障。

（1）积极争取各类财政专项资金。一是财政专项扶贫资金，继续积极争取国家财政专项扶贫资金、省级财政专项扶贫资金、市县财政专项扶贫资金，直接用于改善光华村贫困户的基本生产生活条件，缓解生产性资金短缺。二是美丽乡村建设专项资金，用于整治农村环境，开展村庄绿化美化，加强基础设施建设和公共服务建设。

（2）税收优惠。制定精准扶贫的税收优惠政策，对参与"旅游+"扶贫模式实施的所有企业视同农业企业，享受免税政策。落实扶贫捐赠税前扣税、税收减免等扶贫公益事业税收优惠政策。

（3）贴息支持。以财政扶贫贴息等方式，对发展潜力大、扶贫带动作用强、发展乡村旅游扶贫项目的龙头企业、农民合作社、能人大户等新型农业经营主体进行扶贫贴息贷款扶持，支持其做大做强，带动贫困户增收。光华村的砂糖橘种植基地、精养鱼池可以申请贴息支持。

（4）财政奖补。对于效益好、带动性强的旅游项目，积极争取一事一议财政奖补资金。

2. 引导社会资本投入。在脱贫攻坚战和全域旅游发展的新形势下，旅游扶贫将成为旅游发展和新一轮旅游投资的热点领域。社会资本的进入将带动社会力量广泛参与乡村旅游和旅游扶贫事业，助推旅游扶贫之路顺畅发展。光华村旅游扶贫的社会资本来源渠道按组织形式划分，主要有企业资本、社会组织资本以及个人资本三类。

（1）企业资本。光华村在旅游业发展以及精准扶贫的过程中，通过市场化的运作成立或者引进具备一定实力的企业参与旅游发展，企业通过旅游投资或农业投资项目来带动贫困户脱贫致富。企业资本分为企业独立投资和集体合资两种模式。企业独资即企业自主独立投资某一项目；集体合资即贫困户以土地、鱼池等生产资源或者资金入股，成立合作社共同建设旅游项目。就目前而言，合作社更易于调动贫困户的积极性，解决就业难题，增加农民收入。

（2）社会组织资本。光华村在引入社会组织资本的过程中，可重点考虑在生态保护、教育、医疗等方面引入相关机构参与精准扶贫。在生态保护上，引进美丽乡村建设项目和生态绿道建设项目；在教育上，引进农家书屋扶贫扶志项目；在医疗上，引进卫生流动服务站等项目，解决光华村因病因残致贫的难题。

（3）个人资本。个人资本按照资本来源可以分为内部资本和外部资本两种。在精准扶贫的过程中，优先考虑光华村内的个人资本。一方面，通过能人返乡、回乡创业等政策吸引个人资本的投入；另一方面，对于有条件参与旅游扶贫工作的贫困户，主要考虑"一对一"定点帮扶模式，外力助推脱贫致富。

（二）完善旅游基础配套设施

乡村旅游的发展离不开完善的旅游基础配套设施。光华村要在交通基础设施、给排水与电力通信设施、旅游标识系统三个方面进行建设与完善。

1. 交通基础设施。要在光华村外部道路合适的位置设立道路标识和景区距离标识，增建路灯等照明设施。光华村村内部分道路为泥土铺设，路面状况较差，路面宽度尚不能满足旅游交通的需求，须进行系统、具体的道路规划。现有的道路旁边垃圾桶、指示牌、安全设施等较少，不能满足光华村旅游业长远发展的需要。光华村内景区的游步道也需要进一步进行规划。

2. 给排水与电力通信设施。（1）给排水系统。村内排水系统主要是用来处理生活污水以及雨水。对于生活污水的处理，可以采用地埋式一体化污水处理设备，对环境景观无影响，处理后的水可用于冲厕或绿化，实现达标排放。一体化生活污水处理工艺及装置是以生化反应为基础，将生化、沉淀、污泥回流等多个功能不同的传统反应器有机结合在一个建筑物或设备之中而形成的结构简单紧凑、管理操作方便的污水处理组合体。[①] 对于雨水的处理，可以将雨水经过雨水管道收集后，直接排入自然水系，同时，整修原有沟渠，使排水系统更加完善。对于农业废水，可以建立小型污水净化处理器，待水体净化之后实行再循环利用。雨水排放按照适当集中、分散排放的原则进行排放。（2）电力通信设施。光华村的电力通信设施要保证安全稳定、协调美观。电力设施必须保证能够满足村内所有居民以及游客的正常用电需求；网络通信要稳定、便捷、快速，以方便游客的需求。

3. 旅游标识系统。目前，光华村尚处于未开发状态，虽有部分旅游标识，但是不完整且分散，无法保障游客的安全。因此，要进一步完善当地的管理性

---

① 徐洪斌，耿颖. 一体化生活污水处理工艺及装置［J］. 节能与环保，2008（3）：30-33.

标识系统，包括光华村内明示、告知、劝说、指令、警告、禁止等系列标志，主要作用为规范游客行为、预防事故、教育社会等，一般有消防安全标识、保护生态环境标识、节约用水标识，如"小心落水""注意森林火灾""小心台阶""文明旅游"等。同时，还要进一步完善当地的信息说明性标识：在各个主要交通要道上设置具有鲜明特色的广告牌，使之能够迅速吸引行人的注意；除此之外，设有专门介绍功能分区的标牌，附有文字说明和游览图，使游客一目了然地清楚自己所处的位置、开发的游览项目及大致游玩的路线。以上措施能够方便游客开展游览活动，使其对旅游区的旅游景点游览更加深入。

（三）完善农户参与机制

在精准扶贫的过程中，应着力创新农户参与机制，提高贫困农户的扶贫参与广度和深度，落实贫困农户的扶贫主体地位。一方面，在战略上制订切实可行的目标和规划，不断完善"合作社＋农户""景区＋农户""互联网＋农户"等模式，促进产业化经营与扶贫开发有效对接，引导贫困农户进入产业链条。另一方面，通过贫困农户的参与，促进贫困群众增收能力和自我发展能力双提升。

1. "公司＋农户＋基地"机制。通过推行村民以地入社、按宅占股、以股分红机制，一方面整合光华村旅游资源，连片集约发展旅游业，另一方面调动贫困户的积极性，使其在合作社务工，获得资本、务工、分红三重收益。

2. "景区＋农户"机制。立足光华村丰富的旅游资源，抓住开展旅游扶贫的契机，规划发展橘果种植基地、渔乐圈等重点项目。一方面，贫困户通过土地流转、开办农家乐、销售特色农产品、劳务务工等手段脱贫致富；另一方面，加强村容村貌建设，打造美丽乡村。

3. "互联网＋农户"机制。依托扶贫产业砂糖橘基地，加强电子商务平台的建设，通过互联网，一方面，将生产的砂糖橘销往全国各地，另一方面，打响光华村砂糖橘特色品牌，以砂糖橘采摘等特色活动拉动区域旅游业的发展。

（四）不断丰富旅游业态

旅游扶贫就是要充分发挥旅游业的引领作用，推动光华村其他相关产业综合发展，达到脱贫效果。光华村的旅游业发展刚刚起步，各要素有待规划发展，因此，规划需要围绕"食住行游购娱"来策划光华村旅游扶贫业态，实现全产业链、全要素链及全价值链的高度统一。

1. 旅游餐饮业态。旅游餐饮业是旅游业的重要组成部分，而在旅游餐饮业的发展过程中，光华村除了需要考虑餐饮品种的多样化之外，餐饮文化是内涵，是餐饮业的可持续发展动力源泉。因此，要以品尝农家特色美食为主，结合光华村的鱼、荷、菜、米等农业资源，打造特色餐饮文化，主要的产品类型有生态农家乐、鲜味坊、荷香美食嘉年华、创意蔬菜制作等。

2. 旅游住宿业态。随着我国旅游业的蓬勃发展、居民消费观念的转变，旅游住宿业态已经发生了巨大的变化，旅游住宿业发展已进入新常态，急需转型升级才能谋求更大发展。光华村要努力打造多层次、多功能、多类型的旅游住宿体系，如光华休闲农庄、渔家民宿、田园乡宿等，满足不同旅游者的需求。

3. 旅游交通业态。旅游交通业态是把交通和旅游融合起来的一种经营业态，其产品形态丰富多样。结合乡村旅游可持续发展的实际需要，光华村应以纸贺路为核心，重点打造特色生态停车场、骑行绿道等旅游交通业态；此外，要坚持生态优先，辐射全村各角落。

4. 旅游产品业态。光华村可以考虑在橘果种植基地、野味农园、稻荷田园、古民居博物馆等地，根据不同旅游资源，打造集观光、休闲、娱乐、科教、度假等功能于一体的旅游产品。

5. 旅游购物业态。购物是很多旅游者在旅游过程中必不可少的活动，高品质的旅游购物活动不仅能够增加旅游者对旅游活动的满意度，同时，还能够增加旅游目的地的旅游创收，并提高旅游目的地的知名度与美誉度。光华村的农业资源、手工艺品、特色民俗产品均可转变为旅游商品，是扶贫旅游的重要环节。因此，可以考虑在特色农产交易中心、渔副产品加工中心、光华酒业示范馆开发各类特色旅游项目，满足游客的购物需求。

6. 旅游娱乐业态。重体验、重过程、重娱乐的丰富的娱乐活动能增加旅游者的停留时间和重游率。结合光华村的实际，可以考虑设置鱼虾垂钓、蔬菜采摘、动物喂养以及酒文化展示馆中的休闲娱乐活动项目等；同时，可以结合客源市场的需求，适当开发一些夜游娱乐项目，延长游客的停留时间，促进旅游消费。

（五）加大人才培养的力度

人才是关键，也是贫困地区发展旅游最大的短板。在开展旅游人才培训的过程中，要坚持"新理论、新知识、新技术、新方法"四新培训理念，对建档立卡贫困户、乡村旅游经营户、旅游扶贫一线的村干部、带头人、能工巧匠传承人、返乡创业人才开展培训，并且，对不同的培训对象有针对性地开展培训，围绕"精准",强化培训的实效性。此外,还应运用先进的培训手段,如"移动课堂,送教下乡",全方位地开展线上、线下旅游人才培训。

同时,在培训的过程中,要结合光华村各类旅游人才的培养需求以及乡村旅游可持续发展的需求,精选具体的培训内容。从总体上来看,光华村对乡村旅游人才培训的具体内容应包括以下五个方面的内容:(1)文化道德培训。党的十九大报告提出,注重扶贫同扶志、扶智相结合。贫困户大多由于疾病、残疾等使得自身文化水平不高,处于文盲或半文盲的状态,须通过学习文化道德素质,提高知识储备与情商。(2)旅游运营管理培训。对乡村旅游经营户和村干部、带头人等开展产品开发、市场营销、品牌推广等运营管理培训。(3)旅游接待服务培训。对旅游从业人员开展餐饮、住宿、交通、娱乐、购物、讲解等方面的旅游接待服务培训。(4)旅游实用技术培训。对乡村旅游经营户和能工巧匠传承人开展种植、养殖、采摘等专业技术培训和特色农副产品、手工艺品和旅游商品开发等实用技术培训。(5)旅游创新创业培训。对旅游创业返乡人才开展民宿、立体农业、电子商务等新业态的培训(见表10–10)。

表10–10　　　　　　　　　乡村旅游人才培训一览表

培训对象	建档立卡贫困户、乡村旅游经营户、旅游扶贫一线的村干部与带头人、能工巧匠传承人、返乡创业人才
培训内容	文化道德素质、旅游运营管理培训,旅游接待服务培训,旅游实用技术培训,旅游创新创业培训
培训方式	定期举办培训班,建立培训导师制度,开发在线学习平台,拓展网络远程培训

(六)加大市场营销力度

1. 旅游形象识别系统。塑造具有典型个性和特色的形象,能够使社会公众对当地旅游产品和服务产生一致的认同感和知名度,从而树立整个村良好的旅游形象,扩大旅游市场份额,促进当地经济社会发展。将形象识别系统(CIS)理念运用于光华村旅游形象的塑造与传播,能够把光华村的特色旅游资源向社会公众主动地展示与传播,以便更好地给社会公众留下深刻的印象(见表10–11)。

表10–11　　　　　　　　　光华村旅游形象识别系统

理念识别系统 (心)	发展目标:江夏区旅游扶贫示范村、武汉市美丽乡村建设试点村和湖北省旅游名村 主题形象:橘林水韵,醉美光华

续表

行为识别系统（手）	政府：大力宣传光华村的旅游形象，采取多种方式进行推广 企业：支持光华村旅游形象的宣传活动，对各类旅游形象的塑造进行积极参与、建言献策 村民：积极参与旅游宣传，带动村民，共同塑造旅游形象
视觉识别系统（脸）	建筑造型：以乡村田园风格为主，造型可设置为圆形橘果、长条形鲤鱼等 公共标志牌：颜色以草绿色、土灰色为主，上面可以画动植物图案进行引导 交通工具：以各类养殖家禽的形象来包装村内交通工具，突出舒适性和观赏性 象征图案：橘果、鱼组合图案

2. 营销组合策略。光华村要根据旅游市场需求，结合自身的实际情况，采取有效的营销组合策略。

（1）旅游产品策略。依据光华村的旅游产品现状与特点，有步骤、分季节、有重点、有针对性地推出旅游产品，包括对现有产品的新包装和对新产品市场的开拓。

（2）旅游价格策略。制定出分区域、分客源地的价格体系和优惠措施，在旅游淡、旺季，采取不同的价格，以分流旺季游客、吸引淡季客源。

（3）旅游渠道策略。通过竞合分析，寻找合作伙伴，建立共生的营销渠道系统，共享渠道资源，共同分担营销费用，协同进行营销传播、品牌建设、产品促销等方面的活动，共享营销资源，巩固营销网络。

（4）旅游促销策略。根据具体促销的旅游产品特征，选择合适的促销媒体。随着现代网络技术的迅速发展，游客搜集信息方式、消费方式已经发生了巨大的变化，因此，在实际的旅游促销活动中要采取有效的促销策略。一是在城市的主要干道悬挂路牌广告以吸引尽可能多的潜在旅游者的关注；同时，在节假日之前，综合运用电视、广播、报纸等传统媒介以及网络、微博、微信等社交平台，联合发布旅游促销信息。二是针对不同的游客、不同的旅游季节，给予不同的优惠价格，以吸引更多游客，推动旅游消费。三是在全国知名度较高的旅游网站或综合网站上开展以光华村乡村旅游为主题的游记征文大赛等，进行潜移默化式的宣传；或者积极参加国内外各类大型的旅游博览会，推介旅游产品，不断刺激旅游消费。

（七）加强安全与卫生管理

1. 安全管理。乡村旅游的发展要把游客的安全始终放在第一位。（1）进村道路。要进行入村道路扩宽平整，并对道路两侧的建筑物进行维护和形象设计，完善防护栏、警示桩、交通标志,并增加夜间灯光。(2)村内交通。村内交通道路需要进行改造,平整路面,结合路网现状,形成主干道—次干道—宅前路三级道路体系,从防护栏、警示桩、交通标志、停车场等方面进行完善。(3)旅游事故。旅游事故可能会发生在旅游过程前、旅游过程中和旅游过程后,除了要加强员工的安全意识与安全技能的培训,健全事故应急响应机制外,还要在旅游过程中不断宣传旅游安全事项,增强游客及村民的安全意识。(4)自然灾害。光华村气候比较湿润,可能会出现高温、寒潮、塌方、滑坡等自然灾害,应及时获取关于灾害性天气的信息,设置自然灾害警示设施,储备相关防范物资和对相关人员进行培训来防范。(5)开发建设。乡村旅游项目的开发建设具有风险。一是项目建设风险,应通过落实安全督导检查工作,有效杜绝施工风险并及时处理特殊情况;二是市场开发风险,应通过各类有效的招商引资方案,形成完善的资金链条,并进行专业管理。(6)经营管理。加强对旅游从业人员的培训,提高村民素质,杜绝人事风险;加强内部管理,节约成本,完善服务设施,提高服务质量,减少管理风险;加强对各级游客市场的研究、收集、分析工作,以区域旅游市场合作提高旅游竞争力,减轻市场风险。

2. 卫生管理。环境卫生状况环境直接影响到游客的满意度,对其二次消费产生重要的影响。因此,光华村必须要做好各项卫生管理工作。(1)环境卫生。提前进行污染源控制,在容易发生环境污染和破坏的区域安置乡村环境质量检测工具,定期、不定期地检测并公布检测结果。对环境污染较为严重的区域进行优先处理,以推进美丽乡村建设。(2)垃圾处理。全面设置垃圾投放点及分类式垃圾箱,对村民和游客进行垃圾分类环保宣传教育。对产生的生活垃圾进行集中无害化分类处理,减少对环境的污染。(3)污水处理。提前进行废水污染源控制,并在污水排放终端建设水质监测站,对村民和游客进行宣传教育,以使其了解生活污水的破坏。对污水尽量使用生态科学污水处理方法。(4)厨房管理。景区的厨房尽量使用环保材料建设,同时,使用科学设备减少厨房垃圾排放,村民家的厨房可以适当进行改造,以更好地适应美丽乡村的发展。厨房垃圾的处理以同化能力为主、人工净化为辅。(5)厕所管理。对现有的户外公共厕所进行改造,同时,新建几处旅游厕所分布在各旅游景点,加强对景区公共厕所的管理,制定并实施旅游厕所管理制度,以提高环境卫生质量和服务水平。(6)医疗卫生。加大当地卫生基础设施的投入,针对乡村旅行常见安全卫生问题,合理设置救治科室,并对基层医生进行旅行卫生知识的培训;与此同时，各乡村卫生机构还应加大与上级医疗机构及交通、公安等部门的联系，提高医疗救治的速度和水平。①

(八) 加大生态与文化保护力度

1. 生态环境保护。在开展乡村旅游的过程中，光华村必须要重视生态环境的保护，要坚持"预防为主、保护优先"的原则，坚持生态保护与生态建设并举的原则，将环境保护的责任落实到相关人员身上，既要尊重经济规律，又要尊重客观规律；同时，要注重从大气、水、噪声三个方面展开，在可持续的自然环境承受范围内，进行保护性规划建设。(1) 大气环境保护。加强关于大气环境的教育宣传，制定相关奖惩制度，建立大气环境监测站，引导村民和广大旅游者自觉遵守与环保有关的法律法规；在全村内推广沼气、天然气和电能，调整燃料结构，减少大气污染；严禁焚烧农作物秸秆，鼓励秸秆还田；住宿、娱乐、度假等功能接待设施尽可能地使用低碳、绿色的新能源，如天然气、太阳能、电能等。(2) 水环境保护。定时、定期对河道进行维护；同时，通过积极处理、科学取样搜集等形式，加大对污水排放的监管力度；积极推广全新高效环保型农药和化肥，实行绿色生态养殖，增加土地的轮耕、休耕制度，促进有机肥料的使用；加大污水治理力度。(3) 声环境保护。选择合适的树种、植株的密度、植被的宽度，以达到吸收二氧化碳及有害气体、吸附微尘以及吸纳声波、降低噪声等作用；修建低噪声路面，可以降低车辆行驶的噪声。

2. 传统文化保护。文化是旅游业的灵魂。光华村在开发乡村旅游的过程中要加大对当地特色建筑的修缮与保护力度；同时，要采取有效措施开展乡土文化的保护与传承，以期推动乡村旅游的可持续发展。(1) 特色建筑的保护。对光华村的明清民宅进行全方位的保护，在这些特色建筑外围修建保护性设施；制定科学、合理、详细的建设保护措施与管理实施细则，并要求当地村民、乡村旅游经营者严格遵守。(2) 乡土风情。保护当地的民风民俗、农业文化等，制定相关文化保护政策，促进乡土文化的保护与传承，推动文明乡风的建设。

---

① 程勇. 我国乡村旅游中存在的卫生问题及对策分析 [J]. 中国卫生事业管理, 2007 (10): 713–714.

第三节　武汉市新洲区三店街董椿村乡村旅游扶贫实践

一、董椿村基础情况分析

（一）村情概况

1. 自然条件。

（1）地理位置。董椿村隶属于武汉市新洲区三店街，位于武汉市新洲区城北工业园举水河叶家大桥北侧，北靠三店街4千米，南临邾城街3千米。

（2）气候条件。董椿村属典型的亚热带大陆性季风气候，气候温和，四季分明，雨量充沛，自然条件较好，适宜农业生产。年平均降雨量为1000—1460毫米，全年降水天数平均为120.6天，多集中在春、夏两季。日照长，年平均日照时数为2018.6小时。霜期短，无霜期平均为253.7天。年平均气温16.6℃，日极端最高气温40.3℃，日极端最低气温 –11.5℃。

（3）土地状况。全村版图面积6000亩，种植面积2260亩，其中，种植水稻面积为1057亩，旱地面积1203亩，人均耕地面积1.18亩。

2. 经济社会状况。

（1）经济状况。董椿村主导产业以种植粮、棉、油为主，集体经济基础薄弱。水产养殖基地120亩，养殖大户2户，饲养肉牛180头、牲畜320头。2015年，实现产值1200万元。目前，村民的主要收入来源是外出务工和农作物种植。2017年，全村人均收入15200元，村集体收入100000元。

（2）社会状况。由徐家墩、肖家湾，大董椿、廖家湾等13个自然湾组成15个村民小组，目前，有512户、2048人。外出务工510人，空巢老人12人，留守儿童10人。村两委班子成员5人，党员58人，60岁以上老党员27人，35岁以下年轻党员14人，村民代表29人，团支书、妇联、民兵联等群团组织负责人3人。为美化村民生活环境，全村积极进行卫生环境整治工程，扎实开展农村"四清、四化"和"五改"整改活动，狠抓治乱、治垃圾、治污水、治农业面源污染，出重拳，治难点，求实效。此外，村内设有老年人互助照料服务点、永椿群众娱乐广场、三店街董椿村卫生室,并配备有必要的文体娱乐和健身活动器材。

(二)贫困现状及成因

1. 贫困现状。根据三店街董椿村村民代表大会民主评议统计结果,确定建档立卡贫困户为27户、93人,具体情况如表10-12所示。截至2017年年底,贫困户51户,建档立卡贫困户27户、93人已实现基本脱贫。

表10-12　　　　　　　　董椿村贫困情况一览表

贫困类型	贫困户数(户)	贫困人数(人)	所占比例(%)
大病	8	15	16.13
残疾	19	78	83.87
合计	27	93	100

2. 致贫原因。根据2015年确定列入建档立卡贫困户数的统计结果,可以得出,董椿村贫困户的贫困原因主要是因病、因残、因学。其中,因病12户、43人,占46.24%;因残10户、33人,占35.48%;因病与因残4户、13人,占13.98%;因学1户、4人,占4.3%。进一步分析其深层次的原因,主要体现在:村民文化素质普遍较低,就业技能、信息、渠道缺乏;农村基础设施相对落后,地势低洼,功能配套缺失,农业生产效益低下,导致全村贫困;农民增收渠道单一,致富门路少,农民主要依靠传统种植业,生产结构单一,农业收入低。

二、董椿村旅游发展条件分析

(一)区位条件

1. 地理区位。从地理区位上来看,董椿村具有较为明显的区位优势,具体体现在微观、中观、宏观区位三个方面:(1)微观区位。董椿村位于武汉市新洲区城北工业园举水河叶家大桥北侧,北靠三店街4千米,南临邾城街3千米,坐落于318国道与106国道之间,距离大广高速新洲道观河、武英高速汪集收费站15千米,区位独特。(2)中观区位。董椿村所在的三店街位于新洲区北部,西邻凤凰镇,东北方与潘塘街接壤。新洲三大河之一得举水河穿境而过。(3)宏观区位。董椿村所在的新洲区,位于武汉市东北部、大别山余脉南端、长江中游北岸，东邻黄冈市团风县，西接武汉市黄陂区，南与武汉市洪山区、鄂州市华容区隔江相望，北与黄冈市红安县、麻城市毗邻交错，地势由东北向西南倾斜，山岗与河流呈"川"字形排列，俗称"一江（长江）、两湖（武湖、涨渡湖）、三河（举水河、倒水、沙河）、四岗（楼寨岗、叶顾岗、长岭岗、仓阳岗）"，为武汉东部水陆门户。

2. 交通区位。董椿村所在湖北省武汉市新洲区三店街交通便利。106国道、柳明公路呈"十"字形贯穿境内，还有318国道与新道公路交错其中。从三店街到武汉市中心城区大约只需要一个半小时的路程，全程大约80千米；到达天河机场、武汉高铁站等交通枢纽大约也只需要一个小时的路程。同时，董椿村内部交通和外部交通通达性较好。新洲区主要交通干线之一的郭竹线贯穿境内，国道106紧邻董椿村界，这也是董椿村对外的主要交通线。境内乡道027连接13个自然塆，均是水泥路面，平整规划，路况较好。

（二）旅游发展条件

1. 旅游发展现状。董椿村常年以水稻、莲子等传统农作物种植为主要产业，旅游业还没有完全地成型，旅游开发潜力大。董椿村依托丰富的农业资源（如农业、林业、牧业、副业、渔业等资源）开发旅游资源，成立了武汉市永椿生态农业发展科技有限责任公司，打造了武汉永椿生态休闲旅游园，该旅游园是集农业种植、田园观光、农业休闲、农业研学、亲子游乐和乡村度假于一体的休闲家园和旅游乐园。游客可以在此参与赏花、四季采摘、赶牛耕地、播种栽苗、施水浇肥等一系列农事活动，体验乡村乐趣。

2. 旅游资源评价。

（1）旅游资源价值评价。一是观赏价值。董椿村位于举水河畔，依水而建，村内自然环境优良，农业资源丰富，有一望无际的稻田，可以观赏到风吹麦浪的美景，有姹紫嫣红的花海景观，还有错落有致的农家小院，都将董椿村的田园风光完美地展现在游客的面前。游客们来到董椿村，可以观赏到返璞归真的自然风光。二是体验价值。董椿村以农业资源为主，目前，武汉市永椿生态农业发展科技有限公司充分利用农业资源对董椿村进行旅游开发，游客来此可以体验四季采摘、童趣抓鱼、特色烧烤等一系列旅游项目，参与农业生产劳作，体验农耕生活、感受丰收的喜悦。三是研学价值。董椿村田园气息浓厚，村内很好地保留了传统的农耕生活和生态资源。这些资源不仅具有观赏价值、体验价值，还具有研学价值。规划区将重点发展亲子农业，突出乡土乡情，挖掘和整合乡土资源，发挥自然教育基地的作用，让游客了解到农耕文化、当地特色民俗等一系列文化知识。四是养生价值。董椿村是一个依水而立、民风淳朴、生态宜居的美丽村落。游客来到董椿村可以释放身心，获得一种"采菊东篱下，悠然见南山"的舒适感，品尝绿色有机食材，慢享乡间安宁，寻找往日情怀；长住在一个自然、自足、自养、自乐的乡村生活空间里，养生，养性，养老。

（2）旅游资源效益评价。一是经济效益。近年来，旅游扶贫作为乡村旅游新的发展模式进入人们的视野中。旅游项目的开发会带动与之相关的一二三产业共同发展，从而获得可观的收入，带动人们脱贫致富。董椿村充分开发利用农业资源，着力发展亲子农业，将市场定位于家庭旅游。家庭出游消费能力强，出游率高能够获得很好的经济效益，有效地带动了董椿村脱贫致富。二是社会效益。董椿村的主导产业是农业，当地的居民主要依靠传统农业收入来维持生活，所以，出现了很多收入过少导致贫困的问题。随着旅游扶贫这样一种模式的出现，依据董椿村现有的农业资源来开发旅游项目，有效地带动相关产业的发展，创造了创收平台，增加了更多的就业机会，提高家庭收入和生活幸福指数。三是生态效益。通过对旅游资源进行合理的规划开发，使村内景观和基础设施进一步完善，这样不仅可以增加收入，还促进本地区环境的改善，促进生态的平衡。董椿村位于举水河畔，生态环境敏感，应充分利用当地的自然环境，使自然资源转化为经济效益，发展经济的同时又能"反哺"当地生态建设。

（3）旅游资源开发条件分析。一是区位条件。董椿村位于武汉市新洲区城北工业园举水河叶家大桥北侧，村落整体坐落于318国道与106国道之间，距离大广高速新洲道观河、武英高速汪集收费站15千米，区位独特，交通便利。良好的区位条件为旅游资源的开发奠定了基础。二是客源条件。董椿村客源市场以周边区市县为主体，以武汉市市场为补充，立足武汉市面向华中地区，辐射全国；农业科普、研学旅游面向专项消费市场；乡村旅游面向大众群体，田园度假面向高端市场。以一级客源市场为核心市场，以二级客源市场为辅助市场，以三级客源市场为延伸市场。三是投资条件。董椿村进行旅游资源的开发，应当采取多种不同的投资渠道。政府对于旅游扶贫项目会有一定的资金支持，除此之外，董椿村还成立有永椿生态农业发展有限公司，创建了特色农家乐、特色赏花游等一系列旅游项目，这些项目很好地吸引了外来投资，创造了良好的投资条件。四是环境容量。董椿村占地面积4平方千米，地域广阔，资源条件优越，旅游者旅游选择性多，对于大众旅游者的接纳能力良好。在旅游旺季时，当大规模的旅游者进入董椿村时，景区的分流能力较为良好。但是，由于目前董椿村等基础设施不是特别健全，对于旅游者的容纳能力有限。五是景象地域组合条件。董椿村地处长江中下游平原、江汉平原东部，属亚热带季风性湿润气候区，具有雨量充沛、日照充足、四季分明、夏高温、降水集中、冬季稍凉、湿润等特点。规划区景象种类丰富，结构合理，组合条件良好。六是施工难易程度。董椿村的外部交通条件较好，位于两大国道之间，郭竹线穿境而过，交通便利，内部交通以乡道027为主，路况较好。整个董椿村地势平坦，所以施工难度较低。但因举水河流经村内，生态环境的限制可能会影响旅游项目的施工建设。

3. 旅游市场分析。

（1）旅游市场现状分析。新洲区每年的游客接待量稳增不减，游客的来源主要是新洲区、武汉市本地的游客，还有一些是来自于临市、县的游客，入境游客量很少。从游客的规模来看，三店街在新洲区的旅游接待人次中占有一定的比例。从游客的来源来看，主要是武汉市本地以及三店街周边相邻市、县的游客。从游客的类型来看，团队游的比例偏低，自驾游以及自助游的比例正在逐渐地上升。从游客出游动机来看，主要是休闲农业和民俗节庆体验。董椿村作为农业乡村，目前旅游开发还处于初级阶段，主要以农家乐和特色赏花为主，以农家乐、四季采摘等活动为吸引点，旅游接待人次正在逐年呈现递增的趋势。

（2）旅游客源市场定位。根据自然条件、区位与旅游发展条件，董椿村总体客源市场定位应以武汉市场为主体，以周边邻市县为补充；立足武汉市，面向华中区域，辐射全国；亲子娱乐、研学科普面向专项消费市场；乡村旅游面向大众消费市场，田园度假面向高端消费市场，重点突破中、远程客源市场和高端消费群体。以一级客源市场为主体，以二级客源市场为辅助，以三级客源市场和其他客源市场为延伸。突出田园景观以及亲子农业，打造出一种全面的客源市场开发战略。区域市场定位呈层次递进、环状辐射特点，具体定位如下：

一级客源市场：以董椿村为中心，自驾车和城际交通距离在一至两个小时之内，包括武汉市、黄石市、麻城市、黄冈市等。

二级客源市场：主要包括武汉周边的一些邻近城市，诸如湖南、安徽、河南、江西等周边省份的一些城市。适合两天左右的出游。

三级客源市场：主要包括长三角、珠三角地区的城市，如上海、杭州等。

同时，依托于董椿村的特色产业以及客源市场的需求，将董椿村的目标市场定位为农业观光旅游市场、亲子娱乐旅游市场、科普研学旅游市场、农事体验旅游市场以及养生度假旅游市场。

一是农业观光旅游市场：主要针对长期居住在城市，希望通过田园观光、农业种植等一系列乡村旅游活动来体验乡村风情的消费者。董椿村拥有着各色各样的农作物组成的美景，诸如金色麦浪、清塘静莲都带给游客无可替代的农业观光感受；此外，青椿乐园、花椿之家以及滨水生态公园都展现出董椿村独一无二的田园风情。

二是亲子娱乐旅游市场：近年来，亲子游市场经历着爆发式增长。亲子度假游具有明显的"小有所玩、玩有所学、大有所乐、乐有所享"的特征，既能给孩子带来很多的乐趣与知识，同时还能够增进亲情，目前，很多家庭都非常青睐。董椿村以亲子农业为主要发展方向，规划童梦憩园、萌宠乐园、亲子厨房等项目，为父母和小孩创造一个零距离的亲子娱乐空间。

三是科普研学旅游市场：主要是针对青少年学生旅游群体，通过研学旅游的形式，让他们去看、去体验、去领悟，寓教于乐，寓教于行。通过"乡愁"展览馆、科普讲堂、童享书屋等可以让他们很好地了解农耕文化。

四是农事体验旅游市场：主要是针对那些想要体验农事活动、获得农业体验的游客。游客来到董椿村，可以体验在田野间播种施肥、在蔬菜园采摘品尝等一系列农事活动。董椿村不仅为游客们提供休闲娱乐的好去处，更为游客们提供可以实践的难得机会，游客们可以参与农业生产劳动中。

五是养生度假旅游市场：针对那些以田园为生活空间，以农作、农事、农活为生活内容，以农业生产和农村经济发展为生活目标，以回归自然、修身养性、度假休闲、健康身体、治疗疾病、颐养天年为生活方式的游客。游客来到董椿村，可以体验安静的生活、健康简单的食物、休闲的环境，通过休闲养生农业旅游，可以体验耕作、收获的快乐。

（三）旅游扶贫潜力

1. 扶贫优势。

（1）政策优势。国家旅游局多措并举促旅游扶贫，诸如设立"国家旅游扶贫试验区"、加强资金支持；积极推进智力扶贫工作；组织开展旅游规划扶贫公益行动等一系列举措。国家旅游局、国务院扶贫办等多部委联合下发的《乡村旅游扶贫工程行动方案》中也强调了各地扶贫资金用到刀刃上；在制定政策、编制规划、分配资金、安排项目时向乡村旅游扶贫重点村倾斜，形成旅游扶贫开发合力。

（2）区位优势。董椿村位于新洲区三店街，距离高速站、武汉高铁站、天河机场等交通枢纽较近，交通便利。新洲区旅游资源丰富，董椿村凭借优越的交通条件可以借助新洲区临近景区的已有条件来进行旅游开发。

（3）产业优势。董椿村的主要产业是传统种植业以及畜牧养殖业，村内现成立了永椿生态农业发展有限公司，流转了一千多亩土地来打造休闲旅游园，充分利用董椿村现有的农业资源来进行旅游开发，贯彻一二三产业融合的理念，有力地带动董椿村的发展。

2. 扶贫空间。董椿村共有贫困户27户、贫困人口93人，主要有农村基础设施落后、农民增收渠道单一、文化素质普遍较低等一系列致贫原因。根据实际村情，结合旅游扶贫的基本战略，董椿村大力发展以"吃农家饭、住农家屋、赏农家景、购农家物"为主要内容的乡村特色旅游业，能够有效促进农村发展，实现农业增效，带动农民增收。

三、董椿村乡村旅游扶贫思路与主题形象策划

（一）董椿村乡村旅游扶贫的指导思想

董椿村在旅游扶贫过程中，要树立科学发展观，紧紧扣住董椿村农业旅游资源特色和瞄准国内外科普研学旅游市场需求，坚持以教育部等11个部委联合发布的《关于推进中小学生研学旅行的意见》为中心，以《旅游扶贫试点村规划导则》为标准，以实现董椿村全面脱贫为最终目标，将旅游扶贫理念、农业科普和研学旅游思路与董椿村本村特色相结合，通过旅游项目建设、产品开发和基础设施完善，以亲子农业、研学旅游为发展方向，最终将董椿村建设成为新洲区亲子旅游新名片、武汉市知名研学教育基地、湖北省休闲农业与乡村旅游示范点。

（二）董椿村乡村旅游扶贫的定位

1. 总体定位。整合董椿村的田、河、村等相关旅游资源，挖掘乡土文化特色，以"农业+"为旅游建设核心发展理念，以休闲农业和乡村旅游市场需求为导向，大力发展亲子农业，以农业科普、研学旅游为品牌，以果蔬有机种植基地、花卉苗木种植园为依托，以"农旅双链发展"为核心支撑，优化项目地资源配置，将项目地打造成集乡村亲子娱乐、乡土文化体验、农业养心养生、

果蔬种植加工、农业科普研学等于一体的美丽乡村。

2. 目标定位。根据董椿村的具体情况，未来要将其打造成为新洲区亲子旅游新名片、武汉市知名研学教育基地、湖北省休闲农业与乡村旅游示范点；实现由传统单一的农业结构转变为一二三产业良性融合互动的复合型产业结构；到 2020 年，贫困人口人均年收入达到 6000 元，到 2025 年人均旅游纯收入达到 10000 元。为了实现这一目标，将其具体分为三个阶段，并制定相应的发展目标（见表 10 – 13）。

表 10 – 13　　　　　董椿村乡村旅游扶贫的阶段性目标

具体时间	目标类型	目标内容
2018—2020 年	近期目标	结合董椿村的农业资源、农耕文化资源等基础条件，依托优美的生态环境，丰富的水资源，绝佳的区位交通优势，以亲子田园度假、游乐、健康、时尚生活为主题，打造新洲区亲子旅游新名片
2021—2023 年	中期目标	发挥地方资源优势，把农业科普和研学旅游作为发展方向，发挥农业融合功能，打造亲子农业项目。最终建设成为武汉市知名研学教育基地
2024—2027 年	长期目标	在亲子农业和研学旅游逐渐发展成熟基础上，董椿村内旅游服务设施和公共基础设施得到完善，旅游项目体系逐渐完备，形成集生态观光、休闲娱乐、亲子娱乐、农业科普等功能为一体的园区，致力于打造成湖北省休闲农业和乡村旅游示范点

3. 产业定位。董椿村目前旅游业的发展在全村的经济总量中占比还不太高，全村的经济主要以第一产业为主。董椿村旅游业对全村的影响主要集中在畈上塆和江土库塆，村内其他村湾村民仍以种植水稻、花生等作物为生。因此，着眼于董椿村社会经济发展的现状，将着力发展亲子农业，把旅游业定位为产业扶贫的支柱性产业，通过旅游扶贫规划实现旅游业对全村的带动，从而达到旅游产业脱贫的目的。

4. 功能定位。在功能上，董椿村乡村旅游发展定位于满足广大游客亲子娱乐、自然教育、田园度假以及农耕体验的旅游需求。（1）亲子娱乐。董椿村旨在给家长和孩子营造一个和谐、愉快、欢乐的亲子互动空间；同时，让城市儿童和父母一起体验乡村生活和田园氛围，既能让父母追忆童年，也能起到农业科普教育的作用，使小孩子增长知识。（2）自然教育。规划打造青"椿"乐园项目是以寓教于乐、寓教于农为理念，尊崇"自然教育法"，让孩子回归自然、亲近自然，设置科普讲堂、创意手工坊、家禽农场等项目建立自然教育、手工创作等课堂体系。（3）田园度假。让都市人群在田园之中，抛开手机和电脑、公务和人情世故，自由地呼吸新鲜空气，或是闲庭信步，自在地享受采摘收获和家庭相聚的喜悦。（4）农耕体验。董椿村主要是以传统农业种植为依托，开展特色蔬果采摘、赏花采莲、休闲垂钓等活动，同时，也可在农情时光、乡愁展览馆等地开展亲子体验传统农耕生活和感受农耕文化等活动。

5. 产品定位。董椿村拥有较为丰富的旅游资源，为促进乡村旅游的可持续开发，满足广大游客的多样化需求，以旅游业的健康持续发展带动村民脱贫致富，走上奔小康的道路，需要开发一系列旅游产品。结合董椿村目前的情况以及乡村旅游市场需求特征，其产品定位具体如下：

（1）乡村观光。董椿村举水河畔将规划彩色花海，村内种植连片大面积的荷花、桂花等苗木花卉，而且村民民风淳朴，田园景观保持原生态，很适合开展田园观光。

（2）农耕体验。董椿村设置农情时光、采摘乐园等项目可以让游客通过农田认养、果树认养、动物认养、蔬果采摘、休闲垂钓、娱乐活动等体验传统农耕生活的乐趣。

（3）田园度假。来到董椿村，慢下来，感受内心的声音。游客可以住精品农屋，享受一次心灵的宁静之旅；品农家菜，吃当地自给自足的有机农家的美食，体验柴火饭的美味。

（4）自然科普。将田园风光与教育相结合，进行资源嫁接，形成自然教育课程体系。在农业园区内，不止是一次单纯的亲子游活动，也是一次亲子自然教育活动。

（5）亲子娱乐。以亲子娱乐、亲子互动为主题，运用具有乡村特色的设施设备开展滚铁环、抽陀螺、玩弹弓、打弹珠、丢沙包、跳皮筋、跳方格、挑线、叠飞机等童乐游戏，进行亲子家庭娱乐活动。

（6）创意手工。以董椿村农业资源为基底，依托创意手工坊、亲子厨房等，开展适合家长和小孩共同动手创意设计的活动。

（三）董椿村乡村旅游的主题形象策划

1. 主题形象定位。旅游主题形象策划必须要遵循特色化、地域化、系统化原则，为此，董椿村乡村旅游扶贫一定要从资源特色、产业要素、农业基底等业态出发。结合董椿村的实际，其乡村旅游的主题形象可定位为"乡椿人家，

乐享自然",其具体的内涵如下:

(1) 乡椿。"乡椿"谐音"乡村",一方面,点明该项目所在地在董椿村,另一方面,也表明规划发展方向是乡村旅游。

(2) 乡椿人家。董椿村农业基础较为丰富,农耕文化历史底蕴深厚,资源景观组合度好,而且乡土气息浓厚,能够使游客体验到乡村旅游的土味、俗味、野味、农味,还有人情味,满足现代人亲近自然、返璞归真的心理诉求;乐享自然。

(3) 乐享自然。乐享是指游客来到董椿村,在此可以享受原生乡村生活的乐趣,包括乡土文化之乐、田园参与之乐、美食乡飨之乐、度假乡居之乐、家庭天伦之乐。自然是指董椿村拥有传统的乡土气息,优美的乡村环境,农、田、河、宅、林生态景观,也指董椿村在发展亲子农业和研学旅游时,是以"自然教育法"为教育理念,使小孩可以回归自然、亲近自然、学于自然。

2. 主题形象口号。结合董椿村的自然条件及其资源特色,可使用"童梦同享,乡椿乡情"作为该村的旅游主题形象口号。

(1) 童梦同享。表明董椿村乡村发展是以亲子、研学为吸引力,打造一系列亲子娱乐、亲子农耕、亲子教育、创意文化、农耕体验等项目,满足父母和孩子进行家庭式参与和亲子互动的需求。一方面,可以让父母回归原始淳朴的乡村生活,重温童年的记忆;另一方面,小孩可以感受父母的成长史,也能获得科普教育。营造乡村趣味世界,让家庭亲子"零距离",童趣乡愁,同享同乐。

(2) 乡椿乡情。董椿村依托农业资源特色和分布规划建设青椿乐园、金色麦浪、清塘静莲、风抚桂香等农旅融合项目,以及蔬果、花卉苗木等生态观光、农业采摘项目,能将乡村打造出如诗如画的美感;另外,乡村民居、乡村美食、乡村活动的设计也增加了乡村田园度假的乡土乡情。

四、董椿村乡村旅游的空间组织与功能分区

在充分考虑自身的区域定位、产业优势以及地理条件的基础上,董椿村应融入"旅游+"、乡村旅游、优质旅游等新型发展理念;同时,结合自身的整体村庄条件、周边建设和特色旅游需求,整合旅游资源分布、类型结构及其地域组合,遵循科学布局、高效利用、特色突出、市场导向、因地制宜、资源整合等原则,形成"一心一带三区"的功能分区。

(一)"一心"

"一心",即游客服务中心。在董椿村江土库湾南部、举水河畔建设游客服务中心,入口靠近郭竹线,集旅游咨询、信息发布、住宿餐饮、旅游服务、旅游交通等功能于一体;通过整合相关旅游环节,从而整合村内旅游资源,实现全村统筹协调发展,提升服务质量及游客体验。在游客中心内,要重点建设入口门楼、接待中心、旅游厕所、生态停车场。

1. 入口门楼。入口门楼的风格应以中式古典门楼造型为主,并使其成为游客服务中心的大门,采用生态建筑材料,使其与周边田园和民居的风格保持一致,突出美观的同时,注意对周围环境的影响。

2. 接待中心。接待中心是整个游客服务中心的核心,并将其设计为中式田园风格,设两层:一层设有售票处、咨询处、行李寄存处和多功能服务区,为刚进村里的游客提供完善的信息传达、景点订票、旅游咨询、行李寄存、休闲需求等服务;二层则设立娱乐休闲厅、休息室、展览厅等,为短暂停留的游客提供休闲娱乐的地方,同时展示村落的田园风光。

3. 旅游厕所。旅游厕所位于游客服务中心的后方,应采用新型清理系统,使其对环境的影响降低。厕位合理搭配,考虑亲子家庭的需求,设置残疾人厕位和老年人厕位。采用生态环保设计理念,厕所内、外部可喷绘花草壁画,内部配置面镜、除味花草、扶手等设施,注意厕所内部的清洁和除味工作。

4. 生态停车场。生态停车场位于郭竹线旁边,采用露天建设,面积要宽敞,并配置以草坪和空心砖铺设,以实现停车场的生态绿化和透水性强的功能;同时,划分出不同类型的停车道,在之间种植常绿草甸,具备清洁空气的作用,保证停车场的干净整洁和空气清新,合理维护生态停车场。

(二)"一带"

"一带"即乡村生态景观带。在027乡道上,南北联通郭竹线和106国道,交通极其便利,民居村落分布道路两侧,且道路两边种有稻谷、莲子、桂花等,景观优美,因此,可以将其设置为乡村生态景观带。景观带具有旅游交通、基础配套、旅游观光、休闲游憩等功能,可以用来开展农业观光、休闲、游憩等多种形式的旅游活动,适合开发相关农业旅游资源,使游客在自驾或徒步中自由地享受田园风光,感受自然的惬意。

(三)"三区"

1. 农事科普研学区。畈上塆、江土库塆和董椿村村委会一带,地势平坦,交通便利，不仅有大片农田、荷塘，还有永椿生态农业有限公司，农产品丰富、特色突出，村落聚集，适合开展以亲子娱乐、农业科普、研学旅游为发展方向的旅游项目，在农事生活中寓教于乐，在产品制作中创意指导，在乡间农趣中放松身心，以农业知识的教育宣传和科普为亮点，打造乡村品牌文化。结合地理位置以及资源特色，该片区可以重点打造青"椿"乐园、永椿基地两大项目。

（1）青"椿"乐园。以亲子、家庭体验、科普教育为主，在园内打造童梦憩园、农情时光、农耕雕塑、望乡台、"乡愁"展览馆、科普讲堂、家禽农场、萌宠剧场、童享书屋、创意手工坊、亲子厨房、青"椿"小筑、莲香餐吧、青"椿"客栈等。

（2）永椿基地。亲子农业打造亲子乐园，让游客回归大自然，享受原生态。童梦憩园提供亲子一起体验农耕、农事的平台，使孩子们在与自然田园的亲密接触中获得知识、获得快乐。乐园内重点打造原生态环境、非城市化的设施和玩具，比如跷跷板、秋千，还有一些自制玩具，像滚铁环、弹球、玩泥巴、跳房子等。空间场地要求开阔、平缓，使得多个家庭能同时参与轻松愉悦的游戏中。

2. 美丽乡村度假区。董椿村村委会和廖五房塆以北，027乡道横穿而过，位于董椿村居民集聚区，拥有大片农田，因此，可以在该片区域打造美丽乡村度假区。要发挥区域特色，可以开发荷主题、花主题、椿主题等具有文化内涵的休闲馆、民宿和餐厅等旅游接待设施和服务设施，为游客提供休闲度假、旅游接待、旅游观光等服务。结合该片区的资源特色，以突显乡村休闲度假为主题，可以重点打造"花椿之家"旅游项目，"花椿之家"由休闲馆、餐厅、民宿、购物街组成，为游客提供住宿、餐饮、购物、休闲、娱乐等全方位的服务与体验。

（1）花椿休闲馆。营造舒适安宁的休闲环境为游客提供一个交流、娱乐、休闲度假、调节身心的娱乐生活空间。内设有咖啡屋、酒廊、棋牌室和健身房等，并配以室内香薰。不同区域合理搭配，内部装饰体现古典韵味，建筑材料也以木质、石制等自然材料为主，空间之间巧妙结合，使其更加舒适宜人。

（2）花椿餐厅。主要为远来的游客提供餐饮和休憩服务；体现现代简约的装饰风格，餐厅内的所有食材都从乡村采摘园和种植区内进行采购，保证天然无污染；餐厅内部除传统餐桌外，还应划出部分小隔间提供给游客休憩；餐厅前台处设有乡村风景介绍和田园观光手册，为游客提供信息咨询。

（3）主题民宿。主要服务于家庭度假、企业活动等。民宿内部可划分为不同主题文化的群落，包括荷文化、莲文化、椿文化、花文化等，不同民宿之间以木质廊道进行串联,并设有清洁卫生、文化娱乐、医疗保健等服务体系。

(4)酣椿街。将靠近董椿村村委会、027乡道两边的民居改造成商铺,统一区域内的建筑风格,突出当地建筑特色。街内设有各式特色农产品售卖店、特色小吃店和旅游购物商店,不仅是满足游客的需求,还可以满足当地居民的需求。

3. 滨水生态观光区。在举水河畔、叶家大桥边打造滨水生态观光区,建设滨水生态公园。利用河堤下的大片土地种植花卉,开展滨水观光旅游;同时,在河堤与郭竹线之间、叶家大桥旁建设观景台或建筑小品,以供行人观景驻足时使用。滨水生态公园内应设置相应的观景台、建筑小品,同时可考虑种植喜水的花卉,打造"花涛香海"。(1)观景台。用于游客游玩叶家大桥时暂时停留驻足,观赏花草和水景。观景台的设计应与周围环境密切融合,设以木质桌椅和简单的休闲设施,给予远道而来的游客眺望乡村田园、感受乡村美景的旅游感受。观景台通体与周围景观颜色保持一致,融合到生态田园之中,让游客能在此感悟"乡情"。(2)建筑小品。分布在滨水生态观光区的整个区域内,采用亭、廊、桌、椅、凳、植被等多种形式打造各式建筑小品,既具有景观功能,避免游客在观赏过程中的审美疲劳,同时,又能满足游客的休憩需要。(3)"花涛香海"。在滨水生态观光区内的河堤之下的大片空地上,种植蟛蜞菊、野蔷薇、鸢尾(蝴蝶花)等喜水的花卉,同时,还有观赏作用。游客在经过郭竹线时,不仅能够观赏到自然水景,还能沿路看到各色小花,使其身心愉悦。

五、董椿柏园村乡村旅游扶贫的具体路径

(一)加大资金投入力度

目前,董椿村在扶贫项目上,已成立永椿生态农业发展有限公司,整合和流转180多亩土地,计划建设农家乐、休闲农业和特色赏花游等农旅融合项目。在旅游扶贫中,产业扶持是重中之重,也是行之有效的重要途径。因此,董椿村应该由政府引导、对口帮扶单位参与、社会资金主导三方合作进行产业扶持,带动当地经济发展。

1. 配套各级财政资金。从总体上来看,董椿村应合理利用财政专项资金以及紧抓各项配套扶持政策,促进乡村旅游各项目的有序建设与后续经营,推动乡村旅游健康持续发展,助推村民脱贫致富,让广大村民有更多实实在在的获得感、幸福感、安全感。

（1）财政专项资金。一是各级专项扶贫资金。董椿村是被国家旅游局、国家发展改革委、国务院扶贫办等 10 多个部门和单位认定的全国乡村旅游扶贫重点村，可积极争取国家财政专项扶贫资金，省级财政专项扶贫资金，市区、街道财政专项扶贫资金，用于乡村旅游扶贫项目建设。二是美丽乡村建设资金。董椿村内 027 乡道两旁已经建设了规整划一的民居和群众文化广场，道路宽敞平整，房前屋后绿树成荫，可积极申报美丽乡村建设。在乡村环境整治、部分基础设施的建设中，可争取美丽乡村建设专项资金。三是涉旅、支农资金。积极争取新洲区、武汉市、湖北省在涉旅、支农等各方面的政策扶持资金。例如，武汉市采取以奖代补的形式，重点支持农村电商示范基地建设，实施电商扶贫；鼓励乡村地区通过创建旅游特色村、创办休闲游合作社与农家乐、开发赏花游等途径促进乡村旅游转型升级。

（2）配套扶持政策。一是税费减免政策。对于董椿村招商引资的企业和能人回乡投资兴业的主体/项目，政府给予一定的免税、减税支持；或使其享受农业相关补贴。二是基础设施投资倾斜政策。旅游基础设施和公共服务设施建设，需要政策性资金投入。对于市级、省级地方相关基础设施的投资建设，在保证科学性的条件下，尽量向董椿村倾斜。三是金融信贷政策。对有贷款意愿、经营项目、还款能力和还款意愿的建档立卡贫困户和带动贫困户脱贫的新型农业经营主体，省级有关部门制定了相关的"金融扶贫"优惠政策，例如，企业贷款贴息补贴。四是研学旅游项目政策补贴。依据《关于进一步促进旅游投资和消费的实施意见》和《武汉中小学研学旅行方案》制定发展研学旅游项目补贴、门票等相关优惠政策。

2. 引导社会资本投入。

（1）企业资本。企业资本投入乡村旅游扶贫具体可以采取以下两种形式：一是企业独资，引入有雄厚经济实力、有社会责任感的企业下乡投资兴业，开发建设农乐园、精品民宿等项目；二是"企业（合作社）＋农户"，董椿村以土地承包使用权、宅基地或扶贫资金等入股，成立合资公司或合作社作为旅游扶贫平台，共同建设旅游项目。可以吸收贫困户就业创业，也可以进行股份分红。

（2）社会组织资本。社会组织资本参与董椿村旅游扶贫主要包括：一是公益医疗扶贫，董椿村 27 户贫困户中大部分是因病致贫，争取民政部对口部门的政策支持或相关专业学会、智库平台的扶持，展开"医疗保证助推精准扶贫"；二是公益产业扶贫，利用行业协会通过种养殖技术培训、现场技术指导、专家讲座等形式,帮助村民实现科学化、规模化种养殖,提高村民科学知识和实用技能,开展科学生产。

(3) 个人资本。依托武汉市提出的"市民下乡、能人回乡、企业兴乡"的"三乡工程",吸引个人资本回乡进行乡村旅游建设。市民下乡是指以亲子旅游项目为亮点,吸引市民下乡租赁村内空闲农房,开展休闲农业和创新创业,盘活农村闲置资源,增加村民财产性收入。能人回乡是指吸引乡贤、创业能手、企业家等群体回村投资,开展土地股份合作,成立产业发展合作社或公司(如永椿生态农业有限公司),促进乡村旅游规模经营。

(二) 完善旅游基础设施建设

乡村旅游的发展离不开完善的旅游基础配套设施。董椿村要在交通基础设施、给排水与电力通信设施、旅游标识系统三个方面进行建设与完善。

1. 交通基础设施。在原有027乡道的基础上进行修建和改造主干道,减少施工的成本和压力,减少对当地生态环境的破坏;并在道路合适的位置设立道路标识和景区距离标识,增建路灯等照明设施。在董椿村的主要功能分区修建次干道,方便游客对各个景区的主要景点进行游览。分支道路宽3米,在道路两旁设置路灯、垃圾桶和指向标等明显的旅游基础设施,分支道路采用水泥铺设的硬面道路。在主要游览区内设置游步道,主要为游客在各个分区中的观光体验提供便利。此外,在旅游区入口处主干道两边建设生态停车场,大约占地面积2500平方米,满足大约250辆车辆的停车要求。

2. 给排水与电力通信设备。绿化用水、道路洒水直接取用湖泊、溪流和地下水。旅游淡季可根据实际情况减少供水;给水建筑物设于隐蔽处,或建成与景点建筑相协调的景观设计。排水设施建设要科学合理,管道布置合理,排水系统能迅速畅通地将污、废水排到室外,同时,管道系统内气压稳定,避免有毒、有害气体进入室内;雨水经过雨水管道收集后,可直接排入自然水系,同时,整修原有沟渠,使排水系统更加完善。农业废水可以建立小型污水净化处理器,待水体净化之后实行再循环利用。管道及设备的安装必须牢固,避免管道渗漏,尽可能做到清污分流,为污水综合利用提供有利条件。此外,在游客综合服务中心等地设置无线网络信号发射器,保证无线Wi-Fi网络全部覆盖。

3. 旅游标识系统。董椿村目前尚处于未完全开发的状态,现设有部分旅游标识,但没有较为完善系统的标识系统来保证游客在董椿村顺利安全地出游,需要对董椿村进行旅游标识的系统建设。

（1）解说系统标识。在董椿村内设计专门介绍功能分区的标牌，附有文字说明和游览图，使游客一目了然地清楚自己所处的位置、存在的游览项目及大概游玩的路线。

（2）管理性标识。在董椿村内设计各种管理性标识标志，主要作用为规范游客行为、预防事故、教育社会、保护规划区设施等。

（3）交通标识。在接近景区入口处设置指示牌，指引游客进入规划区，在景区内部各个路口设置标识，为游客指明交通去向、游客所需的景点或者旅游设施。

（三）设计农户参与机制

乡村旅游扶贫成功的关键不仅在于明确帮扶对象，更重要的是要推动贫困农户的切实参与，并提高农户有效参与的水平和效果。因此，董椿村要高度重视农户参与，设计好旅游扶贫农户参与的机制。

1. 公司+农户。按照党支部引领、合作社带动、贫困户受益的方式，成立董春村农业产业合作社，将扶贫专项资金、宅基地、资金等作为个人股金入股合作社，将全部村民纳入其中。流转土地进行特色种养殖集约化、规模化生产，年底按入股分红。同时，大力发展"采摘体验、休闲观光、农耕体验"，吸纳贫困户入社务工，让群众在"家门口"增收脱贫。

2. 协会+农户。由三店街道办事处牵头，在外务工成功人士、乡村干部、乡贤等提供支持，在董春村成立乡村旅游扶贫协会，该协会是由董椿村及其周边村湾从事乡村旅游服务的农家乐、旅游商品、农产品产销商户等自愿成立。协会可以促进董椿村区域农家乐的规范和管理，而且提高乡村旅游的品牌竞争力和影响力。除了旅游协会外，董椿村在引进研学、亲子农业项目过程中也可形成"专业协会+农户"机制，由协会作为农户代表与公司进行协商谈判，确保农户利益。[1]

3. 农户独立经营。有能力、有条件的贫困户依据董春村亲子农业和研学旅游发展的需要，将自家闲置农屋或承租的其他村民住宅，开办精品民宿、农家乐、购物商店等，增加家庭的营业收入。对有劳动能力的农户，鼓励积极开展生态特色种养殖，并形成一定的规模。通过向游客出售自家的农副产品、土特产品而获得收入。

---

[1] 夏天. 区域旅游精准扶贫发展战略研究［D］. 武汉：武汉轻工大学，2017.

（四）策划旅游扶贫业态

旅游业是增加董椿村村民经济收入、实现脱贫致富的最现实、最直接、最有效的新兴产业。围绕董椿村目前的旅游资源和潜在市场特点，可开发以下六大类易于村民参与的、旅游扶贫效果好的新业态。

1. 旅游住宿业态。利用村内农民闲置住宅，结合当地功能区的主题定位以及旅游市场的住宿需求，从而为郊游、度假市民提供个性化住宿，主要的支撑项目有青"椿"客栈、主题民宿等。可在游客服务中心附近建造青"椿"客栈，以亲子文化为主题，以安全环保为根本，从家具产品到家居产品，围绕亲子房主题，以满足家长和孩子体验服务为出发点。

2. 旅游餐饮业态。以绿色有机、回归自然为出发点，设立不同主题、不同装修风格的满足不同需求的亲子餐厅或农家乐，主要的支撑项目有亲子厨房、莲香餐吧、化椿餐厅、生态餐厅等。亲子厨房通过父母的言传身教、寓教于乐的教育方式带领孩子体验乡村美食制作，是孩子们成长的乡村大课堂。同时，对于经典菜品，还会有专门的解说系统和动画播放，以达到知识性、趣味性和科学性的结合。食材主要采自农民的果园、菜园，孩子们可以通过接触食材了解不同的果蔬，从而体验乡村田园。莲花餐吧可选择在江土库塆荷塘附近，通过餐吧内部的生态景观、音乐灯光、观景走廊、莲花文化等营造出宁静美好的用餐氛围，使游客能够身心愉悦、享受文化餐旅。菜品则以荷为主题推出不同形式的荷花菜肴。

3. 旅游交通业态。依托027乡道，打造乡村景观道串联各大功能区，对接郭竹线，设置观光游览车、观光小火车等交通项目。观光小火车设置在游客服务中心的停车场附近，与郭竹线相邻，主要为游客提供景区内的旅游交通服务。小火车采用生态环保材料，配置以扶手、脚踏等安全设施。车身图案以花草苗木为主，座椅舒适整洁，使游客随着小火车的行驶尽情欣赏乡村美景，体会乡村"慢生活"。

4. 旅游购物业态。在村内设置农特产品商店和主题商业街区，售卖当地绿色蔬果、自家农特产品、手工艺品，满足购物需求，主要的支撑项目有醋椿街、农产工坊等。在农事科普研学区内的江土库塆打造农产工坊，集农特产品加工和创意制作于一体，可让游客在此体验各种瓜果、蔬菜花卉等创意制作，同时，也可以购买自己喜欢的各类农产品。

5. 旅游娱乐业态。整合区域资源，为亲子游和乡村游消费者提供手工创意、农耕体验、童乐游戏等重参与性产品，主要的支撑项目有童享书屋、萌宠剧场、童梦憩园等。童亭书屋采用中式古典造型，给游客营造静谧舒适的感觉。书屋内部以不同书架隔开，并定期上架新书；图书类型以儿童读物为主，满足儿童旅游之余学习新知识的需求。同时，还应配备朗读室和亲子互动间，采用隔音处理，父母可在内陪着孩子一起畅游书海，对其言传身教。此外，可以在畈上塆村落旁边的田野中设置萌宠剧场，采用木质圆形建筑，建筑外部墙壁进行萌宠彩绘，满足游客观赏动物表演、与小动物亲密接触、亲子参加萌宠比赛等需求；剧场还应定期举办各类形式的萌宠表演、萌宠比赛，游客可以认养小动物，剧场可代喂养。

6. 旅游游览业态。董春村自然生态环境良好，旅游资源丰富，乡村田园景观优美，具有开发乡村旅游观光游览项目的优良条件。结合目前乡村旅游的需求特征，在董椿村内可以开发四季赏花、观林采果、休闲乡居、科普教育等多功能的、具体的观光游览、休闲娱乐项目。

（五）开展旅游人才培训

1. 村干部和旅游扶贫带头人培训。

（1）村干部培训。开展"乡村旅游重点村村官培训班"，邀请了区内知名乡村旅游企业管理精英和学术专家进行授课，通过课堂教学、案例教学、经验分享等多种形式围绕旅游扶贫政策解读、产品建设与宣传营销、协会建设等专题开展业务培训。

（2）旅游扶贫带头人培训。贫困户参与旅游扶贫、分享旅游发展红利等都需要有扶贫带头人的引导与帮助。而只有强化对乡村旅游扶贫带头人的培训，才能更好地发挥"头雁"功能和带动效应。通过组织考察旅游扶贫典型模范村和研学旅游基地、民宿等旅游产品，学习扶贫经验。

2. 乡村旅游经营户培训。

（1）旅游服务技能培训。对董椿村内涉旅农户进行餐饮、住宿、休闲娱乐、导游讲解等旅游接待服务实用技能培训。

（2）旅游经营管理培训。以亲子农业和研学旅游产品开发、市场推广、农家乐/民宿服务等旅游经营管理知识为主题，开展理论学习；同时，采取现场经验分享、实地调研等实践方式学习投诉处理、菜品搭配、环境卫生提升打造、乡村旅游经营创新等实战技能。

3. 农村实用人才培训。

（1）新型职业农民培育。以从事农业生产、经营和服务的贫困劳动力为重点对象，围绕乡村发展的重点产业种植、养殖、农产品加工等，对农民进行生产经营、专业技能和社会生产服务等方面的具体培训，并开展培训跟踪服务，帮助其逐渐成长为新型职业农民。

（2）农民创业技能培训。以提升农民创业能力，实现培训促创业、创业兴产业、产业促增收为目标，力争培养一批具有较高专业技能、较强创业能力和较大辐射作用的农业生产经营者。同时，对普通农户就旅游商品设计、特色农副产品推广销售等进行实用技能培训。

4. 对贫困户精准培训指导。贫困户虽然已能全部脱贫，但要拔掉"穷根"，最重要的还是要有产业支撑。因此，要制订详细计划，对贫困户开展精准培训与指导，包括种养技术、农村电商实用技术等，指导贫困户积极以发展亲子农业、特色种植产业作为增强"造血"功能的有效途径，培育"一村一品"的特色产业，实现种养结合，激发贫困户的热情。

（六）强化市场营销推广

1. 旅游形象识别系统。旅游形象的塑造对扩大董椿村乡村旅游的社会影响力、推动涝董椿村旅游品牌的打造具有十分重要的作用。董椿村要从理念识别（MI）、行为识别（BI）、视觉识别（VI）三方面对整体旅游形象进行塑造，增强旅游吸引力，提高市场竞争力（见表10－14）。

表10－14　　　　　　董椿村旅游形象识别系统

理念识别系统（心）	发展目标：新洲区亲子旅游新名片；武汉市知名研学教育基地；湖北省休闲农业与乡村旅游示范点 口号：童梦同享，乡椿乡情
行为识别系统（手）	政府：大力宣传董椿村的旅游形象，采取多种方式进行推广 村民：支持董椿村旅游形象的宣传活动，对各类旅游形象的塑造进行积极参与，建言献策 企业：积极参与旅游宣传，带动村民，共同塑造旅游形象
视觉识别系统（脸）	建筑造型：以乡村儿童乐园风格和田园风格为主，造型可设置为莲花、荷叶、农事图案、童趣图案等 公共标志牌：颜色以红、黄、绿为主色调，突出董椿村的研学旅游、儿童乐园、农业特色，并以趣味性的图案进行引导 交通工具：外表可涂以各类农事图案、农趣图案、童趣图案、果蔬图案，内部突出舒适性和观赏性 象征图案：农事图案、农趣图案、童趣图案、果蔬图案

2. 营销组合策略。综合运用产品（product）、价格（price）、渠道（place）和促销手段（promotion）四大营销要素，将适当的产品和服务投放到旅游市场，宣传董椿村整体旅游形象，从而扩大旅游知名度和美誉度，提高旅游吸引力。

（1）旅游产品策略。调查旅游市场，了解不同细分市场的购买能力和购买意愿，在不同的发展阶段选择不同的市场进行重点促销；并依据董椿村旅游产品的现状与特点，分季节、有针对性地向客源市场推出旅游产品，包括对现有客源市场和潜在客源市场的推销。

（2）旅游价格策略。对于重要的目标细分市场，要采取适时的、有差异的价格营销体系，并根据消费者的实际情况和购买心理制定优惠措施，挖掘潜在旅游者：一是针对新洲区及周边家庭市场，采取套票/家庭套餐吸引消费者，推动家庭游的多次重复消费；二是针对新洲区及周边学生市场，重点做好春游、秋游、夏/冬令营的促销宣传工作；三是旅游淡、旺季采取不同的价格，以分流旺季游客，吸引淡季客源。

（3）旅游渠道策略。多方位地使用网络资源进行信息传播，不仅要在微博、微信平台不断推送董椿村的观光信息，也可以利用抖音、快手、直播等平台开展旅游短视频比赛，加强旅游形象推广和产品推广；还要与合作商建立共生的营销渠道系统，共享资源，巩固营销网络，占据更大市场。

（4）旅游促销策略。一是针对近域市场，进行场景传播，主要通过在人流密集的目标地域展示个性化广告，开展多种形式的旅游促销活动。二是针对远距离市场，广告以微博、微信、网站、直播、旅游频道、短视频等社交平台为主，同时，结合各类自媒体和网络技术进行广泛传播。

3. 营销推广方式。

（1）新媒体营销。利用公众号、达人直播、微博、微信、论坛、视频网站等，开展话题讨论和活动抽奖。收集游客资料并进行进一步的分析，利用新媒体设计对重点市场游客有吸引力的旅游产品、事件活动等，通过对地域、时间、人群、行为实现精准定向，传递到目标客源市场。

（2）在线旅游营销。积极融入旅游电商网站及门户网站类垂直媒体，打造旅游网络强势品牌，加强与在线旅游网站的合作；同时，与在线游客即时沟通和后续服务，通过对游客分类，挖掘游客地域、性别、年龄、喜好、职业等数据，进一步对游客消费行为进行分析。通过提前开发系列旅游产品，提供个性化的服务，实现提升游客满意度、增加重游率。

（3）旅游节庆营销。董椿村可以发挥研学旅游、农业科普、休闲农业等特色优势，联合各类媒体举办董椿村研学科普文化节、乐游乡村旅游节、乡村休闲文化节、乡村民宿体验周等各类节庆活动。同时，还可以承办各类体育赛事、文化赛事，打造旅游热点和旅游品牌，以带动其他产业的知名度；关注旅游业发展趋势，关注各类实时旅游活动，打造各类适宜的主题旅游产品，形成社会热点。

（七）加强安全与卫生管理

1. 加强旅游安全卫生教育。

（1）加强对游客的健康教育。地方相关旅游部门要定期通过媒体，向游客宣传和普及各种旅行危险因素、伤害和疾病的预防常识与技能；公布当地卫生等相关部门的网站或咨询电话，以方便游客在急需时能够解决燃眉之急；景区、景点要通过各种途径督促旅游者自觉保护环境，不能乱扔垃圾，以避免由垃圾引起各种疾病，影响游客自身的健康。

（2）加大对乡村旅游经营者和村民的健康教育。地方人民政府和村委会要定期通过宣传教育，提高乡村旅游经营者和村民对旅游卫生安全的意识；并定期开展卫生安全技能的培训，提高乡村旅游经营者和村民防范各种卫生安全事故的能力；督促乡村旅游经营者不断改善餐馆、民宿等的卫生条件，并定期抽查，对卫生安全不达标的，给予处罚并对外公布；严格控制生活污水和垃圾的排放，注重与生态环境的友好相处。

2. 加大环境治理。

（1）环境卫生整治。注重环境保护，以实现当地的可持续发展为目标；尊重和保护自然环境，不断增强旅游经营者和村民的环保意识，严格控制村庄周边土地使用与开发强度；注意进行污染源控制，安置乡村环境质量检测工具；动员村民治理脏、乱、差，改善人居生态环境。

（2）垃圾回收处理。全面铺设垃圾投放点及分类式垃圾箱，进行垃圾分类环保宣传教育、集中无害化处理、生活垃圾分类处理。

（3）污水处理。控制废水污染源，建设水质监测站；修建集中式排水管网，修建污水处理厂，使用生态科学污水处理方法。

（4）厕所厨房管理。加大和完善旅游配套设施建设，重视乡村旅游厕所卫生，要杜绝脏、乱、臭，保持地面净、门窗净、墙面净、设施净，为游客提供干净舒适的如厕环境。同时，要定期对厨房进行清洁整理，避免鼠害，确保食材的安全卫生。

3. 完善监督管理机制。

（1）建立安全预警机制。根据气象部门的预告，及时获取关于灾害性天气的信息，并及时告知游客；也可以根据以往的经验进行统计预测，告知游客在不同季节游览可能产生的一些自然灾害以及安全事故，提高游客的警惕心理。同时，景区要提前采取相关的预防措施。

（2）加强安全卫生监督。按照国家有关的法律法规，相关管理部门要定期对村内相关旅游从业人员进行培训，并加大培训考核的力度，定期检查乡村旅游经营场所的食品卫生、饮用水卫生、防病治病以及村里公共场所的卫生管理措施是否符合相关规定；定期检查旅游从业人员是否持有健康证上岗，经营场所是否持有执业许可证和卫生许可证等，并定期向社会公布卫生监督检查结果，接受社会的广泛监督。

（八）重视生态环境与传统文化的保护

乡村生态环境以及传统文化是董椿村乡村旅游可持续发展的基础资源，必须要采取有效的措施加以保护。在保护的过程中要有明确的保护方向、保护思路、保护方式以及保护措施（见表10－15）。

表10－15　　　　　整体环境与传统文化的保护一览表

保护方向	保护思路	保护方式	保护措施
整体风貌	维护乡村整体风貌；加强村民参与	改善乡村人居环境；合理布局乡村建筑设施；保证乡村道路清洁	乡村的食、宿、行等旅游需求的供应点统一管理，村民乡村生活垃圾及污水将进行统一处理，全体村民参与乡村居住环境保护之中
乡村景观	加强乡村内部管理；宣传文明旅游	健全乡村内部景观保护机制；完善游客行为监管机制	积极开展环境保护宣传教育，加强相关企业、村民及游客的环保意识；合理控制乡村各景观的游客量，减少对乡村景观的破坏
特色建筑	保护地域特色建筑；保护当地传统的建筑文化	制度保护；外部设施保护	在特色建筑外围修建保护性设施；建立严格的细致的建设保护措施与管理实施细则；在保护范围内实行严格的保护制度与措施
乡土风情	保证地域文化保护与传承；保护文化生态环境；保护农业文化	以文兴旅，以旅扬文	保护当地的民风民俗、传统的地域文化、农业文化等；制订相关文化保护规划；完善乡村的基础服务设施，改善农村环境

此外，在生态环境保护方面，董椿村要坚持"人与自然和谐共生""绿水青山就是金山银山""良好生态环境是最普惠的民生福祉""用最严格制度最严密法治保护生态环境"的环境保护理念；同时，要从大气环境、水环境、声环境、生物植被四个方面制定详细的保护细则；坚持保护与开发并重的原则。

第四节　武汉市新洲区仓埠街上岗村乡村旅游扶贫实践

一、上岗村基础情况分析

（一）村情概况

1. 自然条件。上岗村隶属于仓埠街，位于仓埠古镇北10千米，230国道旁，南接陶岗村，西邻五峰村，北靠上店村。上岗村属典型的亚热带大陆性季风气候：气候温和，四季分明，雨量充沛，自然条件较好，适宜农业生产。年平均降雨量为1000—1460毫米，全年降水天数平均为120.6天，多集中在春、夏两季。日照长，年平均日照时数为2018.6小时。霜期短，无霜期平均为253.7天。年平均气温16.6℃，日极端最高气温40.3℃，日极端最低气温-11.5℃。

上岗村水资源较为丰富，有水港3条，另有众多水塘分布。全村版图面积4438亩，其中，耕地2750亩，水田615亩，生活建设用地407亩，林地园地15亩，沟渠、道路270亩。同时，上岗村位于丘陵地带，海拔起伏较小，地势较为平坦，适宜种植瓜果蔬菜。绝大部分土壤土层深厚，土壤熟化程度尚高，耕性好，宜粮宜果。

2. 经济社会条件。

（1）经济状况。目前，上岗村已经通过集约流转土地2300余亩，成立武汉市拓源种植专业合作社，在合作社的引领下，大力发展生态农业、休闲农业，共同打造集休闲、观光、采摘、农家乐于一体的现代休闲农业体系。村民经济收入以外出务工、土地流转所得资金为主，2017年人均可支配收入达到21000元。

（2）社会状况。上岗村下辖8个自然湾、11个村民小组，村内人口550户，共计2231人。同时，上岗村土地平整项目的开展建设至今，村内已全部实现水泥道路硬化，村内主干道加宽至6米，通湾道路加宽至3米，实现了湾湾通。此外，村内通信设施完备，手机信号良好，已实现宽带接入。

(二) 贫困现状及成因

1. 贫困基本现状。根据实地调研的结果，目前，上岗村共有贫困户35户、贫困人口123人。贫困的原因包括因病、因残、因灾、年老体弱、因学等原因，其中，因病所占的比例高达48.78%，因学占10.56%，缺资金、技能占11.38%。

2. 致贫的原因分析。

(1) 因病致贫是导致上岗村贫困最主要的原因，具体又可分为单纯的因病致贫，因病、缺劳力致贫，因病、缺乏技能致贫等，其中，单纯的因病致贫所占比重最高，这部分农户不仅不能通过劳动获得收入，而且高昂的医疗费用极易导致债台高筑，增加农户脱贫的难度。缺资金是导致上岗村贫困的第二大原因，具体又可分为单纯的缺资金和缺技能，这部分农户的经济状况一般都处在脱贫临界线上，但却缺乏增收项目以及相关资讯的支持，一旦获得相应的帮助，脱贫的难度相对较小。

(2) 因学致贫是导致上岗村贫困的第三大原因，具体又可分为单纯的因学致贫及因病、因学致贫。其中，单纯的因学致贫所占比例最高，这部分农户大部分是因为供养子女读书花费较多，但随着子女成长，读书毕业和就业后，一般都能脱离贫困，通过采取帮扶措施也极易见到成效。

(3) 因残致贫是导致上岗村贫困的第四大原因，这部分农户不仅对家庭收入没有贡献，反而增大了支出，很难通过自身的努力摆脱贫困，即便脱贫，也极易重新返贫。

(4) 因灾及缺劳力致贫所占比重较小，这类农户多因遭遇天灾人祸而致贫，需要加大帮扶力度。

二、上岗村旅游发展条件分析

(一) 区位条件

1. 地理区位。上岗村位于仓埠古镇北10千米，南接陶岗村，西邻五峰村，北靠上店村。而上岗村所在的仓埠街道位于湖北省武汉市新洲区境内，是新洲区三个老建制镇之一，位于新洲区西北部，东抵倒水河，西滨武湖与黄陂交界，北与红安接壤，南与阳逻开发区毗邻东临倒水。由此可见，上岗村旅游开发具有一定的地理区位优势。

2. 交通区位。上岗村所在的仓埠街交通非常便利，境内 G230 国道（原 S109 省道升级而来）直通南北，G318 国道横贯东西，还有武汉外环高速和武英高速穿境而过，从武汉中心城区至此仅需 1 小时车程。在武汉主城半小时交通圈内，区域内 15 分钟可到达阳逻国际港，30 分钟到达天河国际机场、高铁武汉站等交通枢纽，绕城高速、武英高速、G318、G230 国道等主干公路在此交会互通。同时，上岗村外部交通条件与内部交通条件通达性比较高，规划区毗邻国道 230，距离仓埠街古镇北大约 10 千米的路程，自驾 15 分钟左右即可到达，但路面因施工原因，路况不佳，尘土飞扬。村内现建设有两个公交车站预计明年通车，通车后可以直达仓埠街。村内 8 个自然湾之间已经实现村村通，路况良好，交通便利。

（二）旅游发展条件

1. 旅游发展现状。上岗村自然资源丰富、生态环境优美，被评为市级美丽乡村示范村。十里飘香的仓埠桂花大道花果山景区坐落在上岗村，市级桂花产业园旅游观光路穿越了上岗村，鸟语花香，好一派田园风光，非常适宜发展乡村旅游。同时，上岗村产业资源丰富，在武汉市拓源种植专业合作社的引领下，招商引资的七家公司相继落户上岗村，大力发展生态农业、休闲农业。复地生态园、有机葡萄采摘园、有机蔬菜种植园等，已经形成一定的产业规模。成熟的产业基础为旅游业的发展创造了良好的条件。

2. 旅游资源评价。上岗村自然资源丰富、类型多样；湖泊池沼，星棋罗布，苗木花卉，多姿多彩，游客来此可以赏四季花、摘四季果，体验最为纯真的乡村生活。但是，从资源分类来看，上岗村旅游资源种类较为单一，缺少人文资源，所以，在进行旅游开发时会出现产品同质化现象，难以打造出具有独特文化底蕴的旅游产品。乡村旅游的发展很容易千篇一律，所以，需要与周边景区进行合作，形成资源互补、共利双赢的局面。此外，从旅游资源价值评价来看，上岗村的旅游资源处于一级水平，自然资源占很大的比重，所以，在进行旅游开发时要以休闲农业、乡村旅游作为主要的发展方向，打造出独特的旅游品牌。

3. 旅游市场分析。

（1）旅游市场现状分析。近两年来，仓埠街不断发展，规划了紫薇都市田园、民俗村、报祖寺、徐源泉公馆、复地生态园、花果山生态农业园等景区景点，年接待游客已达 40 万人次以上。旅游市场已经初具规模，增长趋势明显。

从仓埠街游客现状来看，主要是武汉市本地以及仓埠街周边相邻镇县的游客，受到基础设施的限制，多以一日游为主，其中，团队游的比例偏低，自驾游以及自助游的比例正在逐渐地上升。上岗村的旅游接待人次在仓埠街中占有很大的比例，上岗村自然资源丰富，生态环境良好，随着乡村旅游的兴起，旅游接待人次也在呈现上升的趋势。游客主要是来自于仓埠街以及新洲区周边的旅游者，多是以自驾形式进行一日游。

（2）旅游客源市场定位。根据自然条件、区位与旅游发展条件，上岗村在进行客源市场定位时应突出上岗村特色乡村文化，实施全面的客源市场开发战略；区域市场定位呈层次递进、环状辐射的特点，并以一级客源市场为主体市场，以二级客源市场为辅助，以三级客源市场和其他客源市场为延伸。具体的定位如下：

一级客源市场：以上岗村为中心的 200 千米的区域，自驾车车程在一至两个小时之内，包括李集街、阳逻开发区、汪集街等新洲区内周边地区。

二级客源市场：主要包括武汉市以及周边的一些邻近城市，诸如黄冈、麻城等周边城市。适合两天左右的出游。

三级客源市场：主要包括长三角、珠三角地区城市，如上海、杭州等。

此外，不同年龄段、不同收入水平以及不同旅游动机的游客，在其旅游过程中的需求也是不一样的，因此，还应根据不同的年龄结构、收入水平、旅游动机等进行定位。

一是从年龄结构定位。上岗村以丰富的自然资源、良好的生态环境等为发展的依托，主要以休闲农业、乡村旅游作为发展方向，客源市场主要定位在青、中、老年人市场。除此之外，上岗村旅游项目主要是以体验式为主，对于小孩子具有很大的吸引力，对少儿家庭的带动性强，所以，少儿市场也占有很大的一部分。

二是从收入层次角度定位。根据上岗村休闲农业以及乡村旅游发展定位，考虑到所提供的旅游产品档次比较低，价格也较低，适合城市工薪阶层和农村居民的低水平消费，近期关注中低端客源市场，中远期根据资源特色打造旅游精品，开发专项旅游，吸引收入颇丰的游客前来度假、观光、体验，注重开发高收入客源市场。

三是按照旅游动机和出游目的定位。根据旅游动机和出游目的，上岗村近期定位于周末休闲、节假日旅游，目前关注的旅游类型主要是本地居民的周末休闲及周边地区居民的乡村旅游,中远期定位应逐步扩大到高端旅游产品,度假疗养旅游和其他专项客源市场。

(三)旅游扶贫潜力

1. 扶贫优势。

(1)政策优势。2015年至今,国务院、国家旅游局、国家发展改革委、国土资源部等部门陆续发布或联合发布了一系列的政策,涵盖乡村旅游、休闲农业、田园综合体以及农业等诸多方面,为乡村扶贫旅游提供了支持和保障。

(2)产业优势。上岗村以种养殖业作为主要的产业支柱,现村内在武汉市拓源种植专业合作社的引领下,已经招商引资了武汉金坊园林绿化有限公司、武汉后稷农科农业有限公司等7家公司,产业发展初具规模。

(3)资源优势。上岗村旅游资源数量覆盖了8大主类中的5个、31亚类中的14个、155个基本类型中的37个,其中,自然资源丰富,适宜发展乡村旅游。

(4)区位优势。上岗村所在的仓埠街背靠武湖之滨,历史悠久,地理条件优越,文风昌盛,自民国以来素有"小汉口"之称。境内各大交通干线纵横交错,距离各大交通枢纽很近,区位条件优越。

2. 扶贫空间。结合上岗村的资源特色与产业优势,大力发展乡村旅游能够为广大村民增加就业岗位,提高经济收入。总体上来看,乡村旅游开发之后,上岗村村民的收入渠道将会更加多样化,主要的收入有如下四种:(1)土地经营权流转获得的收入,鼓励上岗村的贫困农户通过将闲置的土地流转给旅游项目开发业主而取得的租金收入。(2)资产股权收入,即农民以土地、房屋等资产入股旅游项目之后,获得的股权收入。(3)务工收入,即旅游开发后带来的就业机会增多,可提供大量就业岗位,可以让一部分具有劳动能力的居民去通过务工从而获得收入。(4)农副产品收入,即鼓励当地居民通过售卖具有当地特色的如葡萄酒、龙虾、黑斑蛙等农产品。

三、上岗村乡村旅游扶贫思路与主题形象策划

(一)上岗村乡村旅游扶贫的指导思想

以《关于进一步做好当前旅游扶贫工作的通知》为指导,以精准扶贫为战略支点,紧紧抓住党中央高度重视休闲农业和乡村旅游发展的重大机遇,以新

洲区旅游扶贫"五个精准"为发力点,立足于上岗村美丽乡村示范村建设模式,以"资源整合、项目驱动、产品规划、产业扶持"为重要抓手,依托上岗村优美的田园景致、宁静的村居环境和有特色的乡土民俗,积极培育旅游新业态,实行"旅游+扶贫""旅游+农业"发展战略,以葡萄三产融合产业示范为特色,打造多个不同类型的主题农场,发展休闲农业和乡村旅游,走"合作社+企业+主题农场"发展之路,最终打响上岗村"乡村记忆第一村"品牌形象,将上岗村建设成为武汉市旅游扶贫示范村、湖北省美丽乡村试点村、乡村旅游目的地。

(二)上岗村乡村旅游扶贫的定位

1. 总体定位。整合上岗村特有乡土资源,按照村庄原有的脉络进行梳理,充分利用和保护果林田园和乡村民居的资源优势,用活村内的旧屋、河道、果林、菜园等素材,打造"一心、一环、三区"合理的美丽乡村发展空间格局,以村内主题农场体验区为核心,葡萄三产融合为特色,发展"合作社+企业+主题农场"模式,构筑复合型产业结构、生产方式和生活方式,建设集"生产、观光、休闲、亲子、养生、研学"为一体的乡村旅游示范区,让农田变农场、乡村变景区、村民变股民。推进旅游业全面富民,最终实现上岗村脱贫致富的总体目标。

2. 目标定位。结合上岗村的实际,未来要将其打造成为武汉市旅游扶贫示范村、湖北省美丽乡村试点村、乡村旅游目的地;通过旅游的发展,至2020年,实现贫困户人均年纯收入达到8000元,贫困村集体经济收入达到15万元;至2025年,实现贫困户人均年纯收入达到12000元的目标,第三产业产值占比达到全村70%以上。但是,这一宏伟目标的实现并不是一蹴而就的,需要分阶段、按计划实施具体的目标(见表10-16)。

表10-16　　　　　　上岗村乡村旅游扶贫的阶段性目标

具体时间	目标类型	目标内容
2018—2020年	近期目标	依托上岗村绝佳的交通区位和资源优势,发展休闲农业和乡村旅游,积极培育观光、休闲、文创、养生、农特产品加工等新业态,以"合作社+企业+主题农场"模式打造上岗美丽乡村发展特色,建立现代化的农业发展体系,拓宽产业经济,提高农民收入,实现脱贫致富,打造武汉市旅游扶贫示范村

续表

具体时间	目标类型	目标内容
2021—2023 年	中期目标	以上岗村市级美丽乡村示范村建设模式为基础，以旅游精准扶贫为抓手，通过发展乡村旅游，不断完善村级公共设施、基础设施和村容村貌，力求达到"规划科学布局美、村庄整治环境美、创业增收生活美、乡风文明素质美"等"四个美"，最终打造成为湖北省美丽乡村试点村
2024—2027 年	长期目标	经过前两期的发展，重点进行主题农场的建设，达到农村生产、生活、生态的和谐统一；进一步推动当地一二三产业的深度融合，农业文化旅游"三位一体"，基本形成了以休闲农业和乡村旅游发展的复合型产业体系，实现了"产村融合"，有利于实现建设成乡村旅游目的地的目标

3. 产业定位。目前，上岗村除了传统农业种养殖外，三产融合产业正在建立。一方面，依托武汉拓源种植专业合作社发展葡萄园种植采摘、垂钓等农家乐项目，另一方面，复地生态园的赏花游、农耕体验游产品已初具规模。因此，从产业定位上来看，上岗村可通过建立多个主题农场，大力发展休闲农业和乡村旅游，最终将旅游业建设成为上岗村农民增收、农村增绿、农业增效的富民产业和经济发展支柱产业，从而带动乡村发展。

4. 功能定位。目前，上岗村主要是发展以葡萄种植园、花卉苗木种植园为依托的田园观光、生态采摘、休闲垂钓的农家乐，功能结构比较单一。传统乡土文化资源的利用还处于初级阶段，旅游功能主要体现在农业上。因此，将传统的农业要素积极与第一产业、第二产业、第三产业等资源要素融合，发展观光农业、休闲农业、农产品加工业、文化创意、乡村康养、亲子科普等产业，确定以生态观光、休闲度假为主，以田园养生、亲子研学为辅的功能定位，改变原有单一的功能结构，产业收入由单一农业收入向综合产业收入转变。

5. 产品定位。总体上来看，上岗村农业资源丰富，非常适合用来发展休闲农业，可以充分与仓埠街现有开发较早且知名度较高的规划区合力发展旅游业，又可以与这些规划区差异化定位来共享市场。因此，为适应多样化的旅游市场需求，上岗村应重点开发休闲农业、乡村旅游、旅游节庆三大旅游产品系列。

（1）休闲农业。一是农业观光。上岗村农业资源丰富，生态景观优美，可依托村内的花园、果园、菜园、养殖园等开展生态田园观光。二是农业科普。把科普和农业旅游进行深度融合，可结合生态、观光、休闲、体验、旅游等产业发展,设计一系列科普项目。

(2) 乡村旅游。一是农事体验游。以上岗村生态环境为基础,以种类丰富、品质上乘的农产品为依托,打造一个城市人向往的"家园",让其体验农事乐趣。二是休闲度假游。以美丽乡村许家塆为依托,结合上岗村气候资源、农业资源、水体资源等,针对不同时节开发相对应的田园养生、休闲度假产品体系。春可赏花,夏可采摘,秋可品酒,冬可赏雪。

(3) 旅游节庆。定期举办葡萄酒文化旅游节,开展红酒品鉴、红酒文化科普、葡萄酒农购等活动,使游客零距离体验葡萄酒文化的精髓,了解、热爱上葡萄酒。

(三) 上岗村乡村旅游的主题形象策划

1. 主题形象定位。上岗村作为武汉市美丽乡村示范村,村内有特色民居许家塆、生态有机葡萄园、多彩花卉苗木园、有机蔬菜种植园等生态农业资源,规划以美丽乡村示范村建设为抓手,建设葡萄农场、后稷农场、香莲农场、蛙小鲜农场、小龙虾农场、花木农场、蔬菜农场等七大各具特色的主题农场,设计农事体验活动、生态田园观光、共享生态农庄等项目,打造乡村独有的"乡土味、文化味、人情味",让消费者感受传统乡村风情、享受乡土休闲慢生活,彰显乡村的记忆和味道。

2. 主题形象口号。科学、生动的主题形象口号能很好地体现旅游目的地的资源优势、旅游项目特色等,从而吸引游客,刺激旅游消费。结合实际情况,上岗村可以采用"生态农场,上岗人家"作为其主题形象口号。

(1) "生态农场"。一方面是指上岗村旅游扶贫规划贯彻主题农场规划理念,以"合作社+企业+主题农场"发展模式充分整合和有效利用上岗村优势资源;另一方面是指上岗村坚持生态发展理念,七大主题农场以提供有机、绿色、无公害农特产品为特色,满足都市人群消费需求。

(2) "上岗人家"。上岗村拥有大面积的农田生态空间,依托原生态的自然环境和浓厚乡土文化,确定以乡村旅游和休闲农业为主要发展方向,打造田园风光美,反映民俗文化,塑造生态、自然、乡土的宜居宜业乡村环境,展现上岗村特有的乡村风情。

四、上岗村乡村旅游的空间组织与功能分区

结合自身的自然地形地貌、旅游资源特征、产业发展现状、旅游规划开发

方向及与周边环境的相互关系；以乡村旅游扶贫为目的，以突出乡村特色为核心，遵循空间布局与功能分区原则，科学合理地规划空间布局。从总体上来看，上岗村乡村旅游的发展可采取"一心一环三区"的空间布局。

(一)"一心"

"一心"，即游客服务中心，在复地生态园旁、徐公寨与周家田之间建设游客服务中心，集旅游综合服务功能、旅游配套服务功能和旅游形象展示功能于一体；并配套满足游客旅游咨询、车辆停泊、景观展示、餐饮购物、娱乐休闲等综合需求的项目，为游客提供优质、贴心的服务体验，充分展现上岗村乡村旅游的魅力。游客服务中心要重点建设入口门楼、景观广场、生态停车场、接待中心、主题商业街、旅游厕所等项目。

1. 入口门楼。入口门楼的选址很重要，同时，门口设计要突出地方特色。结合自身的实际，上岗村游客服务中心入口门楼可选择修在230国道西侧；门楼采用仿木材质，雕刻有花卉图形，宽约12米，高约10米，上书"美丽乡村上岗村"字样，极具仿古特色，秀气灵动。

2. 景观广场。在入口通道以北建设景观广场，主要为游客提供乡村介绍、园区讲解、小品观赏、休闲娱乐服务；广场中心设置景观音乐喷泉，四周种植绿植和花草，设置休闲座椅供游客休息停留，专门设置景区导览图，为游客提供景点信息讲解。

3. 生态停车场。在景观广场西侧建设生态停车场，采用草坪砖铺设停车位、行道树隔离车位，树隙停车、树荫遮阳；根据不同车型进行停车位分区。车位摆放遵循科学合理原则，小型车掉头灵活，车位靠里，大型车车位靠外；设置停车线，摆放明显的停车标识。分设出入口、有专人指管，停车场建设与周边景观相协调。

4. 接待中心。接待中心可采用仿古建筑风格，仿设置两层。一层设游客服务台、散客休息厅、综合展示台等，配备电子触屏装置，供游客查询相关信息；二层设贵宾接待室、保安室、医务室、行李寄存处等。游客接待中心内部以绿色植物装饰，营造生态风光。

5. 主题商业街。主题商业街应集餐饮、购物、休闲娱乐于一体。商业街的建筑风格以青砖灰墙、简约务实为主，与游客服务中心和周边乡村风格相协调。商业街入口处可设计形象绿雕，街道上空可以吊花绿植装饰，增加美观的同时起到遮阳效果，街内商业店铺数量、类型布局合理，满足游客多样化需求。

6. 旅游厕所。旅游厕所设计应注重实用，要与周边环境相协调，标志科学，易于识别，具有良好的可达性。厕所内部设计和建设要严格按照有关技术标准规范要求，同时，要突出与周围环境的协调，突出环境整洁、干净卫生、方便舒适等实用功能；另外，可以利用当地一些特有的文化元素来对厕所进行美化与装饰，但不必脱离实际，过分追求豪华。

(二)"一环"

"一环"，即生态绿道休闲环。东部通过村委会、西部通过宋家田、南至许家塆、北至上家岗，将村内各组串联起来，形成生态绿道休闲环。在生态绿道休闲环内，主要建设风情小火车、花语大道、悠然驿站等旅游项目。

1. 风情小火车。在生态绿道休闲环道路设置休闲小火车，主要是为游客提供便利的交通与观光条件。整列火车由不同主题特色的车厢组成；车厢内部装饰考虑舒适性与通畅性，简约有致，体现古朴特色，以唤起游客满满的回忆，使其留下深刻印象。

2. 花语大道。在生态绿道休闲环道路两侧种植四季花带，选择月季、菊花、海棠、芍药、紫薇等几十种适宜花种。不同的花带持续 50 米，在花带开始处，设置讲解牌，说明当前花段花的名字、生长季节、作用价值以及花语信息，对游客进行花品种知识的普及，游客不仅可以观赏到花道美景，还可以体验学习知识的乐趣。

3. 悠然驿站。生态绿道休闲环沿线每隔一定距离设置一处休闲驿站，以便游客临时休息等，并搭配设置休息服务点，配套长凳、凉棚、桌椅等。同时，可为骑行者提供简单的餐饮服务，占地 200 平方米，为可移动式小型餐吧，外观醒目美观，主要提供功能性饮料和充饥休闲食品。

(三)"三区"

1. 葡萄产业示范区。在上岗村北部区域，由武汉市拓源种植合作社承包种植，现主要开展葡萄采摘、葡萄酒酿造等项目；同时，周边地区以种养殖农业为主，环境良好，具有较好的产业开发基础，因此，可以考虑在此建立葡萄产业示范区，集葡萄采摘、娱乐体验、红酒加工销售、会议博览、文化体验、餐饮住宿等功能于一体。通过整合梳理葡萄产业核心发展要素和展现形式，打造葡萄主题农场和红酒文化庄园。通过"旅游+"与纵向产业融合，形成一套以葡萄产业为核心的产业链条，构建完整的葡萄产业和文化的结构体系，旅游产业链以生产、生态、生活、生命融合的理念来打造，突出特色与重点项目。

（1）葡萄主题农场。进一步增加葡萄主题农场的趣味性与科普性，在农场内设置一系列参与性、体验性强的互动项目，使游客从中获得乐趣与知识。具体可采取如下几种方式：一是设置葡萄迷宫。入口处以葡萄架形状设置，内部利用镜面反射原理，营造迷幻的视觉效果；在节点处设置提示牌指引方向，通过辨别葡萄品种来选择路径，只有在全部正确识别葡萄品种时才能顺利通过迷宫。二是搭建休闲长廊。可以考虑用葡萄藤搭建休闲长廊，长廊上挂各种葡萄品种的基本知识，增长游客见识；还可结合婚纱摄影和婚庆宴会的市场需求，或设计喜庆热闹的中式乡村婚礼，或浪漫温馨的西式乡村婚礼项目，以满足现代年轻人的需求。三是设置葡萄认领、采摘等参与互动项目。不断增加葡萄品种，让游客体验亲手采摘的乐趣；在销售旺季可根据游客需要随时供货，并提供优质服务，拓展市场。同时，开辟葡萄树认领基地，游客可根据自己的喜好，选择自己想要种植的葡萄树，定期为其浇水施肥，也可托管给当地农民，最终使游客能够吃上自己亲手种植的新鲜葡萄，增强其种植、享有的乐趣与体验。四是建设葡萄餐厅。餐厅以展示葡萄文化为主，室外主要种植葡萄形成遮阴葡萄架，下面设置露天餐桌和景观小品；室内部分突出葡萄文化，各包厢设置鲜明的主题风格。可推出葡萄系列果酒和膳食点心等，供茶余饭后聊天享用。

（2）红酒文化庄园。在普家田周边建设红酒文化庄园，并设置红酒生产空间、红酒展销馆、红酒文化博览中心、红酒品鉴学院、醉梦酒堡等旅游项目。一是红酒生产空间。依托当地葡萄种植产业进行葡萄产品的延伸开发，建设红酒生产空间，作为培训和研学基地，供游客和专门人员参观学习红酒酿造工艺。二是红酒展销馆。红酒展销馆主要集红酒仓储、保税展示、红酒销售等功能于一体。红酒销售的来源主要包括两种类型：一种是当地加工生产的红酒，这是主要的销售产品，另一种是其他地区的红酒产品；通过这两种类型将展销馆打造成为红酒集散地。采取线上、线下相结合的销售模式，利用网络销售平台，向周边地区乃至全国推介销售优质特色产品。三是红酒文化博览中心。红酒文化博览中心集红酒知识普及、红酒品种展示、红酒文化传播、贵宾会员制、会议接待等功能于一体，旨在传播红酒文化，提供周边会议接待服务或开展公司节庆活动。四是红酒品鉴学院。开设红酒品鉴课堂，与周边酒店或专业院校合作，发展成为实践教学基地和红酒品鉴课程学习点，定期开设相关课程；也可以设置速成趣味课程,让游客了解到一些关于红酒类型的基本知识,让葡萄酒教育能够回归乡土、酿造和本源。五是醉梦酒堡。醉梦酒堡是一间以酒文化为主题的乡村民宿,整体建筑外围设置酒类装饰,包括酒瓶、酒罐、酒雕塑等,内部装饰成古代客栈,每间房间以不同名酒命名,以在墙壁进行酒文化彩绘,房间内营造安神香氛,使游客在乡间畅享美梦和美酒。

2. 主题农场体验区。在上岗村中部区域,南至徐公寨,北至黑斑蛙养殖基地主要为生态农田,农业种养殖种类丰富,有紫薇树、大棚蔬菜、香莲等农业种植以及黑斑蛙、小龙虾养殖等,目前,后稷公司在建共享农庄。该区域特色鲜明,发展条件好,适宜开发主题农场模式。因此,上岗村可在梳理区域内农业资源的基础上,结合现代旅游市场需求,充分彰显生态农业资源特色和美丽乡村优势,打造主题农场体验区,集农事生产、共享体验、休闲娱乐、乡村研学、生产加工、餐饮购物于一体,通过具体打造后稷农场、花木农场、蛙小鲜农场、小龙虾农场、蔬菜农场、香莲农场等六大主题农场,为游客提供丰富多样的农家体验,充分发挥旅游的带动作用,促进上岗村一二三产业的融合发展,推动上岗村经济社会蓬勃发展。

(1)后稷农场。依托后稷公司现有的农业资源,打造后稷农场。农场内设置闲情垂钓、共享农田、共享果园、桂花养生馆、精品合院民宿、桂花主题民宿、桂花文化创意馆等。闲情垂钓、共享农田、共享果园等项目不仅能够使游客观赏田园风光、亲历农事农活,利于身心健康、陶冶情操,还可以享受收获的喜悦。同时,桂花养生馆、桂花主题民宿、桂花文化创意馆等能够为广大游客提供独具特色的桂花种植体验、桂花餐饮、桂花衍生品、美容养生等服务。此外,精品合院民宿要集茶文化、酒文化、瓷文化、丝绸文化、书画文化为一体,将传统文化与传统合院通过文化创意的有机组合,形成独具特色的文化创意民宿。

(2)花木农场。将后稷农场以北区域划分为花木农场,设有百木园、林间漫道、苗木认养、本木文创馆等项目,满足游客观赏花木、了解花木知识等的多样化需求。

(3)蛙小鲜农场。将主题农场体验区北部、原黑斑蛙养殖基地建设为蛙小鲜农场。主要项目有稻香蛙声、蛙跳乐园、蛙蛙文创商店、鲜蛙餐厅等。满足游客尤其是青少年儿童求新、求异、求奇的旅游需求。

(4)小龙虾农场。在主题农场体验区西部的小龙虾农场,设置趣味钓虾、虾酒菜餐厅、云端销售中心等多样化的旅游项目。趣味钓虾为孩子们提供一个亲近自然的途径，让摸鱼钓虾的乐趣成为其美好记忆；虾酒菜餐厅以"虾"为餐厅的主打特色食材，同时推出其他的农家菜，让游客品尝最具有当地特色的农家风味；云端销售中心主要分为线下展销中心以及线上销售平台。游客既可以在线下销售中心购买特色产品，用来作为馈赠亲朋好友的礼物，同时，在销售中心设立专门的宣传栏和服务人员，推广线上销售平台，让游客即使离开了上岗村还能购买当地特色产品。

（5）蔬菜农场。蔬菜农场应满足游客认知蔬菜、快乐采摘、亲子互动、创意蔬菜制作、品尝特色蔬菜等多样化的旅游需求；可以设置自耕农园、鲜蔬欢乐购、蔬果创意秀、百蔬认知课堂、原素餐厅等旅游项目。

（6）香莲农场。香莲农场位于主题农场体验区西北部，可设置鱼荷共赏、荷塘夜色、香莲加工厂、咏莲餐厅等旅游项目。香莲加工厂主要开发荷花的附加价值，游客可以现场观看或是亲身体验荷花点心的制作过程，品尝到可口的食品，也可以选购精致的荷花工艺品，将其收藏。咏莲餐厅以荷为主题，结合《爱莲说》制造扇面景观，菜品上呈现真正的荷花宴，即荷香八宝鸡、七彩睡莲梗、泰酱荷花卷、海皇莲子羹等经典菜肴。

3. 美丽乡村度假区。在上岗村南部区域，包括徐公寨和许家塆在内，这片区主要包含复地生态园和美丽乡村示范村塆许家塆，基础设施和旅游资源较好，具有良好的观光基础和开发条件，是开展乡村度假活动的佳地。因此，上岗村可以考虑在此处打造美丽乡村度假区，区内发展两大主导功能，一是"归园田居"乡村度假庄园，二是"花花世界"观光体验园，依托复地生态园原有种植基础，结合美丽乡村发展定位，进行主题式开发，开发休闲娱乐项目，提供基础设施、餐饮住宿设施、文创购物等服务，把整个区域打造成集观光游乐、户外休闲、婚庆度假于一体的综合型度假旅游区。

（1）"归园田居"乡村度假庄园。在美丽乡村示范村塆许家塆打造乡村度假庄园，在庄园内建设原色农庄、时光书吧、亲水广场、滨水垂钓、味道餐厅等旅游项目。原色农庄以提供多样化服务为主，时光书吧则通过书籍收藏区、休闲阅读区以及舒适的阅读环境来满足游客精心阅读、修身养性的需求。亲水广场主要是为当地居民和游客提供休闲娱乐的场所。味道餐厅的整体风格应以朴素自然为主，辅之以一些造景，装饰品以当地手工艺品为主，或对村庄旧物进行改造用以装饰。餐厅推出使用当地新鲜食材、具有当地特色的菜品。

（2）"花花世界"观光体验园。在复地生态园内，以花为主题，打造"花花世界"观光体验园，设置多彩花田、玫瑰迷宫、花香餐厅、婚礼草坪、紫藤花廊、浪漫花舍、趣味花车、精粹花坊等旅游项目。多彩花田主要采用多品种花卉混合种植的方法，科学合理布局，选择适宜当地生长环境的花种，营造一年四季皆有风情、同一时节百花竞相开放的意境。精粹花坊主要是以各种鲜花为主要原料进行加工的场所，涵盖两大功能区：一是花制美食的制作，游客可以在专业加工人员的指导下制作外观精致、口感鲜润的鲜花糕点和小吃饮品，品尝特色花茶；二是开发鲜花养生护肤产品，如鲜花洗发水、沐浴露等天然有机产品，打开女性消费市场，增加经济效益。

五、上岗村乡村旅游扶贫的具体路径

（一）加大资金投入力度

1. 积极争取财政配套资金。上岗村旅游扶贫当中涉及大量的基础设施建设项目与公共服务设施项目，这些项目的投入主要依靠扶贫办、旅游局和各级相关部门政策性财政配套资金。按照资金来源的渠道，资金主要有专项财政资金和金融信贷资金。

（1）专项财政资金。一是美丽乡村建设专项资金。上岗村作为武汉市美丽乡村示范村，发展过程中可继续申报湖北省乃至国家级美丽乡村试点村，在乡村环境整治、部分基础设施的建设中，可争取各级美丽乡村提升改造、建设专项资金；此外，上岗村正处于武汉市乡村旅游规划中的"新洲桂花大道新农村片带"中，可以借此机遇争取乡村旅游项目建设配套资金。二是休闲农业建设奖支农资金。根据武汉市农业委员会印发的《武汉市2017—2020年赏花游（休闲农业）建设与奖补标准》文件，对农家乐、休闲农业、乡村休闲游合作社、特色赏花游和旅游特色村续建五类实行以奖代补政策，对全市范围内农家乐实行普惠奖补政策。三是扶贫专项财政资金。上岗村作为新洲区贫困村，在旅游扶贫过程中，环境整治、农村基础设施、公共服务设施、教育文体设施等项目可以重点争取湖北省财政专项扶贫资金与武汉市的精准扶贫财政资金。

（2）金融信贷资金。2018年5月，武汉市金融工作局会同湖北银监局、人行武汉分行营管部、武汉市扶贫办联合印发《关于进一步做好武汉市扶贫小额信贷工作的通知》，进一步强化金融精准扶贫政策支撑。武汉农村商业银行对口新洲区,已逐步完成了建档立卡贫困村金融精准扶贫工作站建设。新洲区涉农银行对符合条件的建档立卡贫困户给予"10万元以内、3年期限以内、无担保、免抵押、全贴息"的信用贷款支持,主要用于发展家庭种植业、简单加工业、旅游业、购置小型农机具等。因此,上岗村要紧抓这些信用贷款政策,加大资金投入力度,不断完善基础设施建设,促进全村经济社会发展。

2. 积极引导社会资本投入。上岗村旅游扶贫的社会资本来源由企业资本、社会组织资本以及个人资本三大部分组成,通过社会资本的积极投入,实现"产业兴农、造福一方"的目标。

(1)企业资本。上岗村在旅游业发展以及精准扶贫的过程中,可以通过市场化的运作成立或者引进具备一定实力的企业参与旅游发展,企业通过旅游投资或农业投资项目来带动相关村民脱贫致富。一是"合作社+农户"。由村支书牵头成立,村民自愿入股,成立专业农业合作社,吸纳贫困户。二是"合作社+公司+家庭农场",在合作社引领下,招商引资七家企业落户,建立多个特色主题家庭农场,大力发展乡村旅游和休闲农业。

(2)社会组织资本。一是美丽乡村建设。针对上岗村的美丽乡村建设,可引进社会组织参与民居改造设计、村容整治提升以及农业技术普及当中。同时,上岗村是武汉市美丽乡村示范村,是武汉市"市民下乡,村民进城"的活动推荐村,具有较好的发展基础。可以许家塆为范本,引入社会组织资本参与村塆建设。二是公益旅游绿道项目。针对上岗村的绿道建设,可在部分绿道路段引进社会组织资本投入,建设完成后的路段用该组织名称对道路命名,并树立援建的铭牌。

(3)个人资本。一是市民下乡。2017年,武汉市出台《关于开展"市民下乡、村民进城"活动,加快新农村建设的支持措施(暂行)》,鼓励能人、企业家、知识分子、城镇居民四类人下乡,充分利用农村空闲农房,以租赁、合作方式创业,增加农村集体经济组织和农民财产性收入。在2017年推荐村塆中,新洲区仓埠街上岗村榜上有名。因此,上岗村在旅游扶贫过程中,可以广泛宣传相关优惠政策,吸引市民下乡创业,利用农村闲置房屋,经营旅游景区、农家乐、特色农产品,带动一方村民致富。二是能人回乡。对于个人资本的引入,优先考虑上岗村内的个人资本,并对有条件参与旅游经营中的贫困户给予一定的资金支持。同时,大力实行优惠政策,鼓励一些热爱家乡而又有经济实力的退休高知分子、社会成功人士等返乡创业兴业,反哺家乡的各项建设,促进家乡经济社会全面发展。

(二) 完善旅游基础配套设施

乡村旅游的发展离不开完善的旅游基础配套设施。上岗村要在交通基础设施、给排水与电力通信设施、旅游标识系统三个方面进行建设与完善。

1. 交通基础设施。

(1) 主干道。在上岗村原有乡道的基础上进行修建和改造，减少施工的成本和压力，减少对当地生态环境的破坏。主干道规划设计双向通道，路面宽大约6米，铺水泥路面，并设置路灯和相关道路标志，沿途设置休憩设施。

(2) 次干道。分布在上岗村的主要功能分区，方便游客对各个景区的主要景点进行游览。分支道路宽4米，在道路两旁设置路灯、垃圾桶和指向标等明显的旅游基础设施，分支道路为采用水泥铺设的硬面道路。

(3) 游步道。游步道结合现有良好的景观，设置多处休憩点、观景点，还可以设置景观小品、旅游节点等；游步道按照1.5—2.0米设置，强化步行路的识别性和游览性。

2. 给排水与电力通信设施。加强供水管网的日常维护管理工作，尽可能减少供水事故，提高供水安全性能。为了满足消防要求，在服务设施、建筑物周围设置消防栓。在游客服务中心、美丽乡村度假区、主题农场体验区以及葡萄产业示范区分别设置污水处理设施，集中处理该片区污水，达标后排放。污水处理设施建设要与周边建成区保持一定距离，满足环保要求。同时，随着上岗村的开发以及其对供电的高要求，越来越多的游客会大量涌入上岗村，因此，要对现有负荷电量进行改造和升级才能进一步满足旅游的发展需要。此外，随着游客量的增加，村里的公用电话、宽带、有线电视、邮政等通信设施需要进一步的完善，以满足信息时代游客、居民对通信的需求。

3. 旅游标识系统。旅游区要有足够醒目的旅游标识系统来保证旅游活动安全顺利地进行，由于目前上岗村还处于没有完全开发的状态，所以，还没有建立完善的旅游标识系统。要从以下三个方面进行完善：

(1) 旅游标识牌的完善。主要包括标准道路指示牌、重要景点和重要接待设施的户外广告，设置公共设施建筑标志，标明休憩、服务、公用设施的位置以及忠告牌，如在必要处均提醒游客注意各种安全事项，杜绝游客的不良行为，诸如危险地段的"小心路滑""急转弯"等。

(2) 解说系统的完善。在上岗村内设计专门介绍功能分区的标牌，附有文字说明和游览图,使游客一目了然地清楚自己所处的位置、周边的游览项目及大概游玩的路线。

(3)交通标识的完善。在接近景区入口处设置指示牌,指引游客进入规划区,在景区内部各个路口设置标识为游客指明交通去向、游客所需的景点或者旅游设施。

(三)完善农户参与机制

农民是乡村地区的主人,也是旅游扶贫的目标对象,在乡村旅游发展中具有重要的地位。旅游扶贫的目标是使上岗村通过发展旅游业增加村民收入,实现脱贫致富,而当地村民参与则是实现旅游扶贫目标的有效途径。构建合理的农户参与机制,才能实现上岗村贫困人口脱贫和旅游业发展的双赢。

1. "公司+农户"机制。在扶贫初期上岗村已通过流转土地方式、村民自愿入股形式,成立武汉拓源种植合作社,实行"公司+农户"机制,让村民自愿参与乡村旅游和生态农业发展中,既能盘活土地经济,也能就地解决就业,增加农业收入。

2. "协会+农户"机制。由村支部书记牵头,武汉新六和新七建设集团等社会贤达一同组建了"上岗村创业促进会"。该协会主要是发挥自身职能作用,大力扶持和培育农户各类创业致富典型,培育新型农场、养殖大户等,搞好产业结构调整,带动上岗村发展。

3. "景区+农户"机制。以美丽乡村示范村为抓手,依托美丽村湾建设,以及葡萄园、花卉苗木种植基地等项目发展乡村旅游。一方面,农户可以在景区就业,获取报酬;另一方面,农户入股参与景区商业经营,或直接通过竞价获得景区部分商业经营权。

(四)不断丰富旅游业态

在旅游扶贫的过程中,上岗村要在保持原本乡村风貌的基础上,不断地丰富新产品、新业态,着重开发以下四大类易于村民参与的、扶贫效果好的旅游业态,以旅游业的快速发展带动全村经济、社会的全面发展。

1. 旅游餐饮业态。因地制宜地开办农家乐、生态餐厅、主题餐厅等业态,为游客提供特色餐饮。农家乐、生态餐厅、主题餐厅应主要以土味为主题,在食材上突出生态、农家等概念,在环境氛围营造上注意景观小品、花卉与树木的搭配,做到本土味、自然味。

2. 旅游住宿业态。结合上岗村的实际,旅游住宿业态主要包括乡村民宿、客栈。在业态发展的过程中，突出田园、乡村等元素，以许家塆"徽派农房"特色民居为样本，积极改造现有农舍、农屋，开办乡村主题民宿。同时，在不同功能分区内，根据旅游发展规模，改造提升特色住宿业态，如打造上岗村葡萄酒主题民宿等。

3. 旅游购物业态。

（1）土特产售卖商店。鼓励有经济实力和经营能力的村民创办土特产售卖商店，将当地特有的农产品转化为旅游商品进行销售，增加村民经济收入。目前，上岗村的特色农产品比较多，在市场上的销量也比较大，如养心菜、翼之源有机红葡萄酒都是上岗村特色畅销产品，有利于旅游购物业态的发展。

（2）农副产品加工。以葡萄种植—葡萄采摘—葡萄酒酿造三产融合为示范，建设农副产品加工基地，生产一系列的与葡萄相关的农副产品，并加以精美的外包装，通过线上、线下销售，推动上岗村旅游购物的发展，从而促进村民脱贫致富。

4. 旅游产品新业态。发挥上岗村的资源优势，结合目前乡村旅游市场需求特征，打造一系列旅游产品新业态，留得住绿水青山，记得住乡愁，满足游客的多样化需求。如娱乐业态，建设葡萄、紫薇、香莲、桂花、水产等多品种特色花卉、蔬果种养殖基地，为广大游客提供农事采摘体验、休闲垂钓、亲子互动、乡村田园探险等娱乐活动。

（五）开展旅游人才培训

目前，对于上岗村乡村旅游的可持续发展来说，人才是关键，尤其是既懂得农业知识，又熟悉旅游服务知识与技能的专业型人才最重要。但由于经济社会发展水平等方面的原因，上岗村目前非常缺乏这方面的人才，这就要求上岗村要处理好培养本土人才与依靠外部人员的关系，这是积聚人才的关键。在开展旅游扶贫过程中，要求落实到村、到户，讲究"精准"二字。因此，旅游扶贫人才培训工作要抓住三点：培训对象，实行多层次培训；培训内容，实行多样化培训；培训方式，开展多渠道培训。最终建成囊括新型职业农民、旅游服务人才、旅游运营人才、农村科技人才等在内的丰富的旅游扶贫智库。

1. 新型职业农民。新型职业农民的培训重在农村实用技术的培训。要大力培养"土专家""田秀才"等乡土技能人才以及农业技能示范户，并充分发挥能人的带动作用，带动其他村民积极主动地学习先进种养殖技术、农村电商技术等。加强农民实用技术培训，在培训之前进行培训需求调研，了解农民的培训需求以提高培训的效果；同时，要开展培训结束之后的跟踪与指导，减少盲目性、大众化培训，使农民真正掌握一定的实用技术，培养更多的爱农业、懂技术、善经营的新型职业农民。

2. 旅游服务人才。旅游服务人才的培训重在旅游服务技能的培训。要对从事旅游服务的人员就服务素质、景区导游讲解、农家乐餐厅摆台实操、乡村民宿客房布置实操、乡村旅游服务礼仪、乡村旅游市场营销等内容开展科学、到位的培训。

3. 旅游管理人才。旅游管理人才的培训重在经营管理能力的培训。要通过专家授课、集中学习、实地考察等方式，定期对上岗村乡村旅游经营户、合作社带头人、村委会主任/书记、街道分管旅游领导等开展乡村旅游产品设计、乡村旅游扶贫、乡村旅游推广与营销、服务管理等培训，以保证上岗村乡村旅游的可持续发展。

4. 旅游能人。旅游能人的培训重在创新创业技能的培训。要对积极投身乡村旅游创业能人和青年创客们开展互联网、旅游电子商务、新型旅游业态管理等有针对性的、重点化的培训，从而培养"懂农业、爱农村、爱农民"的"三农"人才。

(六) 整合营销推广

1. 旅游形象识别系统。旅游形象是吸引游客的重要因素之一。同时，旅游形象的塑造对扩大上岗村乡村旅游的社会影响力、推动上岗村旅游品牌的打造和地方经济的发展都起到十分关键的作用。上岗村要从理念识别（MI）、行为识别（BI）、视觉识别（VI）三方面塑造整体旅游形象，以提高市场知名度与美誉度，增强旅游市场竞争力（见表 10 – 17）。

表 10 – 17　　　　　　　　上岗村旅游形象识别系统

理念识别系统 （心）	发展目标：武汉市旅游扶贫示范村、湖北省美丽乡村试点村、乡村旅游目的地 口号：生态农场，上岗人家
行为识别系统 （手）	政府：大力宣传新洲区仓埠街上岗村的旅游形象，采取多种方式进行推广 村民：支持新洲区仓埠街上岗村旅游形象的宣传活动，积极参与旅游活动宣传与推广，建言献策 企业：积极参与旅游宣传，带动村民，共同塑造旅游形象

续表

视觉识别系统（脸）	建筑造型：以乡村风光和田园风格为主，造型可设置为葡萄、香莲、小龙虾、蛙、红酒等 公共标志牌：颜色以淡紫、红色、浅绿为主色调，突出新洲区仓埠街上岗村的葡萄产业、主题农场、乡村田园特色，并以趣味性的图案进行引导 交通工具：外表可涂葡萄、紫薇、香莲、小龙虾、蛙、红酒等图案，内部突出舒适性和观赏性 象征图案：葡萄、紫薇、香莲、小龙虾、蛙、红酒图案

2. 营销策略。

（1）旅游产品策略。上岗村要针对现有的产业资源开发适销对路的旅游产品，尤其是区域内众多特色农场和蔬菜大棚可以串点连线开发旅游产品，提供四季旅游服务；充分考虑市场需求，结合现有的市场趋势，满足目标市场的游客需求，不断开发新产品。

（2）旅游价格策略。上岗村要在不同时期采取不同的价格策略，充分考虑不同时期的游客需求，旺季时分流游客，淡季时留住游客；针对不同的目标游客市场，要采取不同的价格策略，实行梯度价位，分析不同细分市场的潜在需求和消费欲望，采取适时的差异定价和优惠措施，吸引目标游客。

（3）旅游渠道策略。上岗村要利用现有的农产品销售渠道、展销渠道、产品推广渠道开展各种类型的产品推广；积极与周边乡村合作，共享渠道资源，共同进行产品营销、产品推广、品牌建设、形象传播方面的旅游活动，建立全体系的渠道网络。

（4）旅游促销策略。上岗村要大力开展乡村旅游促销，重点在电视、广播、广告、杂志上展示本地特色，突出乡村形象；同时，还要在各种自媒体上开展旅游促销活动，包括微博、微信、网站平台和抖音、快手等直播平台，加强旅游形象推广和产品推广。

3. 营销推广方式。

（1）新媒体营销。广泛通过互联网平台、移动客户端和各类电子终端开展旅游新媒体营销，创新宣传营销理念，以市场为导向开展上岗村旅游形象营销，利用旅游产品热点和事件开展旅游产品促销，以新媒体吸引潜在游客、粘住现有游客。

（2）在线旅游营销。上岗村要加强与在线旅游企业和旅游电商平台的交流与合作，在线销售当地特色农产品、旅游纪念品、旅游产品，联合建设旅游扶贫电商平台，开展在线旅游宣传推广，通过与网络企业的合作收集客源市场需求信息，积极与游客进行互动和反馈。

（3）旅游节庆营销。依托上岗村丰富多样的主题农场和农业产业资源，开展多种类型的旅游节庆，如美丽乡村旅游节、乡村赏花节、葡萄酒文化节、农业嘉年华等，并对村民进行培训，开展旅游演艺，提高村民和游客的共同参与。

（七）加强安全与卫生管理

1. 安全管理。在乡村旅游开发、发展的过程中，上岗村要始终以游客的安全为第一要务，并在进村交通、旅游设施等方面采取有效的管理措施。

（1）安全意识。旅游相关主管部门以及上岗村村委不仅要加强游客的安全意识，使其养成文明出行、安全出行的意识，还应增强村民与旅游从业者的安全意识，使其更好地引导游客、服务游客，多方共同努力，减低风险，这需要通过宣传册、培训、公益广告等多种形式进行引导。

（2）自然灾害。上岗村为亚热带季风气候，区域气候湿润，可能会出现高温、寒潮等自然灾害，需要建立自然灾害预警机制，及时获取关于灾害性天气的信息，通过多种方式告知村民与游客，并进行有针对性的物质准备与培训。

（3）进村交通。结合实际，对进村道路进行改造，以适应未来旅游发展的需要，保证车辆进出安全。道路需要扩宽，路面需要平整，并增加交通标志与路面指引；进村需要减速带，并安装灯光以保证夜间行车安全。进村道路的周围建筑可以进行色彩装饰，形成风景。

（4）村内道路。村内道路需要进行道路改造以保证游客的安全，尤其是在防护设施方面进行重点投入，在景区附近的道路增加防护栏和警示桩，扩大村内的停车场，以满足游客住宿和停靠的需求，增加交通标志与路面信息标志，完善村内交通。

（5）旅游设施。完善旅游景区与景点内的游憩路线与游览设施，特别是增加休闲设施、完善基础设施。景点之间用木栈道或水泥道进行铺设，沿途增加信息指引，对于容易发生旅游安全事故的区域安排专人值班，并建好围栏。

（6）旅游事故。为了防止可能发生的旅游事故，要提前做好事故预警，并把各类需要重点注意的事项制作成宣传册或海报，提前告知游客；对旅游从业人员进行安全技能培训，并准备好应急预案，健全事故应急响应机制。

（7）开发建设。由于乡村旅游的开发，上岗村需要新建和改造许多旅游项目，并对村内的各项硬件设施进行完善，这个过程存在项目施工的风险，因此，需要落实安全检查工作,对每项工程的建设情况进行详细检查和上报,并及时将施工信息和危险性信息告知游客,进行疏导,杜绝风险。

2. 卫生管理。旅游目的地的卫生管理直接关系到游客旅游过程中的舒适度及其旅游体验,同时,也直接关系到游客的旅游满意度及其忠诚度。因此,上岗村必须要高度重视卫生管理工作,按照国家相关规定,增强村民、游客卫生意识,督促旅游经营者为广大游客提供安全、舒适、卫生的旅游环境。

(1) 卫生宣传。通过现有的自媒体、村广播、百姓大舞台、科普讲堂、村务宣传栏、旅游宣传册等向村民、游客、旅游经营单位、景区景点等大力宣传安全卫生常识,提高安全卫生意识,共同打造美丽的上岗村。

(2) 垃圾、污水处理。要减少废弃垃圾的排放,集中清理现有的垃圾,在村内合理设置分类式垃圾箱和垃圾投放点,引导村民分类合理投放垃圾。进行污水污染源控制,指导村民和各经营单位正确地排放污水,并不定期地进行检查,在污水排放终端建设水质检测站,使用生态科学方法处理污水。

(3) 厨房管理。建设生态环保厨房,向村民和经营单位宣传清洁能源的使用,对于景区景点附近的村民厨房,指导村民进行环保改造,可使用环保材料,减少污染,提高村民和各经营单位的环保意识,共同促进美丽乡村的发展。

(4) 旅游厕所管理。对整村的厕所进行有效管理,拆除污染较大且对居民影响较大的户外厕所,改造不合理的居民厕所,在人流量较大的区域如停车场、景区景点修建旅游厕所,提倡生态环保,加强对公共厕所的管理,制定详细的旅游厕所管理制度。

(5) 卫生监督管理。相关管理部门以及上岗村村委要按照国家有关的法律法规,定期或不定期对村内的旅游经营场所进行卫生检查,并向全村公布检查结果,对不合格的采取严格惩罚措施。同时,加大对全村环境质量管理力度,定期进行环境质量检测并公布检测结果。对表现优秀的旅游企业、个人颁发"提高环境质量特别贡献奖";对造成环境污染的旅游企业和个人则给予严厉的处罚,以起到警示、规范、监督的作用。

(八) 科学合理保护控制

乡村旅游景观、乡村传统文化是上岗乡村旅游健康、持续发展的基础,必须要对其进行科学、合理的保护。

1. 乡村景观。在乡村景观保护上,要着力保护乡村现有的各类主题农场,保护现有的农业特色;通过小品配置、植物造景手法来突出乡村的整体风貌;

优化村容村貌，尤其是农民的新建房屋和庭院的空间配置；对村子内部各道路做平整、美化、亮化处理，给予游客良好印象；对村内的空闲土地尽量绿化，保证布置合理、科学有序。

2. 特色建筑。要科学保护当地的特色建筑，尤其是传统特色民居，具有潜在旅游价值和文化价值的小型建筑、文物等，要通过村民的共同讨论来确定该地域的特色建筑，并进行保护修葺，修旧如旧，在外围修建保护性设施，并设置信息告示牌，建立细致的特色建筑维护细则，以更好地维护本村内的特色建筑，保留传统文化。

3. 乡村意象。乡村意象包括乡村景观意象和乡村文化意象，乡村意象的打造要坚持人与自然的和谐统一。上岗村是具有丰富农业产业资源的美丽乡村，要把优美的田园景致、宁静村居环境和特色乡土民俗的旅游形象、"乡村记忆第一村"的品牌形象传递给游客，使社会大众形成对上岗村美丽乡村的认知，凸显乡村的特色，要维护好该乡村意象，不容许被随意破坏。

4. 乡土风情。要充分保护当地的风土人情、乡村民俗、特色产品、农耕风情、传统手工艺、乡村节日等，并制定相关的文化保护措施；大力推动当地的文化与旅游产业相结合，以文兴旅，以旅扬文，采取演艺、节庆、文创产品开发等多样化的方式对当地的风土文化进行传承与发展，不但能够丰富当地村民的社会文化生活，同时，还能够以独具特色的文化氛围吸引更多的游客前来观光游览、休闲度假，带动当地经济社会的持续发展。

附录

国务院关于印发"十三五"脱贫攻坚规划的通知

国发〔2016〕64号

各省、自治区、直辖市人民政府,国务院各部委、各直属机构:

现将《"十三五"脱贫攻坚规划》印发给你们,请认真贯彻执行。

国务院

2016年11月23日

(此件公开发布)

"十三五"脱贫攻坚规划(节选)

消除贫困、改善民生、逐步实现共同富裕,是社会主义的本质要求,是我们党的重要使命。"十三五"时期,是全面建成小康社会、实现第一个百年奋斗目标的决胜阶段,也是打赢脱贫攻坚战的决胜阶段。本规划根据《中国农村扶贫开发纲要(2011—2020年)》、《中共中央 国务院关于打赢脱贫攻坚战的决定》和《中华人民共和国国民经济和社会发展第十三个五年规划纲要》编制,主要阐明"十三五"时期国家脱贫攻坚总体思路、基本目标、主要任务和重大举措,是指导各地脱贫攻坚工作的行动指南,是各有关方面制定相关扶贫专项规划的重要依据。

规划范围包括14个集中连片特困地区的片区县、片区外国家扶贫开发工作重点县,以及建档立卡贫困村和建档立卡贫困户。

第一章 总体要求

第一节 面临形势

改革开放以来,在全党全社会的共同努力下,我国成功解决了几亿农村贫困人口的温饱问题，成为世界上减贫人口最多的国家，探索和积累了许多宝贵经验。党的十八大以来，以习近平同志为核心的党中央把扶贫开发摆到治国理政的重要位置，提升到事关全面建成小康社会、实现第一个百年奋斗目标的新高度，纳入"五位一体"总体布局和"四个全面"战略布局进行决策部署，加大扶贫投入，创新扶贫方式，出台系列重大政策措施，扶贫开发取得巨大成就。2011年至2015年，现行标准下农村贫困人口减少1亿多人、贫困发生率降低11.5个百分点，贫困地区农民收入大幅提升，贫困人口生产生活条件明显改善，上学难、就医难、行路难、饮水不安全等问题逐步缓解，基本公共服务水平与全国平均水平差距趋于缩小，为打赢脱贫攻坚战创造了有利条件。

当前，贫困问题依然是我国经济社会发展中最突出的"短板"，脱贫攻坚形势复杂严峻。从贫困现状看，截至2015年底，我国还有5630万农村建档立卡贫困人口，主要分布在832个国家扶贫开发工作重点县、集中连片特困地区县（以下统称贫困县）和12.8万个建档立卡贫困村，多数西部省份的贫困发生率在10%以上，民族8省区贫困发生率达12.1%。现有贫困人口贫困程度更深、减贫成本更高、脱贫难度更大，依靠常规举措难以摆脱贫困状况。从发展环境看，经济形势更加错综复杂，经济下行压力大，地区经济发展分化对缩小贫困地区与全国发展差距带来新挑战；贫困地区县级财力薄弱，基础设施瓶颈制约依然明显，基本公共服务供给能力不足；产业发展活力不强，结构单一，环境约束趋紧，粗放式资源开发模式难以为继；贫困人口就业渠道狭窄，转移就业和增收难度大。实现到2020年打赢脱贫攻坚战的目标，时间特别紧迫，任务特别艰巨。

"十三五"时期，新型工业化、信息化、城镇化、农业现代化同步推进和国家重大区域发展战略加快实施，为贫困地区发展提供了良好环境和重大机遇，特别是国家综合实力不断增强，为打赢脱贫攻坚战奠定了坚实的物质基础。中央扶贫开发工作会议确立了精准扶贫、精准脱贫基本方略，党中央、国务院制定出台了系列重大政策措施，为举全国之力打赢脱贫攻坚战提供了坚强的政治保证和制度保障；各地区各部门及社会各界积极行动、凝神聚气、锐意进取，形成强大合力；贫困地区广大干部群众盼脱贫、谋发展的意愿强烈，内生动力和活力不断激发，脱贫攻坚已经成为全党全社会的统一意志和共同行动。

打赢脱贫攻坚战，确保到2020年现行标准下农村贫困人口实现脱贫，是促进全体人民共享改革发展成果、实现共同富裕的重大举措，是促进区域协调发展、跨越"中等收入陷阱"的重要途径，是促进民族团结、边疆稳固的重要保证，是全面建成小康社会的重要内容，是积极响应联合国 2030 年可持续发展议程的重要行动，事关人民福祉，事关党的执政基础和国家长治久安，使命光荣、责任重大。

第二节 指导思想

全面贯彻党的十八大和十八届三中、四中、五中、六中全会以及中央扶贫开发工作会议精神，深入贯彻习近平总书记系列重要讲话精神和治国理政新理念新思想新战略，统筹推进"五位一体"总体布局和协调推进"四个全面"战略布局，牢固树立和贯彻落实创新、协调、绿色、开放、共享的发展理念，按照党中央、国务院决策部署，坚持精准扶贫、精准脱贫基本方略，坚持精准帮扶与区域整体开发有机结合，以革命老区、民族地区、边疆地区和集中连片特困地区为重点，以社会主义政治制度为根本保障，不断创新体制机制，充分发挥政府、市场和社会协同作用，充分调动贫困地区干部群众的内生动力，大力推进实施一批脱贫攻坚工程，加快破解贫困地区区域发展瓶颈制约，不断增强贫困地区和贫困人口自我发展能力，确保与全国同步进入全面小康社会。

必须遵循以下原则：

——坚持精准扶贫、精准脱贫。坚持以"六个精准"统领贫困地区脱贫攻坚工作，精确瞄准、因地制宜、分类施策，大力实施精准扶贫脱贫工程，变"大水漫灌"为"精准滴灌"，做到真扶贫、扶真贫、真脱贫。

——坚持全面落实主体责任。充分发挥政治优势和制度优势，强化政府在脱贫攻坚中的主体责任，创新扶贫考评体系，加强脱贫成效考核。按照中央统筹、省负总责、市县抓落实的工作机制，坚持问题导向和目标导向，压实责任、强力推进。

——坚持统筹推进改革创新。脱贫攻坚工作要与经济社会发展各领域工作相衔接，与新型工业化、信息化、城镇化、农业现代化相统筹，充分发挥政府主导和市场机制作用，稳步提高贫困人口增收脱贫能力，逐步解决区域性整体贫困问题。加强改革创新，不断完善资金筹措、资源整合、利益联结、监督考评等机制，形成有利于发挥各方面优势、全社会协同推进的大扶贫开发格局。

——坚持绿色协调可持续发展。牢固树立绿水青山就是金山银山的理念，把贫困地区生态环境保护摆在更加重要位置，探索生态脱贫有效途径，推动扶贫开发与资源环境相协调、脱贫致富与可持续发展相促进，使贫困人口从生态保护中得到更多实惠。

——坚持激发群众内生动力活力。坚持群众主体地位，保障贫困人口平等参与、平等发展权利，充分调动贫困地区广大干部群众积极性、主动性、创造性，发扬自强自立精神，依靠自身努力改变贫困落后面貌，实现光荣脱贫。

第三节 脱贫目标

到 2020 年，稳定实现现行标准下农村贫困人口不愁吃、不愁穿，义务教育、基本医疗和住房安全有保障（以下称"两不愁、三保障"）。贫困地区农民人均可支配收入比 2010 年翻一番以上，增长幅度高于全国平均水平，基本公共服务主要领域指标接近全国平均水平。确保我国现行标准下农村贫困人口实现脱贫，贫困县全部摘帽，解决区域性整体贫困。

专栏 1

"十三五"时期贫困地区发展和贫困人口脱贫主要指标

指标	2015 年	2020 年	属性	数据来源
建档立卡贫困人口（万人）	5630[①]	实现脱贫	约束性	国务院扶贫办
建档立卡贫困村（万个）	12.8	0	约束性	国务院扶贫办
贫困县（个）	832[②]	0	约束性	国务院扶贫办
实施易地扶贫搬迁贫困人口（万人）	—	981	约束性	国家发展改革委、国务院扶贫办
贫困地区农民人均可支配收入增速（%）	11.7	年均增速高于全国平均水平	预期性	国家统计局
贫困地区农村集中供水率（%）	75	≥83	预期性	水利部
建档立卡贫困户存量危房改造率（%）	—	近 100	约束性	住房城乡建设部、国务院扶贫办
贫困县义务教育巩固率（%）	90	93	预期性	教育部
建档立卡贫困户因病致（返）贫户数（万户）	838.5	基本解决	预期性	国家卫生计生委
建档立卡贫困村村集体经济年收入（万元）	2	≥5	预期性	国务院扶贫办

①国家统计局抽样统计调查显示，截至 2015 年底全国农村贫困人口为 5575 万人。根据国务院扶贫办扶贫开发建档立卡信息系统识别认定，截至 2015 年底全国农村建档立卡贫困人口为 5630 万人。按照精准扶贫、精准脱贫要求，为确保脱贫一户、销号一户，本规划使用扶贫开发建档立卡信息系统核定的贫困人口数。

②此外，还有新疆维吾尔自治区阿克苏地区 6 县 1 市享受片区政策。

——现行标准下农村建档立卡贫困人口实现脱贫。贫困户有稳定收入来源，人均可支配收入稳定超过国家扶贫标准，实现"两不愁、三保障"。

——建档立卡贫困村有序摘帽。村内基础设施、基本公共服务设施和人居环境明显改善，基本农田和农田水利等设施水平明显提高，特色产业基本形成，集体经济有一定规模，社区管理能力不断增强。

——贫困县全部摘帽。县域内基础设施明显改善，基本公共服务能力和水平进一步提升，全面解决出行难、上学难、就医难等问题，社会保障实现全覆盖，县域经济发展壮大，生态环境有效改善，可持续发展能力不断增强。

第二章 产业发展脱贫

立足贫困地区资源禀赋，以市场为导向，充分发挥农民合作组织、龙头企业等市场主体作用，建立健全产业到户到人的精准扶持机制，每个贫困县建成一批脱贫带动能力强的特色产业，每个贫困乡、村形成特色拳头产品，贫困人口劳动技能得到提升，贫困户经营性、财产性收入稳定增加。

第一节 农林产业扶贫

优化发展种植业。粮食主产县要大规模建设集中连片、旱涝保收、稳产高产、生态友好的高标准农田，巩固提升粮食生产能力。非粮食主产县要大力调整种植结构，重点发展适合当地气候特点、经济效益好、市场潜力大的品种，建设一批贫困人口参与度高、受益率高的种植基地，大力发展设施农业，积极支持园艺作物标准化创建。适度发展高附加值的特色种植业。生态退化地区要坚持生态优先，发展低耗水、有利于生态环境恢复的特色作物种植，实现种地养地相结合。

积极发展养殖业。因地制宜在贫困地区发展适度规模标准化养殖，加强动物疫病防控工作，建立健全畜禽水产良种繁育体系，加强地方品种保护与利用，发展地方特色畜牧业。通过实施退牧还草等工程和草原生态保护补助奖励政策，提高饲草供给能力和质量，大力发展草食畜牧业，坚持草畜平衡。积极推广适合贫困地区发展的农牧结合、粮草兼顾、生态循环种养模式。有序发展健康水产养殖业，加快池塘标准化改造，推进稻田综合种养工程，积极发展环保型养殖方式，打造区域特色水产生态养殖品牌。

大力发展林产业。结合国家生态建设工程，培育一批兼具生态和经济效益的特色林产业。因地制宜大力推进木本油料、特色林果、林下经济、竹藤、花卉等产业发展，打造一批特色示范基地，带动贫困人口脱贫致富。着力提高木本油料生产加工水平，扶持发展以干鲜果品、竹藤、速生丰产林、松脂等为原料的林产品加工业。

促进产业融合发展。深度挖掘农业多种功能，培育壮大新产业、新业态，推进农业与旅游、文化、健康养老等产业深度融合，加快形成农村一二三产业融合发展的现代产业体系。积极发展特色农产品加工业，鼓励地方扩大贫困地区农产品产地初加工补助政策实施区域，加强农产品加工技术研发、引进、示范和推广。引导农产品加工业向贫困地区县域、重点乡镇和产业园区集中，打造产业集群。推动农产品批发市场、产地集配中心等流通基础设施以及鲜活农产品冷链物流设施建设，促进跨区域农产品产销衔接。加快实施农业品牌战略，积极培育品牌特色农产品，促进供需结构升级。加快发展无公害农产品、绿色食品、有机农产品和地理标志农产品。

扶持培育新型经营主体。培育壮大贫困地区农民专业合作社、龙头企业、种养大户、家庭农（林）场、股份制农（林）场等新型经营主体，支持发展产供直销，鼓励采取订单帮扶模式对贫困户开展定向帮扶，提供全产业链服务。支持各类新型经营主体通过土地托管、土地流转、订单农业、牲畜托养、土地经营权股份合作等方式，与贫困村、贫困户建立稳定的利益联结机制，使贫困户从中直接受益。鼓励贫困地区各类企业开展农业对外合作，提升经营管理水平，扩大农产品出口。推进贫困地区农民专业合作社示范社创建，鼓励组建联合社。现代青年农场主培养计划向贫困地区倾斜。

加大农林技术推广和培训力度。强化贫困地区基层农业技术推广体系建设。鼓励科研机构和企业加强对地方特色动植物资源、优良品种的保护和开发利用。支持农业科研机构、技术推广机构建立互联网信息帮扶平台，向贫困户免费传授技术、提供信息。强化新型职业农民培育，扩大贫困地区培训覆盖面，实施农村实用人才带头人和大学生村官示范培训，加大对脱贫致富带头人、驻村工作队和大学生村官培养力度。对农村贫困家庭劳动力进行农林技术培训，确保有劳动力的贫困户中至少有1名成员掌握1项实用技术。

专栏2

产业扶贫工程

（一）农林种养产业扶贫工程。

重点实施"一村一品"强村富民、粮油扶贫、园艺作物扶贫、畜牧业扶贫、水产扶贫、中草药扶贫、林果扶贫、木本油料扶贫、林下经济扶贫、林木种苗扶贫、花卉产业扶贫、竹产业扶贫等专项工程。

(二)农村一二三产业融合发展试点示范工程。

支持农业集体经济组织、新型经营主体、企业、合作社开展原料基地、农产品加工、营销平台等生产流通设施建设,鼓励贫困地区因地制宜发展产业园区,以发展劳动密集型项目为主,带动当地贫困人口就地就近就业。

(三)贫困地区培训工程。

重点实施新型经营主体培育、新型职业农民培育、农村实用人才带头人和大学生村官示范培训、致富带头人培训、农民手机应用技能培训等专项工程。

第二节 旅游扶贫

因地制宜发展乡村旅游。开展贫困村旅游资源普查和旅游扶贫摸底调查,建立乡村旅游扶贫工程重点村名录。以具备发展乡村旅游条件的 2.26 万个建档立卡贫困村为乡村旅游扶贫重点,推进旅游基础设施建设,实施乡村旅游后备箱工程、旅游基础设施提升工程等一批旅游扶贫重点工程,打造精品旅游线路,推动游客资源共享。安排贫困人口旅游服务能力培训和就业。

大力发展休闲农业。依托贫困地区特色农产品、农事景观及人文景观等资源,积极发展带动贫困人口增收的休闲农业和森林休闲健康养生产业。实施休闲农业和乡村旅游提升工程,加强休闲农业聚集村、休闲农业园等配套服务设施建设,培育扶持休闲农业新型经营主体,促进农业与旅游观光、健康养老等产业深度融合。引导和支持社会资本开发农民参与度高、受益面广的休闲农业项目。

积极发展特色文化旅游。打造一批辐射带动贫困人口就业增收的风景名胜区、特色小镇,实施特色民族村镇和传统村落、历史文化名镇名村保护与发展工程。依托当地民族特色文化、红色文化、乡土文化和非物质文化遗产,大力发展贫困人口参与并受益的传统文化展示表演与体验活动等乡村文化旅游。开展非物质文化遗产生产性保护,鼓励民族传统工艺传承发展和产品生产销售。坚持创意开发,推出具有地方特点的旅游商品和纪念品。支持农村贫困家庭妇女发展家庭手工旅游产品。

专栏3

旅游扶贫工程

（一）旅游基础设施提升工程。

支持中西部地区重点景区、乡村旅游、红色旅游、集中连片特困地区生态旅游交通基础设施建设，加快风景名胜区和重点村镇旅游集聚区旅游基础设施和公共服务设施建设。对乡村旅游经营户实施改厨、改厕、改院落、整治周边环境工程，支持国家扶贫开发工作重点县、集中连片特困地区县中具备条件的6130个村的基础设施建设。支持贫困村周边10公里范围内具备条件的重点景区基础设施建设。

（二）乡村旅游产品建设工程。

鼓励各类资本和大学生、返乡农民工等参与贫困村旅游开发。鼓励开发建设休闲农庄、乡村酒店、特色民宿以及自驾露营、户外运动和养老养生等乡村旅游产品，培育1000家乡村旅游创客基地，建成一批金牌农家乐、A级旅游景区、中国风情小镇、特色景观旅游名镇名村、中国度假乡村、中国精品民宿。

（三）休闲农业和乡村旅游提升工程。

在贫困地区扶持建设一批休闲农业聚集村、休闲农庄、休闲农业园、休闲旅游合作社。认定推介一批休闲农业和乡村旅游示范县，推介一批中国美丽休闲乡村，加大品牌培育力度，鼓励创建推介有地方特色的休闲农业村、星级户、精品线路等，逐步形成品牌体系。

（四）森林旅游扶贫工程。

推出一批森林旅游扶贫示范市、示范县、示范景区，确定一批重点森林旅游地和特色旅游线路，鼓励发展"森林人家"，打造多元化旅游产品。

（五）乡村旅游后备箱工程。

鼓励和支持农民将当地农副土特产品、手工艺品通过自驾车旅游渠道就地就近销售，推出一批乡村旅游优质农产品推荐名录。到2020年，全国建设1000家"乡村旅游后备箱工程示范基地"，支持在临近的景区、高速公路服务区设立特色农产品销售店。

（六）乡村旅游扶贫培训宣传工程。

培养一批乡村旅游扶贫培训师。鼓励各地设立一批乡村旅游教学基地和实训基地，对乡村旅游重点村负责人、乡村旅游带头人、从业人员等分类开展旅游经营管理和服务技能培训。2020年前，每年组织1000名乡村旅游扶贫重点村村官开展乡村旅游培训。开展"乡村旅游+互联网"万村千店扶贫专项行动，加大对贫困地区旅游线路、旅游产品、特色农产品等宣传推介力度。组织开展乡村旅游扶贫公益宣传。鼓励各地打造一批具有浓郁地方特色的乡村旅游节庆活动。

第三节 电商扶贫

培育电子商务市场主体。将农村电子商务作为精准扶贫的重要载体，把电子商务纳入扶贫开发工作体系，以建档立卡贫困村为工作重点，提升贫困户运用电子商务创业增收的能力。依托农村现有组织资源，积极培育农村电子商务市场主体。发挥大型电商企业孵化带动作用，支持有意愿的贫困户和带动贫困户的农民专业合作社开办网上商店，鼓励引导电商和电商平台企业开辟特色农产品网上销售平台，与合作社、种养大户建立直采直供关系。加快物流配送体系建设，鼓励邮政、供销合作等系统在贫困乡村建立和改造服务网点，引导电商平台企业拓展农村业务，加强农产品网上销售平台建设。实施电商扶贫工程，逐步形成农产品进城、工业品下乡的双向流通服务网络。对贫困户通过电商平台创业就业的，鼓励地方政府和电商企业免费提供网店设计、推介服务和经营管理培训，给予网络资费补助和小额信贷支持。

改善农村电子商务发展环境。加强交通、商贸流通、供销合作、邮政等部门及大型电商、快递企业信息网络共享衔接，鼓励多站合一、服务同网。加快推进适应电子商务的农产品质量标准体系和可追溯体系建设以及分等分级、包装运输标准制定和应用。

专栏4

电商扶贫工程

通过设备和物流补助、宽带网络优惠、冷链建设、培训支持等方式实施电商扶贫工程。鼓励有条件的地方和电商企业，对贫困村电商站、设备配置以及代办物流快递服务点等，给予适当补助和小额信贷支持；当地电信运营企业根据用户需求负责宽带入户建设，鼓励电信运营企业对贫困村网络流量资费给予适当优惠；在有条件的贫困村建设一批生鲜冷链物流设施。

第四节 资产收益扶贫

组织开展资产收益扶贫工作。鼓励和引导贫困户将已确权登记的土地承包经营权入股企业、合作社、家庭农（林）场与新型经营主体形成利益共同体，分享经营收益。积极推进农村集体资产、集体所有的土地等资产资源使用权作价入股，形成集体股权并按比例量化到农村集体经济组织。财政扶贫资金、相关涉农资金和社会帮扶资金投入设施农业、养殖、光伏、水电、乡村旅游等项目形成的资产，可折股量化到农村集体经济组织，优先保障丧失劳动能力的贫困户。建立健全收益分配机制，强化监督管理，确保持股贫困户和农村集体经济组织分享资产收益。创新水电、矿产资源开发占用农村集体土地的补偿补助方式，在贫困地区选择一批项目开展资源开发资产收益扶贫改革试点。通过试点，形成可复制、可推广的模式和制度，并在贫困地区推广，让贫困人口分享资源开发收益。

专栏 5

资产收益扶贫工程

（一）光伏扶贫工程。

在前期开展试点、光照条件较好的 5 万个建档立卡贫困村实施光伏扶贫，保障 280 万无劳动能力建档立卡贫困户户均年增收 3000 元以上。其他光照条件好的贫困地区可因地制宜推进实施。

（二）水库移民脱贫工程。

完善地方水库移民扶持基金分配制度，在避险解困、产业发展、技能培训、教育卫生等方面向贫困水库移民倾斜，探索实施水库移民扶持基金对贫困水库移民发展产业的直接补助、贷款贴息、担保服务、小额贷款保证保险保费补助、资产收益扶贫等扶持政策。

（三）农村小水电扶贫工程。

在总结试点经验基础上，全面实施农村小水电扶贫工程。建设农村小水电扶贫装机 200 万千瓦，让贫困地区 1 万个建档立卡贫困村的 100 万贫困农户每年稳定获得小水电开发收益，助力贫困户脱贫。

第五节 科技扶贫

促进科技成果向贫困地区转移转化。组织高等学校、科研院所、企业等开展技术攻关，解决贫困地区产业发展和生态建设关键技术问题。围绕全产业链技术需求，加大贫困地区新品种、新技术、新成果的开发、引进、集成、试验、示范力度，鼓励贫困县建设科技成果转化示范基地，围绕支柱产业转化推广 5 万项以上先进适用技术成果。

提高贫困人口创新创业能力。深入推行科技特派员制度，基本实现特派员对贫困村科技服务和创业带动全覆盖。鼓励和支持高等院校、科研院所发挥科技优势，为贫困地区培养科技致富带头人。大力实施边远贫困地区、边疆民族地区和革命老区人才支持计划科技人员专项计划，引导支持科技人员与贫困户结成利益共同体，创办、领办、协办企业和农民专业合作社，带动贫困人口脱贫。加强乡村科普工作，为贫困群众提供线上线下、点对点、面对面的培训。

加强贫困地区创新平台载体建设。支持贫困地区建设一批"星创天地"、科技园区等科技创新载体。充分发挥各类科技园区在扶贫开发中的技术集中、要素聚集、应用示范、辐射带动作用，通过"科技园区＋贫困村＋贫困户"的方式带动贫困人口脱贫。推动高等学校新农村发展研究院在贫困地区建设一批农村科技服务基地。实施科技助力精准扶贫工程，在贫困地区支持建设 1000 个以上农技协联合会（联合体）和 10000 个以上农村专业技术协会。

第三章 转移就业脱贫

加强贫困人口职业技能培训和就业服务，保障转移就业贫困人口合法权益，开展劳务协作，推进就地就近转移就业，促进已就业贫困人口稳定就业和有序实现市民化、有劳动能力和就业意愿未就业贫困人口实现转移就业。

第一节 大力开展职业培训

完善劳动者终身职业技能培训制度。针对贫困家庭中有转移就业愿望劳动力、已转移就业劳动力、新成长劳动力的特点和就业需求，开展差异化技能培训。整合各部门各行业培训资源，创新培训方式，以政府购买服务形式，通过农林技术培训、订单培训、定岗培训、定向培训、"互联网＋培训"等方式开展就业技能培训、岗位技能提升培训和创业培训。加强对贫困家庭妇女的职业技能培训和就业指导服务。支持公共实训基地建设。

提高贫困家庭农民工职业技能培训精准度。深入推进农民工职业技能提升计划，加强对已外出务工贫困人口的岗位培训。继续开展贫困家庭子女、未升学初高中毕业生（俗称"两后生"）、农民工免费职业培训等专项行动，提高培训的针对性和有效性。实施农民工等人员返乡创业培训五年行动计划（2016—2020年）、残疾人职业技能提升计划。

第二节 促进稳定就业和转移就业

加强对转移就业贫困人口的公共服务。输入地政府对已稳定就业的贫困人口予以政策支持，将符合条件的转移人口纳入当地住房保障范围，完善随迁子女在当地接受义务教育和参加中高考政策，保障其本人及随迁家属平等享受城镇基本公共服务。支持输入地政府吸纳贫困人口转移就业和落户。为外出务工的贫困人口提供法律援助。

开展地区间劳务协作。建立健全劳务协作信息共享机制。输出地政府与输入地政府要加强劳务信息共享和劳务协作对接工作，全面落实转移就业相关政策措施。输出地政府要摸清摸准贫困家庭劳动力状况和外出务工意愿，输入地政府要协调提供就业信息和岗位，采取多种方式协助做好就业安置工作。对到东部地区或省内经济发达地区接受职业教育和技能培训的贫困家庭"两后生"，培训地政府要帮助有意愿的毕业生在当地就业。建立健全转移就业工作考核机制。输出地政府和输入地政府要加强对务工人员的禁毒法制教育。

推进就地就近转移就业。建立定向培训就业机制，积极开展校企合作和订单培训。将贫困人口转移就业与产业聚集园区建设、城镇化建设相结合，鼓励引导企业向贫困人口提供就业岗位。财政资金支持的企业或园区，应优先安排贫困人口就业，资金应与安置贫困人口就业任务相挂钩。支持贫困户自主创业，鼓励发展居家就业等新业态，促进就地就近就业。

专栏6

就业扶贫行动

（一）劳务协作对接行动。

依托东西部扶贫协作机制和对口支援工作机制，开展省际劳务协作，同时积极推动省内经济发达地区和贫困县开展劳务协作。围绕实现精准对接、促进稳定就业的目标，通过开发岗位、劳务协作、技能培训等措施，带动一批未就业贫困劳动力转移就业，帮助一批已就业贫困劳动力稳定就业，帮助一批贫困家庭未升学初高中毕业生就读技工院校毕业后实现技能就业。

（二）重点群体免费职业培训行动。

组织开展贫困家庭子女、未升学初高中毕业生等免费职业培训。到2020年，力争使新进入人力资源市场的贫困家庭劳动力都有机会接受1次就业技能培训；使具备一定创业条件或已创业的贫困家庭劳动力都有机会接受1次创业培训。

（三）春潮行动。

到2020年，力争使各类农村转移就业劳动者都有机会接受1次相应的职业培训，平均每年培训800万人左右，优先保障有劳动能力的建档立卡贫困人口培训。

（四）促进建档立卡贫困劳动者就业。

根据建档立卡贫困劳动者就业情况，分类施策、精准服务。对已就业的，通过跟踪服务、落实扶持政策，促进其稳定就业。对未就业的，通过健全劳务协作机制、开发就业岗位、强化就业服务和技能培训，促进劳务输出和就地就近就业。

（五）返乡农民工创业培训行动。

实施农民工等人员返乡创业培训五年行动计划（2016—2020年），推进建档立卡贫困人口等人员返乡创业培训工作。到2020年，力争使有创业要求和培训愿望、具备一定创业条件或已创业的贫困家庭农民工等人员，都能得到1次创业培训。

（六）技能脱贫千校行动。

在全国组织千所省级重点以上的技工院校开展技能脱贫千校行动，使每个有就读技工院校意愿的贫困家庭应、往届"两后生"都能免费接受技工教育，使每个有劳动能力且有参加职业培训意愿的贫困家庭劳动力每年都能到技工院校接受至少1次免费职业培训，对接受技工教育和职业培训的贫困家庭学生（学员）推荐就业。加大政策支持，对接受技工教育的，落实助学金、免学费和对家庭给予补助的政策，制定并落实减免学生杂费、书本费和给予生活费补助的政策；对接受职业培训的，按规定落实职业培训、职业技能鉴定补贴政策。

关于印发乡村旅游扶贫工程行动方案的通知

旅发〔2016〕121号

各省、自治区、直辖市、新疆生产建设兵团旅游委（局）、发展改革委、国土资源厅（局）、环保厅（局）、住房城乡建设厅（建委）、交通运输厅（局）、水利厅（局）、农业厅（局）、林业厅（局）、扶贫办，国家开发银行、中国农业发展银行各分行：

为贯彻落实《中共中央国务院关于打赢脱贫攻坚战的决定》（中发〔2015〕34号）和中共中央办公厅、国务院办公厅《贯彻实施〈中共中央国务院关于打赢脱贫攻坚战的决定〉重要政策措施分工方案》（厅字〔2016〕4号），深入实施乡村旅游扶贫工程，充分发挥乡村旅游在精准扶贫、精准脱贫中的重要作用，我们联合制定了乡村旅游扶贫工程行动方案，现印发给你们，请认真贯彻执行。

附件：乡村旅游扶贫工程行动方案

国家旅游局　国家发展改革委　国土资源部　环境保护部　住房城乡建设部　交通运输部　水利部　农业部　国家林业局　国务院扶贫办　国家开发银行　中国农业发展银行

2016年8月11日

乡村旅游扶贫工程行动方案

为贯彻落实《中共中央、国务院关于打赢脱贫攻坚战的决定》和中共中央办公厅、国务院办公厅《贯彻实施〈中共中央、国务院关于打赢脱贫攻坚战的决定〉重要政策措施分工方案》，深入实施乡村旅游扶贫工程，充分发挥乡村旅游在精准扶贫、精准脱贫中的重要作用,国家旅游局、国家发展改革委、国土资源部、环境保护部、住房城乡建设部、交通运输部、水利部、农业部、国家林业局、国务院扶贫办、国家开发银行、中国农业发展银行共同制定本行动方案。

一、总体要求

(一)工作目标

"十三五"期间,力争通过发展乡村旅游带动全国25个省(区、市)2.26万个建档立卡贫困村、230万贫困户、747万贫困人口实现脱贫。

——2016—2018年减少1.26万个建档立卡贫困村,实现400万贫困人口脱贫;

——2019—2020年减少1万个建档立卡贫困村,实现347万贫困人口脱贫。

——通过实施乡村旅游扶贫工程,使全国1万个乡村旅游扶贫重点村年旅游经营收入达到100万元,贫困人口年人均旅游收入达到1万元以上。

(二)基本原则

中央统筹、地方负责。按照中央统筹、省(自治区、直辖市)负总责、县(市、区、旗)抓落实的管理体制,中央各相关部门负责制定配套方案,明确工作部署。各省(自治区、直辖市)统筹负责本辖区内乡村旅游扶贫工作,整合省内资源予以支持。各县(市、区、旗)政府要组织实施好扶贫项目,确保政策措施落到实处,扶贫资金用到刀刃上。

部门协作、合力推进。各相关部门根据行动方案要求,结合各自职能,在制定政策、编制规划、分配资金、安排项目时向乡村旅游扶贫重点村倾斜,形成旅游扶贫开发合力。

因地制宜、创新模式。因地制宜确定各类乡村旅游建设发展类型,选择精准到户到人的脱贫模式。创新投融资方式和途径,为贫困地区发展乡村旅游提供更有力的资金支持。各项旅游建设尽可能利用原有建设用地,不占或少占耕地,严禁占用永久基本农田,突出农村特色和田园风貌。

精准施策、提高实效。按照"六个精准"的要求,精准锁定乡村旅游扶贫重点村、建档立卡贫困户和贫困人口,精准发力,精准施策,切实提高乡村旅游扶贫脱贫工作成效。

二、乡村旅游扶贫工程主要任务

(一)科学编制乡村旅游扶贫规划。各地要将乡村旅游扶贫规划与国民经济和社会发展规划、脱贫攻坚规划、土地利用总体规划、县域乡村建设规划、易地扶贫搬迁规划、风景名胜区总体规划、交通建设等规划有效衔接。推动乡村旅游规划与村镇规划、传统村落保护发展规划、森林旅游发展规划、林地保护利用规划、非物质文化遗产保护规划、休闲农业发展规划等专项规划合并编制。乡村旅游扶贫重点村分布比较集中的省市，应当编制区域旅游扶贫规划，打造沿山、沿河、沿路、沿湖、沿海乡村旅游扶贫开发带（区），整村整镇、成带成片、全景全域推进乡村旅游扶贫开发。乡村旅游扶贫应充分体现针对建档立卡贫困户和贫困人口的帮扶途径、支持措施和收益安排。

（二）加强旅游基础设施建设。各地要积极整合资源力量，加大投入力度，挖掘当地生态旅游、民俗文化等资源，因地制宜打造乡村旅游重点景区，引导生活在周边不具备基本生存条件的建档立卡易地扶贫搬迁对象适度集中居住并依托乡村旅游就业脱贫。集中精力解决好乡村旅游扶贫重点村旅游基础和公共服务设施，完善乡村旅游服务体系。加快具备条件的建制村通硬化路，加强农村公路安全生命防护设施建设和危桥改造，对不能安全通客车的窄路基路面公路合理进行加宽改造，提高通行能力和安全水平。推进重点旅游景点景区到干线公路的连接线、旅游路建设，改善重点景点景区的交通条件。加快完善乡村宽带信息基础设施。加快农村生活污水治理，深入推进"厕所革命"向乡村延伸，开展"六小工程"建设，大力推进有条件的贫困户开展乡村旅游服务，对从事乡村旅游经营的贫困户实施改厨、改厕、改房、整理院落为主要内容的"三改一整"工程，提升改善旅游接待条件。

（三）大力开发乡村旅游产品。各地要突出乡村自然资源优势，挖掘文化内涵，开发形式多样、特色鲜明的带动贫困户参与的乡村旅游产品。要发展一批以农家乐、渔家乐、牧家乐、休闲农庄、森林人家等为主题的乡村度假产品，建成一批依托自然风光、美丽乡村、传统民居为特色的乡村旅游景区，策划一批采摘、垂钓、农事体验等参与型的旅游娱乐活动，大力开发徒步健身、乡村体育休闲运动，培育发展自驾车房车营地、帐篷营地、乡村民宿等新业态，打造丰富多彩的乡村特色文化演艺和节庆活动。

（四）加强旅游宣传营销。各地要因地制宜，加大对乡村旅游扶贫重点村的宣传推介，通过电商平台、节庆推广、主题活动等一系列载体，开展乡村旅游扶贫公益宣传。大力推广乡村度假生活理念，开展乡村旅游进社区、高校、企业单位等宣传，把乡村旅游点变成"单位的疗养院"、"学校的实践基地"、"社区的活动中心"。利用互联网等信息平台推介民宿客栈等乡村旅游特色产品,引导乡村旅游扶贫重点村挖掘当地乡土文化、民俗风情,举办农事节庆游、山水美景游、民俗风景、农家乐厨艺大赛等系列节庆活动,打造乡村旅游品牌。

(五)加强乡村旅游扶贫人才培训。各地要创新乡村旅游扶贫人才培养方式,积极开展乡村旅游经营户、乡村旅游带头人、能工巧匠传承人、乡村旅游创客四类人才和乡村旅游导游、乡土文化讲解等各类实用人才培训,依靠人才支持和智力投入促进乡村旅游发展,提高贫困人口旅游服务能力。实施"乡村旅游扶贫培训种子工程",培养一批乡村旅游扶贫培训师,深入基层一线、面对贫困群众进行技能辅导。

三、乡村旅游扶贫八大行动

1. 乡村环境综合整治专项行动。大力改善乡村旅游基础和公共服务设施,规划启动"六小工程",确保每个乡村旅游扶贫重点村建好停车场、旅游厕所、垃圾集中收集站、医疗急救站、农副土特产品商店和旅游标识标牌。到2020年全国2.26万个乡村旅游扶贫重点村实现"六小工程"和"厕所革命"全覆盖,50万户建档立卡贫困户实施"三改一整"工程。

2. 旅游规划扶贫公益专项行动。组织和支持300家旅游规划设计单位开展旅游规划扶贫公益行动,围绕旅游产品建设和促进旅游产业发展,为乡村旅游扶贫重点村编制旅游发展规划。每年促成不少于500个乡村旅游扶贫重点村与规划设计单位结对,5年完成3000个乡村旅游扶贫重点村的规划编制。

3. 乡村旅游后备箱和旅游电商推进专项行动。依托乡村旅游发展带动农副土特产品销售,支持乡村旅游扶贫重点村在邻近的重点景区景点、高速公路服务区、主要交通干道旅客集散点等设立农副土特产品销售专区。开展旅游电商万村千店行动,优先支持有条件的重点村利用已有资源建设旅游扶贫电商平台,组织实施贫困地区"一村一店"、"旅游淘宝村"、"旅游扶贫村+特色馆"立体扶贫,依托村民中心、超市等营业场所建设电商服务站点,支持各大电商平台开展旅游电商扶贫行动,为贫困地区开设扶贫频道,开展在线宣传推广、特产销售、旅游线路营销。到2020年,全国建设1000家"乡村旅游后备箱工程示范基地",销售产值8000亿元,带动不低于50万户贫困户脱贫;建设1000个乡村旅游扶贫电商示范村,每年实现旅游商品销售100亿元。

4. 万企万村帮扶专项行动。组织动员全国1万家旅游企业、宾馆饭店、景区景点、旅游规划设计单位、旅游院校等单位,对乡村旅游扶贫重点村进行帮扶脱贫。采取安置就业、项目开发、输送客源、定点采购、指导培训等多种方式帮助乡村旅游扶贫重点村发展旅游，通过5年时间解决100万左右贫困人口的脱贫。

5. 百万乡村旅游创客专项行动。组织和引导百万返乡农民工、大学毕业生、专业艺术人才、青年创业团队等各类"创客"投身乡村旅游发展，通过一系列的创意研发、产品开发、宣传推广，推动乡村旅游实现转型提升、创新发展。到2020年，全国培育1000个乡村旅游创客示范基地，形成一批高水准文化艺术旅游创业示范乡村。

6. 金融支持旅游扶贫专项行动。加快乡村旅游扶贫项目库建设，统筹资源支持国开行、农发行等银行创新金融服务，设计符合旅游扶贫项目特点、与旅游扶贫项目周期相匹配的支持产品。探索建立乡村旅游投融资主体、担保平台、风险准备金制度及信用评级体系，优先在乡村旅游扶贫重点村进行授信，为贫困户提供小额贷款，相关部门给予贷款贴息。积极探索景区带村、能人带户、企业（合作社）+农户等扶贫信贷政策，引导金融机构根据带动贫困村、贫困户实现增收的情况，为景区、能人、企业（合作社）提供成本低、期限长的信贷支持。每年金融支持旅游扶贫项目不少于1000个，资金不少于3000亿元。

7. 扶贫模式创新推广专项行动。探索景区带村、能人带户、企业（合作社）+农户等多种类型的旅游扶贫新模式，按照景区扶贫加分政策，鼓励每个4A、5A级景区带动周边乡村旅游扶贫重点村不少于3个，每个能人带动不少于5户建档立卡贫困户，一个合作社带动不少于20户建档立卡贫困户，通过招工、订单采购农产品、建设绿色食品基地、成立互助社等方式帮扶脱贫。加快扶贫创新模式推广，到2020年，全国建设旅游扶贫示范景区1000个、企业（合作社）+农户旅游扶贫示范基地1万家，培育旅游扶贫带头人5万个，带动80万户贫困户脱贫。

8. 旅游扶贫人才素质提升专项行动。设立乡村旅游扶贫东部、西部培训基地，组建"全国乡村旅游扶贫专家库"，动员规划、管理、营销专业人才到扶贫开发重点县、易地扶贫搬迁小镇、乡村旅游扶贫重点村开展公益指导培训。到2020年前，各省要以市、县为基础，建立地方培训基地，实现对2.26万个乡村旅游扶贫重点村致富带头人培训全覆盖，培养旅游扶贫带头人10万人。

四、实施保障

（一）明确任务分工。建立由旅游、发改、国土资源、环保、住建、交通、水利、农业、林业、扶贫、国家开发银行、中国农业发展银行等部门和金融机构共同参加的乡村旅游扶贫工作机制。旅游部门建立旅游扶贫工作领导小组，负责重点村的旅游规划引导、公共服务设施建设、宣传推广、人才培训、市场监管以及跟踪统计工作。发展改革部门加强重点村和周边重点景区基础设施建设的指导。交通运输部门指导协调重点村交通体系发展和重点村、重点景区交通基础设施建设。国土资源主管部门负责指导重点村开展规划建设，合理安排乡村旅游扶贫各项用地的规模、布局和时序。环保部门指导重点村环境综合整治工作。住房城乡建设部门指导重点村人居环境改善、风景名胜区保护和规划建设。水利部门负责指导乡村河流、湖泊、水利风景区资源保护利用。农业部门负责重点村的特色农产品开发，促进休闲农业发展和美丽乡村建设。林业部门指导森林旅游资源的开发利用与保护，打造精品景区。扶贫办负责协调利用扶贫资金和扶贫小额信贷，支持重点村建档立卡贫困户参与乡村旅游项目。国家开发银行、中国农业发展银行创新金融产品，加大对旅游扶贫的金融支持。

（二）加强组织协调。各地将旅游扶贫工作有机融入党委政府扶贫攻坚大局，构建跨部门、跨单位、全社会共同参与、多元主体的旅游扶贫体系，统筹解决旅游扶贫工作中的规划对接、用地保障、行政审批和资金整合使用等问题，打好组合拳，形成政策合力。

（三）强化督查考核。各地应建立旅游扶贫开发督导考核机制，把乡村旅游扶贫工作纳入各级党委政府和有关部门的议事日程，纳入工作考核体系。及时开展旅游扶贫情况动态跟踪监测、督导检查，每年年底进行考核。各地要通过电台、电视台、报刊、网站、微信等多种手段，大力宣传旅游扶贫成果，进一步强化典型示范引领，推动各方参与旅游扶贫，共同分享旅游扶贫成果。

各省区市旅游部门牵头，结合实际尽快制定推进落实行动方案的具体举措，确保各项任务落到实处，各有关部门要按照职责分工抓紧制定配套政策，营造良好环境。

国家旅游局关于进一步做好当前旅游扶贫工作的通知

旅发〔2018〕27号

各省、自治区、直辖市旅游发展委员会、旅游局：

打赢脱贫攻坚战是党中央、国务院作出的重大战略部署，是党向全国人民作出的庄严承诺。旅游扶贫作为国家脱贫攻坚战略的重要组成部分，是产业扶贫的主要方式，是全面建成小康社会的重要推动力量。十八大以来，全国旅游系统在以习近平同志为核心的党中央坚强领导下，认真落实中央脱贫攻坚决策部署，持续加大精准扶贫工作力度，扎实推进旅游发展与扶贫开发有机融合，旅游扶贫工作机制基本建立，政策体系日益完善，产品业态不断丰富，社会影响持续扩大，旅游扶贫工作取得了扎实成效，发展旅游业已成为许多贫困地区脱贫攻坚的有力抓手和重要支撑。

为深入贯彻落实习近平总书记在四川成都打好精准脱贫攻坚战座谈会上的重要讲话精神，进一步做好当前旅游扶贫工作，细化分工责任、精准脱贫机制、创新帮扶举措、加强政策衔接、丰富宣传手段，现将有关事项通知如下：

一、明确指导思想

当前，旅游扶贫工作已进入精准施策、深入攻坚的关键时期。全国旅游系统要深刻领会习近平总书记扶贫开发重要战略思想，牢固树立"四个意识"，贯彻落实中央经济工作会议、中央农村工作会议和全国扶贫开发工作会议的决策部署，坚持精准扶贫精准脱贫基本方略，按照优质旅游发展要求，以深度贫困地区脱贫攻坚为重点，以旅游扶贫领域作风建设为抓手，注重目标对象精准，注重科学规划引领，注重机制体制建设，注重工作举措创新，注重社会力量参与，注重激发内生动力，注重工作作风建设，注重责任监督落实，进一步提高旅游脱贫质量和成效，全面推进贫困地区旅游产业发展，有效带动贫困人口脱贫增收，坚决打好新时代精准脱贫攻坚战。

二、落实工作责任

按照"中央统筹、省负总责、市县抓落实"的工作机制，建立各负其责、各司其职的旅游扶贫工作责任体系。国家旅游局重在做好顶层设计，在政策、资金、培训等方面为地方创造条件，总结推广典型经验，强化旅游扶贫宣传，加强脱贫效果监管。各省级旅游部门负责本辖区内的旅游扶贫工作，制定旅游扶贫工作要点，协调动员各方力量，完善扶贫保障举措，做到承上启下，促进工作落地。各市县级旅游部门重在推进旅游扶贫项目建设，在地方党委政府领导下，从本地实际出发，着力完善旅游扶贫受益机制，推动各项政策措施落地生根。

三、推进重点工作

（一）精准聚焦目标。根据地方脱贫进展和旅游发展实际，进一步聚焦具有旅游资源、具备旅游发展条件的贫困地区，瞄准贫困人口精准施策，针对深度贫困地区集中发力，充分发挥产业优势，通过发展旅游增加贫困户收入，增强贫困人口获得感。

（二）认真落实政策。做好与乡村振兴战略的衔接，围绕《乡村旅游扶贫工程行动方案》《关于支持深度贫困地区旅游扶贫行动方案》，出台配套措施，细化分解扶贫任务，积极引导各方扶贫资金、扶贫惠民政策向旅游扶贫项目倾斜，鼓励支持各类金融机构拓宽旅游扶贫项目的融资渠道，全力推动各项决策部署和政策措施落实到位。

（三）编制专项规划。组织规划编制单位因地制宜、科学编制一批旅游精准扶贫规划，策划推出一批旅游扶贫重点项目，科学指导贫困地区旅游资源利用、旅游产品开发、旅游品牌建设。

（四）加强专向指导。结合旅游资源特点和市场需求，因地制宜，开发形式多样、特色鲜明、能够带动贫困户广泛参与的旅游扶贫产品，发展一批以农家乐、渔家乐、牧家乐、休闲农庄、森林人家等为主题的乡村度假产品，建成一批依托自然风光、美丽乡村、传统民居为特色的乡村旅游景区，策划一批采摘、垂钓、农事体验等参与型的旅游娱乐活动，开发徒步健身、乡村体育休闲运动，培育自驾车房车营地、帐篷营地、乡村民宿等新业态，打造丰富多彩的乡村特色文化演艺和节庆活动。

（五）举办专场营销。充分利用报纸、网络、电视、广播等传播平台，大力宣传贫困地区优质旅游资源。积极组织旅游扶贫重点村、旅游企业参与大型旅游展会、赴全国主要旅游客源地开展专场营销活动，集中推介特色旅游产品。策划举办山水美景游、农事体验游、民俗风情游等营销活动，着力打造乡村旅游品牌。

（六）开展专题培训。创新旅游扶贫人才培养方式，加大对乡村旅游扶贫重点村村干部、乡村旅游带头人、乡村旅游经营户、驻村工作队队长、乡村旅游管理人才等各类实用人才的培训力度，以点带面，帮助贫困人口转变思想观念，提升文化素质和知识水平，提高乡村旅游服务技能。建立旅游扶贫专家库，动员规划、管理、营销专业人才深入基层一线开展旅游技能辅导和扶贫公益培训。

四、完善受益机制

鼓励和支持地方通过多种旅游扶贫途径助力贫困人口脱贫，着力构建以贫困人口为基础环节的利益联结链，建立完善长期、稳定、相对合理的利益分配机制，鼓励贫困人口直接开办农家乐和经营乡村旅馆、销售农副土特产品获得经营性收入，鼓励贫困人口到景区景点、旅游企业打工就业获得工资性收入，鼓励贫困人口通过资产入股、资源入股等形式获得财产性收入，激发贫困人口参与发展旅游业的主动性和积极性，形成持久内生动力。

五、动员社会力量

坚持社会动员，凝聚各方力量，充分发挥政府和社会两方面力量作用，形成全社会广泛参与、合力攻坚的旅游扶贫大格局。加强与相关部门合作，建立跨部门、跨行业、跨单位共同参与、多元主体的旅游扶贫工作体系，统筹解决实践中的规划对接、用地保障、行政审批和资金整合使用等问题。广泛动员相关企业、社会团体、个人参与贫困地区旅游开发，加强政策支持和规范管理。发挥主流媒体的舆论导向作用，总结推广旅游扶贫创新举措，分享旅游扶贫成功经验。

六、抓好监督落实

坚持问题导向，紧盯关键环节，集中力量开展旅游扶贫领域作风问题专项治理，将作风建设贯穿旅游扶贫全过程，构建标本兼治的作风建设长效机制，促进旅游扶贫对象更加精准、责任更加明晰、措施更加得力、方法更加科学。加强督导巡查，促进工作落实，及时掌握旅游扶贫动态，认真查找存在问题和薄弱环节。

请各地高度重视，加强组织领导，认真部署落实有关工作，确保通知各项要求落实到位。同时，请结合本地实际，做好 2017 年旅游扶贫工作总结，制定 2018 年旅游扶贫工作要点，并于 3 月 20 日前将以上材料报送至国家旅游局规划财务司。

国家旅游局
2018 年 2 月 27 日

文化和旅游部等 17 部门关于印发《关于促进乡村旅游可持续发展的指导意见》的通知

为深入贯彻落实《中共中央 国务院关于实施乡村振兴战略的意见》（中发〔2018〕1号）和《乡村振兴战略规划（2018—2022年）》文件精神，实施乡村旅游精品工程，培育农村发展新动能，促进乡村旅游可持续发展，文化和旅游部会同有关部门共同研究制定了《关于促进乡村旅游可持续发展的指导意见》，现印发给你们，请认真贯彻实施。

文化和旅游部	国家发展改革委	工业和信息化部
财 政 部	人力资源社会保障部	自然资源部
生态环境部	住房城乡建设部	交通运输部
农业农村部	国家卫生健康委	中国人民银行
国家体育总局	中国银行保险监督管理委员会	国家林业和草原局
国家文物局	国务院扶贫办	

2018 年 11 月 15 日

关于促进乡村旅游可持续发展的指导意见

乡村旅游是旅游业的重要组成部分，是实施乡村振兴战略的重要力量，在加快推进农业农村现代化、城乡融合发展、贫困地区脱贫攻坚等方面发挥着重要作用。为深入贯彻落实《中共中央 国务院关于实施乡村振兴战略的意见》（中发〔2018〕1号）和《乡村振兴战略规划（2018—2022年）》，推动乡村旅游提质增效，促进乡村旅游可持续发展，加快形成农业农村发展新动能，现提出以下意见：

一、总体要求

（一）指导思想

全面贯彻党的十九大和十九届二中、三中全会精神，以习近平新时代中国特色社会主义思想为指导，牢固树立新发展理念，落实高质量发展要求，紧紧围绕统筹推进"五位一体"总体布局和协调推进"四个全面"战略布局，按照产业兴旺、生态宜居、乡风文明、治理有效、生活富裕的总要求，从农村实际和旅游市场需求出发，强化规划引领，完善乡村基础设施建设，优化乡村旅游环境，丰富乡村旅游产品，促进乡村旅游向市场化、产业化方向发展，全面提升乡村旅游的发展质量和综合效益，为实现我国乡村全面振兴作出重要贡献。

（二）基本原则

——生态优先，绿色发展。践行绿水青山就是金山银山的理念，注重开发与保护并举，统筹考虑资源环境承载能力和发展潜力，加强对乡村生态环境和乡村特色风貌的保护，强化有序开发、合理布局，避免急功近利、盲目发展。

——因地制宜，特色发展。根据区域特点和资源禀赋，以市场为导向，因地制宜，科学规划，积极开发特色化、差异化、多样化的乡村旅游产品，防止大拆大建、千村一面和城市化翻版、简单化复制，避免低水平同质化竞争。

——以农为本，多元发展。坚持以农民为受益主体，以农业农村为基本依托，尊重农民意愿，注重农民的全过程参与，调动农民积极性与创造性，加大政府的支持和引导力度，吸引更多的社会资本和经营主体投入乡村旅游的发展，释放乡村旅游发展活力。

——丰富内涵，品质发展。挖掘乡村传统文化和乡俗风情，加强乡村文物保护利用和文化遗产保护传承，吸收现代文明优秀成果，在保护传承基础上创造性转化、创新性发展，提升农村农民精神面貌，丰富乡村旅游的人文内涵，推动乡村旅游精品化、品牌化发展。

——共建共享，融合发展。整合资源，部门联动，统筹推进，加快乡村旅游与农业、教育、科技、体育、健康、养老、文化创意、文物保护等领域深度融合，培育乡村旅游新产品新业态新模式，推进农村一二三产业融合发展，实现农业增效、农民增收、农村增美。

（三）主要目标

到2022年，旅游基础设施和公共服务设施进一步完善，乡村旅游服务质量和水平全面提升，富农惠农作用更加凸显，基本形成布局合理、类型多样、功能完善、特色突出的乡村旅游发展格局。

二、加强规划引领，优化区域布局

（四）优化乡村旅游区域整体布局

推动旅游产品和市场相对成熟的区域、交通干线和 A 级景区周边的地区深化开展乡村旅游，支持具备条件的地区打造乡村旅游目的地，促进乡村旅游规模化、集群化发展。鼓励东部地区围绕服务中心城市，重点推进环都市乡村旅游度假带建设，提升乡村旅游产品品质，推动乡村旅游目的地建设；鼓励中西部地区围绕脱贫攻坚，重点推动乡村旅游与新型城镇化有机结合，合理利用古村古镇、民族村寨、文化村镇，打造"三区三州"深度贫困地区旅游大环线，培育一批乡村旅游精品线路；鼓励东北地区依托农业、林业、避暑、冰雪等优势，重点推进避暑旅游、冰雪旅游、森林旅游、康养旅游、民俗旅游等，探索开展乡村旅游边境跨境交流，打造乡村旅游新高地。（文化和旅游部、发展改革委、农业农村部、自然资源部、体育总局、林草局按职责分工负责）

（五）促进乡村旅游区域协同发展

加强东、中西部旅游协作，促进旅游者和市场要素流动，形成互为客源、互为市场、互动发展的良好局面。加强乡村旅游产品与城市居民休闲需求的对接，统筹城乡基础设施和公共服务，加大城市人才、智力资源对乡村旅游的支持，促进城乡间人员往来、信息沟通、资本流动，加快城乡一体化发展进程。注重旅游资源开发的整体性，鼓励相邻地区打破行政壁垒，统筹规划，协同发展。依托风景名胜区、历史文化名城名镇名村、特色景观旅游名镇、传统村落，探索名胜名城名镇名村"四名一体"全域旅游发展模式。（文化和旅游部、发展改革委、农业农村部、自然资源部、住房城乡建设部、人力资源社会保障部按职责分工负责）

（六）制定乡村旅游发展规划

各地区要将乡村旅游发展作为重要内容纳入经济社会发展规划、国土空间规划以及基础设施建设、生态环境保护等专项规划，在规划中充分体现乡村旅游的发展要求。支持有条件的地区组织开展乡村旅游资源普查和发展状况调查，编制乡村旅游发展规划，鼓励突破行政区域限制，跨区域整合旅游资源，制定区域性乡村旅游发展规划。乡村旅游发展规划要符合当地实际，强化乡土风情、乡居风貌和文化传承，尊重村民发展意愿，落实国土空间规划有关要求，注重规划衔接与落地实施。严格保护耕地，落实永久基本农田控制线并实行特殊保护。独立编制的乡村旅游发展规划应符合镇规划、乡规划和村庄规划的有关要

求。(文化和旅游部、发展改革委、生态环境部、自然资源部、住房城乡建设部、农业农村部、文物局按职责分工负责)

三、完善基础设施，提升公共服务

(七)提升乡村旅游基础设施

结合美丽乡村建设、新型城镇化建设、移民搬迁等工作，实施乡村绿化、美化、亮化工程，提升乡村景观，改善乡村旅游环境。加快交通干道、重点旅游景区到乡村旅游地的道路交通建设，提升乡村旅游的可进入性。鼓励有条件的旅游城市与游客相对聚集乡村旅游区间开通乡村旅游公交专线、乡村旅游直通车，方便城市居民和游客到乡村旅游消费。完善农村公路网络布局，加快乡镇、建制村硬化路"畅返不畅"整治，提高农村公路等级标准，鼓励因地制宜发展旅游步道、登山步道、自行车道等慢行系统。引导自驾车房车营地、交通驿站建设向特色村镇、风景廊道等重要节点延伸布点，定期发布乡村旅游自驾游精品线路产品。加强乡村旅游供水供电、垃圾污水处理以及停车、环卫、通讯等配套设施建设，提升乡村旅游发展保障能力。(文化和旅游部、发展改革委、农业农村部、交通运输部、财政部按职责分工负责)

(八)完善乡村旅游公共服务体系

实施"厕所革命"新三年计划，引进推广厕所先进技术。结合乡村实际因地制宜进行厕所建设、改造和设计，注重与周边和整体环境布局协调，尽量体现地域文化特色，配套设施始终坚持卫生实用，反对搞形式主义、奢华浪费。积极组织开展厕所革命公益宣传活动，深入开展游客、群众文明如厕教育。推动建立乡村旅游咨询服务体系，在有条件、游客数量较大的乡村旅游区建设游客咨询服务中心，进一步完善乡村旅游标识标牌建设，强化解说、信息咨询、安全救援等服务体系建设，完善餐饮住宿、休闲娱乐、户外运动、商品购物、文化展演、民俗体验等配套服务，促进乡村旅游便利化。加快推动乡村旅游信息平台建设，完善网上预订、支付、交流等功能，推动乡村旅游智慧化。(文化和旅游部、发展改革委、农业农村部、住房城乡建设部、自然资源部、财政部、工业和信息化部、卫生健康委按职责分工负责)

四、丰富文化内涵，提升产品品质

(九)突出乡村旅游文化特色

在保护的基础上，有效利用文物古迹、传统村落、民族村寨、传统建筑、农业遗迹、灌溉工程遗产、农业文化遗产、非物质文化遗产等，融入乡村旅游产品开发。促进文物资源与乡村旅游融合发展,支持在文物保护区域因地制宜适度发展服务业和休闲农业,推介文物领域研学旅行、体验旅游、休闲旅游项目和精品旅游线路,发挥文物资源对提高国民素质和社会文明程度、推动经济社会发展的重要作用。支持农村地区地域特色文化、民族民间文化、优秀农耕文化、传统手工艺、优秀戏曲曲艺等传承发展,创新表现形式,开发一批乡村文化旅游产品。依托乡村旅游创客基地,推动传统工艺品的生产、设计等和发展乡村旅游有机结合。鼓励乡村与专业艺术院团合作,打造特色鲜明、体现地方人文的文化旅游精品。大力发展乡村特色文化产业。支持在乡村地区开展红色旅游、研学旅游。(文化和旅游部、发展改革委、住房城乡建设部、生态环境部、农业农村部、文物局按职责分工负责)

(十)丰富乡村旅游产品类型

对接旅游者观光、休闲、度假、康养、科普、文化体验等多样化需求,促进传统乡村旅游产品升级,加快开发新型乡村旅游产品。结合现代农业发展,建设一批休闲农业精品园区、农业公园、农村产业融合发展示范园、田园综合体、农业庄园,探索发展休闲农业和乡村旅游新业态。结合乡村山地资源、森林资源、水域资源、地热冰雪资源等,发展森林观光、山地度假、水域休闲、冰雪娱乐、温泉养生等旅游产品。鼓励有条件地区,推进乡村旅游和中医药相结合,开发康养旅游产品。充分利用农村土地、闲置宅基地、闲置农房等资源,开发建设乡村民宿、养老等项目。依托当地自然和文化资源禀赋发展特色民宿,在文化传承和创意设计上实现提升,完善行业标准、提高服务水平、探索精准营销,避免盲目跟风和低端复制,引进多元投资主体,促进乡村民宿多样化、个性化、专业化发展。鼓励开发具有地方特色的服饰、手工艺品、农副土特产品、旅游纪念品等旅游商品。(文化和旅游部、发展改革委、农业农村部、生态环境部、自然资源部、体育总局、林草局按职责分工负责)

(十一)提高乡村旅游服务管理水平

制定完善乡村旅游各领域、各环节服务规范和标准,加强经营者、管理者、当地居民等技能培训,提升乡村旅游服务品质。提升当地居民旅游观念和服务意识,提升文明习惯、掌握经营管理技巧。鼓励先进文化、科技手段在乡村旅游产品体验和服务、管理中的运用,增加乡村旅游发展的知识含量。大力开展专业志愿者支援乡村行动,鼓励专业人士参与乡村景观设计、乡村旅游策划等活动。探索运用连锁式、托管式、共享式、会员制、分时制、职业经理制等现

代经营管理模式,提升乡村旅游的运营能力和管理水平。(文化和旅游部、农业农村部、人力资源社会保障部按职责分工负责)

五、创建旅游品牌,加大市场营销

(十二)培育构建乡村旅游品牌体系

树立乡村旅游品牌意识,提升品牌形象,增强乡村旅游品牌的影响力和竞争力。鼓励各地整合乡村旅游优质资源,推出一批特色鲜明、优势突出的乡村旅游品牌,构建全方位、多层次的乡村旅游品牌体系。建立全国乡村旅游重点村名录,开展乡村旅游精品工程,培育一批全国乡村旅游精品村、精品单位。鼓励具备条件的地区集群发展乡村旅游,积极打造有影响力的乡村旅游目的地。支持资源禀赋好、基础设施完善、公共服务体系健全的乡村旅游点申报创建A级景区、旅游度假区、特色小镇等品牌。(文化和旅游部、发展改革委、农业农村部、生态环境部按职责分工负责)

(十三)创新乡村旅游营销模式

发挥政府积极作用,鼓励社会力量参与乡村旅游宣传推广和中介服务,鼓励各地开展乡村旅游宣传活动,拓宽乡村旅游客源市场。依托电视、电台、报纸等传统媒体资源,利用旅游推介会、博览会、节事活动等平台,扩大乡村旅游宣传。充分利用新媒体自媒体,支持电商平台开设乡村旅游频道,开展在线宣传推广和产品销售等。(文化和旅游部、发展改革委、农业农村部按职责分工负责)

六、注重农民受益,助力脱贫攻坚

(十四)探索推广发展模式

支持旅行社利用客源优势,最大限度宣传推介旅游资源并组织游客前来旅游,并通过联合营销等方式共同开发市场的"旅行社带村"模式。积极推进景区辐射带动周边发展乡村旅游,形成乡村与景区共生共荣、共建共享的"景区带村"模式。大力支持懂经营、善管理的本地及返乡能人投资旅游,以吸纳就业、带动创业的方式带动农民增收致富的"能人带户"模式。不断壮大企业主导乡村旅游经营,吸纳当地村民参与经营或管理的"公司+农户"模式。引导规范专业化服务与规模化经营相结合的"合作社+农户"模式。鼓励各地从实际出发,积极探索推广多方参与、机制完善、互利共赢的新模式新做法,建立定性定量分析的工作台账,总结推广旅游扶贫工作。(文化和旅游部、农业农村部、国务院扶贫办按职责分工负责)

（十五）完善利益联结机制

突出重点，做好深度贫困地区旅游扶贫工作。建立健全多元的利益联结机制，让农民更好分享旅游发展红利，提高农民参与性和获得感。探索资源变资产、资金变股金、农民变股东的途径，引导村集体和村民利用资金、技术、土地、林地、房屋以及农村集体资产等入股乡村旅游合作社、旅游企业等获得收益，鼓励企业实行保底分红。支持在贫困地区实施一批以乡村民宿改造提升为重点的旅游扶贫项目，引导贫困群众对闲置农房升级改造，指导各地在明晰产权的基础上，建立有效的带贫减贫机制，增加贫困群众收益。支持当地村民和回乡人员创业，参与乡村旅游经营和服务。鼓励乡村旅游企业优先吸纳当地村民就业。（文化和旅游部、农业农村部、自然资源部、林草局、国务院扶贫办按职责分工负责）

七、整合资金资源，强化要素保障

（十六）完善财政投入机制

加大对乡村旅游项目的资金支持力度。鼓励有条件、有需求的地方统筹利用现有资金渠道，积极支持提升村容村貌，改善乡村旅游重点村道路、停车场、厕所、垃圾污水处理等基础服务设施。按规定统筹的相关涉农资金可以用于培育发展休闲农业和乡村旅游。（财政部、发展改革委、农业农村部按职责分工负责）

（十七）加强用地保障

各地应将乡村旅游项目建设用地纳入国土空间规划和年度土地利用计划统筹安排。在符合生态环境保护要求和相关规划的前提下，鼓励各地按照相关规定，盘活农村闲置建设用地资源，开展城乡建设用地增减挂钩，优化建设用地结构和布局，促进休闲农业和乡村旅游发展，提高土地节约集约利用水平。鼓励通过流转等方式取得属于文物建筑的农民房屋及宅基地使用权，统一保护开发利用。在充分保障农民宅基地用益物权的前提下，探索农村集体经济组织以出租、入股、合作等方式盘活利用闲置宅基地和农房，按照规划要求和用地标准，改造建设乡村旅游接待和活动场所。支持历史遗留工矿废弃地再利用、荒滩等未利用土地开发乡村旅游。（自然资源部、住房城乡建设部、生态环境部、农业农村部、林草局按职责分工负责）

（十八）加强金融支持

鼓励金融机构为乡村旅游发展提供信贷支持，创新金融产品，降低贷款门槛，简化贷款手续，加大信贷投放力度，扶持乡村旅游龙头企业发展。依法合规推进农村承包土地的经营权、农民住房财产权抵押贷款业务，积极推进集体林权抵押贷款、旅游门票收益权质押贷款业务，扩大乡村旅游融资规模，鼓励乡村旅游经营户通过小额贷款、保证保险实现融资。鼓励保险业向乡村旅游延伸，探索支持乡村旅游的保险产品。（财政部、自然资源部、人民银行、银保监会按职责分工负责）

（十九）加强人才队伍建设

将乡村旅游纳入各级乡村振兴干部培训计划，加强对县、乡镇党政领导发展乡村旅游的专题培训。通过专题培训、送教上门、结对帮扶等方式，开展多层次、多渠道的乡村旅游培训。各级人社、农业农村、文化和旅游、扶贫等部门要将乡村旅游人才培育纳入培训计划，加大对乡村旅游的管理人员、服务人员的技能培训，培养结构合理、素质较高的乡村旅游从业人员队伍。开展乡村旅游创客行动，组织引导大学生、文化艺术人才、专业技术人员、青年创业团队等各类"创客"投身乡村旅游发展，促进人才向乡村流动，改善乡村旅游人才结构。（文化和旅游部、人力资源社会保障部、农业农村部、国务院扶贫办按职责分工负责）

各地各部门要把乡村旅游可持续、高质量发展作为实施乡村振兴战略的重要举措，统筹乡村旅游发展工作，结合实际出台落实意见或实施方案，明确部门工作职责，建立督导机制，形成推动乡村旅游发展的强大合力，推动各项任务贯彻落实。

关于印发《湖南省旅游局 湖南省扶贫开发办公室关于实施乡村旅游精准扶贫工程的意见》的通知

湘旅联字〔2016〕10号

各市州、省直管县旅游局、扶贫办，省直有关单位：

经省人民政府批准，现将《湖南省旅游局 湖南省扶贫开发办公室关于实施乡村旅游精准扶贫工程的意见》印发给你们，请结合工作实际，认真组织实施。

湖南省旅游局 湖南省扶贫开发办公室
2016年6月14日

湖南省旅游局 湖南省扶贫开发办公室关于实施乡村旅游精准扶贫工程的意见

《中共中央国务院关于打赢脱贫攻坚战的决定》中明确提出："依托贫困地区特有的自然人文资源，深入实施乡村旅游扶贫工程"。我省贫困地区大部分深处武陵山、罗霄山片区，属山地地形，生态环境良好，民俗风情浓郁，旅游资源富集。充分发挥贫困地区旅游资源优势，因地制宜发展旅游业，实施乡村旅游促进精准扶贫大有可为。

一、总体要求

按照全面建成小康社会的总体要求，坚持精准扶贫、精准脱贫基本方略，按照政府主导、多方参与、因地制宜、突出重点、示范引导、辐射带动的原则，以增强贫困地区发展的内生动力为根本，以改善生态环境为基础，以发展乡村旅游为重点，以增加就业、提高收入为目标，充分发挥旅游业强大的产业整合能力，聚焦发力，找准乡村旅游扶贫的新路子，在精准施策上出实招、在精准推进上下实功、在精准落地上见实效，培育旅游新业态，丰富旅游产品供给，打造一批资源品位高、品牌形象优、核心吸引力强的旅游精品，帮助我省贫困地区贫困户脱贫致富，为建设富饶美丽幸福新湖南做出积极贡献。

二、基本目标

按照"一年打基础、三年有突破、五年见实效"的要求，到2020年，武陵山、罗霄山连片特困地区13条文化生态旅游精品线路全部建成，实现51个贫困县全覆盖531个旅游扶贫重点村全部脱贫致富，力争辐射带动全省1000个贫困村脱贫致富。全省贫困地区接待游客3亿人次，实现旅游总收入2700亿元，全省通过旅游直接和间接减少贫困人口累计100万人（约占全省贫困人口的20%），实现贫困地区农民年人均可支配收入达到10000元以上，带动就业人数累计达40万人。

三、实施路径

以武陵山、罗霄山连片特困地区为主战场，以创建国家旅游扶贫试验区为抓手，因地制宜实施旅游促进扶贫推进脱贫攻坚，依托武陵源、崀山和老司城三大世界遗产资源，加快张家界国际生态旅游度假区、崀山生态民俗旅游区、凤凰文化旅游区和大湘东文化旅游经济带等规划建设，开发推出贫困地区文化生态旅游精品线路，带动沿线贫困地区群众脱贫致富。

（一）推进旅游项目建设带动就业扶贫。结合实施新型城镇化和美丽乡村建设战略，充分利用贫困地区丰富的古镇古村和民俗旅游资源，发展有历史记忆、地域特色和民族特色的古镇古村群落，通过贫困地区文化生态旅游精品线路的串联，培育和提升100个湖湘风情文化旅游小镇、建设150个乡村自驾车房车营地，统筹开发50个中国传统村落，重点支持50个最美少数民族特色村寨开展民族文化旅游项目建设，形成新的旅游目的地。通过加快旅游项目建设，扩大贫困人口直接从业和间接从业数量，拓宽贫困人口增收渠道。

（二）发展乡村旅游带动创业扶贫。通过"旅游＋农业"组合，完善乡村旅游"生活链"、"服务链"和"产业链"，做深做新乡村旅游文章，促进大众创业、万众创新。创建12个国家级乡村旅游和休闲农业示范县、30个乡村旅游和休闲农业示范点，鼓励和支持创办100个乡村休闲农庄、50个乡村旅游创客基地，引导社会资本建设40家乡村度假精品酒店和500家星级农家乐，新增星级乡村旅游区（点）1000家，积极培育以旅游业为主导的乡村旅游扶贫示范村，大力发展乡村避暑度假和特色康养旅游产品。

（三）积极引导旅游资源要素入股分红带动创收扶贫。鼓励懂经营、善管理的旅游企业和能人进行乡村旅游资源开发,与贫困农户建立紧密的利益联结机制,采取公司+贫困户和能人+贫困户等形式,根据乡村旅游发展需要吸纳或租赁贫困户的部分山林、果园、鱼塘、土地、房产等生产资源和政府支持资金合作参股,乡村旅游经营业主返聘贫困户家中劳动力在旅游企业中从事旅游服务,实现乡村旅游经营业主与当地贫困户共建共享。通过盘活贫困农村旅游资源要素,达到资源增值、贫困户增收的目标。

(四)大力开发旅游商品带动购物扶贫。利用贫困地区丰富的非物质文化遗产和特色农副产品等资源,充分挖掘湖湘特色饮食文化和手工技艺,大力发展旅游工艺品、旅游食品和旅游纪念品,培育旅游商品龙头企业和知名品牌,提升我省旅游商品竞争力。通过"互联网+旅游",借助旅游电子商务平台,做到网店与实体店并重发展,促进旅游商品增产扩销,在满足不同游客购物需求的同时,切实提高农民收入。

四、主要措施

(一)编制国家级旅游扶贫试验区规划,争取国家旅游局将我省张家界市、湘西自治州、怀化市、邵阳市、永州市、郴州市相关县(市区)纳入国家旅游扶贫试验区予以重点支持。

(二)制定贫困地区自驾游产品线路规划,发布旅游景观公路建设标准,重点支持贫困地区文化生态旅游精品线路的旅游厕所、旅游信息咨询、停车场、旅游标识标牌等旅游公共服务设施的建设,以线路统筹带动整村推进,实现贫困户脱贫致富。

(三)整合统筹扶贫资金和各项支农资金,加大对旅游扶贫的支持。创新金融扶贫产品和服务,搭建投融资平台,发挥政策性银行和商业性银行的作用。

(四)坚持典型示范引导,支持有条件的贫困县创建全域旅游示范县,在旅游扶贫重点县筛选打造一批旅游扶贫示范村。

(五)大力开展乡村旅游智力扶贫,组织实施旅游规划扶贫公益行动,动员旅游规划资质机构为重点贫困村结对帮扶开展免费旅游规划和指导,组织开展乡村旅游扶贫重点村村官培训和乡村旅游服务人员培训。

(六)在全省开展"去贫困乡村旅游"公益旅游宣传活动,发动城市市民赴贫困村旅游,做热贫困地区旅游市场。

(七)创新旅游营销方式,组织开展贫困地区文化旅游宣传促销活动。

五、责任分工

（一）省旅游局牵头负责制定贫困地区自驾游产品线路规划，会同省交通厅发布旅游景观公路建设标准，会同省扶贫办编制旅游扶贫试验区规划并申报国家旅游扶贫试验区，支持有条件的贫困县创建全域旅游示范县，组织实施旅游规划扶贫公益行动，抓好旅游市场营销和市场监管。

（二）省扶贫办负责按照精准扶贫、精准脱贫的要求，协调相关部门搞好旅游扶贫政策的制定和配合做好旅游扶贫示范村建设。

（三）省发改委牵头负责贫困地区文化生态旅游精品线路重点项目建设，支持贫困地区特色旅游城镇、重点旅游村和重点景区基础设施建设，省交通厅、省住建厅、省旅游局配合。

（四）省委宣传部牵头负责贫困地区文化生态旅游精品线路宣传活动，组织媒体开展乡村旅游采风和旅游扶贫公益宣传活动，省旅游局配合。

（五）省农委负责贫困地区特色农产品开发和指导休闲农业发展及观光体验、教育展示、文化传承等设施建设。

（六）省经信委负责指导贫困地区重点培育发展旅游商品加工集群，支持旅游商品产业园区中小企业孵化基地建设。

（七）省卫计委负责指导贫困地区重点发展特色康养和中医药疗养等旅游产品。

（八）省财政厅负责整合统筹扶贫资金、旅游产业发展资金、各项支农资金投入乡村旅游扶贫项目建设。

（九）省交通运输厅负责编制全省"十三五"旅游公路发展规划，优先解决贫困地区旅游公路建设问题，会同省旅游局发布旅游公路建设标准。

（十）省住房和建设厅负责贫困地区特色旅游城镇和传统村落规划建设。

（十一）省林业厅负责贫困地区森林生态旅游产品开发，指导周边景区生态保护与开发。

（十二）省科技厅牵头负责实施"智慧旅游"战略，加大旅游信息技术研发，加快推广利用云计算、物联网等新技术，推动旅游管理、旅游服务和旅游营销全面升级，省商务厅、省旅游局配合。

（十三）省人力资源社会保障厅牵头负责组织开展乡村旅游扶贫重点村村官培训和乡村旅游服务人员培训，举办旅游职业技能大赛，省旅游局配合。

（十四）省教育厅负责倡导组织省内高校、科研院所等专业对口的专家联村帮扶，为贫困村旅游发展与项目建设提供智力支持。

（十五）省国土资源厅负责保障旅游扶贫用地，省住房和建设厅、省旅游局配合。

（十六）省水利厅负责贫困地区水利风景区规划和贫困乡村旅游安全饮水工程建设。

（十七）省环保厅负责指导贫困地区重点旅游村农村环境综合整治工作。

（十八）省文联负责实施乡村旅游创客行动计划，支持和组织旅游志愿者、艺术和科技工作者驻村帮扶、创业发展，省科技厅、省旅游局配合。

（十九）省统计局负责贫困地区旅游统计，建设旅游扶贫观测点，省旅游局配合。

（二十）省金融办负责协调金融部门，创新金融扶贫产品和服务，搭建投融资平台，发挥政策性银行和商业性银行的互补作用，支持旅游扶贫重点地区及其建档立卡贫困户参与乡村旅游项目。

（二十一）省委督查室和省政府督查室牵头负责定期督查考核，将督查落实情况报告省委、省政府，省旅游局、省扶贫办配合。

贵州省人民政府办公厅关于印发贵州省发展旅游业助推脱贫攻坚三年行动方案（2017—2019年）的通知

黔府办发〔2017〕44号

各市、自治州人民政府，贵安新区管委会，各县（市、区、特区）人民政府，省政府各部门、各直属机构：

经省人民政府同意，现将《贵州省发展旅游业助推脱贫攻坚三年行动方案（2017—2019年）》印发给你们，请认真组织实施。

贵州省人民政府办公厅
2017年9月5日

贵州省发展旅游业助推脱贫攻坚三年行动方案（2017—2019年）

为深入实施大扶贫战略行动，充分发挥旅游扶贫在脱贫攻坚中的重要作用，结合我省实际，制定本方案。

一、总体要求

（一）指导思想。深入贯彻习近平总书记系列重要讲话特别是在深度贫困地区脱贫攻坚座谈会上的重要讲话精神，认真落实中央和省脱贫攻坚系列决策部署，把旅游扶贫作为产业扶贫的重要抓手，把乡村旅游作为精准扶贫的重要途径，把解决更多贫困人口就业作为旅游发展的重点方向，使旅游在全省决战脱贫攻坚、决胜同步小康进程中发挥更大作用。

（二）基本原则。

——坚持政府主导。充分发挥政府的主导作用，整合资源，大力发展全域山地旅游，优先对全省14个深度贫困县、20个极贫乡（镇）和2760个深度贫困村的旅游资源进行开发。

——坚持市场导向。遵循市场规律，引进、培育和提升一大批涉旅企业，加快我省旅游经济发展，提高旅游经济发展的质量和效益，带动更多贫困户脱贫。

——坚持绿色发展。坚守发展和生态两条底线，严格生态环境保护，强化规范开发，实现绿色发展、可持续发展。

——坚持融合发展。依托"5个100"工程建设和"四在农家·美丽乡村"六项行动计划，着力提升旅游基础设施建设水平，推进农旅、文旅、工旅、航旅、商旅、林旅、体旅等融合发展。

——坚持利益共享。充分发挥旅游业强大的市场优势、产业活力和带动作用，建立让老百姓受益的利益共享机制，以创建全国全域旅游示范省为抓手，让更多建档立卡贫困人口分享旅游发展的红利。

（三）主要目标。到2019年，力争旅游扶贫带动全省100万以上建档立卡贫困人口脱贫。

二、重点任务

（一）实施旅游项目建设扶贫工程。统筹乡村旅游专项资金、旅游厕所建设奖补资金和少数民族特色村寨、"5个100"工程、"四在农家·美丽乡村"六项行动计划等相关项目资金，通过资源整合、规划衔接、项目接入等形式，最大限度把资金配置到旅游扶贫项目上，确保每年投入2亿元以上。用好220亿元脱贫攻坚投资基金旅游产业子基金，支持带动就业作用明显的旅游景区和旅游产业项目建设。按照财政资金每投资10万元至少扶持36名建档立卡贫困人口脱贫，脱贫攻坚旅游扶贫子基金每投资50万元至少扶持36名建档立卡贫困人口脱贫的目标，带动17万名贫困人口受益脱贫。

（二）实施景区带动旅游扶贫工程。将旅游扶贫工作列入我省A级旅游景区管理办法和100个旅游景区建设考核重点内容，引导全省250家旅游景区（含188家A级旅游景区和62家在建旅游景区）带动贫困人口就业。其中，全省5家5A级旅游景区、69家4A级旅游景区和其它176家旅游景区，每家分别带动不少于700名、500名和300名贫困人口脱贫。从2017年起，全省4A级及以下旅游景区质量等级评定将与带动建档立卡贫困人口就业增收挂钩。通过实施景区带动旅游扶贫工程，带动9万名贫困人口受益脱贫。

（三）实施旅游资源开发扶贫工程。发挥自然生态和民族文化优势，用好全省旅游资源大普查成果，按照"科学规划、分类实施"原则，以新发现未开发的 52 万处旅游资源和普查登记的 77 处优良温泉旅游资源为基础，结合新的交通格局以及 14 个深度贫困县、20 个极贫乡（镇）和 2760 个深度贫困村的旅游资源分布，加快编制和完善《全省全域山地旅游发展规划》《全省旅游扶贫规划》《贵州省温泉产业发展规划》以及各地《县域旅游扶贫规划》，重点将 2689 处优良资源和极贫乡镇新发现的 960 处新资源优先予以规划和开发。支持 14 个深度贫困县至少各打造一个精品旅游景区，力争全省 88 个县（市、区、特区）至少各有一个精品旅游景区和两个乡村旅游点，新规划开发的旅游景区、乡村旅游点优先解决建档立卡贫困人口就业。通过实施旅游资源开发扶贫工程，带动 7 万名贫困人口受益脱贫。

（四）实施乡村旅游扶贫工程。推进"百区千村万户"乡村旅游扶贫工程，推广"美丽乡村"建设的"花茂路径"、特色产业发展的"杉坪路径"、"三变"改革推动的"娘娘山路径"、景区带动的"赤水路径"、民族文化创新的"西江路径"、互联网助推的"好花红路径"、产业融合的"云谷田园"路径等，带动贫困人口直接到乡村旅游企业务工增加收入，直接参与乡村旅游经营增加收入，直接开办农事体验或旅游活动项目增加收入，直接出售农副土特产品等增加收入，直接出租房屋或土地等自有资产增加收入，将房屋、土地、人力等自有资源折算入股分红，通过政府、企业低价或无偿提供的停车场、商铺等经营性资产增加收入，从乡村旅游发展中获得补助收入，通过乡村旅游发展获得资产增值收入等，2019 年力争乡村旅游经营户数从 2016 年末的 16284 户增加到 44500 户。结合"四在农家·美丽乡村"六项行动计划、农村人居环境综合整治、"一事一议""厕所革命"等工作，加快改善旅游扶贫重点乡村旅游基础和公共服务设施，实现每一个重点乡村旅游扶贫点至少有一个 A 级旅游厕所和一个综合性游客服务中心。通过实施乡村旅游扶贫工程，带动 25 万贫困人口受益脱贫。

（五）实施旅游商品扶贫工程。大力发展"贵银""黔绣""黔蜡染"等系列旅游商品，创新改革地方特色美食和民族手工艺品。深入实施乡村旅游"后备箱"工程，在重点景区景点、高速公路服务区、机场、高铁站、主要交通干道旅客集散点等重点区域设立贵州绿色农产品、旅游商品销售专区、专店或专柜，鼓励酒店、农家乐等旅游餐饮场所积极采购深度贫困地区的农副产品。支持各景区利用自身品牌开发系列旅游商品，利用自身融资能力扩大旅游商品生产规模。每年开展"游客喜爱的贵州旅游商品"评选活动，评选出一批质量高、特色足、设计新的精品品牌。通过特色旅游商品开发和促销，带动 10 万名贫困人口增收脱贫。

（六）实施"旅游+"多产业融合发展扶贫工程。推动"旅游+"多产业融合发展，引导社会资本以租赁、承包、联营、股份合作等多种形式投资开发乡村旅游项目，兴办各种旅游开发性企业和实体，对吸纳农村贫困人口就业的旅游企业，按照规定给予税收优惠、职业培训补贴等政策支持，推进旅游与农业、水利、工业、林业、文化、交通、体育、康养、养老等多产业融合发展，深度开发森林康养、户外运动等体验性文化旅游活动，打造采摘耕作、农事感知等旅游产品，培育精品客栈、特色民宿等旅游业态，把全省的旅游资源优势转化为产业优势。鼓励成立旅游专业合作社，支持村级集体经济组织兴办旅游公司、旅游农场，采取"公司+农户""专业合作社+农户"、综合开发、整村推进等多种方式，为参与旅游业的建档立卡贫困户提供5万元以下免担保免抵押贷款、3年以内扶贫小额贷款、"特惠贷"支持，充分调动广大农民发展乡村旅游的积极性，助推一大批贫困人口脱贫。到2019年，全省重点培育300家以上"旅游+"融合发展企业，按照每家企业扶持100名建档立卡贫困人口脱贫的目标，带动3万名贫困人口受益脱贫。

（七）实施旅游结对帮扶工程。坚持开放式旅游扶贫，充分调动体制内外两种资源、省内省外两个渠道和全社会力量，重点利用7个对口帮扶城市资源优势，采取分级分类结对帮扶方式，创新帮扶联动机制。在第十二届贵州旅游产业发展大会期间召开全国涉游企业结对帮扶深度贫困地区对接会，重点帮扶14个深度贫困县、20个极贫乡（镇）和2760个深度贫困村发展旅游。组织和引导大学毕业生、专业艺术人才、青年创业团队、返乡农民工等各类"创客"投身旅游扶贫开发，通过创意研发、产品开发、宣传推广等，建设一批乡村旅游创客示范基地，推动贫困村旅游创新创意和升级转型发展。通过旅游结对帮扶，带动4万名建档立卡贫困人口受益脱贫。

（八）实施乡村旅游标准化建设工程。大力推广实施《贵州省乡村旅游村寨建设与服务标准》《贵州省乡村旅游客栈服务质量等级划分与评定》《贵州省乡村旅游经营户（农家乐）服务质量等级划分与评定》标准。重点指导贫困地区开展乡村旅游村寨、乡村旅游客栈及经营户（农家户）评级定档工作，提升乡村旅游经营场地、设施设备、特色创意、环境卫生、旅游厕所、污水和垃圾无害化处理设施等硬件和软件水平，以户带村，以村带乡（镇），加快形成标准化、规模化、现代化的乡村旅游产业体系。2019年底前，全省评定标准级以上乡村旅游村寨、精品客栈和三星级以上乡村旅游经营户1500家以上。在乡村旅游评级定档工作中，引导乡村旅游经营户每户吸纳2名以上建档立卡贫困人口就业。

（九）实施旅游教育培训扶贫工程。将旅游扶贫从业人员培训纳入各级旅游部门年度培训计划，突出精准培训，把培训与发展产业、文化传承等结合起来，强化旅游骨干培训，培养一批旅游经营企业、导游、烹饪、乡村旅游创客、乡村旅游经营户、能工巧匠传承人和乡土文化讲解员等实用人才。鼓励各地采用政府购买服务等方式，组织本地旅游从业人员就地就近参加乡村旅游食宿服务、管理运营、市场营销等技能培训。围绕多彩贵州文化品牌，结合贫困地区民族文化旅游发展需要，鼓励建立民族技艺旅游文化方面的特色民办职业培训学校，积极为贫困劳动力开展民族芦笙演奏、民族传统文化和民风民俗、民俗歌舞表演、民族手工艺品制作、文化旅游商品制作、导游基础知识、银饰、刺绣、蜡染、电子商务等方面的特色技能培训，为全省旅游文化产业及相关的民族餐饮业、酒店业等提供特色技能人才。省市县培训旅游扶贫重点村干部1000名以上、乡村旅游致富带头人10000人以上。开展旅游扶贫助学活动，落实中职免学费政策，其中省旅游学校对建档立卡贫困学生免除学杂费，并采取多种方式，分类分批培训1000人以上贫困人口并将其发展为乡村旅游骨干。全面开展乡村旅游人才培训，推进贫困村寨旅游人才培育工作。到2018年，实现旅游扶贫重点村旅游从业人员培训全覆盖。

三、保障措施

（一）强化组织领导。在省旅游发展和改革领导小组下增设旅游扶贫专项组，负责全省旅游扶贫筹划、指导、组织和协调工作，统筹解决旅游扶贫中的有关问题。各市（州）、贵安新区和各县（市、区、特区）建立相应工作机制，并结合工作实际制定实施方案，确保各项工作落到实处。

（二）强化金融支持。鼓励和引导民间投资通过PPP、公建民营等方式参与厕所及污水处理、停车场、游客咨询服务中心等旅游基础设施建设和运营。推动普惠金融发展，引导金融机构面向旅游项目和企业创新开展"旅游贷"等信贷业务，鼓励融资担保公司开展适应旅游特点的融资担保业务，建立健全旅游带动信用评级体系，加大对旅游经营主体特别是中小企业和个体经营户的金融支持力度。

（三）强化宣传营销。制定全省重点乡村旅游宣传推广方案，充分利用旅行社在市场推广方面的优势,加强对贫困地区重点旅游景区、线路产品和乡村旅游品牌的宣传营销,引导更多游客到贫困地区旅游和消费。充分利用全省旅游"一站式"服务平台、云信息、互联网和电商平台、节庆推广、主题活动等载体,建设旅游商品展销平台、旅游电商服务站点,支持各大电商平台为贫困地区开设扶贫频道,开展在线宣传推广、特产销售、旅游线路营销等。积极组织开展旅游企业、旅游院校学生、对口帮扶单位公益旅游等活动。在7个对口帮扶城市的电视、报刊、电台、网络等媒体上进行旅游推介。

（四）强化调度考核。制定出台旅游扶贫工作考核办法,建立完善旅游扶贫工作调度管理和考核评估机制,实行"月调度、季总结、年考核",将旅游扶贫工作纳入各地旅游业发展绩效考核。建立旅游扶贫工作跟踪、监控评估和动态管理机制,每年评选一批旅游扶贫示范县、旅游扶贫示范村、旅游扶贫示范户、旅游致富带头人、旅游扶贫示范景区、旅游扶贫示范单位、旅游扶贫先进个人。

（五）强化监测管理。依托大数据、云计算创新旅游扶贫手段,升级完善全省旅游发展和旅游精准扶贫云系统。在全省选取100个贫困村作为监测点,构建覆盖全省的监测网络体系,动态跟踪、评估旅游扶贫成效。建立市县乡三级1500人以上的旅游精准扶贫云信息员队伍,加强信息员队伍的管理和培训,全面采集旅游扶贫村寨贫困户基本信息和带动就业增收情况,实时跟踪旅游扶贫项目开发建设情况,提高源头数据质量,为全省旅游扶贫提供准确信息。

云南省人民政府办公厅关于加快乡村旅游扶贫开发的意见

(云政办发〔2016〕151号)

各州、市人民政府,省直各委、办、厅、局:

为加快我省旅游扶贫开发,进一步促进乡村旅游发展,带动贫困地区和贫困群众脱贫致富,实现与全国同步全面建成小康社会目标,经省人民政府同意,现提出以下意见:

一、总体要求

(一)指导思想

全面贯彻党的十八大和十八届三中、四中、五中、六中全会精神,深入贯彻落实习近平总书记扶贫开发重要战略思想和考察云南重要讲话精神,牢固树立创新、协调、绿色、开放、共享发展理念,服务全省脱贫攻坚大局,充分发挥旅游产业的综合带动功能,坚持"政府推动、群众为主、精准扶贫、创新驱动、绿色发展"原则,以推进产业脱贫为切入点,以旅游扶贫开发为抓手,以带动贫困群众脱贫致富为目标,实施精准旅游扶贫工程,推进分类旅游扶贫开发,加强旅游配套设施建设,完善旅游扶贫支撑体系,健全旅游扶贫工作机制,进一步加快乡村旅游发展,带动贫困地区和贫困群众脱贫致富,为全省打赢脱贫攻坚战和建设旅游强省作出重要贡献。

(二)总体目标

到2020年,全省乡村旅游接待游客总人数突破2亿人次,乡村旅游总收入突破2500亿元,年均分别增长14%、21%;乡村旅游总就业人数达到270万人以上;累计带动80万以上农村贫困人口脱贫致富。

(三)基本原则

政府推动,市场主导。强化各级政府对旅游扶贫规划、基础设施建设的主体责任,把专项扶贫、行业扶贫和社会扶贫相结合,有效整合利用脱贫攻坚资金,推动旅游扶贫开发。充分发挥市场主导作用,鼓励企业、农民专业合作社、新型农业主体、社会组织等采取各种方式帮扶贫困地区,形成多层次、多方面协同推进旅游扶贫开发建设新格局。

调动群众，激发活力。以旅游扶贫为出发点和落脚点，充分发挥乡村农户和贫困群众的主体作用，广泛调动贫困地区干部、群众发展旅游的主动性、积极性和创造性，推进旅游开发建设，提高旅游服务质量和水平，增强贫困地区和群众的自我发展能力。

创新驱动，融合发展。以全域旅游发展和"旅游+"为方向，积极推进旅游与新型城镇化、民族文化、美丽乡村、产业建设、生态环境保护等深度融合，强化现代科技、互联网应用和人才支撑，创新旅游扶贫开发模式和方式，突出乡村旅游产品特色，带动农村基础设施、公共服务设施、生态文明建设和农村生活环境改善，提高旅游扶贫综合带动效应。

因地制宜，精准扶贫。结合各地乡村资源条件、地理区位和市场发展潜力，以贫困地区建档立卡贫困户和贫困人口为重点，因地制宜、突出特色、分类指导、精准施策，加强旅游扶贫开发建设，加快乡村旅游发展，形成连点成线、以线带片的乡村旅游发展新格局，提高旅游扶贫成效，带动贫困户和贫困群众脱贫致富。

保护生态，绿色发展。牢固树立资源环境保护理念，坚持旅游开发与农村生态环境建设、群众生产生活相结合，合理有效利用资源，加强生态环境保护，倡导低碳旅游和文明旅游，发展旅游循环经济，营造良好的乡村旅游环境，促进乡村旅游可持续发展，更好地满足人们回归自然、体验乡愁等旅游消费需求。

二、主要任务

（一）加快乡村旅游开发建设

以提升乡村旅游为目标，以旅游扶贫开发为抓手，实施全域旅游富民工程，加快建设一批旅游城镇、旅游特色村、民族特色村寨、休闲农业与乡村旅游点，保护和合理开发利用传统村落，培育打造一批旅游商品和农副产品生产加工基地，积极开发以田园风光、农业休闲、文化古镇、传统村落、民族村寨、康体养生、民族风情、乡村休闲度假等为特色的多样化乡村旅游产品。建设发展一批环境优美、特色鲜明、功能齐全、层次较高的精品旅游农庄和都市农庄，形成要素集合、产业集聚、旅游特色鲜明的休闲农业示范平台，提高农产品科技含量，延伸产业链和提升旅游附加值。积极推进农村专业合作社、农民专业技术协会发展，大力发展特色种植业和养殖业，重点打造"一乡一景""一村一品""一家一艺"，配套完善旅游服务设施体系。围绕自助自驾游、修学旅游、康体健身、养生养老、露营休闲等旅游市场新需求，采取景区带动、"公司＋农户""专业合作社＋农户"、综合开发、整村推进等多种方式，大力发展乡村旅游新业态，推动一二三产业融合发展，增强乡村旅游发展的内生动力。加强农村生态环境保护和生产生活环境综合整治力度，促进美丽宜居乡村建设和乡村生态环境保护与乡村旅游扶贫开发良性互动发展。（省发展改革委、旅游发展委牵头；省民族宗教委、环境保护厅、住房城乡建设厅、农业厅、林业厅、扶贫办，各州、市人民政府配合）

（二）创新旅游扶贫开发模式

坚持把旅游发展与带动贫困地区和群众脱贫致富紧密结合，以旅游市场为导向，以特色资源为依托，以产业扶贫为切入点，注重旅游扶贫开发模式创新，因地制宜、突出特色，通过城镇依托型、景区带动型、民族特色型、历史文化型、产业融合型、生态环境型、易地搬迁型、交通拉动型、科技助推型等不同类型的旅游扶贫开发模式，加快建设一批旅游功能完备、文化特色明显、通达条件便捷、公共服务完善、卫生环境整洁、市场吸引力强、扶贫带动效果好的旅游扶贫示范县；加快建设一批生态景观好、文化特色浓、街区有特色、产业有支撑、旅游全域化、服务品质化、扶贫带动强的旅游扶贫示范乡镇；加快建设一批自然景观优、乡村环境美、文化特色浓、市场前景好、扶贫带动强、乡风文明美的宜居宜业宜游的旅游扶贫村和美丽乡村，有效带动贫困地区和贫困群众脱贫致富。（省旅游发展委牵头；省发展改革委、民族宗教委、住房城乡建设厅、文化厅、扶贫办，各州、市人民政府配合）

（三）加大精准旅游扶贫力度

围绕全省脱贫攻坚大局和精准扶贫精准脱贫方略，聚焦全省4个集中连片特困地区、聚焦世居少数民族特别是8个人口较少民族，聚焦建档立卡的农村贫困人口，综合考虑资源品质、区域交通情况、邻近地区贫困人口规模，统筹选择资源条件好、群众发展意愿强的乡镇和村寨，加大精准旅游扶贫开发力度。实施精准旅游扶贫工程，分层次确定旅游扶贫开发建设内容，重点推进15个旅游扶贫示范县、30个旅游扶贫示范乡镇、500个旅游扶贫村建设，培育发展10000户旅游扶贫示范户，带动80万以上贫困人口脱贫致富，促进贫困地区经济社会跨越发展。积极探索贫困农户参与旅游接待服务、发展旅游商品加工、出售农副土特产品、资产入股分红、旅游信息服务等多种方式参与旅游脱贫，提高精准旅游扶贫和精准脱贫成效。大力推进旅游规划扶贫公益行动，促进旅游规划单位一对一帮助贫困村编制旅游规划，指导和推动乡村旅游建设发展。结合省、州市各部门和单位对口帮扶贫困村行动，因地制宜地支持和促进贫困村旅游建设发展，充分发挥发达省份对口帮扶的积极作用，鼓励支持有条件的贫困乡村大力发展乡村旅游。（各州、市人民政府牵头；省住房城乡建设厅、农业厅、旅游发展委、金融办、扶贫办配合）

（四）加强基础与公共设施建设

以全省加快推进五大基础设施网络建设为契机，加强乡村旅游基础设施建设。加大交通基础设施建设力度，改善旅游扶贫示范乡镇和旅游扶贫村的交通通达条件，硬化路面、提升等级，优化路网和公共交通，为发展乡村旅游创造条件。加快推进旅游扶贫村农网改造升级，提升农网供电能力和供电质量。结合各地农田水利建设，打造具有特色的乡村水景观和水生态环境，提高旅游扶贫村集中供水率、自来水普及率、供水保障率和水质合格率，构建旅游扶贫村特色水生态水景观体系和饮水安全保障体系。加强旅游扶贫村公共服务设施建设，引导支持重点乡村建设游客服务中心、步行游道、停车场、旅游厕所、应急救援、旅游信息服务体系等公共服务设施，提升旅游公共服务水平。推进重点旅游扶贫县城市慢行绿道、绿岛、核心区及大众休闲广场建设，旅游扶贫乡镇和旅游扶贫村的公众休闲区建设，加强农村环境污染综合防治，切实改善乡容村貌，营造更加舒适优美的乡村旅游环境。（省发展改革委牵头；省住房城乡建设厅、交通运输厅、农业厅、水利厅、卫生计生委、旅游发展委、扶贫办，云南电网公司，各州、市人民政府配合）

（五）积极打造智慧旅游乡村

结合全省实施"宽带乡村"工程，构建"互联网＋扶贫"网络体系，推动物联网、云计算、新一代移动互联网等新兴信息技术在乡村旅游开发和管理服务中的创新应用，加快贫困地区电子商务基础设施、服务网点和物流配送体系建设，加强乡村干部和群众的互联网、电子商务知识培训，提高贫困群众应用互联网开展网络旅游促销、电子商务的能力和水平。以"互联网＋旅游"为重要抓手，开展乡村旅游目的地信息系统、智能景区示范点、数字化旅游乡村示范点建设，创建智慧旅游乡村。支持有条件的地区逐步建立和完善乡村旅游手机软件（APP）、预订系统、自驾旅游攻略、智能导游等，实现在线服务、网络营销、网上预订和支付功能，提高服务效率和水平。加快信息技术在乡村旅游景区、酒店、旅行社等企业管理和乡村公共服务管理中的应用，提升信息化管理水平。建立景区、线路、交通、气象、住宿、安全、医疗急救等公共信息咨询服务平台，建立健全覆盖全省的乡村旅游信息化服务体系。（省工业和信息化委牵头；省旅游发展委、扶贫办、中国电信云南分公司、中国联通云南省分公司、中国移动云南公司，各州、市人民政府配合）

（六）加强乡村旅游营销推广

充分利用互联网等新媒体、自媒体的力量，结合传统旅游营销方式，建立统一的乡村旅游网络营销平台，培育乡村旅游新卖点，提高旅游市场竞争力。加强乡村旅游目标市场分析和定位，建立健全政府、媒体、企业、中介"四位一体"的营销推广体系，完善部门联合、上下联动的宣传促销机制和激励机制，实现乡村旅游营销推广的专业化、市场化和高效化。各级旅游部门要指导好乡村旅游产品的策划、组织和包装，把乡村旅游营销纳入整体旅游营销计划，抓好产品宣传促销的策划和组织工作。各级政府要加大财政投入，制定实施乡村旅游市场宣传推广方案，鼓励有条件的地区举办系列旅游节庆、赛事等活动，通过微信、微博、微电影和媒体专栏专题等多种方式，打造品牌形象，提高在线营销能力，提升乡村旅游的市场影响力和竞争力。（各州、市人民政府牵头；省旅游发展委、扶贫办、新闻办，云南日报报业集团配合）

（七）提升乡村旅游质量和水平

适应全面建成小康社会的旅游需求新变化，以美丽乡村和旅游特色村建设为依托，引导和支持旅游扶贫村发展一批特色农庄、精品客栈、休闲庭院、农家乐和森林人家，拓展乡村旅游资源开发领域、空间和层级，提升全省乡村旅游质量和水平。积极推动包括生态观光、果园游览、休闲农业、文化体验、康体健身、养生度假等复合型乡村旅游产品发展，满足多样化的旅游消费需求。加强乡村旅游服务体系建设，开发特色乡村旅游产品，完善旅游接待服务设施，构建商贸物流体系，优化刷卡消费环境，提升网络通信水平，开发销售特色农产品和特色手工艺品，不断提高乡村旅游综合接待能力和水平。积极引导旅游扶贫村经营户诚信经营，旅游服务人员诚信服务，不断提升乡村旅游服务质量，营造诚实守信、优质服务的乡村旅游环境和氛围，吸引更多的国内外游客，促进乡村旅游快速发展。借鉴欧美国家发展乡村旅游的做法和经验，引导和支持有实力的旅游企业培育建设一批高端精品乡村旅游项目，重点向海内外推介，吸引高端游客，把高端精品乡村旅游打造成我省旅游业发展的又一个新亮点。（省旅游发展委牵头；省教育厅、人力资源社会保障厅、农业厅，各州、市人民

政府配合）

三、政策支持

（一）加大财政支持力度

建立健全脱贫攻坚多规划衔接、多部门协调长效机制，整合目标相近、方向类同的涉农资金，投入旅游扶贫开发，促进乡村旅游发展。省直有关部门除积极争取国家资金扶持外，每年应倾斜安排专项资金用于乡村旅游扶贫重点村、旅游特色村、民族特色村、旅游小镇、休闲农业和乡村旅游示范点的基础设施、公共服务设施和配套设施建设等。各州、市、县、区人民政府安排项目、资金要向乡村旅游扶贫项目倾斜，并整合本地专项扶贫资金、有关涉农资金和社会帮扶资金等，统筹集中使用，积极推进旅游扶贫开发和乡村旅游发展。有关项目资金要向旅游扶贫村和旅游扶贫示范户倾斜。（省发展改革委、财政厅牵头；省民族宗教委、环境保护厅、住房城乡建设厅、交通运输厅、农业厅、水利厅、卫生计生委、旅游发展委、扶贫办，各州、市人民政府配合）

（二）加大金融贷款支持

金融机构要加强对旅游扶贫农户、乡村旅游企业的信贷支持，积极发展旅游扶贫小额贷款保证保险，并对贫困户保证保险保费给予费率优惠。农业银行、农村信用社等金融机构要结合当地条件，加大面向农户的小额贷款和中小旅游企业贷款的信贷支持。创新金融产品，改进服务方式，完善信贷管理办法，简化贷款手续，推行动产抵押、权益抵押、林权抵押、城乡建设用地使用权抵押和旅游门票权质押等担保形式，方便农户和企业获得贷款，扩大融资规模，推进乡村旅游建设发展。（省金融办牵头；省农村信用社联合社，国家开发银行云南省分行、农业发展银行云南省分行、农业银行云南省分行等有关金融机构，各州、市人民政府配合）

（三）加大土地政策倾斜

认真落实国家有关旅游用地政策，创新旅游产业土地利用规划管控机制，积极探索建立土地利用总体规划和旅游产业用地专项规划定期评估和修编机制，加大对乡村旅游建设、旅游扶贫开发项目的土地政策支持，保障乡村旅游建设用地供给。创新乡村旅游用地方式，促进旅游产业发展与耕地保护相结合，科学合理使用未利用地进行乡村旅游开发建设，城乡建设用地增减挂钩试点、低丘缓坡土地综合开发利用试点项目要向乡村旅游建设、旅游扶贫开发项目倾斜。乡村旅游建设、旅游扶贫开发项目必须遵循集约节约用地原则，坚决杜绝圈地、

囤地和闲置浪费土地。（省国土资源厅牵头；省旅游发展委、扶贫办，各州、市人民政府配合）

（四）加大产业扶持力度

各州、市和省直有关部门要认真落实国家和省有关扶贫开发、促进旅游投资和消费等政策，对旅游扶贫开发、乡村旅游建设项目等给予倾斜支持。鼓励国有企业、民营企业投资乡村旅游开发建设，推动乡村旅游向集约化、规模化发展。积极引导社会资金以租赁、承包、联营、股份合作等多种形式投资开发乡村旅游项目，兴办各种旅游开发性企业和实体。鼓励支持农民集资入股或以村组集体经济组织参与乡村旅游投资和开发建设。对吸纳农村贫困人口就业的旅游企业，按照规定给予税收优惠、职业培训补贴等就业支持政策。积极推广政府与社会资本合作（PPP）、政府购买服务等模式，更好地发挥政府投入的引导性作用，调动社会资金和民间资本参与旅游扶贫开发和乡村旅游建设。（省旅游产业发展领导小组牵头；各州、市人民政府配合）

四、保障措施

（一）加强组织领导

省旅游产业发展领导小组加挂"乡村旅游扶贫开发领导小组"牌子，补充省扶贫办等扶贫有关单位作为领导小组成员单位。领导小组下设办公室在省旅游发展委，负责全省乡村旅游扶贫工作的组织、筹划、指导和协调工作，制定全省旅游扶贫专项规划，提出具体的实施方案和任务分解方案，督促检查有关方针政策和实施方案的落实。各州、市要进一步加强对乡村旅游扶贫开发的组织领导，建立健全推进乡村旅游扶贫开发的综合协调工作机制。各县、市、区要结合当地实际制定本地乡村旅游扶贫开发实施方案，明确发展方向、开发布局、需要解决的突出问题及具体措施，建立有效的统筹协调发展机制，保证各项工作落到实处。各级有关部门要充分发挥职能优势，加强协调配合，共同推动乡村旅游扶贫开发工作。（省旅游产业发展领导小组牵头；各州、市人民政府配合）

（二）明确任务分工

发展改革部门要紧密配合全省乡村旅游扶贫工作，协调支持全省乡村旅游扶贫村的交通基础设施建设、周边重点景区基础设施建设和公共服务设施建设。旅游发展部门负责协调指导旅游扶贫村的规划引导、开发建设、宣传推广、人才培训和市场监管等工作。扶贫部门负责统筹利用专项扶贫资金和扶贫小额信贷，支持旅游扶贫村建档立卡贫困户、贫困群众参与乡村旅游扶贫开发项目。民族宗教、文产、文化等部门负责民族文化特色村保护、民族文化遗产发掘、文化旅游节庆和赛事活动举办等。住房城乡建设部门负责指导旅游扶贫示范乡镇、旅游扶贫村的开发建设工作，统筹协调农村危房改造、易地搬迁、特色景观村镇、传统村落及民居保护等项目资金，支持乡村旅游扶贫开发建设。环境保护部门要强化环保执法，指导旅游扶贫示范乡镇、旅游扶贫村的环境综合整治工作。农业部门负责协调乡村特色农产品开发，扶持旅游农业庄园建设，指导休闲农业发展及观光体验、教育展示等设施建设。林业部门要发挥资源管理优势，负责指导乡村周边景区生态保护与开发，打造乡村旅游精品景区景点。其他有关部门结合各自职责，加大对乡村旅游扶贫开发建设的支持力度。（省旅游发展委牵头；省文产办，省发展改革委、民族宗教委、财政厅、环境保护厅、住房城乡建设厅、交通运输厅、农业厅、林业厅、水利厅、商务厅、文化厅、扶贫办，各州、市人民政府配合）

（三）加强规划引领

各州、市人民政府要进一步强化乡村旅游扶贫规划的引领作用，从本级财政或脱贫专项资金中安排相应的旅游扶贫规划编制经费，加快推进旅游扶贫规划编制工作。规划编制要坚持依法规划、科学规划和民主规划，以创新的思路、举措和模式全面谋划旅游扶贫工作，加强旅游扶贫规划与"十三五"发展规划、脱贫攻坚规划和其他专项规划之间的衔接，推进"多规合一"，坚持"一张蓝图搞建设"，注重规划的科学性、特色性和可操作性。提高旅游扶贫规划的编制水平，优化规划审批流程，加大规划执行力度，提高规划的实施能力和水平。（省发展改革委牵头；省国土资源厅、环境保护厅、住房城乡建设厅、林业厅、旅游发展委、扶贫办，各州、市人民政府配合）

（四）强化规范管理

各地要加强对乡村旅游经营环境、接待设施和设备、接待服务和经营活动等的规范化管理。实施乡村旅游住宿、餐饮、娱乐、购物等主要消费环节的服务规范和安全标准。建立健全乡村旅游统计体系，提高科学统计水平。鼓励各地成立乡村旅游经营者协会或联盟，强化行业自律和自我管理。省旅游发展委要会同有关部门研究制定全省乡村旅游质量等级评定标准，并组织实施有关评定工作，建立健全乡村旅游诚信经营服务制度、企业资质等级评定制度，建立健全旅游行业诚信管理体系。各级公安、物价、工商、食品药品监管、安全监管等部门要加强社会治安、物价、市场秩序、食品卫生、安全生产等方面的监管，完善乡村旅游安全提示预警制度，建立健全乡村旅游紧急救援体系，增强应急处置能力。金融、保险部门要开展乡村旅游保险服务，增加保险品种，扩大投保范围，提高理赔效率。（各州、市人民政府牵头；省发展改革委、公安厅、民政厅、人力资源社会保障厅、卫生计生委、旅游发展委、工商局、质监局、安全监管局、食品药品监管局、统计局、金融办、扶贫办，云南保监局配合）

（五）培养专门人才

加强对乡村干部和项目业主的乡村旅游开发、经营管理、宣传促销等业务知识培训，重点开展对乡村旅游发展带头人、旅游扶贫示范户和从业人员的技能培训，提升经营管理人员和服务人员的综合素质。充分利用各级教育部门的教育培训资源优势，加大对乡村旅游人才培养的智力支持。鼓励各级旅游规划单位提供公益性旅游开发咨询服务和结对帮扶，鼓励专业志愿者、艺术和科技工作者驻村帮扶，参与乡村风貌设计、乡村规划和建筑设计等工作。开展乡村旅游创客行动，引导和支持返乡农民工、大学毕业生、专业技术人员等通过开展乡村旅游实现自主创业，带动贫困群众脱贫致富。（省旅游发展委牵头；省教育厅、人力资源社会保障厅、扶贫办，各州、市人民政府配合）

（六）完善监督机制

各级政府要把加快乡村旅游扶贫开发工作纳入重要议事日程，做到有目标、有计划、有措施、有检查；要跟踪分析旅游扶贫示范县、旅游扶贫示范乡镇、旅游扶贫村的建设情况和旅游扶贫示范户的发展情况，及时总结经验成绩，及时整改解决存在问题，确保各项工作措施落实到位。各地、有关部门要认真对照任务分工，加强领导、完善措施、细化任务、狠抓落实，坚决打赢全省旅游脱贫攻坚战。（省旅游产业发展领导小组牵头；省政府督查室，省监察厅、扶贫办，各州、市人民政府配合）

云南省人民政府办公厅
2016 年 12 月 30 日

广西壮族自治区人民政府办公厅关于印发脱贫攻坚大数据平台建设等实施方案的通知

桂政办发〔2016〕9号

各市、县人民政府,自治区人民政府各组成部门、各直属机构:

《脱贫攻坚大数据平台建设实施方案》、《脱贫攻坚交通基础设施建设实施方案》、《脱贫攻坚水利基础设施建设实施方案》、《脱贫攻坚农村危房改造实施方案》、《脱贫攻坚移民搬迁实施方案》、《脱贫攻坚特色种养业培育实施方案》、《脱贫攻坚鼓励企业参与工业扶贫开发实施方案》、《脱贫攻坚农村电商发展实施方案》、《脱贫攻坚旅游业发展实施方案》、《脱贫攻坚教育帮扶实施方案》、《脱贫攻坚劳动力培训就业创业实施方案》、《脱贫攻坚卫生帮扶实施方案》、《脱贫攻坚科技文化扶贫实施方案》、《脱贫攻坚贫困人口最低生活保障实施方案》、《脱贫攻坚贫困户小额信贷实施方案》、《脱贫攻坚增加贫困户资产收益实施方案》等16个实施方案,已经自治区人民政府同意,现印发给你们,请认真组织实施。

2016年1月12日

脱贫攻坚旅游业发展实施方案

为深入贯彻落实自治区党委《关于贯彻落实中央扶贫开发工作重大决策部署坚决打赢"十三五"脱贫攻坚战的决定》(桂发〔2015〕15号),推进旅游扶贫工作,制定本方案。

一、目标任务

按照我区与全国同步全面建成小康社会的总体要求,创新体制机制,全面推进贫困地区旅游精准扶贫工作,促进贫困农户增收脱贫。到2020年,扶持550个贫困村发展旅游业,实现20万人脱贫,力争全区通过旅游产业融合发展带动 80 万人脱贫。

2016—2018 年，实施旅游扶贫三年行动计划，550 个村全部启动旅游扶贫开发建设，实现 9 万人脱贫，力争全区通过旅游产业融合发展带动 47 万人脱贫。

2019—2020 年，继续完善贫困村旅游项目开发建设，加大旅游宣传促销力度，实现 11 万人脱贫。力争全区通过旅游产业融合发展带动 33 万人脱贫。

二、政策措施

（一）编制规划，科学引领旅游扶贫工作。2015 年启动编制《广西壮族自治区旅游扶贫规划纲要》，制定广西旅游扶贫三年行动计划。以县为单位，按照"科学布局，突出特色"的原则，编制完善县域贫困村旅游扶贫规划、县域贫困村旅游扶贫行动计划。组织开展全区"旅游规划扶贫公益行动"，发动区内具有资质的旅游规划设计、咨询单位参加旅游规划扶贫公益行动，分批分期为具备发展旅游基本条件的 550 个贫困村编制旅游规划，为贫困村发展旅游业打好基础。（责任单位：自治区旅游发展委、测绘地信局，各市、县人民政府。排在第一位的为牵头单位，下同）

（二）统筹安排，分批推进旅游扶贫开发。按照桂北、桂西北、桂西南、桂东、桂东南、环南宁等六大重点旅游扶贫片区，20 个重点旅游扶贫县和 550 个旅游扶贫村总体布局，分期分批推进贫困村旅游开发。根据资源和发展条件，分景区（线路）依托型、资源特色型、城市郊区型、环境优良型、古村落型、特色产业型及其他类型，扶持贫困村发展旅游业，推动贫困村、贫困户因地制宜发展"一村一品"、"一家一艺"。建设一批特色旅游村屯，打造一批乡村旅游集聚区或旅游带，形成以点带面，点面连线的发展格局，对发展条件好的贫困村实施整体开发，整村推进，确保帮扶一批，脱贫一批。（责任单位：自治区旅游发展委、扶贫办，各市、县人民政府）

（三）创新投入机制，多渠道支持旅游扶贫开发。自治区每年从旅游发展专项资金中安排资金扶持贫困村旅游扶贫项目建设。鼓励贫困村旅游开发经营户开展小额融资，对符合条件的建档立卡贫困户给予 5 万元以下、3 年以内，免担保、免抵押的生产性贷款，按人民银行基准利率全额贴息。创新抵押担保方式，开展农村土地承包经营权、林权、农村居民房屋产权、大型农机具、农业大棚、盆栽花卉等抵质押贷款试点，及森林综合保险参保林地"林权＋保单"等抵押贷款，为贫困村提供旅游项目开发金融支持。探索建立乡村旅游基金，鼓励利用社会资本合作（PPP 模式）投融资模式开发乡村旅游项目。（责任单位：自治

区旅游发展委、金融办、扶贫办，各市、县人民政府）

（四）推动旅游项目建设，帮助贫困户依托项目建设实现脱贫。推动重大旅游项目在贫困地区落地建设，引导贫困户采取土地流转、房屋资产入股分红、门票分红等方式实现增收。鼓励贫困村将优势资源转化为经营资产，积极发展高品质乡村旅游产业集聚区、乡村旅游区、农家乐、林家乐等旅游经营项目，吸纳贫困人口就业。旅游扶贫重点村乡村旅游从业人员技能培训优先纳入农民工培训年度计划。（责任单位：自治区旅游发展委、发展改革委、人力资源社会保障厅，各市、县人民政府）

（五）加强旅游设施建设，改善贫困村旅游发展环境。加快推进城市及国道、省道至贫困村连接道路建设，加强景区与乡村旅游点之间交通路网建设，打造乡村旅游绿道，逐步实现有条件的乡村旅游区通公交车辆，重点建设公共停车场、旅游厕所、游客服务中心、交通标识牌、休憩设施等旅游公共服务设施。建立完善旅游信息咨询、旅游安全保障、旅游交通便捷、旅游便民惠民、旅游行政管理等五大服务体系，优化乡村旅游发展环境，为贫困村发展旅游业创造条件。（责任单位：自治区旅游发展委、交通运输厅、住房城乡建设厅，各市、县人民政府）

（六）深化产业合作，推进旅游与相关产业融合发展扶贫。结合农村土地整治和土地流转，优化贫困乡村的农业种植结构，规模化种植花卉苗木、水果蔬菜及特色经济作物，开发特色农业观光园、休闲农场、民俗秀场、乡村酒店、乡村休闲度假基地、山水人家、养生部落等体验旅游产品，打造以农耕文化为魂，以美丽田园为韵，以生态农业为基，以村落民居为形的休闲农业与乡村旅游标志品牌。加大农林牧畜渔业与旅游的深度融合，建设一批农家乐、渔家乐、森林人家和休闲农业与乡村旅游示范点。（责任单位：自治区农业厅、林业厅、水产畜牧兽医局，各市、县人民政府）

（七）加大奖励扶持，推动乡村旅游产业规模壮大扶贫。持续实施乡村旅游奖励政策，自治区对新创建、带动贫困人口脱贫成效显著的五星级乡村旅游区奖励100万元，四星级乡村旅游区奖励50万元、五星级农家乐奖励20万元、四星级农家乐奖励10万元。对录用贫困户劳动力的旅游企业按照相关政策给予扶持。（责任单位：自治区旅游发展委、工业和信息化委、财政厅，各市、县人民政府）

（八）发动旅游企业，开展企业帮扶。鼓励景区旅游企业帮扶周边贫困村发展乡村旅游，帮助农户开办农家乐等经营点，吸收农村群众就业，探索建立农民土地入股，实施门票分红机制；鼓励旅行社、旅游公司组织游客到乡村旅游区（点）游览参观，积极推广乡村旅游线路；鼓励酒店、宾馆帮助贫困村培训旅游管理和服务人员，加大对农副产品采购；鼓励大型旅游企业结对贫困村，帮助或参与建设旅游项目；鼓励旅游商品开发与经营企业，帮助当地农民深入挖掘乡土文化，开发经营手工艺品、纪念品、民族服饰、土特产、传统特色小吃等；鼓励艺术院校和演艺公司，帮助少数民族村培训演艺人员，开展民族民俗表演等。通过企业帮扶发展一批中国乡村旅游模范村、模范户、金牌农家乐和乡村旅游致富带头人，带动贫困村旅游发展。（责任单位：自治区国资委、工业和信息化委、旅游发展委，各市、县人民政府）

（九）推广乡味广西品牌，开展乡村旅游扶贫开发产品宣传促销。实施"美丽广西乡村行"宣传促销行动计划，打造"乡味广西"乡村旅游品牌，提高贫困村乡村旅游产品竞争力。重点宣传民族民俗、地域特色鲜明的节庆活动，保护开发贫困村非物质文化遗产，完善广西旅游扶贫数据库系统，加强旅游扶贫村互联网建设，开发旅游电子商务系统，鼓励电子商务运营商开设旅游扶贫产品营销专栏，引导贫困村开展网上预订、网上销售、网上支付等业务，拓展农村手工艺品、农产品、土特产等旅游商品销售渠道。（责任单位：自治区旅游发展委、工业和信息化委、商务厅、新闻出版广电局，各市、县人民政府）

三、检查验收

乡村旅游扶贫列入年度绩效考评范围。自治区旅游发展委、发展改革委、扶贫办等部门联合制定考评标准，对各县落实工作情况进行检查验收，对成绩突出的给予旅游扶贫项目倾斜支持，对旅游扶贫工作推进缓慢、工作态度消极的，给予通报批评并责令限期整改，情节严重的要追究相关责任人。

湖北省：《关于支持深度贫困地区旅游扶贫行动方案》

为进一步贯彻落实《省扶贫攻坚领导小组关于印发〈湖北省深度贫困地区脱贫攻坚实施方案〉的通知》（鄂扶组发〔2017〕24号）精神，根据国家旅游局、国务院扶贫办《关于印发〈关于支持深度贫困地区旅游扶贫行动方案〉的通知》要求，结合我省实际，制定支持深度贫困地区旅游扶贫行动方案。

一、指导思想

以习近平新时代中国特色社会主义思想为指导，以满足人民日益增长的旅游美好生活需要为导向，以旅游供给侧结构性改革为主线，贯彻落实新发展理念，坚持精准扶贫精准脱贫基本方略，以深度贫困县和具备旅游发展条件的深度贫困村为重点，以增强深度贫困地区内生发展动力为根本，着力攻坚克难，加强统筹协调，加大支持力度，推进深度贫困地区旅游业的加快发展，有效发挥旅游产业在深度贫困地区脱贫攻坚中的带动和促进作用。

二、总体目标

以发展深度贫困地区的乡村旅游为抓手，以增加就业、提高收入、实现脱贫为目标，完善深度贫困地区的乡村旅游扶贫基础设施和服务体系，优化乡村旅游扶贫发展环境，推进旅游与农业、文化等产业的全面深度融合，到2020年，9个深度贫困县和深度贫困地区的旅游扶贫重点村基本建成完整的旅游产业体系，初步形成区域性的乡村旅游目的地，旅游业成为深度贫困地区脱贫致富的重要产业、成为群众增收的重要来源、成为推动深度贫困地区供给侧结构性改革和乡村振兴的重要动能。

三、基本原则

（一）集中优势力量，强化攻坚责任。整合优质资源，加大政策扶持，把深度贫困地区的旅游扶贫工作作为脱贫攻坚的优选方向和重中之重，明确主体责任，细化任务分工，强化主动担当，以更加务实的作风、更加有力的举措，全力推进旅游扶贫各项工作落地生根。

（二）发挥产业优势，实现有效带动。依托深度贫困地区生态环境、地域文化、民族风情等特色旅游资源，充分发挥旅游业门槛低、就业多、带动性强、辐射面广、融合度高的优势，大力促进深度贫困地区乡村旅游发展，使乡村旅游成为实施乡村振兴战略和深度贫困地区脱贫攻坚的有力抓手和重要支撑。

（三）坚持深度开发，寻求创新突破。依据深度贫困地区资源禀赋和环境条件，坚持保护与开发并重原则，因地制宜，对症施策，着力打造适应市场需求的乡村旅游产品。充分发挥市场主体在旅游扶贫中的龙头作用，积极探索适应深度贫困地区乡村旅游发展的经营方式和投融资模式，切实走出一条符合深度贫困地区旅游业发展的扶贫之路。

（四）强化利益联结，激发内生动力。贯彻落实以人民为中心的理念，着力构建以贫困群众为基础环节的利益联结机制，做好利益分配制度设计，着力维护贫困群众利益。进一步摸清底数，瞄准扶贫对象，确保政策实施精准、项目到户精准、利益分配精准，激发贫困户参与发展旅游业的主动性和积极性，形成持久的内生动力。

四、主要任务

（一）开展旅游扶贫基础设施提升工程。加强深度贫困地区旅游基础设施和公共服务设施建设，支持深度贫困地区的旅游扶贫重点村改善旅游接待条件。加大协调力度，推进旅游集散地到旅游景点景区、重点旅游景点景区到干线公路的连接线、旅游路的建设，改善重点景点景区的交通条件。各地要积极整合资源力量，加大对深度贫困地区的乡村旅游扶贫基础设施建设的投入，切实改善旅游公路、步行道、停车场、厕所、供水供电、应急救援、游客信息等服务设施。积极协调有关部门在安排交通基础设施建设、易地扶贫搬迁、农村危房改造、农村环境综合整治、生态搬迁、特色小镇创建和传统村落及民居保护等项目建设时，要向深度贫困地区的旅游扶贫重点村倾斜。

启动旅游扶贫精品创建工程。支持深度贫困地区开展旅游品牌的创建活动，创建活动着力向深度贫困地域倾斜。旅游、扶贫部门会同发改、住建、农业等部门，支持深度贫困地区开展湖北旅游特色小镇、农业产业融合示范园、休闲农业示范点、现代农业产业园等产业融合品牌的创建。优化和升级旅游发展布局，通过示范引领，带动全域，培育旅游大产业，形成深度贫困地区旅游经济快速发展、贫困农户增收致富、乡村美丽宜居宜游宜养的旅游扶贫新格局。

推进旅游扶贫产业融合工程。以创新、协调、绿色、开放、共享发展理念为指导，以培育深度贫困地区乡村旅游综合目的地为核心，把"全域共建、全域共融、全域共享"和"全区域、全要素、全产业链"的全域旅游观贯穿到深度贫困地区经济社会发展的各个方面。推进旅游与农业、林业、文化、商贸、体育、康养等特色优势产业的融合，促进相关行业与旅游业的联动发展，有效利用现有社会资源，完善旅游功能，挖掘文化内涵，形成新的旅游产品体系。拓展旅游产业发展空间，创新旅游新产品、新业态和新模式，实现旅游发展与新型工业化、信息化、城镇化和农业现代化相结合。

实施乡村旅游后备箱工程。适应大众旅游时代自驾游发展的新形势，发挥乡村旅游在扩大农产品市场需求、促进农村就业和农民增收的重要作用，在深度贫困地区大力发展乡村购物旅游、美食旅游，带动深度贫困地区农村农副土特产品的销售，培育荆楚特色乡村旅游购物品牌，培育一批"乡村旅游后备箱工程示范点"和特色乡村旅游商品。

五、具体措施

（一）做好规划设计。支持深度贫困地区旅游规划的编制与实施，策划、筛选一批支撑作用大、关联带动性强、品牌价值高、市场前景好的重大旅游项目，将重要旅游基础设施项目、重点旅游项目纳入省重点建设项目。统筹旅游发展规划与专项旅游规划的编制和实施工作。积极推进深度贫困地区的"多规合一"，注重旅游专项规划与当地经济社会发展规划、城乡规划、土地利用规划、易地扶贫搬迁规划等的有效衔接。以规划引领旅游与关联产业的融合发展，支持深度贫困地区编制和实施全域旅游规划，促进旅游与农业、文化、生态等产业融合项目的联动开发，建立统筹推进重大旅游融合项目的工作机制，强力推进生态旅游公路、水利风景区、乡村旅游区、森林生态景区、湿地公园、休闲农业示范点、乡村郊野公园、旅游文化街区、乡村绿道、文化旅游景区及乡村旅游综合体项目的建设。

（二）推广扶贫模式。总结宣传湖北特色的旅游产业扶贫经验与做法，在深度贫困地区推广乡村旅游合作社、乡村旅游股份制等旅游扶贫机制；开展旅游扶贫模式的宣传和推广活动，总结我省的旅游扶贫典型经验，探索并总结景区带村、能人带户、企业（合作社）＋农户等旅游扶贫新模式，为深度贫困地区发展乡村旅游提供借鉴。加大资源整合力度，完善和延伸产业链条，打造"农业观光＋农事娱乐＋农耕文化展示＋乡村生态体验＋购物美食游＋度假休闲"等融合的产业新业态。支持深度贫困区发展乡村购物游、美食游，推进实施乡村旅游后备箱工程，培育乡村旅游后备箱工程示范点，鼓励当地开发具有地方特色、体现民俗风情的旅游商品，建设一批具有浓郁地方特色和荆楚文化内涵的旅游商品研发、生产和销售示范基地。

（三）开展示范创建。充分发挥示范品牌的引领和带动作用，加强对深度贫困地区旅游扶贫示范品牌的培育和推介，促进深度贫困地区旅游业的加快发展。支持深度贫困地区开展 A 级旅游景区、星级饭店、旅游度假区、生态旅游示范区、研学旅游示范基地、旅游扶贫示范区、中医药健康旅游示范区、乡村旅游创客示范基地、体育旅游示范基地、自驾游营地、湖北旅游强县、湖北旅游名镇、湖北旅游名村、旅游民宿和高星级农家乐等的创建工作，支持旅游资源丰富、开发条件具备的深度贫困地区开展全域旅游。支持深度贫困地区的旅游与农业、文化、美食、商贸等产业融合，培育乡村文化休闲旅游产业发展聚集区，将具有群众基础的庙会、诗会、歌会、元宵灯会、清明踏青、端午龙舟、中秋赏月、重阳登高等传统活动升级为旅游文化活动，打造一批高水准、有特色的文化旅游节庆、演艺和娱乐品牌。

（四）推进重点项目。继续推动区域协同旅游扶贫大行动，组织国家电力监管委员会华中监管局、华中科技大学同济医院等 12 家单位开展协同支援巴东县的扶贫工作，积极推动项目落地、资金落实。支持巴东县野三关镇创建旅游特色小镇，支持以野三关为核心的巴东南部片区旅游扶贫综合开发；支持竹溪县、竹山县和房县开展茶旅融合，培育茶文化旅游品牌；支持郧西县创建省级全域旅游示范区；支持丹江口市培育水生态文化旅游品牌，支持南水北调中线源头生态旅游区创建国家 5A 级旅游景区；支持保康县开展农旅融合，支持尧治河村创建国家 5A 级旅游景区；支持英山县深入推进乡村旅游后备箱工程，创建知名的乡村旅游目的地；支持五峰县旅游风景廊道品牌的培育，创建自驾游旅游区示范。

（五）打造精品线路。在深度贫困地区打造 10 条乡村旅游扶贫精品线路，线路覆盖深度贫困地区的国道、省道和绿色风景道，连接深度贫困地区的乡村旅游景点景区、旅游名镇、旅游名村、休闲农庄、民宿和乡村主题公园等吸引物。支持自驾游和房车基地的建设，编制和推广自驾游线路。大力推介深度贫困地区的旅游线路，开展全媒体宣传营销，支持省内的重点旅行社选择深度贫困地区的旅游线路，实行结对营销帮扶，使其成为省内外知名的精品旅游线路，成为带动群众脱贫的金色路、致富路。支持开展乡村四季茶文化旅游、赏花游、避暑游、采摘游等活动，帮扶深度贫困区打造乡村旅游品牌，培育乡村旅游目的地，招徕游客参观游览休闲。

（六）提升设施水平。支持深度贫困地区的"厕所革命"，着力解决深度贫困地区乡村旅游厕所数量不足、质量不高、分布不均、管理缺位等问题，从政策扶持、资金保障、技术服务上向深度贫困地区倾斜，到2020年实现乡村A级旅游景区、游客中心、旅游名镇、旅游名村、旅游民宿、农家乐、休闲农庄等旅游厕所全部达到标准，并实现"数量充足、干净无味、实用免费、管理有效"要求。指导和支持各地在深度贫困地区的旅游扶贫重点村开展停车场、农副产品商店、医疗救助站、垃圾收集站、旅游标牌标识、游客咨询服务中心等的建设，改造提升乡村旅游基础设施，改善和提升接待条件。旅游、扶贫部门会同发改、交通等部门优先支持深度贫困地区的旅游公路、旅游风景道、乡村绿道等的建设，加快提升乡村旅游景区的通达能力，提高可进入性和内部的通达性。指导各地加快乡村宽带信息基础设施建设，逐步推进"智慧旅游"。

六、工作要求

（一）加强组织领导。将深度贫困地区旅游扶贫工作有机融入各级党委政府脱贫攻坚大局，构建跨部门、跨单位、全社会共同参与、多元主体的旅游扶贫体系，统筹解决旅游扶贫工作中的规划对接、用地保障、行政审批和资金整合使用等问题。省旅游委、省扶贫办会同有关部门统筹做好政策制定、部门联动、项目协调、整体推广、考核督查等工作，相关市州旅游、扶贫部门做好政策配套、规划指导、区内协调等工作。深度贫困地区的市县旅游、扶贫部门要细化工作方案，组织力量实施，加强动态管理，狠抓工作落实。

（二）加强旅游扶贫人才保障。继续开展"乡村富民讲堂"系列培训，面向深度贫困地区的乡村旅游经营户、带头人、能工巧匠传承人、乡村旅游创客和乡村旅游经营管理人才等开展培训。支持深度贫困地区建立乡村旅游和旅游扶贫培训基地，指导基地因地制宜地做好专题培训教材和课程开发、师资培养和培训模式创新等工作。建立"乡村旅游扶贫专家库"，动员、鼓励旅游规划、管理、营销和经营专业人才到深度贫困地区开展公益咨询、培训和项目策划。结合"三乡工程"，支持开展乡村旅游扶贫投资和创业专题培训，引导返乡农民工、大学毕业生、城市下岗职工等通过旅游创新实现自主创业就业。指导文化、艺术、科技等行业人员发挥专业优势和行业影响力，到深度贫困地区从事乡村旅游创新创业。

强化旅游扶贫督导机制。加大对深度贫困地区旅游扶贫工作的动态跟踪监测，完善旅游扶贫督促检查机制，及时掌握各地的困难和需求，适时督促各地、各相关部门按照职责分工，强化统筹，密切配合，完善措施，确保各项扶贫政策和措施落到实处。深度贫困地区各级旅游、扶贫部门要依据目标任务，抓好部署实施，做实做细旅游扶贫台账。旅游、扶贫部门要加强与相关部门间的信息共享和数据分析，确保旅游扶贫工作务实，过程扎实，结果真实。

参考文献

[1] 程书香,赵追. 成都市"农家乐"旅游品牌发展研究 [J]. 安徽农业科学,2009,37 (14):6668-6669.

[2] 陈建军. 转变旅游发展方式做大做强产业 [N]. 广西日报,2011-06-03.

[3] 董伟,张勇,张令,等. 我国环境保护规划的分析与展望 [J]. 环境科学研究,2010,23 (6):782-788.

[4] 段勇,周子杭. 新时代中国经济的嬗变:从高速增长到高质量发展 [J]. 江西理工大学学报,2018,39 (2):7-11.

[5] 邓爱民,孟秋莉,桂橙林. 旅游特色小镇开发与运营管理 [M]. 北京:中国旅游出版社,2017.

[6] 方世南. 从价值论视角把握习近平生态文明思想的永续发展观 [J]. 山西师大学报 (社会科学版),2019,46 (4):6-11.

[7] 郭占恒. 推动高质量发展的深刻背景和政策取向 [J]. 浙江经济,2018 (2):32-35.

[8] 黄承梁. 习近平新时代生态文明建设思想的核心价值 [J]. 行政管理改革,2018 (2):22-27.

[9] 黄群慧. 建设高质量发展的现代经济体系 [N]. 经济参考报,2018-08-22 (005).

[10] 黄渊基. 少数民族地区旅游扶贫研究 [D]. 长沙:湖南农业大学,2017.

[11] 贾若祥,侯晓丽. 我国主要贫困地区分布新格局及扶贫开发新思路 [J]. 中国发展观察,2011 (7):27-30.

[12] 李星群,文军. 民族地区乡村旅游微型企业业主生态文明意识调查研究 [J]. 生态经济,2017,33 (11):227-231.

[13] 李占旗. 智慧旅游背景下智慧乡村旅游的发展路径 [J]. 农业经济,2018 (6):53-55.

[14] 李国庆. 社区参与背景下乡村旅游利益协调机制探究 [J]. 农业经济, 2018 (3): 119-120.

[15] 连惠芗. 旅游精准扶贫管理的途径探索 [J]. 社会科学家, 2018 (8): 91-94.

[16] 梁留科. 乡村旅游扶贫理论与实践 [M]. 北京: 科学出版社, 2019.

[17] 粮丽萍. 乡村旅游与生态环境保护问题研究 [J]. 怀化学院学报, 2018, 37 (6): 50-52.

[18] 刘晓涛. 农业供给侧结构性改革背景下永登农业经济高质量发展研究 [D]. 兰州: 兰州大学, 2018.

[19] 刘文颖, 蔡永云. 云南民族地区乡村旅游精准扶贫模式研究 [J]. 大理大学学报, 2018, 3 (9): 27-32.

[20] 刘腾, 石岩. 乡村振兴之旅游精准扶贫路径探析——以枣庄市为例 [J]. 枣庄学院学报, 2018, 35 (6): 95-100.

[21] 刘婷婷. 乡村旅游利益相关者矛盾冲突及协调路径 [J]. 农业经济, 2017 (12): 64-66.

[22] 卢竹, 胥郁. 旅游市场营销 [M]. 长沙: 湖南师范大学出版社, 2013.

[23] 罗明新. 以政策协同促进农村产业融合发展 [N]. 经济日报, 2018-06-21 (016).

[24] 罗伊玲, 周玲强, 刘亚彬. "全域化"生态新农村建设路径研究——以武义生态养生旅游与美丽乡村共建为例 [J]. 生态经济, 2016, 32 (2): 139-142, 176.

[25] 吕春莉. 乡村旅游的环境保护问题探析 [J]. 中国市场, 2016 (17): 180, 198.

[26] 潘冬南. 广西旅游产业转型升级中的政府职能研究 [J]. 广西大学学报 (哲学社会科学版), 2013, 35 (1): 92-96.

[27] 祁述裕. 放宽文化市场准入, 扩大文化市场开放 [J]. 东岳论丛, 2018, 39 (1): 63-66.

[28] 唐承财, 周悦月, 钟林生, 等. 生态文明建设视角下北京乡村生态旅游发展模式探讨 [J]. 生态经济, 2017, 33 (4): 127-132.

[29] 唐德荣. 休闲农业与乡村旅游实务 [M]. 北京: 中国农业出版社, 2018.

［30］王永昌，尹江燕．论经济高质量发展的基本内涵及趋向［J］．浙江学刊，2019（1）：91-95．

［31］王德刚．文化自信、利益均衡是确立乡村旅游伦理关系的基础［J］．旅游学刊，2014，29（11）：9-11．

［32］王婉飞，吴建兴，吴茂英．乡村旅游发展中地方政府生态管理的驱动因素研究［J］．旅游学刊，2018，33（8）：37-47．

［33］吴玉莲．湖北连片特困地区扶贫中的政府协同问题研究［D］．武汉：湖北大学，2017．

［34］许黎，曹诗图，柳德才．乡村旅游开发与生态文明建设融合发展探讨［J］．地理与地理信息科学，2017，33（6）：106-111，124．

［35］肖艳玲．以生态文明理念引领乡村旅游发展［J］．人民论坛，2018（6）：62-63．

［36］银元．乡村旅游合作社是促进乡村振兴的有效载体［N］．中国旅游报，2017-12-15（003）．

［37］于乐荣．旅游扶贫的原则及方式［J］．中国国情国力，2016（7）：48-50．

［38］曾博伟．旅游业转型升级的思考［N］．中国旅游报，2009-07-10．

［39］曾令泰．广州从化传统村落保护与发展中政府职能研究［D］．广州：华南理工大学，2018．

［40］张康平，仪明媛，赵娜．我国环境保护规划政策分析［J］．环境与发展，2019，31（6）：201-202，206．

［41］张国防．脱贫攻坚与贫困地区基础设施建设［J］．开发研究，2018（3）：118-123．

［42］张绍军．生态文明建设过程中地方政府的政策协同研究［D］．苏州：苏州大学，2015．

［43］赵敏．生态文明视角下我国乡村旅游的集约可持续发展路径［J］．农业经济，2015（11）：58-59．

［44］周建华，沈国琪．乡村旅游扶贫成效评估体系及其影响因素研究［J］．湖州师范学院学报，2016，38（11）：1-9．

［45］问计乡村旅游｜高科技+乡村游=全新感官体验［EB/OL］．http://k.sina.com.cn/article_6628645189_18b19194500100n5i9.html?from=travel．

［46］乡村旅游 开启"智慧模式"［EB/OL］. http：//www. huaxia. com/ztlx/zjxw/2017/12/5580578. html.

［47］交通运输部：近9900亿用于贫困地区交通基础设施建设［EB/OL］. https：//finance. sina. com. cn/china/gncj/2019 – 03 – 28/doc – ihtxyzsm1134080. shtml.

［48］交通部"四个优先"夯实贫困地区农村公路建设 五年累计投入2700亿［EB/OL］. http：//finance. jrj. com. cn/2018/02/09131524093312. shtml.

［49］广西结合乡村旅游与旅游扶贫 富民惠民成效彰显［EB/OL］. http：//baijiahao. baidu. com/s？id = 15994044360282 12162&wfr = spider&for = pc.

［50］宁夏乡村旅游精准扶贫助推全面小康［EB/OL］. http：//www. sohu. com/a/159612166_756148.

［51］甘肃多部联合印发《乡村旅游扶贫工程行动方案》［EB/OL］. https：//lz. focus. cn/zixun/403d75f141ee0c28. html.

［52］青海：旅游扶贫激发乡村新活力［EB/OL］. http：//travel. people. com. cn/n1/2018/0214/c41570 – 29824173. html.

［53］Cabinet Office. Wiring it up：Whitehall's management of cross – cutting policies and services［Z］. London，2000.

［54］HILKER L M. A comparative analysis of institutional mechanisms to promote policy coherence for development［Z］. OECD Policy Workshop，Brighton，2004.

［55］MATEI A，DOGARU T C. Coordination of public policies in Romania：an empirical analysis［J］. Procedia – Social and Behavioral Sciences，2012（2）：65 – 71.

［56］OECD. Building policy coherence：tools and tensions［Z］. Public Management Occasional Papers，1996，（12）.

［57］PASTRAS P，BRAMWELL B. A strategic – relational approach to tourism policy［J］. Annals of Tourism Research，2013，43（7）：390 – 414.

［58］STRONZA A，GORDILLO J. Community views of ecotourism［J］. Annals of Tourism Research，2008，35（2）：448 – 468.

［59］WILKINSON D，APPELBEE E. Implementing holistic government：joined – up action on the ground［M］. Bristol：Policy Press，1999.

后 记

一直以来,"三农问题"都是我国经济社会发展的重点与难点。当前,我国正处于全面建成小康社会的决胜期,全面小康社会的建成,关键在于农村的发展。小康不小康,关键在老乡。近年来,本人多次深入湖北、云南、贵州、广西等省份的贫困地区开展实地调研,每次调研都是百感交集,既有欣喜,也有担忧。欣喜的是,随着党中央和国务院对贫困地区的高度重视、乡村振兴战略的大力实施,贫困地区的脱贫攻坚战取得了较为显著的成效,农民的生产生活环境有了很大改善,部分农民还通过参与旅游开发实现了脱贫致富。担忧的是,我国贫困地区分布的范围广泛,一些连片特困区自然环境恶劣、贫困程度深、脱贫难度大,2020年要全面建成小康社会,脱贫攻坚任务非常艰巨。

近年来,乡村旅游已经成为脱贫攻坚的主战场和中坚力量。作为在旅游领域深耕多年的"旅游人",总想着为贫困地区村民脱贫致富、走上奔小康的道路贡献一份绵薄之力;同时,近年来本人主持了许多乡村旅游扶贫规划项目,积累了较为丰富的实践经验。正因为如此,才有了本书的写作。本书共32万字,其中邓爱民撰写16万字,潘冬南撰写16万字。我们在写作的过程中,不仅大量阅读相关的国内外文献,同时还征询了旅游政府部门工作人员和部分高校专家学者的意见,以不断完善。希望本书能够对我国乡村旅游扶贫起到应有的作用。

本书从实地调研、写作到正式出版得到了许多领导、老师、学生的大力支持与帮助,在此表示衷心的感谢。感谢中南财经政法大学工商管理学院各位领导以及旅游管理系全体专任教师的鼓励与支持;感谢旅游管理专业博士研究生任斐、孙琳、卢俊阳、李鹏、龙安娜以及硕士研究生董志成、武王英、韦银艳、柏文慧、韩笑在调研过程中给予的无私帮助。同时,感谢出版社责任编辑的大力支持与热心帮助。

邓爱民

2019年9月于晓南湖畔